DAS GROSSE

KOSMOS-
VOGELBUCH

PETER HAYMAN & PHILIP BURTON

In England von der „Royal Society for the
Protection of Birds" offiziell empfohlen

DAS GROSSE

KOSMOS-
VOGELBUCH

PETER HAYMAN & PHILIP BURTON

EUROPAS VÖGEL –
BESTIMMEN, VERSTEHEN, SCHÜTZEN

NEUER
PAWLAK
VERLAG

Aus dem Englischen übersetzt und bearbeitet von Detlef
Singer und Peter H. Barthel
Titel der Originalausgabe ,,THE BIRDLIFE OF BRITAIN &
EUROPE'', erschienen bei Mitchell Beazley International
Limited, London 1986 unter der ISBN 0-85533-607-2
© 1976 und 1986 Mitchell Beazley Publishers
Artwork © 1976 and 1986 Mitchell Beazley Publishers

Mit 2400 Farbzeichnungen von Peter Hayman und
ergänzenden Zeichnungen von Robert Morton,
Verbreitungskarten von John Parslow

Für die deutschsprachige Ausgabe:
© Neuer Pawlak Verlag in der
VEMAG Verlags- und Medien Aktiengesellschaft, Köln
Umschlaggestaltung: Rincón Kommunikationsdesign, Köln
Gesamtherstellung: Neuer Pawlak Verlag
Alle Rechte vorbehalten
ISBN-3-86146-111-0

Inhalt

Vorwort

Endlich hat jemand ein Buch herausgebracht, das es dem Naturfreund ermöglicht, Vögel leicht und sicher zu bestimmen. Die sorgfältig ausgearbeiteten Illustrationen geben nicht nur die Gefiederfärbung der Vögel wieder, sondern legen ebensoviel Wert auf charakteristische Körperhaltungen, Balzverhalten und Ansprüche an den Lebensraum.

Nur allzuoft sehen wir einen Vogel nur ganz flüchtig und erhalten dann lediglich einen vagen Eindruck der Färbung, der Silhouette und des Flugbildes. Mir passiert dies häufig auf See, und immer fehlt mir ein geeignetes Buch, das mich mit den notwendigen Informationen zur richtigen Bestimmung versorgt. Das hier vorliegende Buch füllt diese Lücke endlich aus.

Ein weiteres beeindruckendes Merkmal des „Goldenen Kosmos-Vogelbuchs" sind die Zeit und die Arbeit, die sich hinter diesem Vogelführer verbergen. Das Ergebnis rechtfertigt den hohen Aufwand an Arbeit und Genauigkeit im Detail. So haben wir ein Vogelbuch vorliegen, das ganz auf die Besonderheiten der Benutzung in der freien Natur zugeschnitten ist und mit dessen Hilfe die Große Raubmöve nicht länger mit der Schmarotzerraubmöve oder der Große Brachvogel nicht länger mit dem Regenbrachvogel verwechselt werden wird.

So wie ich in der tropischen See nicht mehr ohne mein Plastik-Bestimmungsbuch für Fische tauchen gehe, wird mich dieses ausgezeichnete Buch alle Zeit begleiten — im Fond meines Wagens oder auf der Brücke meines Schiffs.

Prinz Charles, Seine Königliche Hoheit der Prinz of Wales

Einführung von Peter Hayman und Philip Burton

Im Unterschied zu anderen Vogelführern, die sich fast ausnahmslos nur auf die Abbildung und Beschreibung von Gefiedermerkmalen beschränken, stellt das vorliegende Buch zum ersten Mal den Vogel in Aktion dar — so, wie man ihn draußen in der Natur wirklich zu sehen bekommt.

Die Bewegungen der Vögel sind es doch vor allem, die uns bei der Vogelbeobachtung so faszinieren und die Vogelkunde zu einem der beliebtesten Hobbys gemacht haben.

„Das goldene Kosmos-Vogelbuch" möchte sowohl Neulingen als auch Experten die Chance geben, das Vergnügen an der Vogelbestimmung zu entwickeln bzw. zu steigern. Für den Anfänger enthält es den Schlüssel zum Bestimmen durch Beobachtung des Verhaltens, dem weiter Fortgeschrittenen bietet es eine Fülle von verschiedenen Gefiedervariationen.

Die in diesem Band auf den Farbtafeln dargestellten Vogelarten kann jedermann einigermaßen leicht in Mitteleuropa und im übrigen Europa zu Gesicht bekommen. Einige davon sind selten, weil ihr Verbreitungsareal recht klein ist, andere Arten haben zwar ein großes Verbreitungsgebiet in Europa, sind aber deshalb selten, weil sie spezielle Anforderungen an den Lebensraum stellen; diese Spezialisten haben besonders unter der Veränderung und Zerstörung der naturnahen Landschaften zu leiden.

Die verschiedenen Arten sind in diesem Buch mehr nach der Körpergröße und nach der Ähnlichkeit geordnet als nach der üblichen wissenschaftlich-taxonomischen Reihenfolge. Wir meinen, daß diese Anordnung den Benutzern zugute kommt: Ein Haussperling und eine Heckenbraunelle zum Beispiel sehen sich ähnlich, aber sie gehören zu ganz verschiedenen Vogelfamilien. In einem herkömmlichen Feldführer werden diese beiden Arten viele Seiten voneinander getrennt abgebildet. Im

vorliegenden Buch sind sie nur drei Seiten voneinander entfernt.

Am Ende des Buches findet der Leser eine Auflistung der dargestellten Arten mit ihren lateinischen Namen entsprechend der üblichen wissenschaftlichen Nomenklatur und Reihenfolge.

„Das goldene Kosmos-Vogelbuch" ist richtungsweisend in der Detailtreue der Zeichnungen. Die Haupt-Illustration eines jeden Vogels wurde entweder von einem toten Exemplar oder von einem Balg angefertigt. Im Durchschnitt wurden 38 verschiedene Messungen mit einem Skalenzirkel durchgeführt, um die Umrisse des Vogelkörpers genau abbilden zu können.

Das enorm angewachsene Interesse breiter Bevölkerungsschichten gilt nicht nur der Vogelbeobachtung, sondern auch dem Verhalten der Vögel und ihrer Gefährdung durch die moderne Zivilisation. Diese Anteilnahme erfordert mehr Informationen über alle praktischen Gesichtspunkte der Vogelbeobachtung — ganz gleich, ob es sich nun um die zur Vogelbeobachtung notwendige Ausrüstung, neue Erfassungsmethoden der Bestandsverhältnisse, wissenschaftliche Einsichten in die Biologie des Vogels oder auch die Art und Weise, wie Vögel miteinander kommunizieren, handelt.

Alle diese Aspekte wurden neben anderen in diesem Buch berücksichtigt, um einen informativen und leicht verständlichen Führer für eines der populärsten und lohnendsten Freizeitvergnügen zu schaffen.

Für die Unterstützung bei der Originalausgabe und bei der vorliegenden erweiterten Fassung möchten wir uns, zusammen mit dem Herausgeber, bei Chris Mead und Dr. J. J. M. Flegg, beide vom British Trust for Ornithology, bedanken. Auch allen anderen, die uns bei unserer Arbeit mit Rat und Tat zur Seite standen, sei an dieser Stelle gedankt.

Zum Umgang mit diesem Buch

Wenn Sie einen Ihnen unbekannten Vogel bestimmen wollen, genügt es oft nicht, nur auf Gefiedermerkmale und Stimme zu achten. Auch Lebensraum und Jahreszeit der Beobachtung geben in vielen Fällen wichtige Hinweise auf die Artzugehörigkeit eines gesehenen Vogels; ferner sind die typischen Verhaltens-weisen wie Flug, Balz oder Schwarmbildung unentbehrliche Bestimmungskriterien. Gerade darauf wird im vorliegenden Buch besonders großer Wert gelegt.

Die vielen Einzelzeichnungen entwerfen für jede Vogelart ein Gesamtbild, das sie eindeutig charakterisiert.

Wenn es heißt „bei uns", so bezieht sich diese Aussage immer auf die Verhältnisse in der Bundesrepublik Deutschland.

Die in den Symbolen dargestellten Lebensräume überlappen sich häufig; sie sollen nur als Anhaltspunkt verstanden werden. In den Haupttexten sind die genauen Lebensraumansprüche für jede Art beschrieben.

Topographie eines Vogels

Oberseite

Unterseite

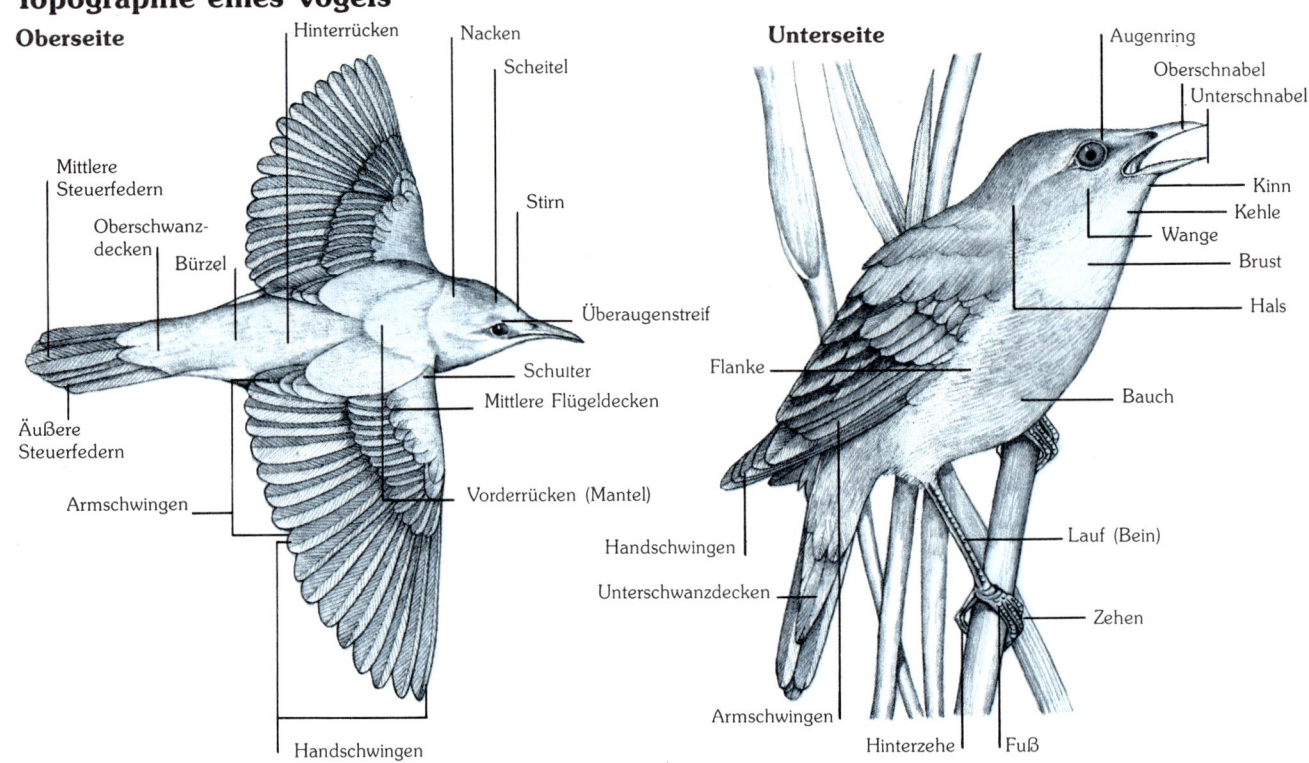

 Siedlungen: Alle bebauten Flächen, Einzelgehöfte, Dörfer, Städte, Industrieanlagen, Parks und Gärten

 Gewässer: Seen, Stauseen, Flüsse, Kanäle, Rieseefelder, Sümpfe, nasse Moore; auch jahreszeitlich überschwemmte Bereiche

 Meeresküste: Küsten mit Sand- oder Kiesstränden, Felsküsten, schlammige Buchten und Lagunen, Häfen, offenes Meer, Watt

 Kultiviertes Land mit Feldern, Äckern, Viehweiden, Grünland, Hecken, kleinen Gehölzen, Wäldchen, Obstgärten; einschließlich der Umgebung von Gehöften

 Waldgebiete: Laub-, Nadel- und Mischwald, Forst und Forstkulturen, größere waldartige Parks

 Sehr niedrige Vegetation: Tundra, Macchia, nicht zu feuchte Moorflächen, Gebirge

 Niedrige Basisvegetation mit einigen, bis zu 10 m hohen Bäumen

Symbole, die sich auf die „Rote Liste der gefährdeten Tiere und Pflanzen in der Bundesrepublik Deutschland" (1984) beziehen:

 Ausgestorben oder verschollen

 Vom Aussterben bedroht

 Stark gefährdet

 Gefährdet

 Potentiell gefährdet

 Art, die durch Winterfütterung in den Garten gelockt werden kann

In welchem Gefieder wir einen Vogel sehen, hängt von seinem Alter, seinem Geschlecht und von der Jahreszeit ab. In diesem Buch sind die Vogelarten in verschiedenen Kleidern abgebildet, für die es jeweils besondere Bezeichnungen gibt.

Die bei mehreren Arten abgebildeten Küken tragen ein **Dunenkleid**. Das erste komplette Gefieder nennt man **Jugendkleid**. Gerade bei größeren Arten dauert es oft mehrere Jahre, bis sie das Gefieder der Altvögel zeigen, denen sie von Mauser zu Mauser immer ähnlicher werden. Hier folgt dem Jugendkleid das **erste Winterkleid**, dann das **erste Sommerkleid**, das durch das **zweite Winterkleid** ersetzt wird. Man kann Vögel während dieser Entwicklungsphase auch zusamenfassend als „unausgefärbt" bezeichnen.

Altvögel (adulte Vögel) besitzen in der Regel nur noch zwei verschiedene Kleider. Während der Balz und Paarbildung tragen sie das meist sehr bunte und auffallende **Prachtkleid**, sonst das meist matter gefärbte **Schlichtkleid**.

8

Erklärung der Bildtafeln

Der deutsche Name des Vogels. Die Vögel sind in diesem Buch nach ihrer Ähnlichkeit geordnet. Arten, die man am häufigsten miteinander verwechselt, werden zum leichten Vergleich auf gegenüberliegenden Seiten abgebildet. Blättern Sie daher das Buch einfach durch, bis Sie eine Art finden, die dem von Ihnen gesuchten Vogel ähnlich sieht: Nur wenige Seiten entfernt werden Sie dann den richtigen Vogel finden.

Jede Art ist in einer charakteristischen Haltung und in einem bestimmten Maßstab dargestellt. Darüber hinaus wird der Vogel im Flug und in anderen typischen Situationen abgebildet.

Symbole informieren nicht nur über den bevorzugten Lebensraum des Vogels und seinen Gefährdungsgrad, sondern auch darüber, ob die Art im Winter am Futterhäuschen erscheint.

Das Verhalten des Vogels, z. B. bei der Werbung oder der Brutpflege, richtet sich nach bestimmten auffälligen Mustern, die in der Natur normalerweise deutlich zu sehen sind.

Die Illustrationen vermitteln wesentliche Artgewohnheiten, denn oft ist schon das Verhalten alleine der richtige Schlüssel zur richtigen Vogelbestimmung.

Jede wichtige Abweichung im Erscheinungsbild der Art ist aufgeführt — sei es zwischen Männchen und Weibchen, Jung- und Altvogel, oder gar den verschiedenen geographischen Rassen.

Zug- und Schwarmverhalten können zuweilen entscheidende Anhaltspunkte für die Bestimmung bieten.

Verfügt ein Vogel über eine besondere Fähigkeit oder Anpassungsleistung, so wird diese im Bild festgehalten.

Die Größe des Vogels ist ein entscheidendes Kriterium für die Bestimmung. Die Silhouette der betreffenden Art wird deshalb maßstabsgetreu der eines Haussperlings gegenübergestellt. Die zusätzliche Silhouette der fliegenden Vögel erleichtert die Identifikation.

Ein Vogel kann seine Artzugehörigkeit durch sein Verhalten am Boden verraten. Ungewöhnliche Gefiederfärbungen werden aus verschiedenen Perspektiven gezeigt. Nützliche Bestimmungsmerkmale, die nur im Flug sichtbar werden, sind ebenfalls dargestellt.

Im Text wird auf die Biologie des Vogels, sein Brutverhalten und seine Bedrohung eingegangen.

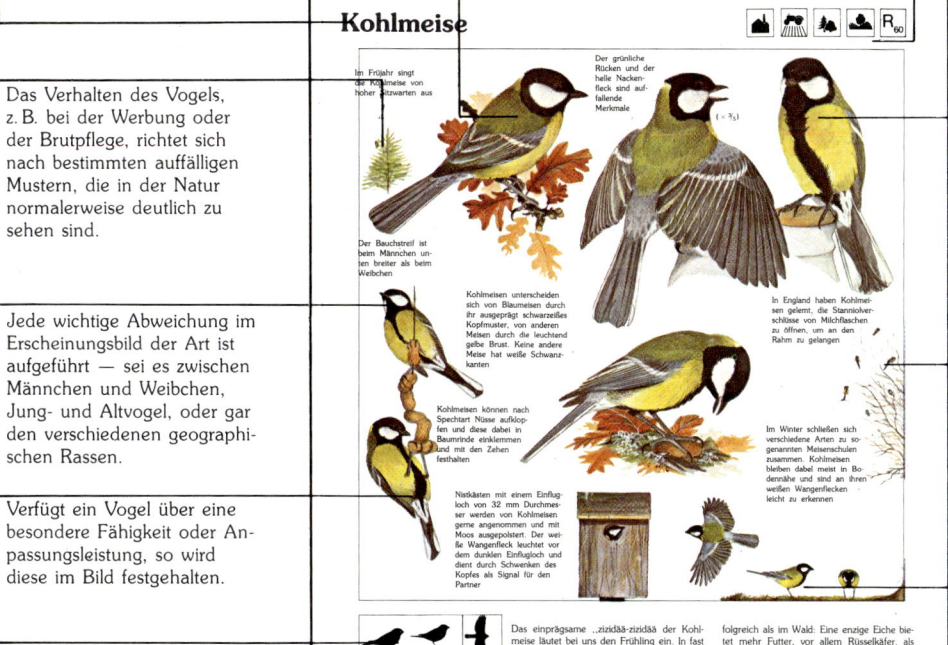

Kohlmeise

Im Frühjahr singt die Kohlmeise von hoher Sitzwarte aus

Der grünliche Rücken und der helle Nackenfleck sind auffallende Merkmale

(× ⅔)

Der Bauchstreif ist beim Männchen unten breiter als beim Weibchen

Kohlmeisen unterscheiden sich von Blaumeisen durch ihr ausgeprägt schwarzweißes Kopfmuster, von anderen Meisen durch die leuchtend gelbe Brust. Keine andere Meise hat weiße Schwanzkanten.

Kohlmeisen können nach Spechtart Nüsse aufklopfen und diese dabei in Baumrinde einklemmen und mit den Zehen festhalten.

In England haben Kohlmeisen gelernt, die Stanniolverschlüsse von Milchflaschen zu öffnen, um an den Rahm zu gelangen.

Im Winter schließen sich verschiedene Arten zu sogenannten Meisenschulen zusammen. Kohlmeisen bleiben dabei meist in Bodennähe und sind an ihren weißen Wangenflecken leicht zu erkennen.

Nistkästen mit einem Einflugloch von 32 mm Durchmesser werden von Kohlmeisen gerne angenommen und mit Moos ausgepolstert. Der weiße Wangenfleck leuchtet vor dem dunklen Einflugloch und dient durch Schwenken des Kopfes als Signal für den Partner.

Das einprägsame „zizidää-zizidää" der Kohlmeise läutet bei uns den Frühling ein. In fast ganz Europa ist sie häufig, bewohnt Wälder, Agrarlandschaften und Städte und kann als Kulturfolger bezeichnet werden. Selbst wenn natürliche Höhlen vorhanden sind, bevorzugt sie Nistkästen. An Futterhäusern ist sie regelmäßiger Gast und nimmt unter allen Meisenarten am liebsten Erdnüsse. Meist verweilt die Kohlmeise nur sehr kurz am Futterhaus: Sie orientiert sich, pickt schnell ein Korn auf und fliegt wieder ab, ehe bereits eine andere Meise landet. Da ihre akrobatischen Fähigkeiten geringer sind als die der anderen Meisen, geht sie nicht so gerne an Meisenringe. Zur Brutzeit ist die Kohlmeise auf Insekten angewiesen, mit denen sie ihre Jungen ausschließlich füttert. Bruten in Gärten sind daher meist kleiner und weniger erfolgreich als im Wald: Eine einzige Eiche bietet mehr Futter, vor allem Rüsselkäfer, als mehrere Gärten zusammen.
Im Durchschnitt werden neun bis zehn Eier gelegt. Bevor das Weibchen das Nest verläßt, wird das Gelege mit Moos abgedeckt, wie bei anderen Meisen auch. Das Nest wird vom Weibchen energisch verteidigt. Bei Revierstreitigkeiten trägt das Männchen seinen schwarzen Bauchstreifen zur Schau, um größer zu wirken. Das Stimmrepertoir der Kohlmeise ist beträchtlich: Man hat über 80 verschiedene Tonfolgen registriert.
In weiten Teilen Europas zwingt der Winter die Kohlmeisen dazu, nach Westen und Süden zu wandern. Die im Winter am Futterhaus erscheinenden Meisen sind daher meist nicht dieselben Vögel, die im Sommer den Nistkasten im Vorgarten bewohnen.

VERBREITUNGSKARTE

Aufenthalt sowohl im Sommer als auch im Winter

Sommerverbreitung

Überwinterungsgebiet

DAS ORANGENE BAND

Abwesenheit

Anwesenheit (jedoch keine Brutzeit)

Brutzeit

Anmerkung: Dieser Band zeigt das normalerweise frühestmögliche Datum der Ankunft in Europa und des Beginns der Brutzeit. Entsprechend gibt es den gewöhnlich spätestmöglichen Zeitpunkt für das Ende der Brutzeit und den Abflug an. Je nördlicher die Region, desto später sind diese Zeiten anzusetzen. Eine Schwalbe aus Afrika trifft in Nordschweden im Juni ein, in Nordspanien bereits am 15. März.

Vögel bestimmen – leicht gemacht

Reihenfolge der Arten

Anstelle der üblichen (wissenschaftlich-taxonomischen) Reihenfolge sind die Arten im Bestimmungsteil nach ihrer Ähnlichkeit geordnet — ähnliche Arten stehen beieinander, auch wenn sie nicht näher miteinander verwandt sind. Um einen unbekannten Vogel auf den Tafeln zu finden, geht man folgendermaßen vor: Man blättert die Tafeln durch, bis man die Vogelgruppe gefunden hat, die der unbekannten Art in Größe und Aussehen am ähnlichsten ist. Innerhalb dieser Gruppe findet man den gesuchten Vogel meist schnell. Die folgende Artenliste gibt die Anordnung der einzelnen Vogelarten im Buch wieder.

Zaunkönig

(× 3/5)
Der Gesang des Zaunkönigs ist für einen so kleinen Vogel erstaunlich laut

Links: kurze Entfernungen überwindet er dicht über dem Boden schwirrend. Rechts: in der typischen kecken Haltung wird der Schwanz gestelzt, oft begleitet von knicksenden Bewegungen

Die Rasse der Insel St. Kilda (äußere Hebriden) ist deutlich größer, grauer und stärker gestreift

2 Bruten mit je 6 Eiern sind normal. Das Männchen hilft bei der Fütterung der Jungen kaum. Das Weibchen bringt hauptsächlich Spinnen, Insekten und Würmer zum Nest

Bei Kälte plustern sich Zaunkönige zu kleinen Kugeln auf

Auf der Suche nach Nahrung huschen die Vögel durch bodennahes Gestrüpp, oder sie kriechen zwischen Baumwurzeln und in Felsspalten. Typisch ist dabei die kauernde Körperhaltung. Der Zaunkönig hat einen hellen Überaugenstreif und einen leicht abwärts gebogenen Schnabel

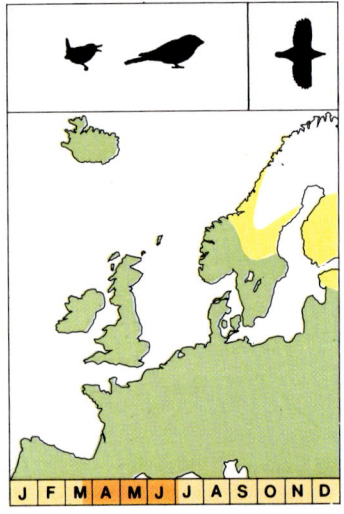

Der Zaunkönig *Troglodytes troglodytes* ist innerhalb der großen neuweltlichen Familie der Zaunkönige die einzige Art, die auch in Europa und Asien beheimatet ist.

Dieser winzige rundliche Vogel, der mit fast ständig steil aufgerichtetem Schwanz im bodennahen Gestrüpp umherhuscht, erinnert oft an eine Maus.

Der Zaunkönig lebt im unterholzreichen Wald, im Gebüsch und Gestrüpp, in Parks und verwilderten Gärten mit Reisighaufen und liegengelassenem Geäst; häufig ist er in der Nähe von Gewässern anzutreffen, wo er unermüdlich am überhängenden Ufer herumturnt. Dabei verschwindet er immer wieder im Gewirr der Baumwurzeln, um an einer anderen Stelle wieder aufzutauchen.

Wird er bei der Nahrungssuche oder gar in Nestnähe gestört, tut er seine Erregung mit lauten, harten „tek tek tek"- oder mit schnurrenden „zerrrr"-Rufen kund. Der Gesang des Männchens ist fast das ganze Jahr über, sogar an sonnigen Wintertagen, zu hören. Die laut schmetternden und trillernden Strophen enden meist mit einem höheren, scharfen Ton. Häufig wählt das Männchen als Singwarte einen Baumstumpf oder die unteren Zweige eines Baumes.

Im zeitigen Frühjahr bauen die Männchen mehrere Nester in ihrem Revier — kunstvolle Mooskugeln mit seitlichem Eingang, die auch Wurzeln, Blätter, Farn und Reiser enthalten. Für die Auspolsterung eines der halbfertigen Nester mit Haaren und Federn sorgt dann das Weibchen. Der Neststandort liegt meist niedrig im Gestrüpp oder in einem Jungbaum, manchmal werden auch Nistkästen ausgewählt.

Sommergoldhähnchen – Wintergoldhähnchen

Wintergoldhähnchen

Sommer-goldhähnchen

Durch den schwarzen Augenstreif, den weißen Überaugenstreif und die lebhafte Gefieder-färbung unterscheidet sich das Sommergold-hähnchen von der Zwillingsart. Die orange-farbenen Scheitelfedern des Wintergoldhähn-chen-Männchens fallen nur gesträubt auf

(×³⁄₅)

Obwohl sie Nadelbäume be-vorzugen, trifft man zur Zugzeit Goldhähnchen auch auf Laub-bäumen an

Wintergoldhähnchen turnen während der Nahrungssuche häufiger an der Unterseite der Zweige als Sommergoldhähnchen

Beide Partner beteiligen sich am Bau des kunstvollen Nestes. Be-sonders die Sommergold-hähnchen leben zur Brutzeit sehr heimlich

Goldhähnchen erinnern in Färbung und Verhalten an Laub-sänger. Manchmal rütteln sie auch vor Zweigspitzen

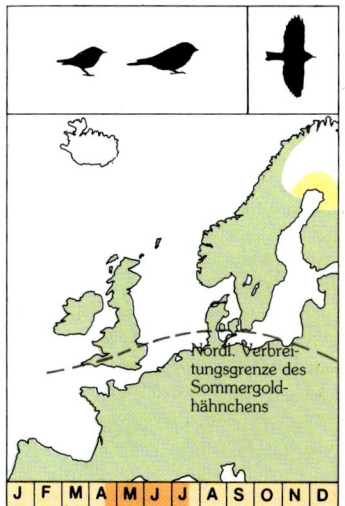

Nördl. Verbrei-tungsgrenze des Sommergold-hähnchens

| J | F | M | A | M | J | J | A | S | O | N | D |

Die kleinsten Vögel Europas sind das Som-mergoldhähnchen *Regulus ignicapillus* und das Wintergoldhähnchen *Regulus regulus*. Sie wiegen gerade halb so viel wie eine Blau-meise. Bei der Nahrungssuche turnen die winzigen Vögel rastlos im Gezweig umher und suchen nach kleinen Insekten, deren Larven und Puppen. Im Winterhalbjahr streifen Wintergoldhähnchen oft zusammen mit Meisen umher und kommen dann gele-gentlich an Futterhäuser.

Beide Goldhähnchen bewohnen Nadelwald, aber auch Nadelwaldinseln im Laubwald, das Wintergoldhähnchen ist jedoch noch mehr an Koniferen gebunden; während des Zuges trifft man jedoch beide Arten auch in dichtem Gebüsch oder in Laubbäumen an. Obwohl Goldhähnchen keineswegs scheu sind und manchmal recht nah an bewe-

gungslose Menschen herankommen, ist es trotzdem schwer, sie zu entdecken. Am ehe-sten verraten sie sich durch ihre zarten Rufe: ein sehr hohes, aber scharfes „sisisi" beim Sommergoldhähnchen und ein ebenfalls sehr hohes, aber durchdringendes „sri-sri-sri" beim Wintergoldhähnchen. Auch an-hand ihrer Reviergesänge lassen sich die bei-den Arten voneinander unterscheiden: Die kurzen Strophen des Sommergoldhähn-chens bestehen aus crescendomäßig an-schwellenden, kurzen und sehr hohen Tö-nen „sisisisisirr"; das Wintergoldhähnchen singt zwar in der gleichen Tonlage, aber ohne Crescendo und auf- und abschwingend mit einem etwas tieferen Schlußteil „sesim se-sim sesim seritete". Beide Goldhähnchen bauen ein dickwandiges Napfnest aus Moos und Gespinsten an Nadelbaumzweigen.

13

Kohlmeise

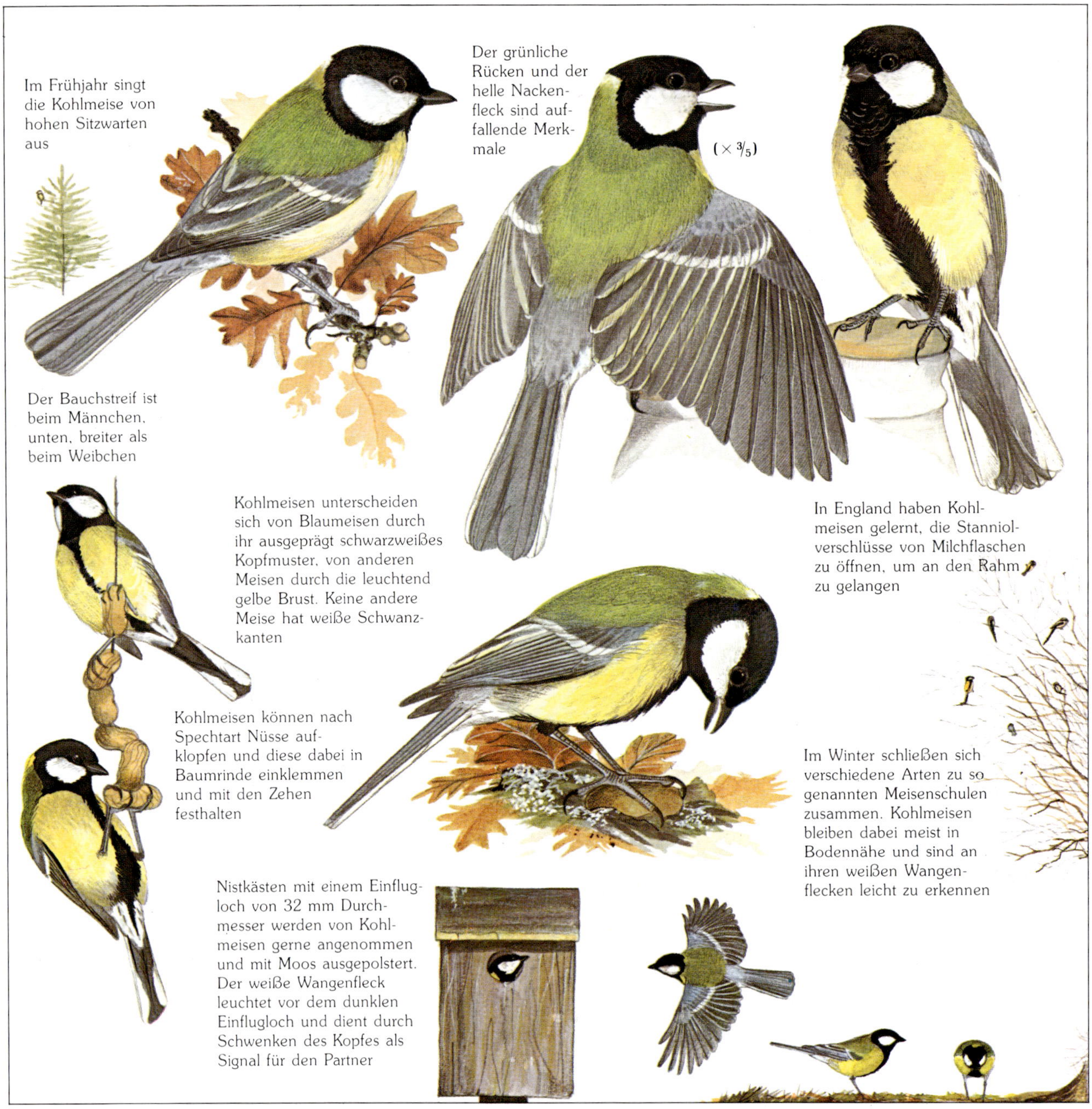

Im Frühjahr singt die Kohlmeise von hohen Sitzwarten aus

Der grünliche Rücken und der helle Nackenfleck sind auffallende Merkmale

($\times \frac{3}{5}$)

Der Bauchstreif ist beim Männchen, unten, breiter als beim Weibchen

Kohlmeisen unterscheiden sich von Blaumeisen durch ihr ausgeprägt schwarzweißes Kopfmuster, von anderen Meisen durch die leuchtend gelbe Brust. Keine andere Meise hat weiße Schwanzkanten

In England haben Kohlmeisen gelernt, die Stanniolverschlüsse von Milchflaschen zu öffnen, um an den Rahm zu gelangen

Kohlmeisen können nach Spechtart Nüsse aufklopfen und diese dabei in Baumrinde einklemmen und mit den Zehen festhalten

Im Winter schließen sich verschiedene Arten zu so genannten Meisenschulen zusammen. Kohlmeisen bleiben dabei meist in Bodennähe und sind an ihren weißen Wangenflecken leicht zu erkennen

Nistkästen mit einem Einflugloch von 32 mm Durchmesser werden von Kohlmeisen gerne angenommen und mit Moos ausgepolstert. Der weiße Wangenfleck leuchtet vor dem dunklen Einflugloch und dient durch Schwenken des Kopfes als Signal für den Partner

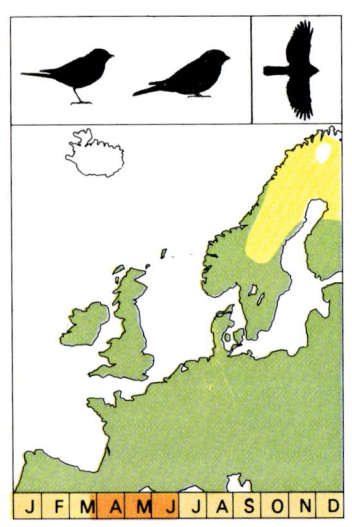

Das einprägsame „zizidää" der Kohlmeise *Parus major* läutet hier den Frühling ein. In fast ganz Europa ist sie häufig, bewohnt Wälder, Agrarlandschaften und Städte und kann als Kulturfolger bezeichnet werden. Selbst wenn natürliche Höhlen vorhanden sind, bevorzugt sie Nistkästen. An Futterhäusern ist sie regelmäßiger Gast und nimmt unter allen Meisenarten am liebsten Erdnüsse. Meist verweilt die Kohlmeise nur sehr kurz am Futterhaus: Sie orientiert sich, pickt schnell ein Korn auf und fliegt wieder ab, ehe bereits eine andere Meise landet. Da ihre akrobatischen Fähigkeiten geringer sind als die der anderen Meisen, geht sie nicht so gerne an Meisenringe. Zur Brutzeit ist die Kohlmeise auf Insekten angewiesen, mit denen sie ihre Jungen ausschließlich füttert. Bruten in Gärten sind daher meist kleiner und weniger erfolgreich als im Wald: Eine einzige Eiche bietet mehr Futter, vor allem Rüsselkäfer, als mehrere Gärten zusammen. Im Durchschnitt werden neun bis zehn Eier gelegt. Bevor das Weibchen das Nest verläßt, wird das Gelege mit Moos abgedeckt, wie bei anderen Meisen auch. Das Nest wird vom Weibchen energisch verteidigt. Bei Revierstreitigkeiten trägt das Männchen seinen schwarzen Bauchstreifen zur Schau, um größer zu wirken. Das Stimmrepertoire der Kohlmeise ist beträchtlich: Man hat über 80 verschiedene Tonfolgen registriert.

In weiten Teilen Europas zwingt der Winter die Kohlmeisen dazu, nach Westen und Süden zu wandern. Die im Winter am Futterhaus erscheinenden Meisen sind daher meist nicht dieselben Vögel, die im Sommer den Nistkasten im Vorgarten bewohnen.

Blaumeise

Die Blaumeise ist der einzige
heimische Singvogel mit blaugelbem
Gefieder

Während der Balz fliegt das
Männchen häufig in kurzem
schmetterlingsartigem Segelflug
mit vibrierenden Flügeln. Das
Weibchen baut das Nest allein, es
wird dabei aber oft vom Männchen begleitet

Mit zitternden Flügeln bettelt das Weibchen während der Balz nach Futter;
darauf übergibt das Männchen der
Partnerin eine Raupe

Blaumeisen turnen
sehr geschickt an
dünnen Zweigen,
auch mit dem Bauch
nach oben

(× 3/5)

Ein Altvogel mit den bereits flüggen
Jungen

Im Gegensatz zur
Kohlmeise sucht
die Blaumeise
ihre Nahrung nur
selten am Boden

Typische Balzhaltungen
des Männchens

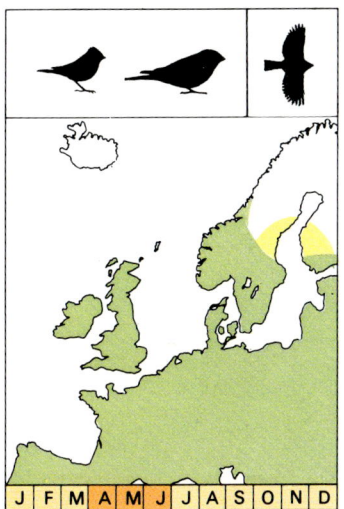

Die anmutige und hübsch gefärbte Blaumeise *Parus caeruleus* zählt zu den beliebtesten
Gartenvögeln. Wie die Kohlmeise ist sie eigentlich ein Waldbewohner; besonders häufig kommt sie in Wäldern mit hohem Eichen-
anteil vor. Auch wenn sie meistens etwas seltener ist als die größere Verwandte, hat sie
sich recht gut an die vom Menschen veränderte Umwelt angepaßt und zählt zu den
häufigen Vogelarten der Kulturlandschaft.
Sie turnt sehr geschickt im Gezweig, besonders an den äußersten Enden von dünnen
Zweigen; häufig sieht man sie bei der Nahrungssuche mit dem Bauch nach oben im
Gezweig hangeln. Im Frühjahr und Sommer
ernährt sich die Blaumeise vor allem von Insekten und deren Larven, und der Zeitpunkt
ihrer Brut fällt mit dem größten Insektenangebot in der Natur zusammen. In günstigen

Jahren liegen die durchschnittlichen Gelegegrößen bei über 13 Eiern. Dies entspricht in
etwa der Eierzahl, die die Amsel mit 3 Bruten erreicht. Die Todesrate ist jedoch hoch:
Von der „Großfamilie" überleben im Durchschnitt nur zwei.
Bei schlechtem Wetter oder Nahrungsmangel erscheinen viele Blaumeisen regelmäßig
als „Pendler" in der Stadt; man hat durch
planmäßige Beringung festgestellt, daß in
einem einzigen Garten pro Jahr mehr als
1000 verschiedene Blaumeisen auftraten,
während man dort höchstens sechs verschiedene Individuen gleichzeitig beobachten
konnte.
Während der Balz präsentiert sich das
Männchen dem Weibchen häufig mit etwas
gestelztem Schwanz, ausgebreiteten Flügeln
und mit gesträubten Kopffedern.

J F M A M J J A S O N D

15

Sumpfmeise – Weidenmeise

Die nördliche Rasse der Weidenmeise (Skandinavien) ist insgesamt heller grau

Die schwarze Kopfkappe der Weidenmeise reicht weiter in den Nacken als bei der Sumpfmeise und bewirkt einen „dickeren" Kopf

(× ³/₅)

Das dickköpfige Aussehen der Weidenmeise fällt auch von hinten auf

Die weißen Wangen sind sehr auffällig. Jungvögel beider Arten (unten) sind kaum zu unterscheiden

Die Sumpfmeise hat eine auffallende glänzendschwarze Kopfkappe

(× ³/₅)

(× ³/₅)

Die äußeren Schwanzfedern der Sumpfmeise sind 3 mm, die der Weidenmeise 5 – 10 mm kürzer als der Schwanz

Nur die Weidenmeise hat in ihren Flügeln ein helles Feld: während der Brutzeit verblaßt es langsam

Rückenansicht der Sumpfmeise: Flügel einheitlich graubraun, Nacken schlanker als bei der Weidenmeise

Die Gestalt der Weidenmeise (braun) ist rundlicher als die der Sumpfmeise (grau)

Sumpfmeisen sind typischere Meisen als die „pausbäckigen" Weidenmeisen

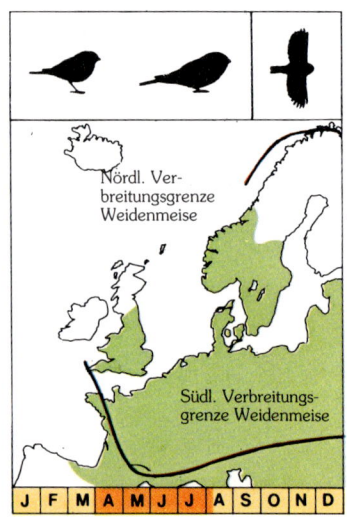

Nördl. Verbreitungsgrenze Weidenmeise

Südl. Verbreitungsgrenze Weidenmeise

J F M A M J J A S O N D

Die etwa blaumeisengroße Sumpfmeise *Parus palustris* unterscheidet man von der sehr ähnlichen Weidenmeise *Parus montanus* am besten anhand ihrer typischen Rufe: ein explosives „plitschi" oder „pitschü". Von der Weidenmeise hört man häufig gedehntnasale „däh däh däh"-Rufe.

Auch in den Biotopansprüchen gibt es deutliche Unterschiede: Die Sumpfmeise bewohnt — wie man aus ihrem deutschen Namen eigentlich schließen müßte — weniger Sümpfe, sondern Laub-.und Mischwald, Feldgehölze, Parks und Gärten. Die Weidenmeise trifft man oft an feuchteren Stellen, z. B. in flußbegleitenden Gehölzen, in Erlen-, Weiden- und Birkenbeständen auf feuchtem Boden, aber auch in Nadel- und Mischwäldern an. Die Alpenrasse der Weidenmeise lebt in der Latschenregion des Gebirges. Ein

anderes Unterscheidungskriterium ist das Nestbauverhalten: Während Sumpfmeisen natürliche Höhlen und Nistkästen beziehen, zimmern sich Weidenmeisen häufig ihre Höhlen in morsches Holz von Laubbäumen. Nistkästen beziehen sie meist nur, wenn diese mit einem weichen Material gefüllt sind, das sie entsprechend ihrer Veranlagung heraushacken können. Die Gelege der „Graumeisen", wie man Sumpf- und Weidenmeise auch nennt, enthalten im Durchschnitt weniger Eier als die der anderen Meisenarten.

Im Gegensatz zur Weidenmeise erscheint die Sumpfmeise im Winter häufig an Futterhäusern in Gärten und Parks. Meist treten sie paarweise auf und fliegen fortwährend zum Futterplatz; jedesmal nehmen sie einige Samen mit, um sie an geeigneten Stellen zu verstecken.

Tannenmeise

Das Sammeln von Baumfrüchten ist im Herbst typisch

Tannenmeisen erkennt man an der glänzenden schwarzen Kopfkappe, an den weißen Wangen und dem länglichen weißen Nackenfleck

Das Gefieder der mitteleuropäischen Rasse ist mehr blaugrau

$(\times \frac{3}{5})$

Im Verhältnis zum winzigen Körper und zum kurzen Schwanz wirkt der Kopf relativ groß

Typische Körperhaltung beim Sitzen (unten) und bei der Nahrungssuche (oben)

Außerhalb der Brutzeit sieht man Tannenmeisen mit anderen Meisenarten und mit Goldhähnchen in gemischten Trupps

Bei Jungvögeln sind die Wangen, der Nackenfleck und der Bauch gelblich gefärbt. Im Flug sind die 2 Flügelbinden ein gutes Erkennungsmerkmal

Bei der irischen Rasse (unten) sind die Wangen und der Nackenfleck gelblichbeige

Tannenmeisen nisten in Baumhöhlen, Baumstubben und Mauerlöchern, aber auch in verlassenen Mauslöchern

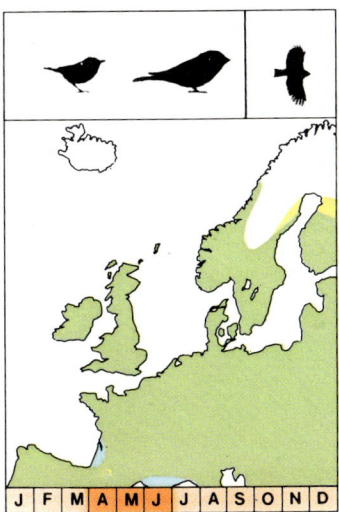

Die Tannenmeise *Parus ater* ist die kleinste der heimischen Meisen — sie wiegt nicht einmal die Hälfte einer Kohlmeise! Sie kommt hauptsächlich im Fichten- und Tannenwald vor, seltener im Kiefernwald; sie besiedelt jedoch auch Nadelwaldinseln inmitten von Laubwald. Sie hat durch die Pflanzung von Fichtenwald profitiert und zählt bei uns zu den häufigsten Meisen. Zur Nahrungssuche turnen Tannenmeisen hoch in Nadelbäumen herum, dabei wirken sie immer rastlos. Ihr relativ langer und schlanker Schnabel ist gut geeignet, um kleine Insekten auch zwischen den Schuppen von Tannenzapfen hervorzuholen. In Jahren mit reichlichem Angebot an Zapfen verzehren die Meisen sehr viele Fichtensamen und sind dann viel seltener an den Futterstellen anzutreffen. Wenn sie nicht gestört werden, verstecken Tannenmeisen ähnlich den Sumpfmeisen Samen und Kerne; sie wählen dazu die äußersten Bereiche an dichten Nadelzweigen, denn dort suchen sie auch sonst Nahrung. Außerdem sind die Körnchen hier vor den anderen Meisenarten sicher.

Tannenmeisen nisten häufig in verfaulten Baumstümpfen niedrig über dem Boden. Fehlen die Baumstümpfe, müssen die Meisen mit Kleinnagerbauen vorliebnehmen. Die gewöhnlich zwölf Eier werden allein vom Weibchen bebrütet. Nach dem Schlüpfen der Jungen beteiligen sich beide Partner an den Fütterungen und schleppen große Mengen Insekten herbei. Tannenmeisen scheinen vor dem Menschen keine allzu große Angst zu haben; besonders auf Friedhöfen und in Kurgebieten werden sie oft sehr vertraut und kommen sogar auf die Hand.

J F M A M J J A S O N D

Haubenmeise

Haubenmeisen fliegen während der Balz trillernd um Baumspitzen

Mit ihrer schwarz-weiß geschuppten Federhaube und dem Muster der Kopfseiten ist die Haubenmeise unverkennbar. Ähnlich wie andere Meisen turnt sie im Gezweig herum, jedoch nie in großen Trupps

Balzfüttern zeigen Haubenmeisen schon relativ früh im Jahr

(× ³⁄₅)

Typische Neststandorte sind Baumhöhlen. Das Nest besteht aus Moos und Flechten und wird innen weich ausgepolstert

Manchmal suchen Haubenmeisen an Baumstämmen nach Nahrung

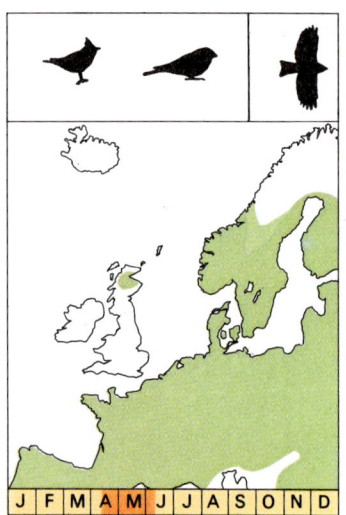

J F M A M J J A S O N D

An ihrer spitzen Federhaube ist die Haubenmeise *Parus cristatus* leicht zu erkennen. Sie ist in mehreren Rassen über weite Teile Europas verbreitet. Die Haubenmeise ist noch mehr als die Tannenmeise an Nadelwald gebunden, bewohnt jedoch auch kleine Nadelwaldinseln inmitten von Laubwald. Sie lebt vorwiegend im Kiefern- und Fichtenwald, im Gebirge kommt sie bis zur Baumgrenze vor; außerhalb der Brutzeit streifen die Vögel sogar bis in Höhen von 2300 m umher.

Meistens sind Haubenmeisen sehr standorttreu und bleiben das ganze Jahr in ihrem Brutgebiet. Ihre bevorzugte Nahrung — kleine Insekten, deren Entwicklungsstadien und Spinnen — suchen sie meist hoch in den Nadelbäumen. Daher wird man auf diese Meise oft erst durch ihre schnurrend-rollenden Rufe aufmerksam: „ürrr-r" oder „zizi-

gürrr-r". Wie die Weidenmeise zimmern sich Haubenmeisen ihre Nisthöhle am liebsten selber und beziehen Nistkästen nur dann, wenn sie keine geeigneten Naturhöhlen finden, die sie entsprechend zurechthacken und -formen können. Auch sie nehmen künstliche Nistkästen dann eher an, wenn diese mit Holzmulm gefüllt sind. Das Gelege von durchschnittlich 5 — 7 Eiern ist für Meisenverhältnisse recht klein, und die Eier der Haubenmeise sind stärker gezeichnet als die anderer Meisen. Die Brutzeit von 14 Tagen und die Nestlingszeit von 18 Tagen entsprechen jedoch der „Meisen-Norm".

Entsprechend ihren Lebensraumansprüchen und ihrer nur geringen sozialen Veranlagung sind Haubenmeisen nicht so zahlreich an Futterstellen anzutreffen wie Kohl- und Blaumeisen; meist treten sie paarweise auf.

Schwanzmeise

Schwanzmeisen turnen rastlos und geschickt im Gezweig

(× 3/5)

Ober- wie unterseits sind Schwanzmeisen schwarz-weiß-rosa gefärbt

Manchmal sieht man die Schwanzmeisen von einem Baum zum nächsten fliegen

Mitteleuropäische Rasse mit breitem dunklem Überaugenstreif

Das erste Nest wird oft niedrig in Büschen, das zweite hoch in eine Astgabel gebaut

Während des hüpfend wirkenden Fluges ist der lange Schwanz besonders auffällig

Östliche Rasse mit rein weißem Kopf

Beim Brüten schaut häufig der lange Schwanz aus dem kunstvollen Nest heraus

Im Winter drängen sich Schwanzmeisen eng aneinander, um sich zu wärmen

Ein Jungvogel, kenntlich an der braunen Kopfzeichnung, wird gerade gefüttert

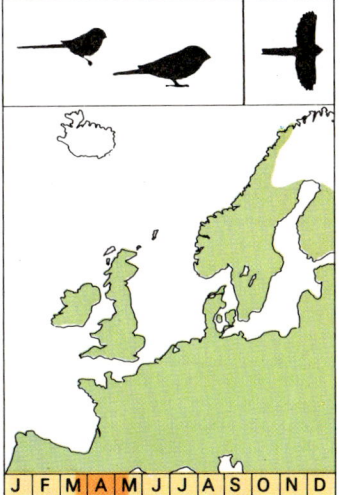

Das Nest der Schwanzmeise *Aegithalos caudatus* ist eines der kunstvollsten und aufwendigsten der heimischen Vogelwelt. Es ist meist gut versteckt im oberen Bereich von dornigen Büschen und Hecken oder auch dicht am Stamm eines Baumes. In den kugeligen bis ovalen Kinderstuben der Schwanzmeisen hat man schon über 2000 Einzelteile wie Moos, Flechten, Pflanzenwolle, Federn und Haare gezählt. In manchen Gegenden, in denen die Flechten durch Luftschadstoffe selten geworden sind, haben Schwanzmeisen schon anstatt dieses Naturbaustoffes Papier verwendet.

Bereits Anfang April ist das Nest fertig, und das Weibchen brütet auf den acht bis zwölf Eiern. Obwohl die Nester meist gut getarnt sind, werden viele von Nesträubern gefunden und zerstört. Um diese Verluste ausgleichen zu können, sind 2 Bruten im Jahr notwendig. Die Schwanzmeise ist mit den echten Meisen nur entfernt verwandt, besitzt aber deren Behendigkeit und Rastlosigkeit bei der Nahrungssuche. Häufig sieht man sie an den äußersten Zweigenden nach Nahrung suchen. Ihr geringes Gewicht, die langen Beine und der extrem lange Schwanz, der ihnen als Balancierstange dient, kommen den Schwanzmeisen dabei zugute.

Schwanzmeisen sind sehr gesellig und streifen außerhalb der Brutzeit in kleinen, eng zusammenhaltenden Trupps umher. Durch ihre hohen und durchdringenden Rufe aufmerksam geworden, sieht man sie in den unbelaubten Bäumen umherturnen. Dort finden sie auch im Winter genug kleine Insekten, Spinnen, Larven und Puppen, die unter der Rinde überwintern.

J F M A M J J A S O N D

Heckenbraunelle

Heckenbraunellen sind verborgen lebende Vögel, die wie Mäuse durch das Unterholz schlüpfen; ihr Flug wirkt huschend

Das abgenutzte Federkleid am Ende der Brutsaison ist unauffällig graubraun. Der Schnabel ist viel schlanker als beim Hausspatz

Im Vergleich zum Hausspatzen wirkt der Flug der Heckenbraunelle ruhig und elegant; oft kann man den grauen Kopf und den gestrichelten Rücken erkennen

(× 3/10)

Nach der Mauser kann man Heckenbraunellen mit Hausspatzen verwechseln, denn beide sind oberseits ähnlich gemustert: Heckenbraunellen haben aber einen feinen Schnabel, rötliche Augen und einen grauen Kopf

Von nahem betrachtet ist das Gefieder der Heckenbraunelle erstaunlich reichhaltig und zart gemustert

(× 3/5)

Mit ihrer grauen Unterseite sind sie im Gebüsch gut getarnt

Diese Vögel benehmen sich unauffällig: sie hüpfen meist geduckt am Boden und suchen nach Freßbarem. Sie können sich aber auch wie Spatzen aufrichten (links)

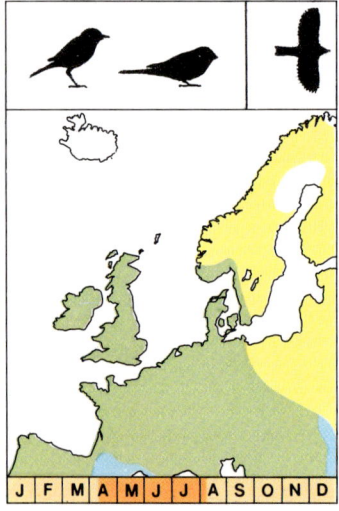

Die Heckenbraunelle *Prunella modularis* ist ein scheuer Vogel des Unterholzes, der sich nur im Frühjahr während des Reviergesanges einmal mehr als nur einen Augenblick lang zeigt. Sonst sieht man ihn gelegentlich einmal in geduckter Haltung am Boden hüpfen, bevor er gleich wieder in der Dekkung verschwindet. Und doch ist er ein relativ häufiger Singvogel, besonders in Nadel- und Mischwäldern, in Parks und Gärten mit dichtem Bewuchs; auch im Gebirge ist die Heckenbraunelle nicht selten, dort trifft man sie sogar noch in der Latschenregion an. Heckenbraunellen sind Teilzieher, das heißt, einige überwintern bei uns, die Mehrzahl von ihnen zieht jedoch in wärmere Länder. Auch am Futterplatz halten sie sich meistens am Boden auf.
Bei Erregung rufen Heckenbraunellen hoch

pfeifend „zieh", im Flug ist oft ein hohes, reines „dididi" zu hören. Der Gesang ist von heller Klangfarbe, wohlklingend und wird eilig zwitschernd vorgetragen; er erinnert etwas an das Quietschen eines ungeölten Rades. Bereits ab März singen die Männchen, häufig auf der Spitze einer Fichte.
Das festgefügte Moosnest wird sehr gut versteckt in Jungfichten oder dichtes Gebüsch gebaut. Die leuchtend blauen Eier kontrastieren stark zum überwiegend grünen Nest. Die etwas größere und kräftigere **Alpenbraunelle** *Prunella collaris* ist lebhafter gefärbt als die unscheinbare Heckenbraunelle; die Flanken sind mit großen rotbraunen Flecken gemustert. In ihren Bewegungen wirkt sie lerchenartig. Häufig ruft sie „drür". Alpenbraunellen brüten an sonnigen Hängen der Alpen in über 1500 m Höhe.

J F M A M J J A S O N D

Rotkehlchen

Der Flug des Rotkehlchens ist elegant und leicht

(× 3/10)

Ein Altvogel sucht am Boden nach Insekten; bei der Nahrungssuche halten die Vögel oft ihren Kopf leicht schräg

Das Nest ist meist gut am Boden versteckt

Die Männchen singen meist in der Deckung von Büschen oder Bäumen

Links ein Altvogel bei der Nahrungssuche, rechts hoch aufgerichtet in Alarmbereitschaft

(× 3/5)

Von hinten wirkt der Kopf klein und schmal

Im ersten Sommer färben Jungvögel vom bräunlich gefleckten Jugendkleid in das Alterskleid um

Jungvögel haben eine gefleckte Brust

Aggressive Rotkehlchen sträuben das rote Brustgefieder und neigen sich von einer Seite zur anderen

Bei der Futtersuche zeigen Jungvögel dasselbe Verhalten wie Altvögel

Die typische Angriffshaltung

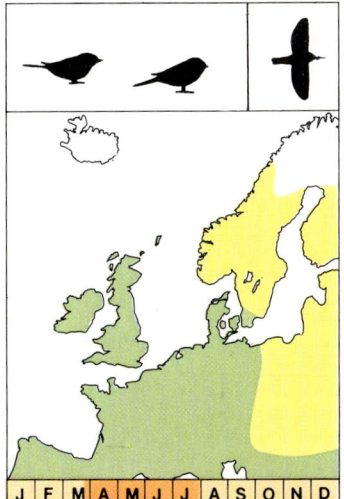

Einer unserer populärsten und anmutigsten Singvögel ist das Rotkehlchen *Erithacus rubecula*. Neben der bezeichnenden roten Kehle und Brust fallen uns vor allem die großen dunklen Augen auf.

Zur Nahrungssuche halten sich Rotkehlchen oft am Boden auf; dabei knicksen sie häufig und stelzen den Schwanz. Besonders in der Abenddämmerung hört man eine schnelle Folge von scharfen „zick"-Lauten, das sogenannte Schnickern. Die Männchen singen bereits ab März, meist aus der Deckung von Büschen und Bäumen. Die herabperlenden klaren Tonreihen haben einen melancholischen und feierlichen Klangcharakter; die recht langen Strophen beginnen mit hohen und reinen Flötentönen. Trotz ihres „sanften" Aussehens sind Rotkehlchen aggressive Vögel: Sie verteidigen ihre Reviere vehement gegen Artgenossen, die Männchen attackieren sogar ein Bündel roter Federn, als wäre es die rote Frontpartie eines Artgenossen.

Das Brutgeschäft beginnt früh im Jahr, so daß pro Jahr zwei bis drei Bruten flügge werden können. Die Jungen schlüpfen in einem Napfnest aus alten Blättern, Gras und Moos; meist wird die Kinderstube am Boden in dichtem Bewuchs, zwischen Baumwurzeln oder in bodennahen Höhlungen gebaut. Die 5 — 6 Eier sind in ihrer Tarnfärbung (rahmgelb mit rostfarbenen Flecken) hervorragend an das alte Laub der Umgebung angepaßt. Dem Menschen gegenüber verhalten sich Rotkehlchen oft bemerkenswert vertraut: häufig kommen sie im Garten neugierig und furchtlos herbei und picken die beim Umgraben freigelegten Insekten auf.

Feldsperling

Ein Paar Feldsperlinge in einem Baum: Bis auf die rötlichbraune Kopfkappe und die geringere Größe sind sie den Haussperlingen recht ähnlich. Die Rufe sind ebenfalls verschieden

Mit dem rotbraunen Schulterfleck ähnelt der Feldsperling im Flug einem Haussperlings-Männchen

(× ³/₁₀)

Während der Futtersuche hüpfen Feldsperlinge unauffällig auf dem Boden und picken nach Freßbarem

Beim Tschilpen zucken Feldsperlinge unentwegt mit dem Schwanz

Feldsperlinge nisten in Baumhöhlen, sie beziehen auch häufig Nistkästen

Haussperlings-Männchen: grauer Oberkopf, größer schwarzer Kehllatz

Männchen und Weibchen sind beim Feldsperling gleich gefärbt

(× ³/₅)

Feldsperlinge haben einen kleineren schwarzen Kehllatz als Haussperlings-Männchen

Haussperlings-Weibchen: unscheinbar graubrauner Kopf, heller Schnabel

In gemischten Sperlingstrupps kann man Feldsperlinge an der geringeren Größe und den weißen Wangen mit schwarzem Fleck erkennen

Kopfansicht des Feldsperlings

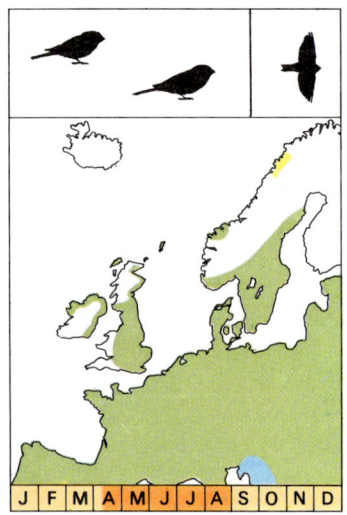

J F M A M J J A S O N D

In Europa ist der Feldsperling *Passer montanus* in den meisten Gegenden deutlich seltener als der Haussperling. Er ist weit weniger anpassungsfähig und nicht in dem Maße an Siedlungen, dafür aber mehr an Bäume gebunden. Als Lebensraum bevorzugt er offene Kulturlandschaft mit Hecken, Feldgehölzen, Obstgärten und Waldrändern; man trifft ihn am Rand von Dörfern und Städten und auch in Parks und Gärten mit Baumbestand.

Häufig ziehen Feldsperlinge ihre Jungen in Nistkästen auf; dabei vertreiben sie oft kurzerhand andere Kleinvögel wie Blaumeisen oder Trauerschnäpper, die den Nistkasten schon in Besitz genommen hatten. Dem Haussperling gegenüber sind sie aufgrund ihrer geringeren Größe oft im Vorteil, denn sie können sich in Schlupflöcher hinein-

zwängen, für die der größere Bruder einfach zu dick ist. Das Nest ist ähnlich kugelig und unordentlich wie das des Haussperlings, die Eier sind dunkler und mehr braun. Pro Jahr werden zwei bis drei Bruten mit jeweils 4 — 6 Eiern gezeitigt; auch sonst entspricht die Brutbiologie weitgehend der des Haussperlings. Die Stimme des Feldsperlings ist etwas durchdringender als die des Haussperlings. Bei Erregung ruft er hart „tek tek tek", oft auch mit „zwit" kombiniert. Das Tschilpen ist ähnlich rhythmisch und stammelnd wie beim Haussperling, erscheint aber etwas kürzer und geräuschhafter.

Feldsperlinge sind ebenso gesellig wie Haussperlinge, jedoch unauffälliger und nicht so lärmend. Im Winter besuchen sie oft in Trupps Futterhäuser an Dorfrändern, häufig zusammen mit Goldammern.

Haussperling

Haussperling
verfolgt Taube

Ein Sperlingstrupp fällt in ein Kornfeld ein

(× ³/₁₀)

Macht gelegentlich
Jagd auf fliegende
Insekten

Adultes Männchen mit
weißem Flügelstreif und
kastanienfarbenen Schul-
tern

Gruppenbalz mehrerer Männchen: sie
umkreisen sich mit gestelztem Schwanz
und hängenden Flügeln

Weibchen und
Jungvögel sind
gleich gefärbt

Jungvögel färben in das
Alterskleid (unten) im
August oder September
um

Gewöhnlich bauen Haus-
sperlinge ihr unordentliches
Nest in Höhlungen an Gebäuden, Freinester in Büschen
sind selten; sie sind rundlich
und überdacht

Je nach Körperhaltung sieht man unterschiedliche Gefiederpartien wie den grauen
Bürzel

Weibchen sind ober-
seits schlicht grau-
braun, eintöniger als
die Männchen

Im Winter sind auch die Männchen matter
gefärbt; der schwarze Kehllatz ist mit
weißen Federchen durchsetzt, der Schnabel
braun und gelblich gefärbt

(× ³/₅)

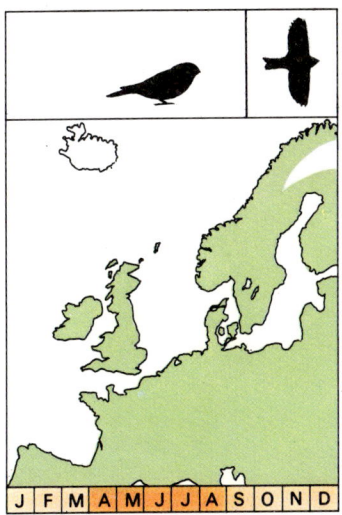

Der Haussperling *Passer domesticus* ist der Liebling vieler Menschen, denn sie schätzen seine Frechheit und Anpassungsfähigkeit; anderen Menschen ist er verhaßt, denn er verstopft mit seinen Nestern die Dachrinne und frißt im Spätsommer das reife Getreide. Auf jeden Fall ist er der bekannteste und im Siedlungsbereich oft der häufigste Vogel. Trotz seiner offensichtlichen Vertrautheit dem Menschen gegenüber ist der Haussperling ein wachsamer und robuster Vogel, der sich nicht nur in Eurasien, seiner Heimat, stark ausbreiten konnte, sondern sich auch in anderen Kontinenten behauptete, in die er mit Hilfe des Menschen gelangen konnte. Bei Erregung ruft der Haussperling durchdringend „tetetet". Das allbekannte Tschilpen ist seiner Funktion nach ein echter Gesang. Der Haussperling ist ein Verwandter der Webervögel und wie diese sehr gesellig; häufig trifft man ihn in lärmenden Trupps an, die einander ständig verfolgen und dabei tschilpen und zetern.
Im Gegensatz zum Buchfink *hüpft* der Haussperling auf dem Boden und badet auch gerne in Staub und Sand.
Die Nester werden häufig unter Dachrinnen oder in Mauerlöchern angelegt, ebenso im Efeu an einer Hauswand oder in einer Baum- oder Nisthöhle. Die Gelegegröße schwankt meistens zwischen 4 — 6 Eiern. Beide Partner wechseln sich mit dem Brüten ab, der Anteil des Männchens steigt im Verlauf der etwa 12 Tage etwas an. Wenn die Jungen geschlüpft sind, sorgt vorwiegend das Männchen für die Nahrungsbeschaffung, denn das Weibchen muß die Nestlinge hudern, damit sie nicht auskühlen.

JFMAMJJASOND

23

Bluthänfling — Berghänfling

Männchen
des Blut-
hänflings

Männchen
des Blut-
hänflings

Junger Bluthänfling

Weibchen Bluthänfling

(× 3/10)

Männchen
Bluthänfling

Bei beiden Geschlechtern und in
jedem Alter ist im Flug das Weiß
von Flügeln und Schwanz auffällig. Bluthänflinge haben einen
leichten hüpfenden Flug

Weibchen des
Berghänflings

Männchen
des Berg-
hänflings mit
rötlichem
Bürzel

Stirn und Brust des Blut-
hänfling-Männchens sind
karminrot, der Kopf ist
grau, die Oberseite zimt-
braun

(× 3/5)

(× 3/10)

Berghänflinge sind
dunkler braun als
Bluthänflinge mit
weniger Weiß in
Flügel und
Schwanz

Das Weibchen des
Bluthänflings ist
matter gefärbt und
stets ohne Rot. Beide
Geschlechter haben
relativ lange Flügel

(× 3/5)

Ein weiblicher
Berghänfling mit
rahmfarbener Kehle
und orange-
braunem Nacken

Junge Bluthänflinge
sind stärker gestreift
als Weibchen

Berghänflinge im typischen
Lebensraum

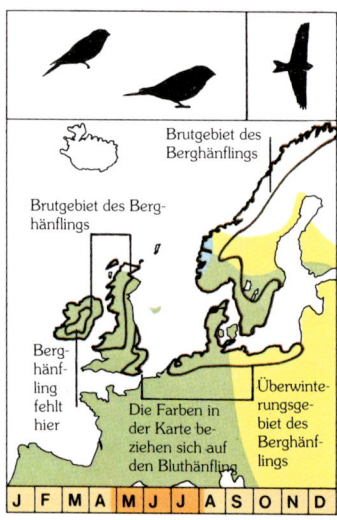

Brutgebiet des
Berghänflings

Brutgebiet des Berg-
hänflings

Berg-
hänf-
ling
fehlt
hier

Die Farben in
der Karte bezie-
hen sich auf
den Bluthänfling

Überwinte-
rungsge-
biet des
Berghänf-
lings

J F M A M J J A S O N D

Der Bluthänfling *Acanthis cannabina* ist ein
typischer Vogel der offenen Kulturlandschaft
mit Hecken und Gehölzen; ebenfalls häufig
ist er in Weinbergen und Wacholderheiden
anzutreffen, und auch auf Friedhöfen wird er
regelmäßig beobachtet. Parks und Gärten
besiedelt er vor allem, wenn sie an Stadt-
oder Dorfrändern gelegen sind.
Hänflinge sind sehr gesellig und fliegen auch
während der Brutzeit truppweise zur Nahrungssuche. Sie turnen niedrig auf krautigen
Pflanzen wie Kletten, Ampfer, Ackersenf
oder Gänsefuß, um die Samen herauszu-
klauben. Die Jungen werden teilweise auch
mit Insekten gefüttert.
Von den Trupps hört man ständig nasal stot-
ternde „gegegeg"-Rufe, bei Beunruhigung
äußern die Vögel ein gedehntes und nasales
„düje". Der Gesang des Männchens klingt

nasal geckernd, aber durchaus angenehm;
er beginnt mit einer sich beschleunigenden
Serie der typischen Rufe und geht in hastig
vorgetragene Triller, Pfeiftöne und geräusch-
hafte Laute über.
Bluthänflinge brüten häufig in kleinen Kolonien; ihre Nester aus Halmen, Wurzeln und
Bast bauen sie niedrig in Hecken, dichte Büsche oder Jungbäume.
Der ähnliche Berghänfling *Acanthis flavirostris* tritt bei uns nur als Wintergast auf; von
Oktober bis März sind diese Vögel regelmäßig auf Strandwiesen, Stoppeläckern oder
Quellerflächen an der norddeutschen Küste
zu beobachten. Ihre Brutgebiete liegen in
Nordeuropa: an steinigen und vegetations-
armen Küsten, auf Moor- und Heideflächen
sowie in Gebirgsgegenden. Pro Jahr sind
1 — 2 Bruten die Regel.

Birkenzeisig

Vom Birkenzeisig gibt es in Europa 2 Rassen, eine der Alpen/Englands und eine skandinavische Rasse

Birkenzeisige singen entweder hoch auf Bäumen, im normalen Flug oder im kreisenden Singflug mit verlangsamten Flügelschlägen

(× ³/₁₀)

Männchen der Alpenrasse

Männchen der Alpenrasse

(× ³/₅)

Nordeuropäische Birkenzeisige sind größer und heller als die Vögel der Alpenrasse

(× ³/₁₀)

Skandinavischer Birkenzeisig

(× ³/₅)

(× ³/₁₀)

Bei jungen Birkenzeisigen fehlt der rote Scheitelfleck und der schwarze Kinnfleck. Bei der Nahrungssuche hängen Birkenzeisige oft wie Blaumeisen an Zweigen

Das Gefieder der Alpenrasse ist überwiegend bräunlich gestreift und unterseits rahmfarben. Durch Abnutzung verliert es im Herbst an Kontrast

Der Polarbirkenzeisig ist viel heller und größer als seine Verwandten

(× ³/₅)

Birkenzeisige sind kleine bewegliche Vögel mit kurzem Schwanz und hornfarbenem Schnabel. Allen Formen gemeinsam ist der rote Scheitelfleck und der schwarze Kinnfleck der Männchen

Männchen des nordischen Birkenzeisigs

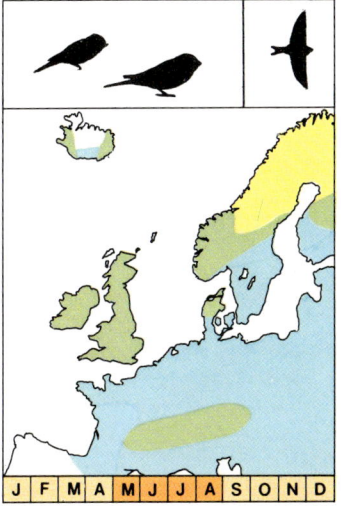

Ohne den typischen Ruf, ein schnelles, weit hörbares „dschedschedsche" zu hören, könnte man den Birkenzeisig *Acanthis flammea* für einen Bluthänfling halten. Der Gesang des Männchens klingt rauh zwitschernd und etwas schwirrend, ist mit klangvollen Pfeiftönen untermischt und endet häufig mit den typischen Flugrufen.

Birkenzeisige der mitteleuropäischen Rasse *(cabaret)* brüten in lockeren Nadelwäldern der Alpen in Höhen über 1200 m, besonders im Bereich der Baumgrenze; sie sind aber auch in Mittelgebirgen, in Moorgebieten des Alpenvorlandes und in Nadelholzschonungen des Tieflandes Brutvögel. In den letzten Jahrzehnten hat diese Art ihr Brutgebiet erweitert und nistet sogar schon in einigen Städten Süddeutschlands.

Im Winterhalbjahr trifft man die geselligen Vögel in Schwärmen auf Erlen und Birken an, wo sie die begehrten Samen herausklauben; gelegentlich besuchen sie auch Futterhäuschen. Im Frühjahr werden vor allem Knospen und Insekten verzehrt.

Wie der Bluthänfling nistet auch der Birkenzeisig häufig in lockeren Kolonien; die Nester werden meistens in Büschen und Bäumen bis in 15 m Höhe angelegt.

Die im Winter beobachteten Birkenzeisige gehören zum Teil der etwas größeren und helleren nordeuropäischen Rasse (*A. f. flammea*) an. Der ebenfalls relativ große Polarbirkenzeisig wird dagegen überwiegend als eigene Art *Acanthis hornemanni* angesehen. Sein Bürzel ist weiß und ungestreift, das Gefieder ist recht hell und sieht wie „bereift" aus. Er ist Brutvogel der Tundra im hohen Norden Skandinaviens.

Grünling

Das Männchen singt schon ab Februar in fledermausartigem Balzflug

Mit seinem gelb-grünen Gefieder ist der kräftig gebaute Grünling kaum zu verwechseln; im Flug fällt die gelbe Flügelzeichnung besonders auf: Weibchen und Jungvögel sind matter gefärbt, die gelben Abzeichen in Flügel und Schwanz sind undeutlicher

(× 3/10)

Weibchen

Grünlinge sind streitlustige und aggressive Vögel. Am Futterplatz verbringen sie oft mehr Zeit mit Rangeleien als mit Fressen

Nach der Mauser im Sommer sind die Männchen insgesamt etwas grauer gefärbt. Typisch für den Grünling ist der kräftige Kegelschnabel

(× 3/5)

Jungvogel

Weibchen und Jungvögel kann man leicht mit Haussperlings-Weibchen verwechseln

Grünlinge fliegen zur Nahrungssuche gern in größeren Trupps, häufig mit Sperlingen, Buchfinken oder Goldammern zusammen

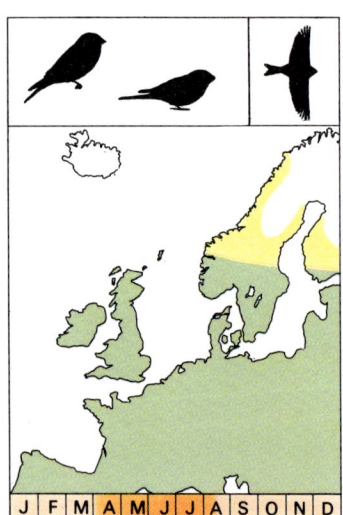

J F M A M J J A S O N D

Der Grünling *Carduelis chloris* ist unser größter gelbgrüner Fink. Er kommt häufig in der Kulturlandschaft mit Hecken und Waldrändern, in lichten Mischwäldern und in Obstgärten vor; Parks und Gärten besiedelt er sogar mitten in der Großstadt.

Beim Abflug rufen Grünlinge oft klingelnd „gügügü", bei einer Störung nasal „diu", bei Auseinandersetzungen schnarrend „tsrr". Der Gesang des Männchens besteht aus kanarienartig klingelnden und trillernden Touren von unterschiedlichem Tempo und Klang, dazwischen sind immer wieder an Kleiber erinnernde Pfeiflaute und gedehnte Quetschlaute zu hören. Bereits im Februar kann man den fledermausartigen Singflug der Männchen beobachten, wobei der Vogel mit stark verlangsamten Flügelschlägen hin und her taumelt.

Zur Nahrungssuche fliegen die außerhalb der Stadt lebenden Grünlinge häufig auf Ödland, wo sie Samen und Knospen verschiedener krautiger Pflanzen und Bäume verzehren.

Das Brutgeschäft beginnt — je nach Witterung — Ende März oder Anfang April. Das Weibchen baut ein ordentliches, lockeres Nest aus Zweigen, Wurzeln, Halmen, Moos und Pflanzenwolle. Als Neststandort wird häufig eine geschützte Stelle in einem dichten Busch oder jungen Baum oder in einer Hecke gewählt. Manche Grünlinge nisten auch in Kletterpflanzen oder sogar in Blumenkästen auf dem Balkon.

Neben den Amseln sind Grünlinge vielerorts die häufigsten Futterhausgäste. Wenige von ihnen vertilgen oft das für eine ganze Vogelschar bemessene Futter.

Stieglitz

Im Flug fällt die breite gelbe Flügel-binde auf, auch im Jugendkleid

(×³/₁₀)

An Brust und Flanken sind adulte Stieglitze bräunlich gefärbt, sonst unter-seits weiß

Stieglitze sitzen gerne auf Leitungen

Von unten sieht man die weißen Schwanz-abzeichen

Die rote Ge-sichtsmaske reicht beim Männchen weiter hinter die Augen

Im Winter ist die Schnabelspitze generell dunkel (Kopf Weibchen)

(×³/₅)

Bis auf die schwarz-gelbe Flügelzeichnung sind die Jungvögel unscheinbar grau-braun gefärbt

Männchen singen meist hoch auf Bäumen

Unten links ein Jungvogel, er-kennbar an seinem streifigen Gefieder

Hin- und her-pendelnd, mit leicht gefächer-tem Schwanz und hängenden Flügeln äußern die Vögel einen gedehnten Ruf

Gierig betteln die Jungen bei der Ankunft des Weibchens nach Futter

Stieglitze fliegen wellen-förmig

Stieglitze sitzen oft zu mehreren in Disteln, dabei hangeln sie häufig mit dem Kopf nach unten

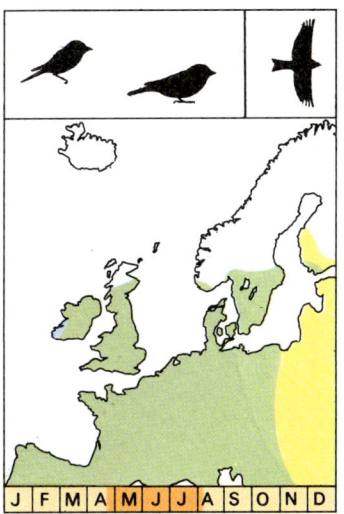

J F M A M J J A S O N D

Das auffallend bunte Gefieder und die typi-schen hoch klingenden „didlit"-Rufe ma-chen Stieglitz oder Distelfink *Carduelis car-duelis* unverwechselbar. Bei Gefahr hört man von ihnen ein nasal gezogenes „wäii", ein Streit mit Artgenossen wird häufig mit schnarrenden „tschrrr"-Rufen ausgetragen. Der Gesang besteht aus eilig vorgetragenen, zwitschernden und trillernden Strophen, die auch nasale Laute aufweisen und meist mit den typischen „didlit"-Flugrufen beginnen. Stieglitze trifft man in Heckenlandschaften, Obstgärten, Parkanlagen, Alleen und Gärten an, auch in Dörfern und an Stadträndern mit alten Bäumen ist dieser bunte Fink zu Hau-se. Mit ihrem feinen, spitzen Schnabel holen die Vögel geschickt die Samen von Disteln, Kletten, Kreuzkraut und Löwenzahn aus den Samenständen heraus.

Früher war der Stieglitz bei uns ein sehr be-liebter Käfigvogel, und alljährlich wurden Zehntausende von ihnen gefangen und in zoologischen Handlungen verkauft. Heute ist der Fang für die Käfighaltung verboten. Das dickwandige und filzige Nest ist fein säu-berlich aus Gras, Moos und Pflanzenwolle gebaut; es steht meist auf einem dünneren Ast hoch auf Laubbäumen oder in Büschen. Jährlich werden 2 Bruten mit jeweils 5—6 Eiern gezeitigt. Außerhalb der Brutzeit streifen Stieglitze in kleinen Trupps oder Schwärmen umher; nur selten besuchen sie Futterhäuser, denn sie finden auf Disteln oder in Erlen und Birken genügend Nahrung. Stieglitze sind Teilzieher: Viele von ihnen zie-hen im Oktober nach Süd- und Westeuropa, einige sogar bis nach Nordafrika.

Girlitz

Bei leicht geöffneten Flügeln fällt der gelbe Bürzel auf

Männchen   Weibchen

Die Jungvögel sind bräunlich mit dunkler Streifung, kein gelber Bürzel

(× 3/10)

Im Flug fallen der gelbe Bürzel, der kurze einheitlich dunkle Schwanz und die relativ langen Flügel auf. Flügelbinden nur angedeutet

Der Flug ist schnell und bogenförmig

Stirn, Nacken, Kehle und Brust des Männchens sind gelb

(× 3/5)

Das Weibchen ist mehr graugrün und stärker bräunlich gestrichelt. Der gelbe Bürzel fällt weniger auf als beim Männchen

Männchen

Weibchen

Jungvogel — wie die Altvögel mit kurzem Kegelschnabel

Am Boden werden die kleinen Vögel oft übersehen

Girlitze fliegen meist paarweise oder in kleinen Trupps

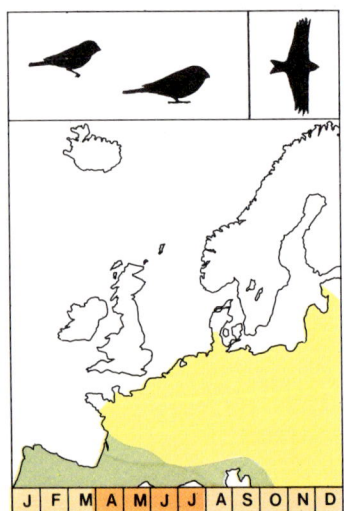

J F M A M J J A S O N D

Der Girlitz *Serinus serinus* ist nahe verwandt mit dem Kanarienvogel, einem unserer beliebtesten Käfigvögel. Er ist der kleinste heimische Fink und wird trotz der auffälligen Gelbfärbung häufig übersehen. Am leichtesten erkennt man ihn anhand seiner Stimme: Im Flug ruft er hoch und trillernd „trri", „girr"oder „grlitt", bei Beunruhigung gedehnt „dschäi". Der Gesang des Männchens, ein anhaltend hohes und klirrendes Gezwitscher, klingt ähnlich dem Quietschen eines ungeölten Rades.

Der Girlitz ist bei uns weit verbreitet, aber meist nicht häufig; er ist vor allem in Friedhöfen, Parks, Weinbergen, Obstgärten und in Gärten anzutreffen. Im Frühjahr ernährt er sich von den Kätzchen der Birke, von Laubbaumknospen und Löwenzahnsamen, im Sommer hauptsächlich von den Samen vieler verschiedener Gräser und Kräuter, die er am Boden, oft auf wildkräuterreichen Bahnanlagen und in Schrebergärten sucht.

Das Girlitznest ist meist gut versteckt in halber Höhe von Nadelbäumen oder Büschen gebaut. Es ist aus Wurzeln, Halmen und Moos zusammengefügt und mit Haaren, Federn und Pflanzenwolle ausgepolstert.

Der nah verwandte **Zitronengirlitz** *Serinus citrinella* ist ein Vogel der lichten Bergwälder über 1400 m Höhe. Außerhalb der Alpen wurde er auch im Schwarzwald nachgewiesen. Kennzeichnend sind vor allem die Graufärbung von Nacken, Halsseiten und Wangen sowie die beiden gelbgrünen Flügelbinden. Der Gesang erinnert an den des Stieglitzes und ist ähnlich anhaltend wie der des Girlitzes; ein sprudelndes Gezwitscher, das oft mit einem Quetschlaut endet.

Erlenzeisig

Weibchen

(× 3/10)

Männchen

Besonders im Flug fällt ihre Kleinheit auf: sie fliegen oft in größeren Trupps, ständig rufend

Zeisige haben lange Flügel und einen kurzen Schwanz; besonders typisch ist das schwarz-gelbe Flügelmuster (bei beiden Geschlechtern)

Nur das Männchen hat eine schwarze Kopfkappe und einen schwarzen Kehllatz

(× 3/5)

Das Weibchen ist mehr graugrün und stärker dunkel gestrichelt

Bei der Nahrungssuche turnen sie geschickt auf Erlen und Birken. Jungvögel (links) ähneln den Weibchen, sind aber stärker gestrichelt

Jungvogel

Weibchen ohne Schwarz am Kopf

Männchen im Winter: Schwarzfärbung wird grauer

Streitende Vögel an Erdnußsäckchen

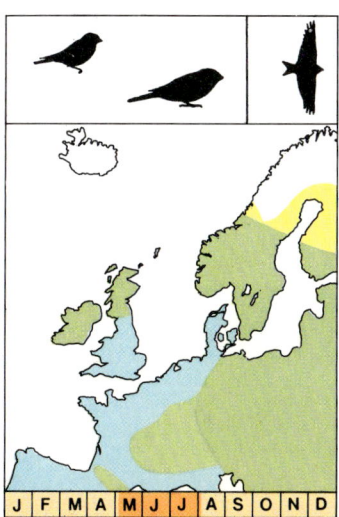

Um Erlenzeisige *Carduelis spinus* zu entdecken, muß man die arteigenen Rufe kennen, denn sonst fallen diese kleinen Finken nur wenig auf. Im Flug hört man häufig die wehmütigen, auf der ersten Silbe betonten „tüli"- oder „diäh"-Rufe; sitzende Vögel machen sich durch „tet" oder „tetetet" bemerkbar. Die Gesangsstrophen, die schon ab Ende Januar an sonnigen Tagen zu hören sind, klingen sehr fröhlich: Ein eiliges Zwitschern, mit Flugrufen und Imitationen anderer Vogelarten vermischt und am Ende mit einem gedehnten Quetschlaut. Erlenzeisige singen meist hoch auf Bäumen oder in fledermausartigem Singflug.
Die Zeisige brüten in Fichten- und Mischwäldern, vor allem in Bergwäldern bis zur Baumgrenze. Sie ernähren sich hauptsächlich von den Samen der Nadel- und Laub-

bäumen zur Brutzeit werden auch Insekten verzehrt. Wie beim Kreuzschnabel schwankt auch beim Erlenzeisig die jährliche Bestandsdichte in Abhängigkeit vom Angebot an Fichtenzapfen.
Als Durchzügler und Wintergäste treten die Vögel häufig in Schwärmen im Tiefland auf. Die kleinen Zapfen der Erle, aus denen die Zeisige die Samen herausklauben, sind die wichtigste Winternahrung. Besonders im Spätwinter besuchen sie die Futterhäuser; hier kann man sie auch nach Meisenmanier an hängenden Futtergeräten klettern sehen. Im Zeisignest soll der Sage nach der Stein der Weisen versteckt sein; tatsächlich bauen die Vögel ihre Nester hoch oben auf Fichten, so daß man sie nur selten einmal findet. In dem kunstvollen Napf aus Reisern, Halmen, Moos und Flechten liegen 4 — 6 Eier.

J F M A M J J A S O N D

Bergfink

Im Flug sind die gelblichen Achselfedern auf der Unterseite typisch

Altes Männchen im Herbst und Winter

Im Unterschied zum Buchfink zeigt der Bergfink einen weißen Bürzel

(× 3/10)

Im Winter bilden Bergfinken große Trupps

Im Flug erinnern Bergfinken sehr an Buchfinken, zumal das weiße Feld auf Bürzel und Rücken sehr unauffällig sein kann

Männchen im Prachtkleid am Nest

Altes Weibchen im Herbst und Winter

Weibchen im Winter mit graubraunem Kopf und auffallend hellem Fleck im Genick

(× 3/5)

Altes Männchen im Herbst. Im Laufe des Winters nutzen sich die hellen Federränder auf Kopf und Rücken ab, so daß diese schließlich ganz schwarz werden

Bei der Nahrungssuche plustern sich Bergfinken auf, so daß die Unterseite noch stärker orangefarben wirkt. Auch die weißen Flügelbinden treten hervor

Bergfinken sind nicht immer einfach zu bestimmen. Das fein gezeichnete Gefieder verschmilzt oft völlig mit dem Hintergrund. Die Vögel fliegen oft sehr plötzlich und im Zickzack-Flug vom Boden auf und lassen dabei ihren quäkenden Ruf hören. Es empfiehlt sich, dann besonders auf den weißen Bürzel zu achten. Oft sind Bergfinken im Winter mit anderen Finkenvögeln und Ammern vergesellschaftet

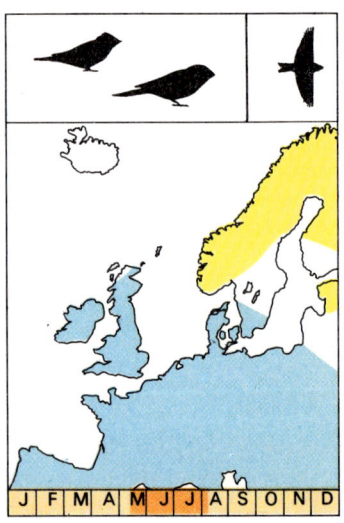

Der Bergfink *Fringilla montifringilla* ist ein häufiger Brutvogel in Nadel- und Fjällbirkenwäldern Nordeuropas. Das Nest, ein tiefer Napf aus Moos, Gräsern, Spinnweben und Haaren, innen mit Flechten und Federn ausgekleidet, ist etwas größer und fester gebaut als ein Buchfinkennest; es wird meist in 3 — 8 m Höhe in einer Birke oder einem Nadelbaum angelegt.

In Mitteleuropa tritt der Bergfink als alljährlicher Durchzügler und Wintergast auf. Viele Schwärme verweilen bei uns nur kurz, um in südlicher Richtung weiter zu ziehen.

Bucheckern stellen im Winterhalbjahr eine wichtige Nahrungsquelle für die Bergfinken dar. In Jahren mit besonders reicher Bucheckernernte treten diese nordischen Finken dann in Millionenstärke auf — zu den Bergfinken aus Skandinavien gesellen sich dann

Schwärme aus sibirischen Brutgebieten. Gelegentlich kommt es in solchen Invasionsjahren in der Nähe von Buchenwäldern zu Behinderungen im Straßenverkehr, denn die aus menschenleeren Gegenden stammenden Vögel sitzen dann zu Tausenden auf den Fahrbahnen. Viele werden überfahren oder sterben an aufgepickten Streusalz-Körnern. Um bei hoher Schneelage an die begehrten Bucheckern zu gelangen, bedienen sich Bergfinken einer Methode, die erst vor kurzem entdeckt wurde: Sie flattern mit halbgeöffneten Flügeln auf dem lockeren Schnee, als wollten sie baden, und legen so den Waldboden „stückchenweise" frei; als Beweis ihrer Wühltätigkeit bleiben im Schnee trichterförmige Vertiefungen zurück. Vor allem im März kann man sie an Fütterungen beobachten.

J F M A M J J A S O N D

Buchfink

Altes Männchen

Männchen

Weibchen

Kein anderer
europäischer
Fink zeigt eine
doppelte weiße
Flügelbinde

(×³/₁₀)

Buchfinken lassen sich leicht von anderen
kleinen Finkenvögeln unterscheiden: Gefiederzeichnung, Flugweise und die ruck-
artige Bewegungsweise am Boden sind
typische Merkmale

Zwischen den Schlagphasen werden die Flügel
völlig geschlossen, so daß eine charakteristische
wellenförmige Flugweise entsteht

Altes Weibchen

Verschiedene Balzstellungen des Männchens:

Zwischen
Paarbildung
und Nestbau

Revierverteidigung

Während
des Nest-
baus

Singendes Männ-
chen. Buchfinken
singen während
der gesamten
Brutzeit

Die Gefieder-
abzeichen des Weib-
chens sind denen des
Männchens sehr ähn-
lich, aber blasser

(×³/₅)

Männchen in der für
Buchfinken typischen
geduckten Haltung

Bei der Nahrungssuche hüpfen Buchfinken ruckartig hin und her. Von hinten
sind die weiße Flügel- und Schwanz-
zeichnung sowie der Nackenfleck zu
sehen. Trotz des auffälligen Musters
sind die Vögel überraschend gut getarnt

Ein Weibchen
auf dem mit
Flechten und
Spinnweben
bedeckten Nest

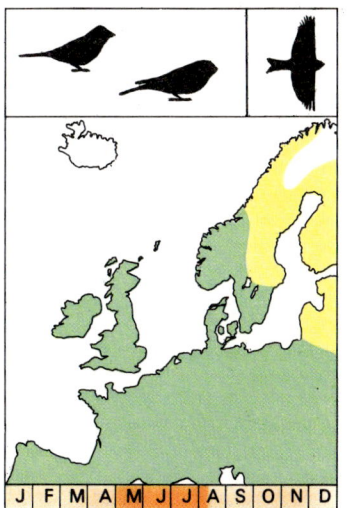

Im Winter sieht man vom Buchfinken *Fringilla coelebs* bei uns nur Männchen, denn
die Weibchen sind in wärmere Gebiete fortgezogen. Der wissenschaftliche Artname
„coelebs" = ehelos bezieht sich darauf.
Buchfinken zählen zu den häufigsten Vogelarten Europas, denn sie brüten in allen Lebensräumen, in denen es Bäume gibt: in
Wäldern aller Art, Gehölzen, Parks, Gärten
und Anlagen. Sogar mitten in der Großstadt
sind sie häufige Brutvögel. Futterhäuser besuchen sie trotzdem nur relativ selten.
Buchfinken suchen ihre Nahrung — vor allem Samen und Früchte verschiedener Bäume — meist am Boden; dabei trippeln sie
mit ruckartigen Kopfbewegungen und sind
daher leicht von den hüpfenden Sperlingen
zu unterscheiden. Beim Auffliegen und im
Flug sind die leuchtendweißen Flügelabzei-

chen und die weißen Schwanzkanten auch
von weitem gute Bestimmungsmerkmale.
Bei Gefahr rufen Buchfinken laut und kurz
„pink", ähnlich dem Ruf der Kohlmeise, bei
Erregung hört man von ihnen ein weiches
„füid" oder ein rhythmisch wiederholtes
„wrrüt" (Regenruf). Der Flugruf klingt wie
„jüb". Der Gesang des Männchens, im
Volksmund als Finkenschlag bekannt, ist ab
März zu hören; es ist eine laut schmetternde,
abfallende Strophe mit betontem Schluß:
„zizizizjezja-zo-ritju-kik". Das „kik", vom
Buntspecht imitiert, fehlt regional.
Das Buchfinken-Weibchen baut sein kunst-
volles Napfnest relativ hoch in Büsche und
Bäume. Die 4 – 6 Jungen werden von beiden Partnern vorwiegend mit Raupen gefüttert. Nach dem Ausfliegen betteln sie mit
sperlingsartigen Tschilplauten.

Kernbeißer

Kernbeißerschnabel von innen: Um harte Samen festhalten zu können, befinden sich oben und unten geriffelte Plättchen. Jungvögel müssen weichere Samen fressen, da die Plättchen erst später erhärten

Jungvögel haben dieselbe Flügelzeichnung wie alte

Altvogel

(× 3/10)

Kernbeißer sind kurzschwänzig und langflügelig. Ihre Gefiederzeichnung ist im Flug auffallend. Im Winter wird der Schnabel des Männchens blaßgelb

Schnabel und Kopf sind sehr massiv

Männchen im Sommer, mit bläulichem Schnabel

(× 3/5)

Halbmondförmige Flecken auf der Unterseite, die kein anderer Finkenvogel zeigt, kennzeichnen den jungen Kernbeißer

Die Schwungfedern des Kernbeißers haben eine einzigartige Form und einen metallisch blauen Glanz

Kernbeißer suchen unauffällig am Boden nach Nahrung, fliegen bei Störung steil in die Bäume und kehren nur zögernd zurück

Links, eine der Balzposen des Männchens. Zögernd nähert es sich dem Weibchen, das häufig aggressiv reagiert; schließlich berühren sich die Schnäbel

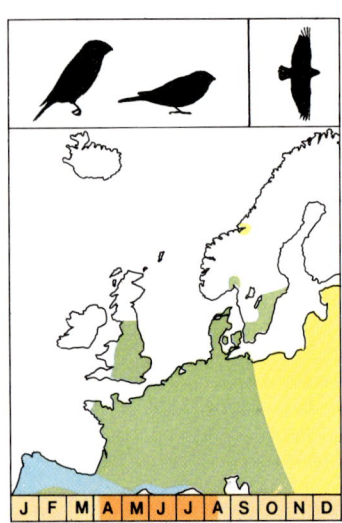

Obwohl Kernbeißer *Coccothraustes coccothraustes* mit ihren großen Köpfen und der weißen Flügelmusterung ziemlich auffällig sind, sieht man sie meist nur selten, denn sie sind recht scheu und halten sich vorwiegend in Baumkronen auf. Wenn man ihre kurzen und scharfen „zicks"-Rufe kennt, wird man eher auf sitzende oder fliegende Kernbeißer aufmerksam; oft hört man von ihnen auch hohe „jichz"- oder etwas gedehnte „ziek"-Rufe. Der Gesang, eine klirrende und stammelnde Aneinanderreihung von variierten Rufen und nasalen Lauten, ist jedoch selten zu hören. Er ist sehr wenig entwickelt und hat daher auch nur geringe territoriale Funktion.

In Laub- und Mischwäldern, besonders mit Buche, Hainbuche und Ahorn, ist der Kernbeißer nicht selten, und sogar in vielen Parks

und Gärten mit alten Laubbäumen zählt dieser Fink zu den häufigeren Brutvögeln.

Mit seinem klobigen Schnabel kann er sogar die sehr harten Samen der Hainbuche und die Kerne von Kirschen und Schlehen knacken, er verzehrt aber auch andere Baumsamen und im Frühjahr häufig Knospen von verschiedenen Laubbäumen. Die Jungen erhalten neben vegetarischer Kost auch viele Insekten.

Das Weibchen baut meist hoch auf Laubbäumen ein umfangreiches Nest aus Zweigen, Wurzeln und Halmen. Bei der Fütterung der Jungen wird es vom Männchen unterstützt. Gelegentlich besuchen Kernbeißer Futterhäuser, auch an Hochhäusern. Aufgrund ihres furchterregenden Schnabels haben sie es nicht schwer, die übrigen Futterhausgäste in respektvoller Entfernung zu halten.

J F M A M J J A S O N D

Gimpel

Gimpel arbeiten sich bei der Nahrungssuche auf einem Zweig von innen nach außen. Sie treten meist paarweise auf

Männchen von unten

Fliegendes Weibchen

$(\times \frac{3}{10})$

Jungvögel haben keine schwarze Kappe und sind recht leicht zu erkennen: sie rufen häufig heiser „pfüb"

Typische Sitzhaltung im Gezweig

Die schwarze Markierung in der Zeichnung (unten) weist auf die Stelle der „Futtertasche" hin (nur zur Brutzeit)

Gimpel haben stets einen leuchtend weißen Bürzel und eine weiße Flügelbinde

$(\times \frac{3}{5})$

Aufforderung zum „Schnäbeln" (oben); das Männchen bietet ihr Nistmaterial an (unten)

Männchen im typischen farbenprächtigen Gefieder: Kopfkappe, Flügel und Schwanz sind schwarz, die Unterseite ist leuchtend rosenrot. Die nördliche Rasse ist größer und noch intensiver gefärbt als bei uns

Die Unterseite des Weibchens ist rötlichgrau, die Oberseite mehr bräunlich als beim Männchen

Gimpel bei der Nahrungssuche auf dem Boden

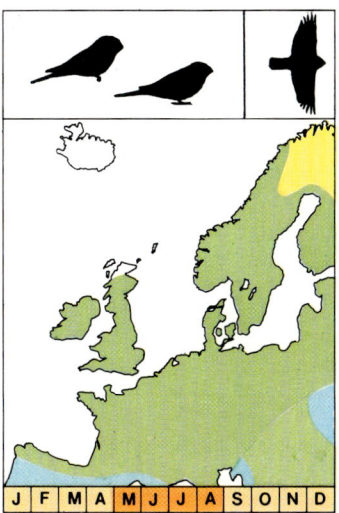

Der Gimpel oder Dompfaff *Pyrrhula pyrrhula* ist wenig scheu und läßt sich daher auch leicht beobachten. Meistens treten Gimpel paarweise auf, im Winter schließen sich häufig mehrere Paare zu einem kleinen Trupp zusammen und streifen umher.
Gimpelrufe sind leicht nachzupfeifen; oft hört man ein melodisches, weiches „djü" oder „wüp", beim Abflug ein leises „büt büt". Der Gesang ist dagegen nur selten zu hören, da er unauffällig und leise vorgetragen wird: ein pfeifendes und zwitscherndes Geplauder mit eingestreuten Lockrufen und gepreßten, bauchrednerischen Tönen. Der Gesang dient wohl hauptsächlich dem Paarzusammenhalt und hat kaum territoriale Funktion, denn er ist fast das ganze Jahr über zu hören. In Gefangenschaft lernen Gimpel sogar komplizierte Melodien exakt nachzupfeifen.

Das Weibchen baut in dichtem Gebüsch oder in einem jungen Nadelbaum ein lockeres Nest aus Reisig, Moos, Wurzeln und Haaren. Auch um die Bebrütung der 4—6 braungefleckten Eier kümmert sich allein der weibliche Partner; das Männchen versorgt das brütende Weibchen und zusammen mit der Partnerin die Jungen mit Nahrung. Altvögel ernähren sich vorwiegend von Samen und Knospen der Bäume und Kräuter und verzehren im Herbst viele Beeren.
Der **Karmingimpel** *Carpodacus erythrinus*, eine östliche Finkenart, hat sich in den letzten Jahrzehnten westwärts ausgebreitet und ist heute Brutvogel in Südbayern, Österreich und in der Schweiz. Alte Männchen fallen durch ihre intensive Rotfärbung an Kopf, Brust und Bürzel auf, Weibchen und einjährige Männchen sind olivbraun gefärbt.

J F M A M J J A S O N D

Fichtenkreuzschnabel

Die Weibchen sind überwiegend olivgrün gefärbt mit gelblichem Bürzel

Je nach Alter und Geschlecht variiert die Färbung des Gefieders beträchtlich. Alte Männchen sind gewöhnlich rot, es gibt aber auch orangefarbene, gelbe oder bronzefarbene Exemplare

Jungvögel sind stets kräftig schwärzlich gestreift

Im Flug fallen besonders die langen Flügel und der kräftige Kopf auf

$(\times \sqrt[3]{10})$

Bei der Nahrungssuche klettern sie wie Papageien an Zapfen

$(\times \sqrt[3]{5})$

Fichtenzapfen vor (links) und nach (rechts) der Bearbeitung

Junges Männchen im ersten Jahr

Männchen bei der Ernte der Fichtensamen. Der gekreuzte Schnabel ist hierfür hervorragend geeignet

Jungvogel mit gestricheltem Rücken

Das Nest ist meist hoch auf der Südseite eines Baumes gebaut

Schnabel eines Jungvogels — noch nicht gekreuzt

Zum Trinken kommen die Vögel auf den Boden

Nur der Unterschnabel ist gekreuzt

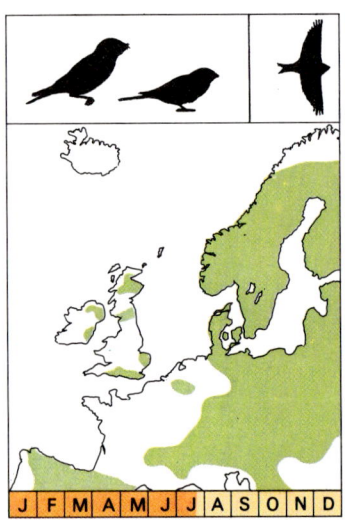

Kreuzschnäbel sind sehr gesellig und treten meist in Trupps auf. Herunterfallende Zapfen und die lauten und harten „gip gip gip"-Rufe sind ein sicherer Hinweis, daß oben in den Baumwipfeln ein Schwarm Kreuzschnäbel am Werk ist. Der bei uns recht häufige Fichtenkreuzschnabel *Loxia curvirostra* ist auf die Zapfen der Fichte spezialisiert; der nur sehr selten auftretende nordische **Kiefernkreuzschnabel** *Loxia pytyopsittacus* dagegen bevorzugt Kiefernzapfen als Nahrung. Der Schnabel dieser Art ist noch klobiger als der unseres Fichtenkreuzschnabels, die Rufe etwas tiefer; es fällt jedoch meist schwer, einen Kiefernkreuzschnabel, der in einem Trupp Fichtenkreuzschnäbel mitfliegt, nur anhand der Stimme zu identifizieren. Mit ihren überkreuzten Schnabelspitzen sind Kreuzschnäbel die besten Nutzer der Nadel-

baumzapfen — der Buntspecht, der sich im Winter auch zum großen Teil von Fichtensamen ernährt, ist weit weniger erfolgreich. Auch die Jungen der Fichtenkreuzschnäbel werden mit Fichtensamen gefüttert. Man hat ausgerechnet, daß eine Brut allein bis zum Ausfliegen rund 85000 Samen verzehrt.

Da die Zapfenernte von Jahr zu Jahr sehr unterschiedlich ausfallen kann, müssen Kreuzschnäbel auf der Suche nach reifen Zapfen oft weit umherstreifen. Auch der Zeitpunkt der Brut richtet sich vor allem nach dem Nahrungsangebot; bei uns werden die meisten Bruten zwischen Dezember und Mai aufgezogen. Die Weibchen eines Trupps bauen hoch auf Fichten ihre stabilen und warm gepolsterten Nester. Erst im Alter von 2 Monaten überkreuzen sich die Schnabelspitzen der Jungen.

J F M A M J J A S O N D

Cistensänger

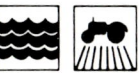

Cistensänger fallen am ehesten durch ihren hohen, wellenförmigen Singflug über Feuchtwiesen und Brachland auf. Ihr monotones, trockenes „zip-zip-zip" ist ein gutes Bestimmungsmerkmal

Die Seitenansicht zeigt den kurzen, gedrungenen Vogel in wachsamer Haltung. Die Gefiederzeichnung ähnelt der des Schilfrohrsängers

Ein Altvogel über seinem mit Spinnweben ins Gras gebauten beutelförmigen Nest. Das frische Gefieder ist auffällig, verliert durch Abnutzung aber an Kontrast. Der Schnabel ist auffallend lang

(×³/₅)

Oft sieht man den Vogel nur kurz durch die Vegetation huschen

Kein anderer rohrsängerähnliche Vogel hat so kurze Flügel und einen gerundeten Schwanz, was den Cistensänger unverwechselbar macht

Die Federn des stark gerundeten Schwanzes zeigen auf der Unterseite schwarze und weiße Spitzenflecken, die nur schwer zu sehen sind

(×³/₁₀)

Man sieht die versteckt lebenden Vögel zwar selten frei sitzen, aber oft kurz fliegen

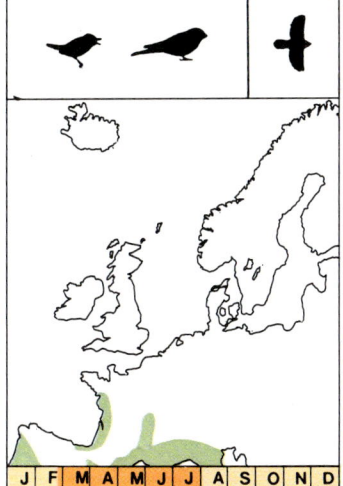

Der winzige Cistensänger *Cisticola juncidis* ist in Europa hauptsächlich in den Mittelmeerländern verbreitet. Seit einigen Jahren hat er jedoch sein Brutareal nach Norden ausgeweitet und ist bereits ein seltener Brutvogel Hollands und der Schweiz. In harten Wintern erleiden die Bestände der nördlichen Populationen jedoch oft starke Einbußen, denn Cistensänger sind Standvögel. Obwohl ein unauffälliger und versteckt lebender Vogel, fällt er zur Brutzeit durch seinen tänzelnden Singflug auf. Ein ebenso wichtiger Hinweis auf die Anwesenheit des Cistensängers ist seine Stimme: ein scharfes und ständig wiederholtes „zip-zip-zip . . .". In vielen Gegenden singen die Männchen gerne auf den Drähten von Überlandleitungen an der Straße. Cistensänger leben in Sumpfgebieten, an feuchten Grabenrändern oder auch in Grasland; häufig findet man sie an Gewässerufern oder in niedriger Salzvegetation an der Küste; sie sind jedoch nicht an Feuchtgebiete gebunden und werden in der Kulturlandschaft sogar an ausgesprochen trockenen Standorten angetroffen.

Der Cistensänger baut ein bemerkenswertes, beutelförmiges Nest mit einer kleinen Öffnung an der Spitze; es besteht aus Spinnweben, die um ein Büschel Gras oder Binsen gewickelt werden; innen wird es mit Pflanzenwolle und Grasblüten ausgepolstert. Das Nest steht meist gut verborgen im dichten Pflanzengewirr. Beide Partner bebrüten die meist 5 bläulich-weißen Eier. Die Bettelrufe der Nestlinge sind recht laut und relativ weit zu hören. Das Männchen fliegt manchmal sogar singend zum Nest — ein Hinweis darauf, daß es hervorragend getarnt sein muß.

Bartmeise

Altes Weibchen

Im Brutgebiet fliegen Bartmeisen mit gefächertem Schwanz nur knapp über dem Schilf, um unvermittelt in der Deckung zu verschwinden

(× ³/₁₀)

Im Flug fällt besonders der lange, nachschleppende Schwanz auf

Bis auf den schwarzen Mittelrücken und die schwarzen Schwanzkanten ähneln Jungvögel den Weibchen

(× ³/₅)

Männchen in einer typischen Haltung (oben)

Weibchen am Nest, das dicht über dem Boden im Schilf gebaut ist. Das auffällige Muster des Sperrrachens der Jungvögel löst beim Altvogel Fütterungsverhalten aus

Die Kombination von Gefiederfärbung und Gestalt macht die Bartmeise unverkennbar. Besonders auffällig ist das Männchen mit grauem Kopf und schwarzem Bartstreif. Rücken und Schwanz sind zimtbraun

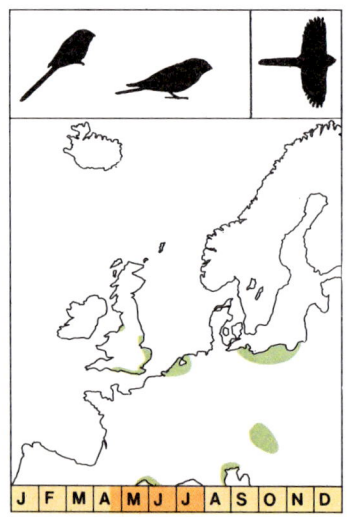

Die Bartmeise *Panurus biarmicus* gehört nicht zu den echten Meisen, sondern zu einer eigenen Familie (Rohrmeisen). Sie ist durch ihre Färbung und den langen Schwanz gut zu erkennen. Ausgedehnte Schilfbestände sind die Heimat dieser häufig in Trupps auftretenden Vögel.

Bartmeisen fliegen meist langsam und mit schwirrendem Flügelschlag dicht über dem Schilf, um gleich wieder in der Deckung zu verschwinden. Meistens wird man jedoch auf die Anwesenheit dieser Schilfvögel durch die typischen nasalen „ping-ping"-Rufe aufmerksam. Im Sommer verzehren sie fast ausschließlich Insekten, im Winter stellen sie sich auf Schilfsamen um.

Das tiefe napfförmige Nest besteht aus Blättern und Samenständen des Schilfs; es wird von beiden Partnern meist an einer geschützten Stelle auf umgeknickten Röhrichthalmen gebaut. Auch um die Bebrütung der 5 – 7 Eier und die Aufzucht der Jungen kümmern sich beide Elternteile. Der Sperrrachen der jungen Bartmeisen ist in bemerkenswerter Weise rot, schwarz und weiß gemustert und ist damit einzigartig in der europäischen Vogelwelt. Bereits nach 10 – 12 Tagen sind die Jungen in der Lage, das Nest zu verlassen. Bei günstigen Verhältnissen brüten die Paare bis zu dreimal pro Jahr.

Die Bestände der Bartmeisen schwanken bei uns sehr stark von Jahr zu Jahr, wohl in Abhängigkeit von der Härte des Winters. Manchmal kommt es zu invasionsartigen Einfällen nach Mittel- und Westeuropa. Sonst ist diese Art bei uns nur sehr selten anzutreffen, größere Bestände gibt es jedoch am Neusiedler See in Österreich.

Feldschwirl

Singende Männchen haben den Schnabel weit geöffnet und bewegen ihren Kopf von einer Seite zur anderen: dabei sträuben sie das Kehlgefieder

Als Neststandort kann auch eine Fichtenschonung dienen

(× 3/10)

Im Flug sieht man manchmal den gerundeten Schwanz und die ovalen Flügel

Die Unterschwanzdecken sind gestreift

Typische Haltung eines Männchens während der Balz

Die langen Zehen sind beim Laufen nützlich

Die extralange Mittelzehe erlaubt dem Vogel, zwei Stengel auf einmal zu umfassen; so können selbst dünne Halme sein Gewicht tragen

(× 3/5)

Ein unscheinbarer Vogel mit abgerundetem Schwanz und dunkel gestrichelter Oberseite

Im dichten Pflanzengewirr ist der Feldschwirl schwer zu entdecken

Huscht wie eine Maus geschickt in bodennaher Vegetation

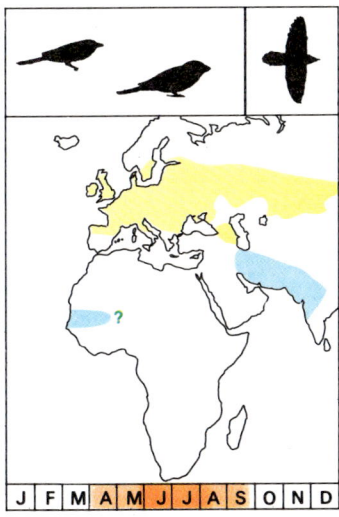

Der Feldschwirl *Locustella naevia* ist ein Vogel, den man in der Regel kaum zu Gesicht bekommt. Er fliegt nur selten auf und führt ein verstecktes Leben im bodennahen Pflanzengewirr; dort bewegt er sich huschend wie eine Maus. Man trifft ihn in dichtem Gebüsch, auf sumpfigem Boden, in hochgrasigen Feuchtwiesen und in Bruch- und Auwäldern an. Manche Feldschwirle brüten auf Heideflächen, trockenen Waldlichtungen und in Fichtenschonungen mit hohem Gras. Sein weit hörbarer, aber schwer zu lokalisierender Gesang erinnert an das Zirpen von Heuschrecken: ein mechanisches Schwirren auf der gleichen Tonhöhe, das leise beginnt und oft minutenlang anhält. Der häufige Wechsel der Lautstärke entsteht, da der Vogel beim Singen den Kopf hin- und herdreht. Auch nachts ist der Gesang zu hören. Bei Erregung rufen Feldschwirle „tschek tschek", bei Gefahr, die dem Nest droht, schimpfen sie mit scharfen „pitt pitt"-Rufen.

Die 4—6 Jungen kommen in einem tiefen Napfnest aus Gras und Halmen mit einem Unterbau aus alten Blättern zur Welt; es ist hervorragend im bodennahen Pflanzenwuchs, oft in einem Grasbüschel oder einem Binsenhorst, versteckt. Es ist deshalb auch nicht leicht zu finden. Zudem gibt das Weibchen durch sein Verhalten keinerlei Hinweise auf den Standort, es schleicht sich nahezu unsichtbar zu seinem Gelege.

Feldschwirle sind Zugvögel, die in Afrika überwintern. Die ziehenden Vögel verunglücken recht häufig an Leuchttürmen: Man hat in einer einzigen Nacht schon Hunderte von ihnen tot unter Leuchtfeuern aufgefunden.

37

Schilfrohrsänger

(× ³/₁₀)

Im Flug deutlicher Kontrast zwischen ge-streiftem Rücken und einfarbig rotbraunem Bürzel

(× ³/₅)

Die Flügel werden oft etwas hängend gehalten

Singendes Männchen auf einem Schilfhalm; typisch ist die aufrechte Körper-haltung

Der dunkle Scheitel und der weißliche Überaugen-streif sind typisch. Der südliche Mariskensänger (A. melanopogon, selte-ner Brutvogel im Burgen-land) hat einen schwärz-lichen Scheitel, der Seg-genrohrsänger eine gelb-liche Scheitelmitte

Wie alle Rohrsänger führt der Schilfrohrsänger ein heimliches Leben. Singende Männchen sitzen jedoch oft auf exponierten Warten und starten von dort häufig zu einem kurzen Singflug

Der singende Vogel star-tet und segelt kurz darauf wieder abwärts

Das Nest ist gut versteckt in dichtem und feuchtem Ufer-bewuchs

Das Männchen singt auch niedrig im Be-wuchs

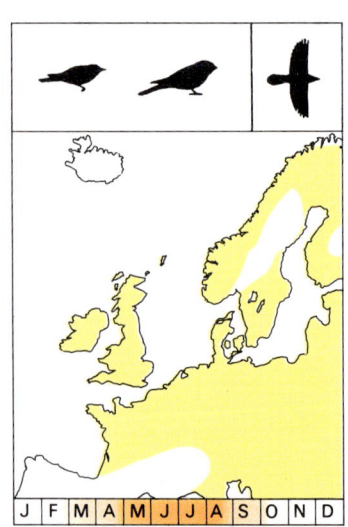

J F M A M J J A S O N D

Der Schilfrohrsänger *Acrocephalus schoe-nobaenus* lebt ähnlich versteckt wie andere Rohrsänger in niedriger Vegetation; beim Singen sitzt er jedoch exponiert auf einer Warte und startet von dort aus häufig zu ei-nem Singflug: Mitten in einer Gesangsstro-phe fliegt er plötzlich ein paar Meter in die Höhe, um gleich' wieder zu einer anderen Stelle im Schilf zu gleiten, wo er fleißig wei-tersingt.

Auch sonst fliegt er meist nur kurz und nied-rig, um gleich wieder im dichten Bewuchs zu verschwinden, oft hält er dabei den Schwanz deutlich abgesenkt.

Der Gesang, meist durch einige kurze „trr"-Laute eingeleitet, erinnert etwas an den des Teichrohrsängers, die Strophen sind jedoch viel länger und werden in schnellerem Tem-po vorgetragen. Der Klangcharakter ist ins-gesamt schnarrend, es treten jedoch immer wieder wohlklingende Tonfolgen und viele Imitationen anderer Vögel auf. Ein häufig zu hörendes Motiv klingt wie „woid woid woid". Bei Störung rufen Schilfrohrsänger hart „zäck" oder „tsrr".

Das Nest, ein umfangreicher Bau aus Hal-men, Schilfblättern, Seggen und Moos, wird meist bodennah im Schilf oder in dichtem Weidengebüsch gebaut.

Schilfrohrsänger sind Zugvögel, und ihre Winterquartiere liegen im tropischen Afrika. Der recht ähnliche **Seggenrohrsänger** *Ac-rocephalus paludicola* ist insgesamt gelbli-cher gefärbt, der Scheitel ist viel dunkler und trägt in der Mitte einen gelblichen Längs-streif; der Bürzel ist gestreift. Er ist Brutvogel in den ausgedehnten Seggensümpfen des nordöstlichen Mitteleuropa.

Teichrohrsänger — Sumpfrohrsänger

Ein singender Teichrohrsänger kann sehr fett und aufgeblasen wirken

(× 3/5)

Das warme rotbraune Gefieder des Teichrohrsängers unterscheidet sich von dem kalten Graubraun des Sumpfrohrsängers, unten rechts

Oft sieht man Teichrohrsänger flach über das Schilf fliegen

(× 3/10)

Im Flug sind die beiden Arten kaum unterscheidbar

Teichrohrsänger bauen tiefe napfförmige Nester

(× 3/5)

Junge Teichrohrsänger haben eine blassere Kehle und rötlichere Oberseite als alte

Sumpfrohrsänger haben eine einfarbig helle Unterseite

Junge Sumpfrohrsänger sind blasser und haben längere Flügelspitzen

Sumpfrohrsänger mit langen Flügeln

Sumpfrohrsänger mit hellerem Augenring als Teichrohrsänger

Sumpfrohrsänger schlingen ihr Nest um Pflanzenstengel, aber selten im Schilf

Teichrohrsänger turnen akrobatisch im Schilf umher

Oben Teichrohrsänger, unten Sumpfrohrsänger

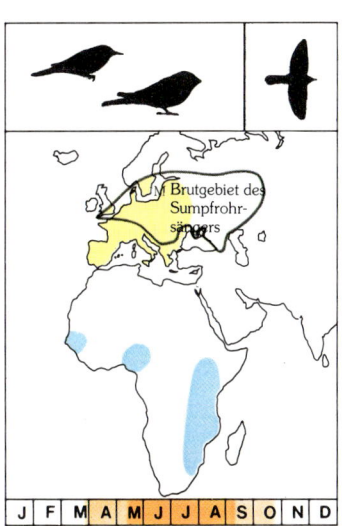

Beide Arten sind sich sehr ähnlich und im Feld fast nur anhand der Stimme zu unterscheiden: Der Teichrohrsänger *Acrocephalus scirpaceus* singt ähnlich wie der Drosselrohrsänger, jedoch kontinuierlicher, schneller und leiser; häufig bringt er rauhe, kratzige und nasale Töne, die er 2—3mal wiederholt, z. B. „tere-tere-tere-schirk-schirk-schirk-zerr-zerr-twi-twi-twi . . .". Der Sumpfrohrsänger *Acrocephalus palustris* ist ein Meister des Spottens; sein überaus wohlklingender und abwechslungsreicher Gesang ist eine kontinuierliche und schnelle Folge von brillanten Nachahmungen anderer heimischer Vogelarten. Zusätzlich erlernen Sumpfrohrsänger auf dem Zug eine Vielzahl von Stimmen afrikanischer Vögel, die sie in ihren Gesang einflechten.

In ihren Biotopansprüchen sind beide Arten

unterschiedlich. Während der Teichrohrsänger hauptsächlich im Schilf (auch in schmalen Schilfstreifen) zu Hause ist, trifft man den Sumpfrohrsänger in üppigem Gebüsch an Gewässern, in Hochstaudenfluren, Brennesseldickicht und sogar in Rapsfeldern an.

Teich- und Sumpfrohrsänger bauen kunstvolle Nester. Das Teichrohrsängernest ist normalerweise zwischen senkrechte Schilfhalme geflochten und meist in 1—1,5 m Höhe über dem Wasser gebaut. Das Sumpfrohrsängernest steht über trockenem Boden, es ist lockerer und flacher und wird häufig zwischen den Halmen der Brennesseln oder anderen Hochstaudenpflanzen geflochten. Das Weibchen des Teichrohrsängers bebrütet die 3—5 Eier nachts, am Tage beteiligt sich auch das Männchen. Die Jungen verlassen das Nest schon, bevor sie flugfähig sind.

Rohrschwirl

Nur ein erfahrener Feldornithologe
kann einen Rohrschwirl im Flug vom
Teichrohrsänger unterscheiden

$(\times ^3/_{10})$

Durch die helle Brust und die rahmfar-
bene Unterseite unterscheidet sich der
Rohrschwirl vom Teichrohrsänger; außerdem bewegt er sich ruckartiger und
zuckt mit dem Schwanz; bei Gefahr
läßt er sich einfach in die Deckung
fallen

Schwanzstelzen

Ein Blick auf die
Unterseite des
breiten, abgerun-
deten Schwanzes
(unten): die Fe-
dern der Unter-
schwanzdecken
sind relativ lang
und rahmfarben

$(\times ^3/_5)$

Das große, keil-
förmige Nest
wird niedrig in
Schilf oder in
Seggen gebaut

Die Vögel balzen auf dem Boden
mit gefächertem Schwanz und
langsamen Flügelbewegungen

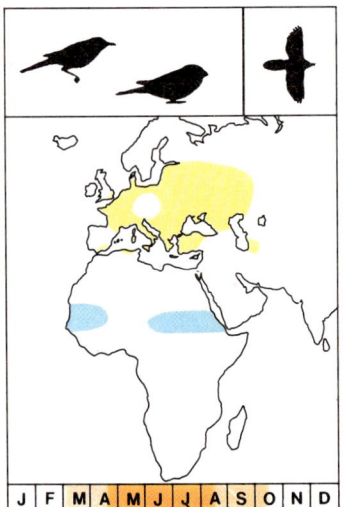

J F M A M J J A S O N D

Obwohl der Rohrschwirl *Locustella luscinioi-des* mit dem Feldschwirl verwandt ist, wird er aufgrund seines ungestreiften Gefieders eher mit dem Teichrohrsänger verwechselt. Sein gestufter Schwanz und das mäuseartige Huschen sind gute Merkmale, um ihn auch ohne Kenntnis des Gesangs von Rohrsängern zu unterscheiden.

Der Gesang ähnelt dem des Feldschwirls, ist aber tiefer, mehr vokalisch und kürzer; von nahem hört man oft die einleitenden Elemente, die sich beschleunigen und nach wenigen Sekunden in das typische Schwirren übergehen: „tik tiktik-tik ... örrr ..." Im Gegensatz zum Feldschwirl singt der Rohrschwirl oft hoch auf Schilfhalmen.

Der Rohrschwirl ist stark an Wasser und Schilf gebunden; seltener Vogel, der nur in ausgedehnten Verlandungszonen mit Schilf, Rohrkolben und Binsen vorkommt. Wie der Feldschwirl ernährt er sich von Insekten, Insektenlarven und von Spinnen.

Das große, etwas keilförmige Nest aus Halmen und Schilfblättern wird meistens auf Bulten knapp über dem Wasser gebaut; oft ist es andeutungsweise überdacht. Die Bebrütung der 3—5 Eier und die Fütterung der Jungen ist Aufgabe des Weibchens.

Der sehr ähnliche **Schlagschwirl** *Locustella fluviatilis* ist etwas kleiner, Kehle und Brust sind zartdunkel längsgestreift. Er lebt versteckt in unterholzreichen Auwäldern, in Flußauen und anderen Sumpfgebieten. Der Gesang klingt ähnlich wie der des Feldschwirls, ist aber langsamer und mehr wetzend: „dzedzedze ..." Eine östliche Art, die sich langsam nach Westen ausbreitet — die Westgrenze liegt derzeit in der BRD.

40

Seidensänger

Innerhalb der Singvögel ist der Seidensänger mit seinen 10 Schwanzfedern (anstelle von 12) eine Ausnahmeerscheinung. Während des Gesangs (ganz rechts) ist der Vogel oft zu hören, aber nur selten zu sehen, außer früh am Morgen

Beim Klettern in der Vegetation schlägt der Vogel öfters mit dem Schwanz. Er erinnert in seinem sonstigen Verhalten an Mönchs- oder Gartengrasmücke

Das Gefieder ist einheitlich rostbraun, nur der helle Überaugenstreif fällt auf; die Unterseite variiert von weißlich bis hellbeige

$(\times \frac{3}{5})$

Der Seidensänger lebt sehr verborgen in niedriger und dichter Vegetation; das Nest ist sehr gut getarnt und oft in Brombeere oder sogar über dem Wasser gebaut. Eier und Junge sind hervorragend an die dunkle Umgebung angepaßt

Das kräftig braune Gefieder und der lange gerundete Schwanz machen die Bestimmung leicht

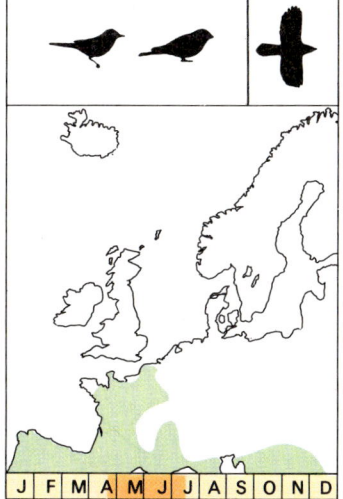

J F M A M J J A S O N D

Zur Brutzeit verrät sich der Seidensänger *Cettia cetti* durch seinen lauten Gesang, der wie aus der Pistole geschossen einsetzt: ein stotterndes „plütt plüttiplütt plitt plütti plütti plütti", das auch vielfältig abgewandelt werden kann. Häufig wird der Gesang durch Störungen im Brutrevier ausgelöst. Er scheint so zwanghaft abzulaufen, daß der Vogel sogar dann noch weiter singt, wenn man ihn zum Beringen fängt und in ein Säckchen steckt. Außerdem hört man von Seidensängern ein langgezogen rollendes „pling" und ein hart stotterndes „titch"; Rufe, die wie „zih" klingen, erinnern etwas an die oft im Schilf zu hörenden Rohrammer-Rufe.

Der Seidensänger ist im Mittelmeergebiet ein häufiger Vogel in niedrigem, feuchtem Pflanzengewirr; meist trifft man ihn in Ge-

wässernähe an. Während der Jungenaufzucht sieht man die Vögel gewöhnlich dann, wenn sie niedrig innerhalb ihres Reviers hin- und herfliegen. Wenn die Männchen im zeitigen Frühjahr exponiert auf Halmen singen, fallen die kräftige, fast drosselartige Gestalt und der lange, gerundete Schwanz auf.

Gegenwärtig dehnt der Seidensänger sein Brutareal nach Norden aus; so hat er bereits Südengland und die südliche Schweiz erreicht. Da die Vögel jedoch sehr empfindlich auf lange und kalte Winter reagieren, ist abzusehen, wann diese Art aus den neubesiedelten Gebieten wieder verschwindet und dort, wie vorher auch, zu einer Ausnahmeerscheinung wird.

Das tief napfförmige Nest des Seidensängers ist recht groß und wird wenig sorgfältig in niedrigem Bodenbewuchs gebaut.

Drosselrohrsänger

Drosselrohrsänger sind viel größer und kräftiger als die gleichfalls im Schilf lebenden Teichrohrsänger, unten rechts

(× 3/10)

Im niedrigen Flug über das Schilf wirkt der Drosselrohrsänger groß und schwer. Der gerundete Schwanz wird dabei oft gespreizt

(× 3/5)

Das bauchige Nest wird meist um Schilfstengel, seltener Rohrkolben oder Weiden gewoben. Oben ist ein Jungvogel abgebildet

Größe. ungestreiftes Gefieder. langer runder Schwanz und kräftiger Schnabel kennzeichnen den Drosselrohrsänger. Sein knarrendes „Karrekietkarrekiet" ist sehr weit zu hören

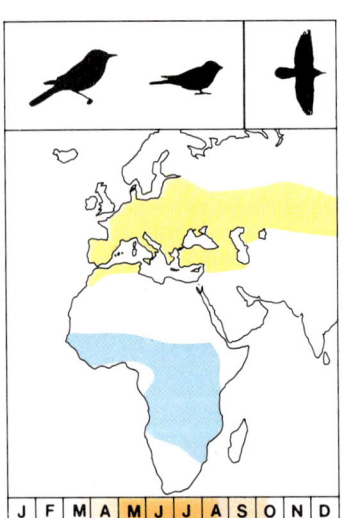

Der größte heimische Rohrsänger, der Drosselrohrsänger *Acrocephalus arundinaceus*, erreicht fast die Größe einer Singdrossel. Er ist plumper als die anderen Rohrsänger und hat einen viel kräftigeren Schnabel. Er fliegt relativ langsam und schwerfällig, den Schwanz hält er dabei häufig gefächert. Da er gerne auf exponierter Warte singt, ist er oft recht leicht zu beobachten — manchmal sieht man ihn singend an einem Schilfhalm emporklettern.

Bei einer Störung ruft er hart „karr", in Nestnähe „zäck zäck". Sein Gesang ist sehr laut und klingt ausgesprochen rauh; er besteht aus deutlich abgesetzten kurzen Strophen. Meist wechseln tiefe knarrende Folgen mit hohen wohltönenden ab. z. B. „karre-karre-karre-kiet-kiet-kiet-drüdrüdrü dore-dore-dore-dore tsiep-tsiep-tsiep . . .".

Als Lebensraum braucht der Drosselrohrsänger ausgedehnte Schilfflächen an Seen, Teichen und Flüssen; er besiedelt die zum Wasser weisenden Ränder. während der Teichrohrsänger sein Nest häufiger in den landwärts gerichteten Bereichen erbaut.

Das stabile und tiefmuldige Drosselrohrsängernest wird meist in 1 m Höhe zwischen senkrechte Schilfhalme geflochten; das Baumaterial — Schilfblätter — wird vorher ins Wasser getaucht. damit es sich leichter um die Rohrhalme schlingen läßt. Nach dem Trocknen ist das fertige Nest sehr fest und hält auch stärkerem Wind stand. Wie der Teichrohrsänger dient auch der Drosselrohrsänger häufig dem Kuckuck als Wirtsvogel für die Jungenaufzucht.

Drosselrohrsänger sind zwar weit verbreitet. aber doch viel seltener als Teichrohrsänger.

Sperbergrasmücke

Diese große Grasmücke läßt sich an
ihrem langen Schwanz, der grauen
Oberseite und der gesperberten Unterseite leicht bestimmen. Oft wirkt das
Gefieder sehr hell

Gern stelzt die
Sperbergras-
mücke ihren
Schwanz

(×³/₁₀)

(×³/₅)

Das Gelb des Auges kann blaß oder
kräftig sein und gibt dem Vogel in Verbindung mit dem großen Schnabel ein
unverwechselbares Aussehen. Auch
die gewellte Unterseite ist für Singvögel
ungewöhnlich

Rechts ein altes Männchen.
Das Weibchen ist identisch gefärbt. Meist verraten sich die
Vögel durch ihre aus Dornen-
hecken ratternde Stimme

Jungvögel sind oberseits blaß-
braun gefärbt

Während des Zuges rasten die Vögel
im Gestrüpp, gerne in Wassernähe. Oft
sieht man nur den Kopf mit dem
hellen Auge hervorlugen

Jungen Sperbergrasmücken fehlt noch die
gebänderte Unterseite. Das Auge ist noch
nicht so intensiv gelb

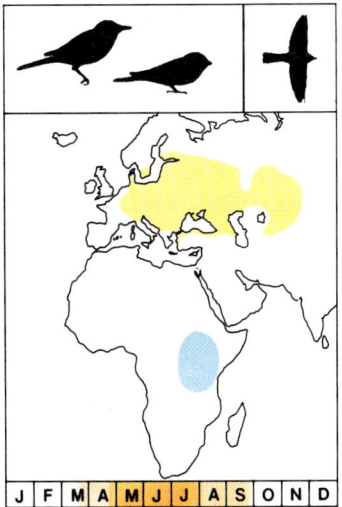

Die Sperbergrasmücke *Sylvia nisoria* ist
durch die auffallend gelben Augen, den kräftigen Schnabel und die für Singvögel ungewöhnliche „Sperberung" der Unterseite
leicht zu erkennen. Jungvögel im Herbst zeigen jedoch nur schwache Unterseiten-Bän-
derung und können leichter mit Gartengrasmücken verwechselt werden.
Sperbergrasmücken leben an dornbuschrei-
chen Waldrändern, in dornigen Feldhecken,
Wacholderheiden und in verwilderten Parks
mit Weißdorn- und Schlehengestrüpp. Häufig trifft man im gleichen Lebensraum den
Neuntöter und die Dorngrasmücke an. Die
Nahrung besteht vor allem aus Insekten und
Spinnen, im Herbst werden viele Beeren
verzehrt. In Mitteleuropa kommt die Sperbergrasmücke fast nur im Osten (auch in
Schleswig-Holstein und in Niedersachsen),
in der Schweiz und in Südösterreich vor.
Die Bewegungen wirken verhältnismäßig
plump, häufig stelzt sie den Schwanz. Bei einer Störung ruft sie ratternd „trtrtr" oder
„örrr", daneben auch hart „tack tack". Der
Reviergesang ähnelt dem der Gartengrasmücke, die einzelnen Strophen sind jedoch
kürzer, häufig werden in den Gesang die typischen rauhen „örrr"-Rufe eingebaut. Die
Männchen singen auch im Singflug; dazu
steigen sie mit weit ausholenden Flügelschlägen etwas auf, um dann gleich wieder die
nächste Deckung anzusteuern.
Das relativ große, lockere und tiefmuldige
Nest wird häufig ziemlich hoch in dornigem
Gebüsch angelegt.
Sperbergrasmücken sind Zugvögel, die im
tropischen Afrika überwintern; dort findet
man sie meist im Akazien-Gebüsch.

J F M A M J J A S O N D

43

Waldlaubsänger – Berglaubsänger

(× 3/5)

Ein Waldlaubsänger im Singflug, Kehle und Brust sind gelb

(× 3/10)

Den Berglaubsänger erkennt man an dem gelben Schulterfleck und der graugrünen Oberseite; den gelben Bürzel sieht man am besten im Flug

Typische Singhaltung des Waldlaubsängers

Von unten gesehen hat der Berglaubsänger im Gegensatz zum Waldlaubsänger eine silberweiße Kehle und Brust

(× 3/5)

Junger Waldlaubsänger links. Der Waldlaubsänger hat einen deutlichen Überaugenstreif (der in der Größe variieren kann), einen weißen Bauch. Seine Flügel sind lang und relativ schmal

Das Berglaubsängernest ist kleiner als das des Waldlaubsängers: oft ist es mit Kiefernnadeln oder Laub getarnt

Der Waldlaubsänger baut ebenfalls ein Bodennest

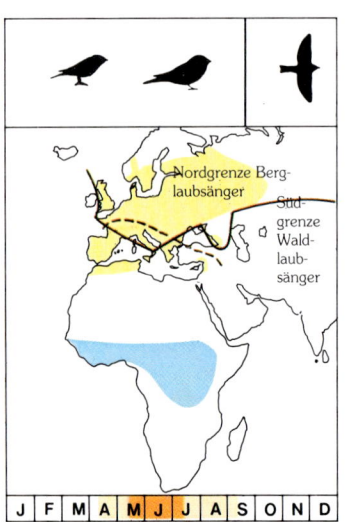

J F M A M J J A S O N D

Der Waldlaubsänger *Phylloscopus sibilatrix* ist der größte und auffälligste der europäischen Laubsänger. Er bewohnt Laub- und Mischwald mit spärlichem Unterwuchs, in Buchenwäldern ist er besonders häufig; dort lebt er unter dem Blätterdach der alten Bäume; gelegentlich ist er auch im Nadelwald anzutreffen. Im Gebirge wird er regelmäßig noch in Höhen über 1200 m beobachtet.

Das auffälligste Merkmal dieses Laubsängers ist sein Gesang: eine abfallende, trillernde Schwirrstrophe, die von einigen schneller werdenden „sip"-Lauten eingeleitet wird und wie „sip sipsipsipsipsirr . . ." klingt, dazwischen folgen immer wieder pfeifend melancholische Reihen wie „düh düh düh düh düh". Das Männchen singt auf einem exponierten Ast oder in horizontalem Singflug. Waldlaubsänger bauen fast kugelförmige

„Backöfchen"-Nester mit seitlichem Eingang aus Gras, Blättern und Farn; meist sind sie im niedrigen Bewuchs am Boden verborgen und durch altes Laub getarnt.

Der Berglaubsänger *Phylloscopus bonelli* ist kaum größer als ein Zilpzalp. Er singt meist von Warten hoch in Bäumen, nicht jedoch im Singflug. Die Strophen ähneln denen des Waldlaubsängers, sind aber kürzer und langsamer und ohne die einleitenden Elemente. Er lebt in lichten Kiefern- und Laubwäldern, im Gebirge bis zur Baumgrenze. In Mitteleuropa ist er fast nur im Alpengebiet zu beobachten, er breitet sich jedoch nach Norden aus. Eine östliche Art, die sich ebenfalls ausbreitet, ist der **Grünlaubsänger** *Phylloscopus trochiloides*; ein seltener Brutvogel im nordöstlichen Mitteleuropa. Er hat eine Flügelbinde und einen hohen Gesang.

Fitis – Zilpzalp

Zilpzalp

(× 3/5)

Der Zilpzalp hat einen runderen Kopf, eine braunere Ober- und blassere Unterseite und dunklere Beine, gleicht aber sonst dem Fitis

Im Flug lassen sich beide Arten nicht unterscheiden, obwohl der Fitis etwas längere Flügel besitzt. Beide Arten suchen das Laubwerk nach Insekten ab, rütteln vor Zweigen oder fangen fliegende Beute

Fitis

(× 3/5)

Der Fitis ist oberseits grünlicher, auf der Unterseite gelblicher und hat helle Beine

Warnende Vögel zucken oft mit den Flügeln

Singenden Vögeln kann man sich häufig leicht nähern

Die Jungvögel beider Arten lassen sich kaum unterscheiden, sind aber gelber als Altvögel. Nordöstliche Unterarten von Zilpzalp, Mitte, und Fitis, unten, sind oberseits bräunlicher und unterseits weißlicher als unsere Brutvögel

Der Zilpzalp, rechts, baut ein lockeres Nest dicht über dem Boden, während das feinere Nest des Fitis, links, im Gras direkt am Boden versteckt ist. Beide Nester haben wie beim Zaunkönig die Form eines Backofens mit seitlichem Eingang

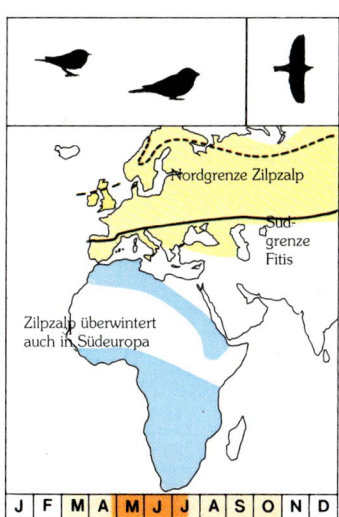

Nordgrenze Zilpzalp

Südgrenze Fitis

Zilpzalp überwintert auch in Südeuropa

J F M A M J J A S O N D

Beide Laubsängerarten sind einander sehr ähnlich und gelten als Zwillingsarten. Am besten sind sie anhand ihrer Gesänge auseinanderzuhalten. Der Fitis *Phylloscopus trochilus* singt flötende und klangreine Strophen, die zum Ende hin etwas abfallen und wie „tititi-dje-djü-düe-düi-dju" klingen; im Aufbau sind sie dem Buchfinkenschlag ähnlich, hören sich jedoch viel weicher und schwermütiger an.

Der Gesang des Zilpzalp *Phylloscopus collybita* ist leicht zu merken: eine monotone und stammelnde Strophe, die wie „zilp zalp zelp zilp zalp" klingt, zwischen den Strophen hört man oft ein gedämpftes „trrtrr". Die Rufe der beiden Laubsänger klingen dagegen sehr ähnlich, ein weiches „hüid"; der Fitis bringt diesen Erregungsruf meist deutlich zweisilbig und etwas weicher.

Fitisse leben in lichten Laub- und Mischwäldern, in Schonungen, Weidengebüsch an Gewässern und in Feuchtgebieten mit Büschen und Bäumen; in Parks und Gärten mit Birken sind sie ebenfalls häufig anzutreffen. Der Zilpzalp kommt in ganz ähnlichen Lebensräumen vor, er hält sich jedoch mehr an Bäumen auf; wichtig scheint für ihn der Wechsel von Freiflächen und Baumbeständen zu sein. In Feuchtgebieten ist er weniger häufig anzutreffen als der Fitis.

Obwohl beide Arten ihre „Backöfchen"-Nester meist sehr gut verstecken (der Fitis direkt am Boden, der Zilpzalp etwas höher), machen sie den Beobachter durch ihre ständigen Warnrufe darauf aufmerksam.

Beide Arten sind Zugvögel; der Fitis überwintert im tropischen und südlichen Afrika, der Zilpzalp erreicht höchstens Nordafrika.

Gelbspötter

Gelbspötter sträuben bei Erregung ihr Kopfgefieder — natürlich auch das singende Männchen, das den Schnabel weit aufsperrt und den orangefarbenen Rachen zeigt

In der Kopfansicht sieht man die breite Schnabelbasis, ein Merkmal, das auch der Orpheusspötter aufweist

(× 3/10)

Die Flügel sind länger und spitzer als beim Orpheusspötter, auch der Schwanz ist deutlich länger

Typisch ist die leuchtend gelbe Unterseite

Im Spätsommer verzehren Gelbspötter viele Beeren

Gute Bestimmungsmerkmale im Feld sind die langen Flügel, die ungefähr bis zur halben Schwanzlänge reichen, und das helle, längliche Flügelmuster

(× 3/5)

Gelbspötter auf dem Herbstzug haben oft ein abgetragenes, mehr graubraunes Gefieder; die hellen Flügelabzeichen und die langen Schwanzspitzen bleiben jedoch gute Bestimmungsmerkmale

Der Vogel rechts ist ein Jungvogel, mit mehr Gelb als der Altvogel und ohne die hellen Flügelabzeichen

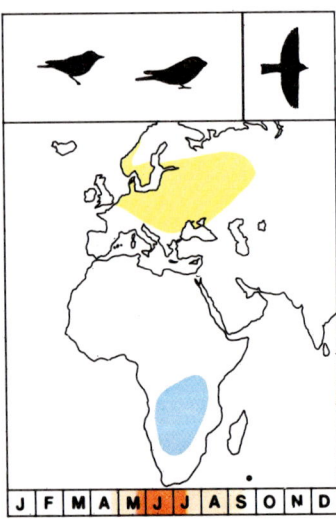

Der Gelbspötter *Hippolais icterina* ist größer als die Laubsänger und erinnert in Aussehen und Haltung etwas an die Rohrsänger. Neben seiner gelblichen Gefiederfärbung fällt vor allem der laute und abwechslungsreiche Gesang auf: Die rauh, heiser und gequetscht klingenden Folgen wechseln mit wohltönenden pfeifenden und langgezogenen Motiven ab; sie lassen eine deutliche Strophengliederung vermissen. Typisch sind die vielen Imitationen anderer Vogelarten, z. B. Amsel, Wacholderdrossel, Star, Rauchschwalbe, Blaumeise, Pirol, Buchfink und Buntspecht. Die Gesänge der einzelnen Männchen unterscheiden sich in der Abfolge und Art dieser Imitationen, so daß jedes Männchen individuell erkannt werden kann. Häufig ruft der Gelbspötter „dederoid" oder „tetedwi", bei einer Störung in Nestnähe hart „tetete".

Als Lebensraum bevorzugt der Gelbspötter lichte Laub- und Auwälder, unterholzreiche Parks, Feldgehölze und Gärten. Seine Nahrung besteht aus verschiedenen Insekten, deren Larven und Spinnen.

Das sauber gefertigte Napfnest aus Wurzeln, Blättern und Baumrinde, außerdem mit Gespinsten verfilzt, wird von beiden Partnern gebaut; man hat schon Papierschnitzel als „Verzierung" des Außenrandes gefunden. Neststandort ist häufig eine Astgabel in 1,5 — 3 m Höhe. Die Bebrütung der 4 — 5 Eier und die Nestlingszeit dauern jeweils knapp 2 Wochen. Pro Jahr wird in der Regel nur eine einzige Brut flügge.

Gelbspötter sind Zugvögel, die im südlichen Afrika überwintern; dort trifft man sie in der Kulturlandschaft und in Palmenhainen relativ häufig an.

Orpheusspötter

Der lange, relativ breite Schnabel entspricht dem des Gelbspötters, das Kopfprofil ist jedoch flacher

Die Flügel des Orpheusspötters sind breiter und mehr abgerundet als die des Gelbspötters, der Schwanz ist deutlich kürzer

(× ³/₁₀)

Der fallschirmartige Singflug erinnert an Baumpieper

(× ³/₅)

Obwohl Orpheusspötter die meiste Zeit tief im Gestrüpp verbringen, singen sie oft auf sonnenbeschienenen Zweigen

Ein Jungvogel ist noch gelblicher als ein Altvogel. Die Kombination von Grünlichgelb und Leuchtendgelb unterscheidet Orpheus- und Gelbspötter von Laubsängern, Rohrsängern und Grasmücken

Orpheusspötter sind vergleichsweise gedrungene Vögel: Flügel und Schwanz sind deutlich kürzer als beim Gelbspötter, helle Flügelabzeichen fehlen

Bei manchen Altvögeln fehlt das Gelb fast völlig

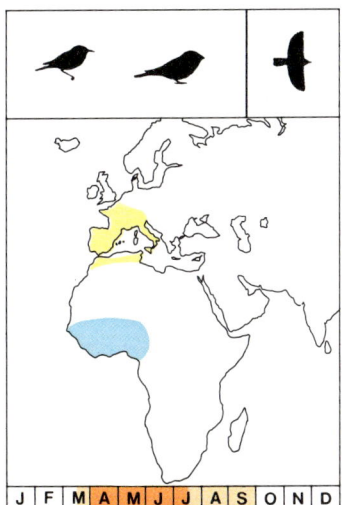

Wie sein Name schon vermuten läßt, hat der Orpheusspötter *Hippolais polyglotta* einen wohlklingenden Gesang, denn ihm fehlen die rauhen und harten Sequenzen des nah verwandten Gelbspötters. Manchmal singen Orpheusspötter mehrere Minuten lang ohne Pause, und oft flechten sie längere Passagen aus den Gesängen anderer Vögel ein. Ebenfalls regelmäßig hört man von ihnen ein sperlingsartiges Getschilpe. Meistens singen die Männchen auf einem exponierten Ast, so daß man den leuchtend orangefarbenen Rachen sieht; sie singen aber auch, ähnlich dem Baumpieper, in fallschirmartigem Singflug.

Orpheus- und Gelbspötter sind sich in ihrer Färbung so ähnlich, daß man heute annimmt, daß sie durch die letzte Eiszeit in 2 Arten aufgespalten worden sind, wobei sich der Orpheusspötter im Süden und der Gelbspötter im Norden entwickeln konnte. Ihre Verbreitungen zeigen nur kleine Überlappungen, ihre Biotopansprüche sind jedoch recht deutlich voneinander getrennt: Obwohl beide Arten in lockeren Laubwäldern vorkommen, bevorzugt der Orpheusspötter dichtes Unterholz und hält sich nicht so gern hoch in Bäumen auf. Aufgrund dieser Vorliebe brütet dieser Spötter häufig in üppig bewachsenen Parks und Gärten, in überwucherten Obst- und Zitrus-Plantagen. Das Nest ist dem des Gelbspötters sehr ähnlich, es steht jedoch niedrig in dichtem Bewuchs wie Brombeergestrüpp, Oleandergebüsch oder in Hecken.

Der Orpheusspötter ist dabei, sein Brutareal nach Nordosten auszuweiten; gegenwärtig brütet er bereits im Saarland.

J F M A M J J A S O N D

47

Mönchsgrasmücke

Das Männchen ist an der schwarzen Kappe zu erkennen. Nacken und Brust sind grau gefärbt, die Oberseite einfarbig olivbraun, am Bauch ein heller Fleck

Im Flug zwischen Baumkronen ähnelt sie sehr der Gartengrasmücke, ist aber am längeren, schlankeren Schwanz zu erkennen

(×³/₅)

Während der Balz richtet das Männchen die Scheitelfedern auf

(×³/₁₀)

Das Männchen singt aus dichtem Laubwerk

Die Kappe des Weibchens ist braun, und auch die graue Brust ist braun überhaucht. Das Nest wird aus Zweigen und Wurzeln geflochten

Altes Männchen — schwarze Kappe

Altes Weibchen — braune Kappe

Jungvogel — rotbraune Kappe

Viele in England überwinternde Mönchsgrasmücken besuchen auch Futterplätze

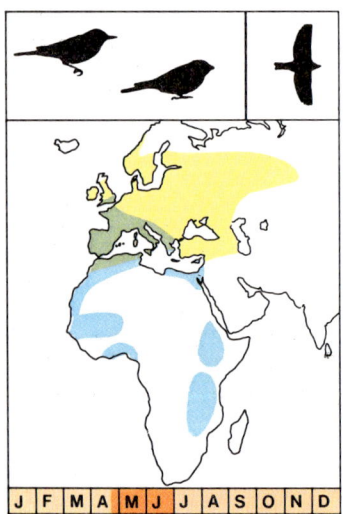

Von den heimischen Grasmückenarten ist die Mönchsgrasmücke *Sylvia atricapilla* die häufigste und diejenige Art, die am meisten an Wald angepaßt ist. Sie lebt in lichten Laub- und Nadelwäldern, in Auwäldern und in Fichtenschonungen; auch in Parks und Gärten mit Baumbestand kommt sie nicht selten vor.

Das Männchen singt gewöhnlich aus der Deckung des dichten Blattwerkes; der Gesang beginnt mit leisem, schwätzendem Vorgesang und geht plötzlich in laute, klare Flötentöne mit großen Intervallsprüngen über (Überschlag); in beide Gesangsteile werden häufig Imitationen anderer Vogelarten eingeflochten. Gebietsweise singen die Vögel einen leiernden, reduzierten Überschlag, der wie „dila diladila" klingt. Bei einer Störung schimpfen Mönchsgrasmücken mit harten

„tack"-Rufen, die bei großer Aufregung schnell aufeinander folgen und schnarrend klingen. Vor dem Abflug hört man oft ein leises „dididi".

Das Nest der Mönchsgrasmücke ist locker gebaut und besteht aus Stengeln, Grashalmen und Würzelchen; am Rand sind häufig Spinnweben eingewoben. Im Gegensatz zu anderen Grasmückennestern ist es mit der Trägerpflanze verflochten. Der Neststandort ist meist niedrig in dichtem Gebüsch oder in jungen Bäumen, jedoch höher als bei der Gartengrasmücke. Jährlich werden 1—2 Bruten mit jeweils 4—6 Eiern gezeitigt.

Mönchsgrasmücken ernähren sich von Insekten, deren Larven und von Spinnen; im Herbst verzehren sie wie andere Grasmücken auch viele Beeren, besonders Holunder, und picken überreifes Obst an.

Gartengrasmücke

Während der Balz verfolgt die männliche Gartengrasmücke das Weibchen ins dichte Gebüsch. In einer anderen Balzphase, rechts, zeigt es dem Weibchen seine geöffneten Flügel

Die fliegende Gartengrasmücke unterscheidet sich von der Mönchsgrasmücke durch ihren kürzeren Schwanz

(× 3/10)

Altvogel

Jungvogel

(× 3/5)

Obwohl die Gartengrasmücke auf den ersten Blick unscheinbar wirkt, zeigt sie doch typische Kennzeichen: Einen hellen Überaugenstreif und Augenring und einen grauen Fleck am Hals. Der Schnabel ist kurz, das Auge groß und dunkel

Jungvögel besitzen einen gelblichen Stich im Gefieder

Das Nest befindet sich niedrig in dichten Büschen

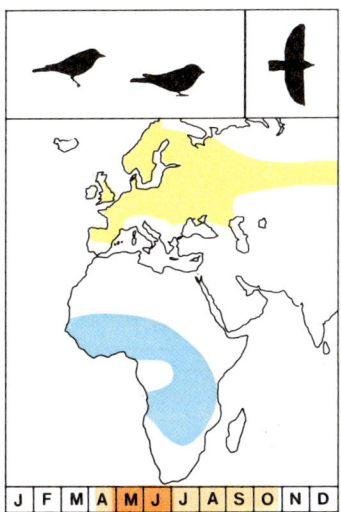

Ein Vogel ohne auffallende Merkmale ist die Gartengrasmücke *Sylvia borin*. Sie ist mit der Mönchsgrasmücke nah verwandt, ihr fehlt jedoch deren typische Kopfplatte. Häufig wird diese Grasmücke mit Zilpzalp und Fitis verwechselt; die beiden Laubsänger sind jedoch kleiner und haben nicht das rundliche Profil, das der Gartengrasmücke den „sanften" Gesichtsausdruck verleiht.

Die Gartengrasmücke hält sich mit Vorliebe in Deckung auf; sie bewohnt vor allem dichtes, hohes Gebüsch, buschreiche Waldränder und unterholzreiche Parks; in Gärten ist sie deutlich seltener als die Mönchsgrasmücke. Im Gebirge wird sie regelmäßig noch in Höhen von 2000 m angetroffen.

Da man den Vogel aufgrund seiner versteckten Lebensweise nicht häufig zu Gesicht bekommt, ist die Kenntnis der Stimme für den Nachweis wichtig: Bei Beunruhigung rufen die Vögel anhaltend „wet-wet-wet", daneben auch rauh „tscharrr" und laubsängerartig „uit". Der Gesang ist sehr wohltönend und in langen Strophen anhaltend „plätschernd", er erinnert durch seine kräftigen, orgelnden Motive etwas an Amselgesang. Die Strophen sind in der Tonlage tiefer als der Überschlag der Mönchsgrasmücke. Gartengrasmücken imitieren ebenfalls Stimmen anderer Vögel.

Die Brutbiologie von Garten- und Mönchsgrasmücke ist sehr ähnlich, einschließlich der Anlage von unfertigen „Spielnestern"; das Nest der Gartengrasmücke ist jedoch weniger sorgfältig gebaut, wird meist tiefer plaziert und ist nicht mit den Zweigen der Trägerpflanzen verflochten. 1 — 2 Bruten mit jeweils 4 — 5 Eiern sind die Regel.

| J | F | M | A | M | J | J | A | S | O | N | D |

49

Dorngrasmücke

Rückenansicht beim Wegfliegen

Beim Singflug steigt das Männchen kurz singend hoch, um gleich wieder in der Deckung zu verschwinden

Im Flug wirkt der Schwanz der Dorngrasmücke lang und dünn

(× ³/₁₀)

Adultes Männchen: grauer Kopf, weiße Kehle und rosabräunlich überhauchte Flanken

Während des Singens und sonst bei Erregung werden die Kopffedern gesträubt

Die weißen äußeren Schwanzfedern sieht man nur von unten

Die rostbraunen Flügelfedern kennzeichnen das Weibchen, Jungvögel (unten) sind oberseits überwiegend rostbraun

Adultes Männchen

Adultes Weibchen

Ein Paar Dorngrasmücken (rechts Männchen) in typischer Haltung

(× ³/₅)

Jungvogel

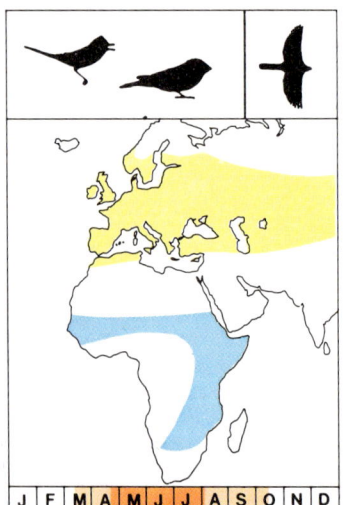

Bis vor kurzem war die Dorngrasmücke *Sylvia communis* ein häufiger Vogel, der in großer Zahl in dornigem Gebüsch, in Hecken, Rainen mit Einzelbüschen, auf Waldlichtungen und in verwilderten Gärten anzutreffen war. Besonders im Gestrüpp von aufgelassenen Kiesgruben und im Gebüsch an Bahndämmen war diese Grasmücke sehr häufig zu beobachten.

Zu Beginn der 70er Jahre änderte sich das Bild schlagartig: Durch die anhaltende Dürre in ihren Winterquartieren waren viele von ihnen nicht mehr in der Lage, genug „Kraftstoff zu tanken", um die anstrengende Heimreise in die Brutgebiete zu überstehen. Seitdem haben sich die Bestände der Dorngrasmücke bei uns nicht wieder erholt.

Bei Störungen rufen Dorngrasmücken oft „woid-woid-wid-wid", daneben hart „tschrp" und gereiht „tschäk". Der Gesang aus eilig zwitschernden Folgen von kurzen rauhen, aber wohlklingenden Strophen enthält viele Nachahmungen anderer Vogelarten, besonders wenn er im Singflug vorgetragen wird. Das Nest wird meist in 20 – 40 cm Höhe in dorniger Vegetation angelegt; häufig findet man es in Brombeergestrüpp oder in einem Horst Brennesseln versteckt. Es ist tiefmuldig, aber wenig stabil und besteht aus trockenen Halmen und Wurzeln. Das erste Gelege — in der Regel aus 5 Eiern — wird in unseren Breiten nicht vor Mitte Mai gezeitet. Das Weibchen übernimmt allein die Bebrütung der Eier, bei der Versorgung der Jungen mit Nahrung beteiligt sich auch das Männchen. Da die Brutdauer und die Nestlingszeit jeweils nur rund 11 Tage dauern, ist meist noch genügend Zeit für ein weiteres Gelege.

Klappergrasmücke

Der Jungvogel hat einen grauen Kopf und dunkle Ohrdecken. Manche Vögel wirken im Feld sehr hell

(× ³/₁₀)

(× ³/₅)

Meist sieht man die Vögel von unten, denn sie suchen oft hoch in Bäumen nach Nahrung; gelegentlich fangen sie Insekten auch im Flug

Im Flug zeigt die Klappergrasmücke einen ähnlichen Umriß wie die Dorngrasmücke, sie ist jedoch kleiner und hat einen kürzeren Schwanz

Die weißen Unterschwanzdecken sind von der Seite her andeutungsweise zu sehen

Die Klappergrasmücke ist ein kleiner, streng blickender Vogel, der vieles mit der Dorngrasmücke gemeinsam hat; das Rostbraun der Dorngrasmücke fehlt jedoch

Adultes Männchen

Adultes Männchen

Adultes Weibchen

Adultes Weibchen

Jungvogel

Das zierliche Nest der Klappergrasmücke ist so dünn, daß man von unten das Tageslicht durchscheinen sieht

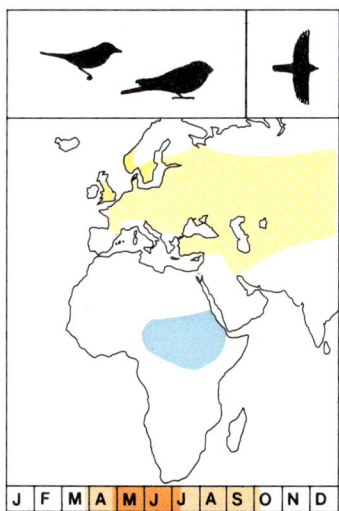

J F M A M J J A S O N D

Das auffälligste Merkmal der Klappergrasmücke *Sylvia curruca* ist ihr monoton klappernder Gesang: Auf einen eilig schwätzenden Vorgesang folgt ein laut schmetterndes Klappern auf der gleichen Tonhöhe „dlidlidli . . .". Der Vorgesang ist nur aus der Nähe zu hören, denn er ist leise und beginnt mit sehr hohen Tönen. Bei Störung warnen sie mit unregelmäßigen „tack tack"-Folgen, Flugfeinde lösen einen kurzen „wäd"-Ruf aus.

Die Klappergrasmücke braucht im Gegensatz zur Dorngrasmücke in ihrem Brutbiotop höheres dichtes Gebüsch und wenigstens einzelne größere Bäume; im Gegensatz zu der größeren Verwandten besiedelt sie auch Gärten mit höheren Bäumen und Sträuchern sowie Fichten- und Kiefernschonungen; ebenfalls häufig trifft man sie an buschreichen Waldrändern.

Die Klappergrasmücke turnt flink und rastlos im Gebüsch und auf Bäumen, häufig ist sie auf Nadelbäumen zu beobachten. Ihr Flug wirkt ruckartig und huschend. In kurzen Pausen während der Insektensuche singt das Männchen seine weit hörbaren Strophen. Die Reviere sind oft recht groß, so daß die Männchen mehrere 100 m weit zwischen den Singbäumen fliegen müssen. Besonders aktiv singen die Vögel in der Morgensonne. Das zierliche und flache Nest wird gelegentlich für 2 aufeinanderfolgende Bruten verwendet. Es besteht aus Reisern, trockenem Gras und Würzelchen und wird außen mit Gespinsten umwoben; häufig wird es in 0,5 — 1 m Höhe in dichtem Gebüsch oder in einem jungen Nadelbaum gebaut. Die Bebrütung der 4 — 6 Eier und die Nestlingszeit dauern je 12 Tage.

Provencegrasmücke

Das Männchen sieht man gelegentlich auf einer niedrigen Warte singen oder — häufiger — vor einem Eindringling warnen (unten). Provencegrasmücken haben lange dunkle Schwänze, die sie oft stelzen. Die Unterseite variiert bei den einzelnen Vögeln und geographisch

(× ³/₅)

(× ³/₁₀)

Provencegrasmücken wirken im Flug sehr dunkel, Jungvögel nahezu schwarz. Häufig bekommt man die Vögel zu sehen, wenn sie vor einer Störung knapp über die Büsche flüchten, um schnell wieder in der Deckung zu verschwinden

Die Männchen vollführen ähnlich den Dorngrasmücken Singflüge

Typische Haltung auf den Büschen vor dem „Untertauchen"

Ein Weibchen füttert die eben ausgeflogenen Jungen. Das Weibchen ist unscheinbarer gefärbt als das Männchen, beiden sind jedoch der tiefrote Augenring, die orangefarbenen Füße und der helle Bauch gemeinsam

Der Beobachter muß viel Geduld haben, denn nur manchmal kommen die Vögel aus der Deckung, um Nahrung zu suchen oder vor Eindringlingen zu warnen

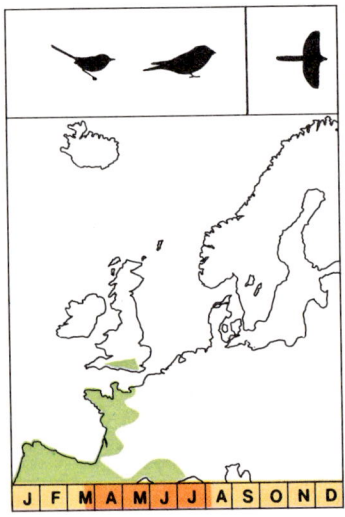

Die Provencegrasmücke *Sylvia undata* ist eine sehr typische Singvogelart des dornigen und undurchdringlichen Buschlandes im Mittelmeergebiet (Macchia). Weiter im Norden besiedelt sie vor allem mit Ginster, Stechginster oder Lavendel bewachsene Flächen, manchmal auch große Heidegebiete mit einzelnen Kiefern. Im Gegensatz zu anderen Grasmücken ist die Provencegrasmücke Standvogel; ungünstige Witterung im Winterhalbjahr kann in den nördlichen Teilen des Areals drastische Bestandseinbußen zur Folge haben. Besonders Naßschnee macht dieser Art sehr zu schaffen, noch mehr als längere Frostperioden. So schrumpfte der kleine südenglische Bestand 1963 auf wenige Paare zusammen, erholte sich jedoch bis 1975 wieder auf über 500 Paare.

Provencegrasmücken führen ein verstecktes Leben, besonders an windigen Tagen; dann hört man nur gelegentlich die nasalen, gedehnten „djärr"-Erregungsrufe. Um diese Grasmücke in ihrem Lebensraum zu beobachten, muß man viel Geduld haben; doch an warmen Tagen sitzen die Männchen manchmal hoch auf Buschspitzen. Gelegentlich sieht man sie im Singflug, der mit schwirrenden und schmetterlingsartigen Flügelschlägen über das Buschland führt. Die kurze und eilige Zwitscherstrophe besteht aus zart pfeifenden Motiven und ratternden Folgen, häufig hört man eingestreute Erregungsrufe.

Das Weibchen baut allein das kleine, festgefügte Nest niedrig in dichter Vegetation. Pro Jahr werden gewöhnlich 2—3 Bruten mit jeweils 4—5 Eiern gezeitigt.

J F M A M J J A S O N D

Samtkopfgrasmücke – Weißbartgrasmücke

Samtkopf-
gras-
mücken-
Männchen
im Flug

Die Weißbartgrasmücke
(hier ein Männchen) sieht
im Flug überwiegend grau
aus

$(\times \, ^3/_{10})$

Samtkopfgrasmük-
ken-Männchen:
Der lange Schwanz
und die Form der
Flügel sind typisch

$(\times \, ^3/_{10})$

Ein Weiß-
bartgrasmücken-
Weibchen (rechts)

Der weiblichen Samt-
kopfgrasmücke (rechts)
fehlt die schwarze Kopf-
kappe des Männchens

Eine junge Weiß-
bartgrasmücke:
Oberseite gelb-
lichbraun

Die weißen Unter-
schwanzdecken
sind bei jungen
Weißbartgras-
mücken typisch

Der etwas hüpfen-
de Flug ist leicht zu
beobachten

Männchen
haben rote
Augen

Oben eine weibliche
Samtkopfgrasmücke
von nahem: grauer
Kopf, bräunlicher
Rücken und ein
schmaler orangefar-
bener Augenring

$(\times \, ^3/_5)$

Die braunköpfi-
gen Jungvögel
sind recht un-
scheinbar gefärbt

Das rote Auge, die schwarze
Kopfkappe und die weiße Kehle
kennzeichnen das Männchen

Das beste Be-
stimmungsmerk-
mal des Weiß-
bartgrasmücken-
Männchens ist
der weiße Bart-
streif

Junge Weißbartgrasmücken ähneln kleinen Dorngrasmücken, ihnen fehlt jedoch das Rostbraun der
Flügelfedern, ihre Unterschwanzdecken sind weiß

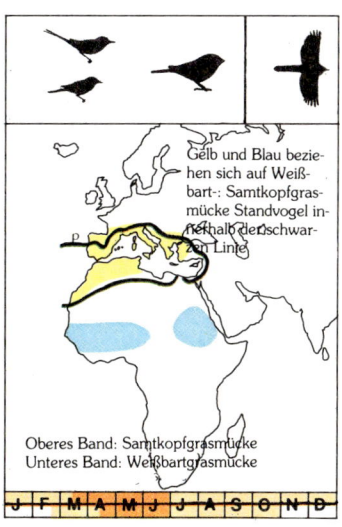

Gelb und Blau bezie-
hen sich auf Weiß-
bart-: Samtkopfgras-
mücke Standvogel in-
nerhalb der schwar-
zen Linie

Oberes Band: Samtkopfgrasmücke
Unteres Band: Weißbartgrasmücke

J F M A M J J A S O N D

Obwohl Samtkopfgrasmücke *Sylvia melano-
cephala* und Weißbartgrasmücke *Sylvia can-
tillans* nah miteinander verwandt sind und
ähnliche Lebensräume bewohnen, haben sie
doch ein ganz verschiedenes Zugverhalten
entwickelt: Die Weißbartgrasmücke überwintert im tropischen Westafrika, die Samtkopfgrasmücke ist Standvogel.
Weißbartgrasmücken bewohnen die höhere
Macchia, unterholzreiche Wälder und sonni-
ge Berghänge bis zu einer Höhe von 1800
m. Die langen Gesangsstrophen bestehen
aus hohen Pfeiftönen und etwas rauhen Elementen; sie beginnen ähnlich wie die der
Samtkopfgrasmücke oft mit einem feinen
Pfeifton, klingen aber sonst weniger rauh.
Die unregelmäßig gereihten Alarmrufe der
Weißbartgrasmücke klingen wie „tek".
Wenn die Männchen im Frühjahr ihre flatternden Singflüge vollführen oder beide Altvögel die Jungen füttern, verlassen sie häufiger die schützende Deckung. Das Nest wird
meist niedrig in Stechginster, Brombeere
oder Myrthe angelegt.
Samtkopfgrasmücken sind sehr flinke und
wachsame Vögel, die der Beobachter meistens nur ganz kurz zu sehen bekommt;
trotzdem kann man sie gelegentlich ganz
vertraut aus wenigen Metern Entfernung in
Häusernähe beobachten. Die ratternden
Gesangsstrophen werden auf einer erhöhten
Warte oder in gaukelndem Singflug vorgetragen; die ebenfalls ratternden Warnrufe gehören zu den typischen Klängen im Mittelmeergebiet. Die Gesangsstrophen der deutlich größeren **Orpheusgrasmücke** *Sylvia
hortensis* erinnern etwas an Amsel und
Nachtigall.

53

Schwarzkehlchen

Ein Männchen im beginnenden Prachtkleid: Der Kopf ist bereits schwarz, die Oberseite jedoch noch gestrichelt (Schlichtkleid); durch die Abnutzung der hellen Federränder wird auch der Rücken allmählich schwarz

(× 3/5)

Schwarzkehlchen sitzen meist aufrecht, sie sind gedrungener als Braunkehlchen und haben etwas kürzere Flügel. Als Warte dient ihnen häufig ein Drahtzaun

(× 3/5)

Links ein Männchen im Prachtkleid mit schwarzem Rücken

Weibchen sind viel unauffälliger gefärbt als Männchen, im Winter haben jedoch beide Geschlechter bräunliche Federränder und sehen sich somit ähnlicher

Ein Männchen im „Landeanflug"

(× 3/10)

Im Flug fallen das weiße Flügelmuster und der dunkle Schwanz auf. Schwarz-kehlchen sind kurzschwänziger und rundflügeliger als Braunkehlchen

Unten ein Männchen nach der Mauser (August/September): die hellen Federränder nützen sich bis zum Frühjahr nach und nach ab, bis der Kopf ganz schwarz ist

Schwarzkehlchen suchen mehr am Boden Nahrung als Braunkehlchen

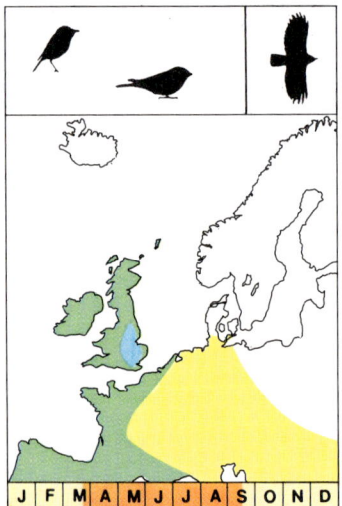

Das Schwarzkehlchen *Saxicola torquata* sitzt häufig in aufrechter Haltung auf Buschspitzen und lauert auf vorbeifliegende Insekten; dabei zuckt der Vogel mit den Flügeln und wippt ständig mit dem Schwanz. Oft sieht man Schwarzkehlchen auf den Boden fliegen, um ein Beutetier aufzunehmen. Ihr Flug ist niedrig und wirkt huschend und ruckartig.

Der Warnruf klingt hart und kratzend „trat" oder „fid-kr", ein Laut, der an das Aneinanderreiben von Kieselsteinen erinnert. Das Männchen singt im Frühjahr seine kurzen eiligen Strophen, die viele kratzende, ratternde, aber auch melodisch pfeifende Laute enthalten und häufig mit Imitationen anderer Vogelarten durchsetzt sind; gelegentlich startet es zu einem kurzen, tänzelnden Singflug, dabei fällt der weiße Bürzelfleck auf.

Schwarzkehlchen brauchen in ihrem Brutrevier höhere Singwarten als Braunkehlchen, häufig sitzen sie auf Leitungen und Telegraphenmasten; auch trifft man sie meist an trockeneren Standorten an als Braunkehlchen, auf Ödland, in offenen, steinigen Landschaften mit Ginsterbüschen und an Bahndämmen; auch Hochmoore und extensiv genutzte Wiesen im Gebirge (in der Schweiz bis 1400 m Höhe) sind der Lebensraum dieses Wiesenschmätzers.

Besonders durch Flurbereinigung, Entwässerungsmaßnahmen und Aufforstungen von Heide- und Moorlandschaften ist das Schwarzkehlchen vielerorts in Mitteleuropa selten geworden; bei uns kommt es nur noch gebietsweise in wenigen Paaren vor.

Das lockere Nest besteht aus Gras und Moos und ist mit Wolle und Haaren ausgepolstert.

Braunkehlchen

Das adulte Männchen hat ein gestricheltes Kopfmuster

Das Rückenmuster des Weibchens (unten) erinnert an trockenes Gras

Adultes Männchen

(× 3/5)

Jungvogel

Mit Ausnahme des hellen Musters an der Schwanzbasis ähnelt der Jungvogel (unten) einem jungen Schwarzkehlchen

Das auffällige Muster an Flügeln und Schwanz des adulten Männchens sieht man besonders im Flug

Ein Weibchen beim Landen: die weißen Flügelflecken sind auffällig

Weibchen

(× 3/10)

Braunkehlchen sind Weitstreckenzieher und daher langflügeliger als Schwarzkehlchen (Kurzstreckenzieher)

Das weiße Unterschwanz-Muster ist für das Braunkehlchen typisch, Braun- und Schwarzkehlchen sind sich in ihrem Verhalten recht ähnlich

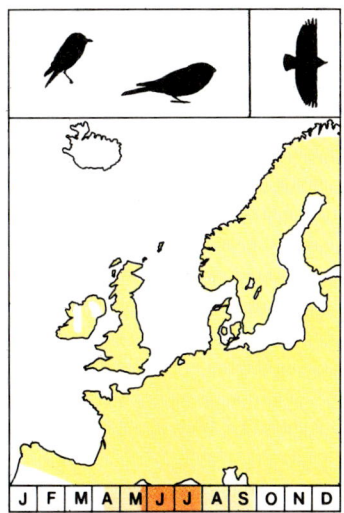

Das Braunkehlchen *Saxicola rubetra* sitzt mit Vorliebe auf Disteln, vorjährigen Stauden oder auf Pfosten und Stacheldrahtzäunen. Das Vorkommen dieser Warten ist eine der Voraussetzungen für die Eignung eines Gebietes als Braunkehlchen-Lebensraum. Man trifft diese Wiesenschmätzer in weiten, offenen Feuchtgebieten, auf extensiv genutzten Streuwiesen und auf Brach- und Weideflächen an.

Häufig hört man die typischen Rufe, ein hartes und kurzes „tek tek" oder „zek zek", dazwischen oft ein weiches „djü". Der Gesang des Männchens besteht aus verschiedenen kurzen und eiligen Strophen mit kratzenden, schmatzenden und flötenden Tönen; viele Strophen enthalten Imitationen anderer Vogelarten oder sind verkürzte Nachahmungen anderer Vogelgesänge. Das Braunkehlchen singt meist auf niedrigeren Warten als das Schwarzkehlchen, manchmal auch in kurzem, schwirrendem Singflug.

Seine Nahrung, Schmetterlinge, Fliegen und andere Insekten, fängt das Braunkehlchen hauptsächlich im Grasbestand; gelegentlich fängt es ein fliegendes Insekt nach Fliegenschnäpperart. Das Nest ist sehr gut getarnt unter Grasbüscheln oder in einem Busch; es besteht aus Gras und Moos und ist innen mit Haaren ausgelegt. Die 5—6 Eier werden ausschließlich vom Weibchen bebrütet. Brutdauer und Nestlingszeit betragen jeweils 13 Tage. Wie bei vielen bodenbrütenden Arten verlassen die Jungen bereits das Nest, bevor sie flugfähig sind.

Im Gegensatz zu Schwarzkehlchen sind Braunkehlchen ausgeprägte Zugvögel; ihre Winterquartiere liegen in Afrika.

Blaukehlchen

Nur das Schwanzmuster unterscheidet das junge Blaukehlchen sicher vom jungen Rotkehlchen

Blaukehlchen wirken im Flug ziemlich dunkel; die breiten Flügel und der eckige Schwanz sind typisch

$(\times \frac{3}{10})$

Blaukehlchen sind deckungsliebende Vögel, die oft mit angehobenem Schwanz und etwas hängenden Flügeln sitzen

In allen Kleidern haben Blaukehlchen einen hellen Überaugenstreif, der stets als gutes Bestimmungsmerkmal dient

Es ist nur manchmal möglich, bei geschlossenem Schwanz das Rostrot der Schwanzwurzel zu erkennen

$(\times \frac{3}{5})$

Das typische Schwanzmuster

Männchen des rotsternigen Blaukehlchens

Männchen des weißsternigen Blaukehlchens; der weiße Fleck kann auch fehlen

So sieht man Blaukehlchen in Deckung fliegen

An der Küste trifft man die Vögel oft unter Strandpflanzen

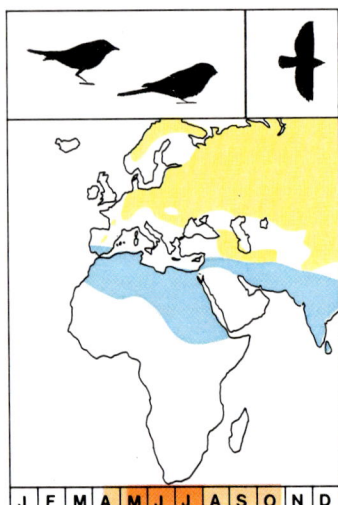

Eine leuchtend blaue Kehle, sehr anmutige Bewegungen und ein wohlklingender und abwechslungsreicher Gesang zeichnen das Blaukehlchen *Luscinia svecica* unter den heimischen Singvögeln aus.

Blaukehlchen stellen spezielle Ansprüche an ihren Lebensraum: In Moorgebieten, in verschilftem Weidengebüsch, an Gräben, Teichen, Seen und Flüssen und in versumpftem Auwald des Tieflandes trifft man die seltenen Vögel bei uns an. Durch die Vernichtung von Feuchtgebieten sind die Blaukehlchenbestände stark zurückgegangen.

Die nordische (rotsternige) Rasse lebt in Fjällgebieten Nordeuropas; einzelne Brutpaare wurden an wenigen Stellen der Österreichischen und Schweizer Alpen nachgewiesen, die eine ähnliche Vegetation (Bergtundra) aufweisen wie die nordischen Brutgebiete.

Blaukehlchen fächern häufig den Schwanz und stelzen ihn ruckartig. Bei Störung rufen sie hart „tack" oder pfeifend „hüit". Der Gesang wird hastig und in langen Strophen vorgetragen; rein klingende Folgen wechseln mit scharfen und gepreßten Tönen ab, die Stimmen vieler verschiedener Vogelarten werden in den Gesang eingeflochten. Die Strophen beginnen meist mit einer sich beschleunigenden Reihe von „djip djip djip"-Motiven oder mit grillenartigen Zirplauten. Häufig vollführen die Männchen über dem Brutrevier Singflüge, indem sie ein paar Meter in die Höhe fliegen und dann mit fallschirmartiger Flügelhaltung herabgleiten.

Das Blaukehlchennest liegt gut versteckt im Pflanzengewirr knapp über dem Boden; als Baumaterial dienen Wurzeln, Moos und Halme.

Steinschmätzer

Jungvogel

Adultes Weibchen   Adultes Männchen

Steinschmätzer sind scheue Vögel; sie laufen schnell auf dem Boden und halten ruckartig an, um dann ganz aufrecht zu sitzen. Der Flug ist etwas niedrig und schnell. Das beste Merkmal im Flug ist das schwarze, umgekehrte T auf dem relativ kurzen Schwanz

(×³/₁₀)

Links Weibchen nach der Mauser

Jungvogel im Herbst

Männchen im Prachtkleid: Oberkopf und Rücken grau; im Winter wird das Grau zu Braungrau, ähnlich wie bei den Jungvögeln

(×³/₅)

Jungvogel mit bräunlichem Rücken

Die grönländische Rasse (oben rechts) ist größer, langflügeliger und langbeiniger

Ein Weibchen im Frühjahr (rechts), matter als im frischen Herbstgefieder

Obwohl das Grundfärbungsmuster immer gleich ist, variiert es in der Farbintensität von Vogel zu Vogel; der Bürzel ist stets weiß

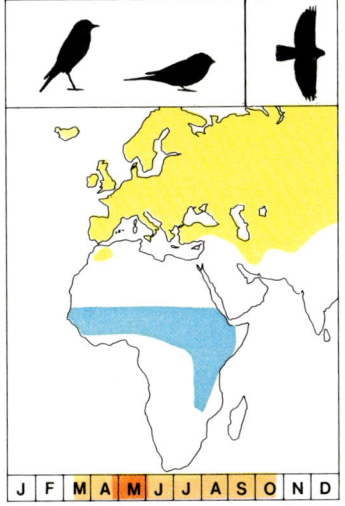

Offenes steiniges oder felsiges Gelände und weite Heide- oder Moorflächen sind der Lebensraum des Steinschmätzers *Oenanthe oenanthe*. Bei uns ist dieser sonst weit verbreitete Vogel recht selten und fehlt vielerorts. In den Alpen trifft man Steinschmätzer gebietsweise in über 2000 m Höhe an. Steinschmätzer sind Bodenvögel, die häufig auf Steinen oder Erdschollen sitzen, oft sieht man sie knicksen und mit dem Schwanz wippen. Die Rufe klingen hart und hölzern „tk", sie werden meist gereiht und oft mit einzelnen „fid"- oder „jiw"-Lauten kombiniert. Der nur selten zu hörende Gesang besteht aus kurzen, hastig schwätzenden Strophen, die vorwiegend harte und rauhe, aber auch weiche und pfeifende Laute enthalten. Beide Partner bauen das Nest aus Gräsern, Wurzeln und Moos und polstern es innen mit der Wolle von Kaninchen oder Schafen aus, die häufig den gleichen Lebensraum bewohnen. Als Neststandort wählen die Altvögel Steinhaufen, Felsspalten, Mauerlöcher oder auch alte Säugetierbauten. Die Bebrütung der meist 5—6 Eier übernimmt hauptsächlich das Weibchen. Die Jungen werden jedoch von beiden Eltern mit verschiedenen Insekten gefüttert. In unseren Breiten wird in der Regel nur eine Brut flügge.

Im Herbst fressen die Steinschmätzer wie viele andere Zugvögel auch Beeren, um ihr Depotfett für die lange Reise in die Winterquartiere aufzubauen; besonders gute Fettreserven benötigen die grönländischen Steinschmätzer, die im Nonstop-Flug von ihren arktischen Brutgebieten bis nach Nordspanien fliegen, von wo aus sie anschließend weiter bis nach Zentralafrika ziehen.

J F M A M J J A S O N D

Gartenrotschwanz

Männchen

Weibchen bei der Insektenjagd

$(\times {}^{3}/_{10})$

Im Sommer ist die Oberseite des Männchens grau, im Herbst wird sie langsam bräunlich

Das Weibchen hat einen hellen Augenring

Weibchen und Jungvögel sind sehr ähnlich gefärbt

$(\times {}^{3}/_{5})$

Männchen im Prachtkleid

Baumhöhlen, Mauerlöcher oder Nistkästen sind häufige Brutplätze

Unten: Das Weibchen hat eine hellbraune Unterseite und eine helle Kehle. Der orangerote Schwanz ist ein gutes Bestimmungsmerkmal

Bei jungen Männchen wirkt die Färbung durch helle Federränder verwaschen

Jungvögel sind unterseits deutlicher gefleckt und insgesamt viel heller als junge Hausrotschwänze

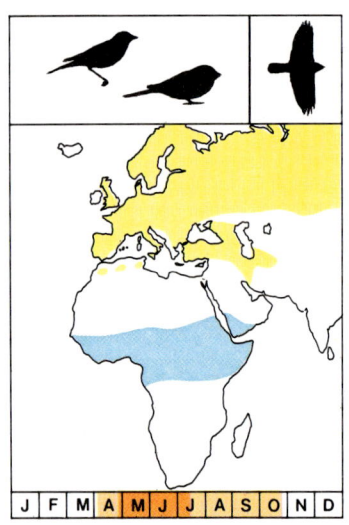

Das Männchen des Gartenrotschwanzes *Phoenicurus phoenicurus* ist recht auffällig gefärbt und kaum mit einer anderen Vogelart zu verwechseln. Im Frühjahr singt es bereits vor dem Morgengrauen auf hohen Warten wie Baumspitzen oder Antennen. Der wohlklingende, etwas wehmütige Gesang beginnt meistens mit einem kurzen, gedehnten Ton, auf den einige kurze Elemente folgen: „hüit trä trä trä"; daran schließen sich rauhe, gequetscht klingende und reine Töne und häufig Imitationen anderer Vogelarten an. Bei Störung rufen Gartenrotschwänze kurz „hüit" oder „hüit-teck-teck".

Der Gartenrotschwanz lebt in lichtem Laub- und Mischwald mit älterem, möglichst nicht geschlossenem Baumbestand; in Nordeuropa ist er ein typischer Singvogel der dortigen Nadelwaldtaiga. Bis vor wenigen Jahren war er auch bei uns sehr zahlreich in Obstgärten, Parks und Schrebergärten anzutreffen, in Dörfern und an Stadträndern gehörte er zu den häufigeren Arten. Heute sind die Bestände vielerorts drastisch zurückgegangen. Häufig sitzt der Gartenrotschwanz auf den unteren Zweigen eines Baumes und fliegt von dort aus auf den Boden, um ein Insekt aufzunehmen; oft kehrt er zum selben Sitzplatz zurück.

Die Männchen treffen Mitte April bis Anfang Mai in ihrem Brutgebiet ein, wenige Tage vor der Ankunft der Weibchen. Nach der Verpaarung wählt das Männchen den Nistplatz aus, meist in einer Baumhöhle; die Vögel beziehen aber auch Nistkästen, Fels- und Mauernischen, und manchmal genügt ein Dachbalken, auf den das lockere Nest aus Gras, Wurzeln und Moos plaziert wird.

Hausrotschwanz

Der Hausrotschwanz wählt als Neststandort Löcher in Felsen oder in Mauern

Ein Weibchen im Flug. Hausrotschwänze haben breitere Flügel als Gartenrotschwänze, das Rot des Bürzels ist weniger ausgedehnt

(×³/₅)

(×³/₁₀)

Ein adultes Männchen im Prachtkleid füttert ein flügges Junges. Das Junge sieht verglichen mit jungen Gartenrotschwänzen „rußig" aus und hat nur im Schwanz Rotbraun

Links ein Männchen von hinten. Rechts: Hausrotschwänze rütteln oft, um Insekten zu fangen; sie sitzen nur selten im Gezweig versteckt

Weibchen (rechts) und Jungvögel (unten) sind in ihrem braungrauen Gefieder wenig auffällig, wenn man den Schwanz nicht sieht

Männchen im Schlichtkleid. Hausrotschwänze sieht man oft von einer Warte auf den Boden fliegen

Der Hausrotschwanz ist ein gern gesehener Brutvogel am Haus

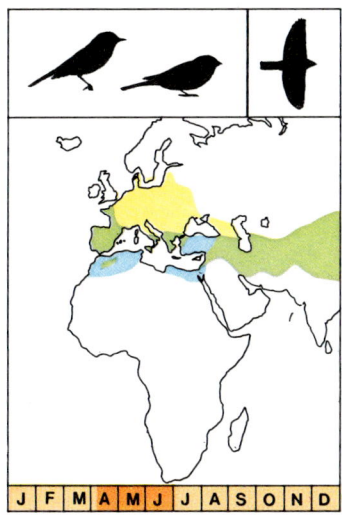

J F M A M J J A S O N D

Als ursprünglich reiner Felsbewohner hat sich der Hausrotschwanz *Phoenicurus ochruros* an Gehöfte und die Häuserschluchten der Dörfer und Städte angepaßt; er ist einer der wenigen Singvögel, die regelmäßig mitten in Großstädten brüten. Er ist jedoch auch heute noch Charaktervogel der höheren Gebirgslagen und wird in den Alpen teilweise in über 3000 m Höhe angetroffen. Zur Zugzeit rastet er auf Äckern und Wiesen. Bei einer Störung im Brutrevier warnt er mit kurzen und harten „hid-tek-tek-tek"-Rufen, kommt man seinem Nest zu nahe, steigern sich die Warnrufe zu einer schnellen, tonlosen „tektektek"-Folge. Der Hausrotschwanz sitzt oft auf Dächern, Mauervorsprüngen, Hausantennen oder Zaunpfählen; schon von weitem ist er an seinem ständigen Knicksen und Schwanzzittern leicht zu erkennen.

Das Männchen singt bereits lange vor Sonnenaufgang auf hohen Warten; die kurze, hastige Strophe besteht aus 2 Teilen: Sie beginnt mit „jirr-tititi", daran schließt sich nach kurzer Pause mit gepreßten, kratzigen Tönen wie „zchr-chz-tritütiti" der 2. Teil an. Als Nistplatz wählen Hausrotschwänze im natürlichen Lebensraum Felsspalten, im Siedlungsbereich geschützte Stellen unter Hausdächern, Mauerlöcher oder Halbhöhlen-Nistkästen. Das lockere und ziemlich umfangreiche Nest wird aus Gras, Moos und Stengeln gebaut und innen mit Haaren, Federn oder Wolle ausgepolstert. Die 4–5 weißen Eier werden allein vom Weibchen ausgebrütet, um die Fütterung der Jungen, die erst mit 15–17 Tagen das Nest verlassen, kümmern sich beide Partner gleichermaßen.

Trauerschnäpper – Halsbandschnäpper

Ein Männchen mit kontrastreich schwarz-weißem Gefieder, wie es für skandinavische und alpenländische Brutvögel typisch ist; die meisten Männchen bei uns sind dagegen graubraun-weißlich gefärbt

Männchen im Flug mit dem typischen Flügelmuster

(× 3/5)

Trauerschnäpper erbeuten fast ausschließlich fliegende Insekten, die sie von Warten aus jagen

Weibchen und Jungvögel sehen im Flug gleich aus

(× 3/10)

Jungvögel haben weniger Weiß in den Flügeln als adulte Weibchen, dafür aber einige Flügelfedern mit hellem Rand. Das Auge wirkt recht groß

Das Weibchen ist überwiegend graubraun, mit Weiß an den Flügeln und am Schwanz

Weibchen von hinten

Jungvögel sehen „schuppig" aus

Ein Männchen des Halsbandschnäppers mit dem typischen weißen Halsband; auch im Flügel ist das Weiß meist ausgedehnter als beim Trauerschnäpper-Männchen

(× 3/5)

Die Schwänze der Weibchen: links Trauer-, rechts Halsbandschnäpper

Halsbandschnäpper-Weibchen: kaum vom Trauerschnäpper-Weibchen zu unterscheiden

Männchen vom Trauerschnäpper

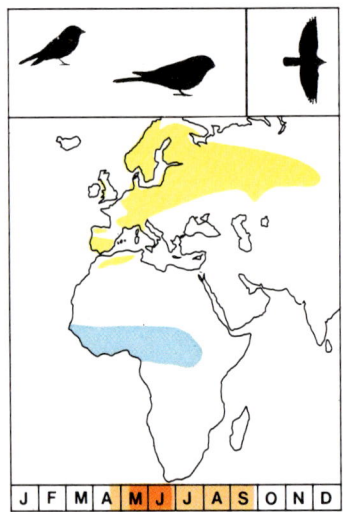

Der Trauerschnäpper *Ficedula hypoleuca* ist eine der Vogelarten, die vom Aufhängen von Nistkästen stark profitieren. Trotzdem ist er — auch bei ausreichendem Nistkastenangebot — gebietsweise sehr selten. Er bewohnt Laub- und Mischwälder, kommt aber auch in Parks und Gärten und sogar in reinem Nadelwald vor, sofern ein ausreichendes Angebot an Nisthöhlen vorhanden ist. Seine Beutetiere sind fast ausschließlich fliegende Insekten, die er von Warten aus jagt; dabei kehrt er im Gegensatz zum Gartenrotschwanz nur selten zum Ausgangspunkt zurück; häufig fliegt er auf den Boden, um ein Insekt aufzunehmen.

Sein typischer Ruf ist ein scharfes „bitt", das bei Feindalarm taktmäßig wiederholt wird. Der Gesang des Männchens schwingt auf und ab, die Strophe besteht aus 2 alternie-renden Tönen wie „wu-ti-wu-ti" und einem etwas tieferen Schlußteil.

Trauerschnäpper nisten in Baumhöhlen; sie bauen ein großes, unordentliches Nest aus Gräsern, Blättern und Bast.

Den Halsbandschnäpper *Ficedula albicollis* trifft man in Laubwäldern und Parks mit altem Baumbestand an, aber auch auf Friedhöfen und in Obstgärten. Er ist bei uns nur gebietsweise Brutvogel und fehlt im nördlichen Deutschland völlig. Typischer Ruf ist ein hohes und gedehntes „sieb".

Der kleinste europäische Fliegenschnäpper ist der **Zwergschnäpper** *Ficedula parva*. Durch seine Rotfärbung an Kehle und Brust erinnert er etwas an ein Rotkehlchen. Diese östliche Art ist westwärts bis Norddeutschland und Südbayern verbreitet und lebt im Laubwald.

Nachtigall

Das Schwanzstelzen ist eine typische Verhaltensweise der Nachtigall

Bei Störungen am Nest reagiert die Nachtigall mit lautem, tiefem Schelten und nähert sich dem Eindringling unter Schwanz- und Flügelzucken oft auf wenige Meter

(×³⁄₁₀)

Die Nachtigall hat, wie die Gartengrasmücke, keine auffallende Zeichnung. Das Auge ist groß, die Oberseite rotbraun

Sie lebt versteckt, zeigt sich selten frei und fliegt über kurze Strecken niedrig zwischen den Büschen

Altvogel am Nest, das tief in dichter Bodenvegetation versteckt ist. Als auffallendes Signal im Dämmerlicht besitzen die Jungen einen weißen Schnabelrand

(×³⁄₅)

Während der Balz spreizt das Männchen Flügel und Schwanz und zeigt den gelben Rachen. Rötlicher Unterschwanz, weißer Bauch und blaßorange Unterflügel werden hier sichtbar

Flügge Jungvögel unterscheiden sich von den Alten durch das geschuppt wirkende Gefieder

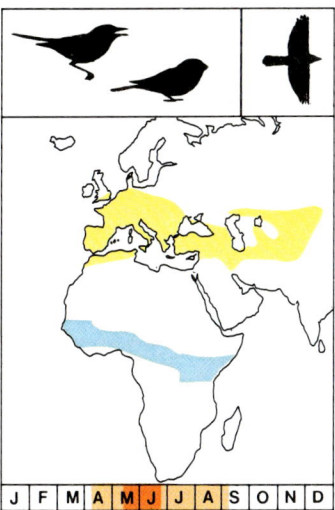

J F M A M J J A S O N D

Der Name dieses Singvogels ist zwar in aller Munde, doch gesehen haben ihn die wenigsten. Die Nachtigall *Luscinia megarhynchos* verdankt ihren Bekanntheitsgrad ihrem außerordentlich lauten, wohlklingenden und abwechslungsreichen Gesang: Monoton schmetternde Lautäußerungen wechseln mit kristallklaren Flötentönen ab, dazwischen sind häufig tiefe, harte „tjuck tjuck tjuck"- und zirpende Tonfolgen zu hören; typisch ist eine lange, crescendomäßig anschwellende und in der Tonhöhe etwas abfallende Lautfolge wie „hü hü hü hü hü", das „Schluchzen". Die Männchen singen vor allem am frühen Morgen, in der späten Abenddämmerung und nachts.
Bei Gefahr warnt die Nachtigall tief knarrend „karrr", oft ist auch ein fitisartiges „huit" zu hören. Besonders in der Dämmerung verläßt sie die schützende Deckung, um am Boden nach Insekten, Spinnen, Würmern und Schnecken zu suchen; dabei bewegt sie sich sehr elegant und stelzt häufig den Schwanz.
Nachtigallen leben in Laub- und Mischwäldern mit dichtem Unterholz, in Auwäldern, Parks und auf Friedhöfen. In manchen Gebieten, vor allem in Süddeutschland und in Gebirgsgegenden, fehlt die Art völlig.
Der sehr ähnliche **Sprosser** *Luscinia luscinia* unterscheidet sich optisch nur durch die leicht dunkel gewölbte Brust. Er bevorzugt meist feuchtere Standorte als die Nachtigall. Sein Gesang ist weniger schmetternd und ohne die schluchzenden Touren. Der Sprosser ist Brutvogel Nord- und Osteuropas, im Westen erreicht er Schleswig-Holstein; beide Arten kommen auch nebeneinander vor.

Grauschnäpper

Wenig auffallender Vogel, oft bestimmt man ihn an seinem Ruf

Typische Warte auf einem Ast

Der Grauschnäpper ist ein sperlingsgroßer Vogel mit verhältnismäßig langen Flügeln und mittellangem Schwanz. Bei der Insektenjagd ist er überaus wendig

(× 3/10)

Auf der Ansitzwarte sitzt er meist aufrecht; häufig zuckt der Vogel mit Flügeln und Schwanz

Häufig wirkt der Vogel einfach grau

Altvögel sind besonders auf der Unterseite gestrichelt; einige Flügelfedern haben weiße Ränder. Auffällig ist das große Auge. Auch wenn man die Zeichnung nicht erkennen kann, reichen Umriß und Bewegungen zur sicheren Bestimmung meist aus

Grauschnäpper nisten häufig in Halbhöhlen an Bäumen; sie wählen jedoch manchmal auch ausgefallene Neststandorte

(x 3/5)

Flugjagd nach einem Insekt

Der Grauschnäpper sitzt oft mit hängenden Flügeln

Der Jungvogel ist gefleckt

Der Schnabel ist spitz und hat eine breite Basis

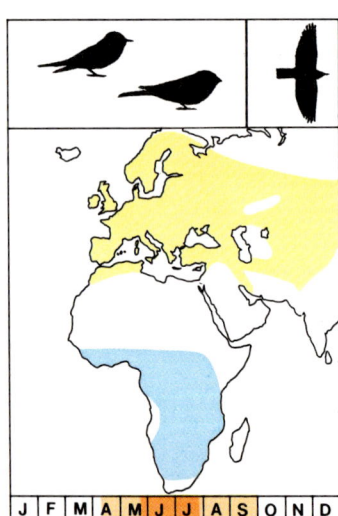

JFMAMJJASOND

Der Grauschnäpper *Muscicapa striata* ist wie alle Fliegenschnäpper auf höhere Bäume in seinem Lebensraum angewiesen. Dieser wenig gesellige Fliegenschnäpper jagt oft im Baumkronenbereich. Häufig sieht man ihn in der typischen aufrechten Haltung auf erhöhter Warte sitzen; von dort fängt er in elegant schwenkendem Flug ein vorbeifliegendes Insekt und kehrt gleich wieder zu seinem Sitzplatz zurück; manchmal bleibt er auch rüttelnd in der Luft stehen. Nach dem Landen und sonst bei Erregung zuckt er auffällig mit den Flügeln und dem Schwanz.

Obwohl der Grauschnäpper vor allem in lichten Laub- und Mischwäldern, in Feldgehölzen und Parks vorkommt, ist er auch regelmäßig im Siedlungsbereich anzutreffen. Bei Beunruhigung rufen Grauschnäpper kurz „tk", scharf „pst" oder „zek", häufig auch „zi-tk-tk". Der Gesang, eine Folge von kurzen Einzel- und Doppeltönen, die wie „zizi-sri-zrü-tsr" klingen, ist wenig eindrucksvoll und nur selten zu hören.

Grauschnäpper sind Halbhöhlenbrüter, die natürlicherweise in Höhlungen an Bäumen brüten, doch häufig wählen sie Mauerlöcher oder geeignete Stellen unter Dachvorsprüngen; auch verlassene Amselnester, die auf Dachbalken gebaut sind, dienen ihnen gelegentlich als Nistunterlage. Spezielle Halbhöhlen-Nistkästen werden meist nur dann bezogen, wenn sie an einer geschützten Stelle angebracht sind.

Häufig wird der gleiche Nistplatz mehrere Jahre lang benutzt. Das lockere Nest besteht aus kleinen Zweigen, Gras und Moos und wird mit Federn und Haaren ausgepolstert; das Gelege besteht aus 4 — 5 Eiern.

Waldbaumläufer

Schlanker, gekrümmter Schnabel

Baumläufer brüten in Spalten, Baumlöchern oder oft hinter abstehender Rinde

Männchen und Weibchen sind gleich gezeichnet. Die Flügelbinde hebt sich kaum von der rindenfarbenen Oberseite ab

$(\times \frac{3}{10})$

Obwohl der wellenförmige Flug langsam ist, wird man die Flügelzeichnung des kleinen Vogels kaum einmal erkennen können

Mit den ungewöhnlich steifen Steuerfedern stützt sich der Vogel am Stamm ab

$(\times \frac{3}{5})$

Alle hier abgebildeten Vögel sind Waldbaumläufer. Der bei uns häufigere Gartenbaumläufer sieht fast genauso aus, ist oberseits aber etwas düsterer und nicht so rötlich, mit weniger deutlichem Überaugenstreif und nicht leuchtend weißer, sondern mehr grauer Unterseite mit blaß braunen Flanken

Baumläufer schlafen, oft in Gruppen, in Höhlen oder hinter Rinde und wärmen sich gegenseitig. Durch Sträuben des lockeren Kleingefieders wird der Wärmeverlust weiter verringert

Mit ruckartigen Bewegungen klettern Baumläufer am Stamm hinauf und erinnern dabei an Mäuse

Bei der Nahrungssuche fliegen sie von Baum zu Baum

Von der Seite verrät sich der gut getarnte Vogel durch den hellen Bauch, der Rücken hebt sich kaum vom Untergrund ab

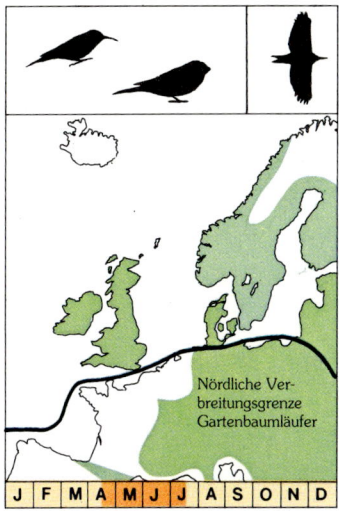

Nördliche Verbreitungsgrenze Gartenbaumläufer

J F M A M J J A S O N D

In Mitteleuropa leben 2 verschiedene Arten von Baumläufern, der Waldbaumläufer *Certhia familiaris* und der **Gartenbaumläufer** *Certhia brachydactyla*. Sie sind einander sehr ähnlich und lassen sich meist nur anhand ihrer Stimmen unterscheiden: eine abfallende Reihe aus 2 jeweils hoch beginnenden Trillern beim Waldbaumläufer und eine ansteigende Strophe aus hohen und feinen Pfeiftönen beim Gartenbaumläufer. Hinsichtlich ihrer Lebensraumansprüche gibt es deutliche Unterschiede: Der Waldbaumläufer ist eher an Nadelbäume, der Gartenbaumläufer mit seinem längeren Schnabel an die gröbere Rinde von Laubbäumen angepaßt. Beide Arten können im Mischwald nebeneinander vorkommen. Sie sind weit verbreitet und beide nicht selten.
Ihre Oberseitenfärbung läßt die Baumläufer

mit der Baumrinde förmlich verschmelzen. Bei der Nahrungssuche klettern die Vögel in kleinen Sprüngen an Baumstämmen empor, oben angekommen fliegen sie zum Fuß eines anderen Baumes, um erneut in Spiralen hochzuklettern. Mit ihren langen, schmalen Schnäbeln holen sie kleine Insekten aus den Ritzen und Spalten der Baumrinde.
Baumläufer sind wenig gesellig, sie bilden jedoch im Winter regelmäßig Schlafgemeinschaften an witterungsgeschützten Plätzen, z. B. unter dem Dach einer Hütte; dort versammeln sich allabendlich oft 10 und mehr Baumläufer, um eng zusammengekuschelt der winterlichen Kälte zu trotzen.
Die Vögel nisten meist hinter abstehender Rinde, in Baumspalten oder in speziellen Nistkästen mit seitlichem Eingang, der Gartenbaumläufer auch in Mauerspalten.

Wendehals

Während der Balz, bei Gefahr oder wenn man den Vogel gefangen hat, hält er den Kopf weit nach hinten; gleichzeitig dreht er den Hals von einer Seite zur anderen und zischt dabei

Ein fliegender Wendehals von hinten

(× ³/₁₀)

Der wellenförmige Flug erinnert an einen Specht; Schnabel und Kopf sehen spitz aus

Typisch: die lange Zunge

Schnabel und Füße sind fleischfarben

Der Schnabel von oben: die Spitze ist schmal und zugespitzt

(× ³/₅)

Der Wendehals ist mit seiner Gefiederfärbung und -musterung hervorragend an die Rindenstruktur von Bäumen angepaßt. Nur noch der Ziegenmelker hat ein ähnliches Tarngefieder

Ein Wendehals an der Nisthöhle. Auf horizontalen Ästen duckt er sich oft flach hin, an Baumstämmen kann er sich wie ein Specht festhalten

Am Boden bewegt er sich ungeschickt hüpfend

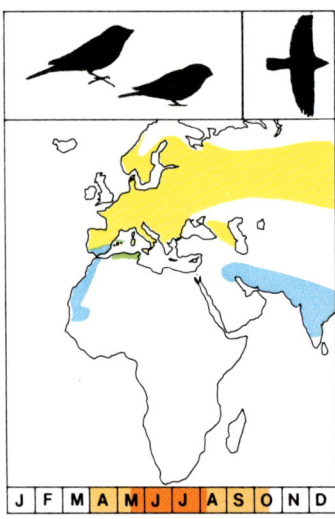

Der Wendehals *Jynx torquilla* ist unser einziger ziehender Specht, sieht aber mit seinem kurzen Schnabel eher aus wie ein Singvogel. Der durch sein baumrindenartiges Gefieder hervorragend getarnte Vogel ist am besten an seiner Stimme erkennbar: Die monotonen und etwas kläglichen Gesangsstrophen bestehen aus jeweils 8 – 15 nasalen „gje"-Lauten und schwellen im Verlauf der Strophe leicht an; sie erinnern etwas an die Rufreihen des Baumfalken. Da der Wendehals auch bei schwülem Wetter und mittags singt, wenn die anderen Vogelarten meist schweigen, gilt er volkstümlich als Wettervogel. Bei Revierstreitigkeiten ruft der Wendehals zischend „gschrie" oder „wät wät", an der Bruthöhle gestört „tep-tep" oder „töp-töp". Wendehälse brüten in lichten Laubwäldern, Feldgehölzen, Parks und Obstgärten; auch an Alleen, an Flußufern und in locker mit Bäumen bestandenen Feuchtgebieten ist diese Art zu beobachten, nicht jedoch im Innern von geschlossenen Waldgebieten. Außerhalb der Brutzeit trifft man die Vögel auch in völlig offener Landschaft an. In Mitteleuropa ist der Wendehals weit verbreitet, doch sind seine Bestände so drastisch zurückgegangen, daß er heute vielerorts bereits fehlt.

Obwohl der Wendehals in vielen Merkmalen von den echten Spechten abweicht, hat er doch eines mit ihnen gemeinsam, die extrem lange Zunge; sie hat einen klebrigen Überzug wie eine Leimrute, ideal für das Fangen von Ameisen, der Lieblingsnahrung. Wendehälse nisten meistens in Spechthöhlen oder Nistkästen; die 7 – 10 Eier liegen auf dem nackten Höhlenboden.

Kleiber

Kleiber brüten häufig in Spechtlöchern. Ist der Eingang so weit, daß größere Vögel hindurchpassen, mauert er ihn mit feuchtem Lehm so weit zu, daß er selbst gerade noch durchschlüpfen kann

Der hastige, flatternde Flug erinnert an einen Specht, besonders wenn man den Vogel als Silhouette sieht; doch kein Specht hat eine einheitlich blaugraue Oberseite

Kleiber fliegen sehr schnell, so daß man meist nicht viel mehr als eine Silhouette zu sehen bekommt

$(\times \frac{3}{10})$

Um eine Nisthöhle nach seinem „Geschmack" zu gestalten, verengt der Kleiber nicht nur das Einflugloch, sondern ebnet auch Ecken und Kanten im Inneren mit Lehm, so daß er sich wie in einer Baumhöhle fühlt

Kleiber sind leicht zu erkennen: einheitlich blaugraue Oberseite, breiter schwarzer Augenstreif, kastanienbraune Flanken; kräftiger Schnabel und kurzer Schwanz

Kleiber sind vollendete Baumkletterer, die auch „Überhänge" nutzen

Kleiber können auch abwärts mit dem Kopf nach unten klettern

$(\times \frac{3}{5})$

Kleiber suchen auch am Boden nach Nahrung; dort hüpfen sie in kleinen Sprüngen

Der Fuß ist für das Bäumeklettern ähnlich gut geeignet wie der Spechtfuß

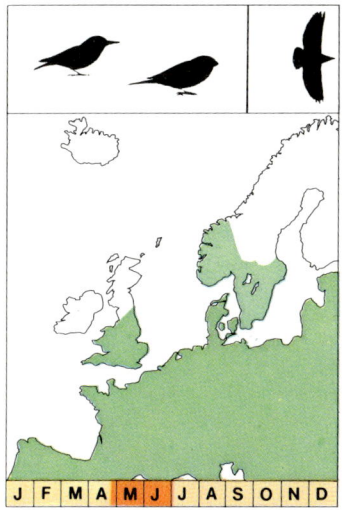

J F M A M J J A S O N D

Der Kleiber *Sitta europaea* ist der einzige Vogel, der abwärts mit dem Kopf nach unten klettern kann; allerdings können die Vögel in dieser Haltung nicht senkrecht nach unten laufen, sondern nur schräg im Zickzackkurs. Das ganze Jahr über hört man die laut pfeifenden Rufe „tuit tuittuittuit" oder (bei Gefahr) ein scharfes „tititirrr". Die trillernden Gesangsstrophen gehören zu den typischen Eindrücken im Frühlingswald: Die verschiedenen Strophen klingen wie „tuituituitui", „wiwiwiwiwi" oder „tirrrr" und lassen sich meist gut nachpfeifen.

Kleiber sind Höhlenbrüter, die häufig Spechtlöcher beziehen; ihren Namen verdanken sie der Fähigkeit, zu große Höhleneingänge mit feuchtem Lehm so weit zuzumauern, daß sie gerade noch selbst durchschlüpfen können.

Die Vögel sind wenig gesellig und leben das ganze Jahr über paarweise in festen Revieren. Aus Futterhäuschen holen sie sich häufig Sonnenblumenkerne und verstecken sie in Ritzen und Spalten der Baumrinde. Gefundene Haselnüsse werden in geeignete Spalten eingeklemmt und so kräftig behämmert, daß man einen Specht bei der Arbeit vermutet. Der **Mauerläufer** *Tichodroma muraria* klettert geschickt an senkrechten Felswänden; dabei zucken diese Vögel ständig mit den Flügeln, ein Verhalten, das der innerartlichen Verständigung dient. Ihre großen runden Flügel besitzen auffallend rote Bereiche und weiße Flecken. Mit ihrem langen gebogenen Schnabel holen sie kleine Insekten aus Felsritzen hervor. Mauerläufer sind in den Alpen weit verbreitet, aber nicht häufig.

Zaunammer

Adultes Männchen:
Die Kopfzeichnung ist
unverwechselbar

Adultes
Weibchen

Der Flug ist wellen-
förmiger als bei der
Goldammer

($\times \frac{3}{5}$)

Die Zaunammer hat einen
kürzeren Schwanz als die
Goldammer

Jungvogel

Das Weibchen sieht der Goldammer ähnlich, hat aber einen
olivfarbenen Bürzel

Fliegendes Männ-
chen: olivfarbener
Bürzel und kastanien-
brauner Rücken

($\times \frac{3}{10}$)

Männchen (links) und Weibchen sind leicht
zu unterscheiden. Das Zaunammer-
Weibchen ist stärker gestrichelt als das
Ortolan-Weibchen; das Goldammer-
Weibchen hat stets einen zimtbraunen
Bürzel

Auch bei Jungvögeln
(rechts) ist die Färbung
des Bürzels für die Unterscheidung von anderen
Ammern wichtig. Der Ge-
sichtsausdruck wirkt bei
der Zaunammer sanft

Weibchen

Männchen

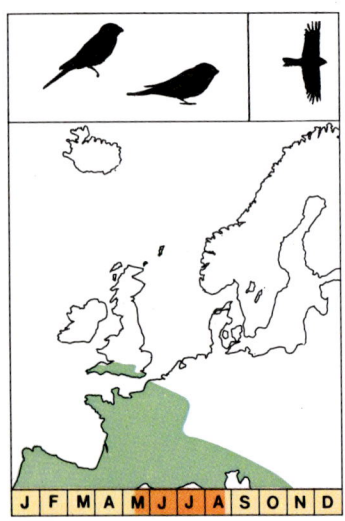

Sehr unauffällig und daher schwer zu entdecken ist die Zaunammer *Emberiza cirlus*.
Sie brütet in offener und buschreicher Landschaft mit einzelnen höheren Bäumen, in
parkartiger Landschaft und in Weinbergen;
weiter im Süden trifft man sie besonders an
sonnigen und trockenen Hängen an. Diese
vor allem im Süden und Westen Europas be-
heimatete Ammer ist ein seltener Brutvogel
der Schweiz und Österreichs, in der BRD
gibt es nur noch wenige kleine Vorkommen
im Südwesten und Süden.
Die Rufe erinnern etwas an Goldammerrufe,
sind aber höher und dünner: „ziih" oder
„tzii", auch kurz und hart „tick" oder „tsittit".
Der Gesang kann mit dem der Klappergrasmücke verwechselt werden, klingt aber höher und mehr klingelnd, auch fehlt der Vorgesang; häufig „klappert" das Männchen

nur auf einem Ton. Wie bei der Goldammer
dauert die Gesangsperiode bis in den Spätsommer, manchmal bis zum Herbst.
Das Nest wird vom Weibchen gebaut; es
steht meist niedrig im Brombeergestrüpp, in
jungen Bäumen oder in einer Bodenmulde
unter dichtem Bewuchs. Auch die Bebrütung der 3—5 Eier ist Aufgabe des Weibchens. Zu dieser Zeit wird es vom Männchen
mit Nahrung versorgt. Nach dem Schlüpfen
beteiligt sich das Männchen am Brutgeschäft, indem es an die Partnerin Futter
übergibt, das sie dann an die Jungen verteilt.
Meist werden pro Jahr 2 Bruten gezeitigt.
Am Nest gestört, geben Zaunammern wie
viele andere Ammern auch das Gelege auf.
Außerhalb der Brutzeit streifen Zaunammern in Familientrupps umher; dann sieht
man sie oft gemeinsam mit Goldammern.

J F M A M J J A S O N D

Goldammer

Das adulte Goldammer-Männchen hat ein rostbraunes Brustband, der Kopf ist leuchtend gelb

Die Männchen singen häufig auf Baumspitzen oder Telegraphenleitungen; wie andere Ammern auch, sperren sie den Schnabel dabei weit auf

Besonders im Flug fällt der gelbe Kopf stark auf

(× 3/10)

(× 3/5)

Beachte die weißen äußeren Schwanzfedern

Das wichtigste Bestimmungsmerkmal ist der zimtbraune Bürzel

Ein schlanker Vogel mit ziemlich breiten Flügeln und langem Schwanz. Der Bürzel ist stets zimtbraun

Weibchen

Bevor die Vögel zur Futtersuche auf den Boden fliegen, sitzen sie häufig zu mehreren in Büschen zusammen. Goldammern trifft man im Winterhalbjahr oft mit Buchfinken, Grünlingen oder Feldlerchen an

Obwohl dieser Jungvogel viel weniger Gelb besitzt als ein Altvogel, kann man ihn aufgrund des langgestreckten Aussehens und seines Verhaltens als Goldammer bestimmen

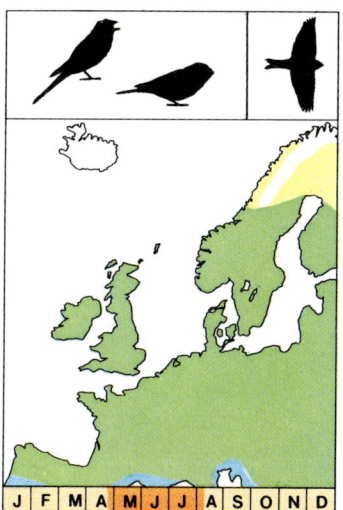

J F M A M J J A S O N D

Der etwas monotone Gesang der Goldammer *Emberiza citrinella* gehört zu den typischen Klangeindrücken der hitzeflimmernden, sommerlichen Feldflur; er ist auch dann noch zu hören, wenn viele Singvögel ihre Gesänge bereits eingestellt haben. Die kurze melancholische Strophe „zizizizizizizii-düh" wird im Volksmund häufig mit „wie wie wie hab' ich Dich lieb" wiedergegeben. Gern sitzen die Männchen auf erhöhten Singwarten wie Baumspitzen oder Telegraphendrähten, ihre Schnäbel halten sie beim Singen wie viele Ammern weit aufgesperrt.

Der typische Ruf, ein kurzes „zrik" oder „trs", ist oft bei Erregung zu hören, häufig sieht man die Vögel dabei auch mit dem Schwanz zucken. Vor dem Abflug rufen sie trillernd „tirr".

Die Goldammer ist ein weit verbreiteter und häufiger Brutvogel in abwechslungsreicher Kulturlandschaft mit Hecken, Feldgehölzen und gebüschreichen Waldrändern; besonders in Fichtenschonungen ist sie oft in größerer Zahl anzutreffen.

Das Nest steht meist in dichtem, bodennahem Gebüsch oder sehr niedrig in kleinen Bäumen, mit Vorliebe wird es in Brombeergesträpp und an Weg- und Straßenböschungen gebaut. Es ist recht umfangreich und besteht aus Gräsern, Stengeln und Moos, innen wird es mit feinen Wurzeln ausgelegt. Die 3 — 5 Eier werden hauptsächlich vom Weibchen bebrütet; beide Partner füttern die Jungen mit Raupen und anderen Insektenlarven.

Im Winter streifen Goldammern in kleinen Trupps umher und kommen dann auch in die Dörfer und an Stadtränder.

Ortolan

Die mattere Kopffärbung unterscheidet das Weibchen vom Männchen

Adultes Weibchen

Im Gegensatz zur Goldammer ist der Schwanz des adulten Ortolans gerade abgeschnitten, die Flügel sind länger und schmaler

$(\times \sqrt[3]{10})$

Adultes Männchen

$(\times \sqrt[3]{5})$

Ein Männchen. Keine andere Ammer hat einen rosa Schnabel

Auffällig im Flug: schlanker Körperbau und langer Schwanz

Rechts: die weiße Zone der äußeren Schwanzfedern

Die unscheinbaren Jungvögel haben auf der Unterseite einen gelblichen Anflug; beachte den weißen Augenring

Ein adultes Männchen im Prachtkleid

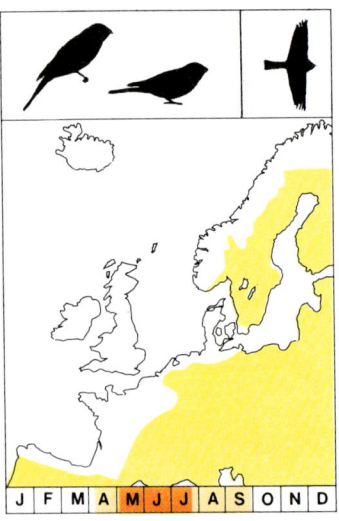

Die Ansprüche des Ortolans *Emberiza hortulana* an den Lebensraum sind einfach zu beschreiben: Einige Büsche oder andere deckungsbietende Vegetation und offene Flächen für die Nahrungssuche müssen vorhanden sein. Diese Bedingungen werden von den baumlosen, höheren Bergregionen im Mittelmeergebiet erfüllt, aber auch von Kultur- oder Buschland weiter im Norden. In unseren Breiten ist diese Ammer in der kleinräumigen und abwechslungsreichen Feldflur von klimatisch milden Gegenden am ehesten zu erwarten; häufig trifft man sie auch auf Streuobstflächen, an bach- oder straßenbegleitenden Laubbaumreihen und am Rand von Feuchtgebieten an. Sie ist bei uns seltener und lokaler Brutvogel des Tieflandes; Biotopzerstörung und naßkalte Witterung zur Brutzeit haben ihre Bestände teil-

weise drastisch vermindert, so daß sie vielerorts ganz fehlt.

Die Männchen singen häufig auf Baum- und Buschspitzen und auf Telegraphenleitungen. Die kurze und etwas schwermütig klingende Strophe klingt wie „zri-zri-zri-zri-djü-djü-djü" oder ähnlich, wobei die „djü"-Laute tiefer liegen. Jedes Männchen verfügt über 2—4 verschiedene Strophentypen. Bei Erregung rufen Ortolane „psië" oder „psip", oft mit einem „djüb"-Ruf abwechselnd.

Das Nest liegt meist am Boden zwischen Stauden oder unter Büschen versteckt. Das Weibchen erbaut es aus Halmen, Gras und Moos, für die Innenauskleidung verwendet es Haare und feine Gräser. Die 4—6 Eier variieren in der Farbe stark. Die Bebrütung und Aufzucht der Jungen ist ebenfalls vor allem Aufgabe des Weibchens.

J F M A M J J A S O N D

Zippammer

Jungvögel sind oberseits überwiegend rotbraun gefärbt. Beachte die weißen äußeren Schwanzfedern

(×3/10)

Im Flug sieht man die ziemlich breiten Flügel und den langen Schwanz der Zippammer, die feine doppelte Flügelbinde ist wenig auffallend. Den rostbraunen Bürzel haben nur Altvögel

(×3/5)

Die auffällige Kopfzeichnung macht die Zippammer zu einem leicht bestimmbaren Vogel, denn keine andere europäische Ammer sieht ihr ähnlich. Das Weibchen ist stets etwas matter gefärbt als das Männchen, doch hängt die Intensität der Gefiederfarben auch vom Abstand zur letzten Mauser ab. Der Oberschnabel ist dunkel, der Unterschnabel hell gefärbt

Der Jungvogel ist nicht leicht zu bestimmen, doch seine Gestalt, die Schnabelfarbe und das Schwanzmuster sind typisch

Abgesehen von dem auffälligen Kopfmuster zeigt die Zippammer bei der Ansicht von vorn ein warmes Orangebraun und sehr viel Weiß an den äußeren Schwanzfedern

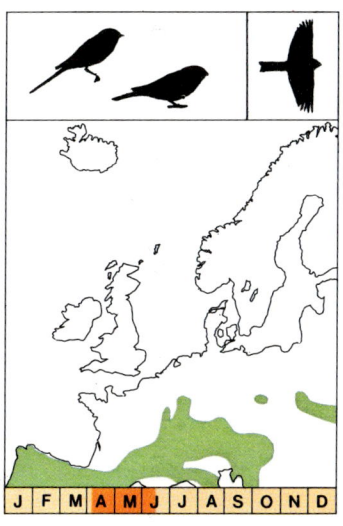

Mit Felsbrocken übersäte Berghänge bilden den typischen Lebensraum der Zippammer *Emberiza cia* während der Brutzeit; jedoch sind Felsen nicht immer für das Vorkommen dieser Ammer entscheidend, denn sie brütet auch auf alpinen Wiesen und in Weinbergen. In unseren Breiten findet man die Zippammer an sonnigen und trockenen, oft sehr steilen Hängen mit vielfältigen Kleinstrukturen wie Büschen, Felsbereichen, Trockenmauern und kleinen „Unkraut"-Flächen; unbereinigte Weinberge kommen den Biotopansprüchen der Zippammer oft recht nahe. Sie ist seltener Brutvogel in Österreich und in der Schweiz. In der BRD ist diese Ammer vor allem durch Lebensraumzerstörung, Aufgabe der traditionellen Schafbeweidung und durch Klimaveränderungen sehr selten geworden.

Das Männchen singt seine hellen, wenig abwechslungsreichen Strophen recht hastig; sie werden häufig mit „zip" eingeleitet und erinnern sowohl an die Goldammer als auch an die Heckenbraunelle. Die häufig zu hörenden Rufe sind kurz und klingen wie „zip" oder „zie". Zippammern sind ziemlich scheu. Das Nest, ein typisches Ammernnest, ist relativ umfangreich und besteht überwiegend aus Gras; innen ist es mit Haaren und feinem Pflanzenmaterial ausgelegt. Meist wird es in einer Felsnische oder niedrig in einem Busch oder Jungbaum erbaut, gelegentlich auch in über 1 m Höhe. Die 4—6 Eier sind bemerkenswert gezeichnet: ein Netzwerk von feinen Linien und Schnörkeln, die vor allem um den stumpfen Pol herum angeordnet sind. Die Nestlingszeit dauert nur 10—12 Tage.

J F M A M J J A S O N D

Rohrammer

Männchen auf der Singwarte

Weibchen im Flug mit rotbraunen Schultern

($\times \frac{3}{10}$)

Im Prachtkleid fällt das Männchen vor allem durch die schwarz-weiße Kopffärbung auf

Weibchen am Boden

Oben der Kopf eines Männchens im Herbst. Im Februar wetzen sich die bräunlichen Federränder ab und geben das tiefe Schwarz des Brutkleides allmählich frei (darunter)

Das frisch vermauserte Männchen ist dem Weibchen recht ähnlich, aber etwas weniger gestreift; das Schwarz ist unter bräunlichen Federrändern verdeckt

($\times \frac{3}{5}$)

Rohrammern haben auffällige äußere Schwanzfedern

Kopf- und Halsmusterung unterscheiden das adulte Weibchen vom Männchen; beachte die rotbraunen Schultern

Jungvögel haben einen gelblichen Anflug auf dem Gefieder, besonders ausgeprägt am Bauch. Rohrammern zucken oft mit dem Schwanz, so daß man die weißen Ränder sieht

Junges Männchen im Herbst

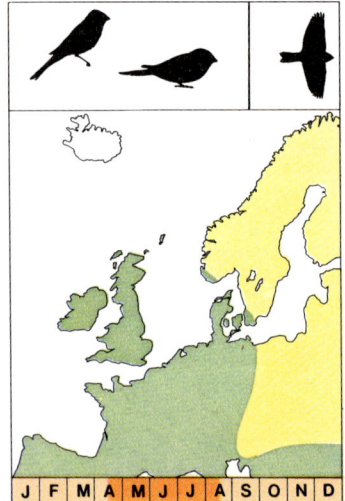

Die Rohrammer *Emberiza schoeniclus* ist die häufigste Ammer in Feuchtgebieten. Sie brütet in Verlandungszonen an Flüssen, Teichen und Seen, besonders in Schilf- und Seggenbeständen und in feuchtem, schilfdurchwachsenem Weidengebüsch. Gebietsweise ist sie nach der Zerstörung von Feuchtgebieten in die Feldflur eingewandert.

Typischer Ruf ist ein scharfes und etwas abfallendes „zieh" oder „ziüh", tiefer als der ebenfalls häufig zu hörende Luftfeindruf von Amsel und Rotkehlchen; daneben hört man auch ein kurzes „tschö" oder „pse". Der Gesang ist leicht zu merken: eine kurze und stammelnde Strophe wie „zje zje toi ziri", „zip zip tete zink tet" oder auch „dip dip dip tiö tete". Jeder Vogel singt nur einen Strophentyp, so daß benachbarte Männchen oft unterschiedlich singen.

Das Rohrammernest liegt häufig niedrig im Gebüsch auf umgebrochenem Schilf und besteht aus Halmen und Schilfblättern. Die 5 – 6 Eier sind mit auffälligen schwarzen oder schwarzvioletten Kritzeln und Flecken gezeichnet. Werden Rohrammern am Nest gestört, versuchen sie den Feind durch Verleiten vom Nest wegzulocken. Nach 13 – 14 Tagen schlüpfen die Jungen, nach weiteren 10 – 14 Tagen verläßt die Brut das Nest. Meistens werden pro Jahr 2 Bruten gezeitigt, selten auch 3.

Obwohl die meisten Rohrammern im Herbst Mitteleuropa verlassen, kann man auch im tiefsten Winter gelegentlich eine Rohrammer unauffällig am Ufer vor dem Schilf Nahrung suchen sehen. Rohrammern ernähren sich von Insekten, kleinen Krebstieren, Schnecken und Grassamen.

J F M A M J J A S O N D

Schneeammer

Junges Männchen im Winter

Adultes Männchen, Winter

Adultes Männchen

Die ausgedehnte weiße Zeichnung auf den langen Flügeln ist typisch

Oben ein Jungvogel; es dauert 2 Jahre, bis der Jungvogel das Weiß auf den Flügeln in voller Ausdehnung trägt

$(\times {}^3/_{10})$

Dieser Jungvogel hat noch sehr wenig Weiß in den Flügeln

Schneeammern haben einen typischen Gesichtsausdruck, ihre Schnäbel sind sehr kurz
$(\times {}^3/_5)$

Ein adultes Männchen. Während des Winters nutzen sich die hellen Federränder ab und legen so das Schwarz des Prachtkleides frei

Männchen im Winter

Weibchen im Brutkleid

Typischer Nahrungsbiotop an der Küste

Am Boden wirken Schneeammern langgestreckt und geduckt

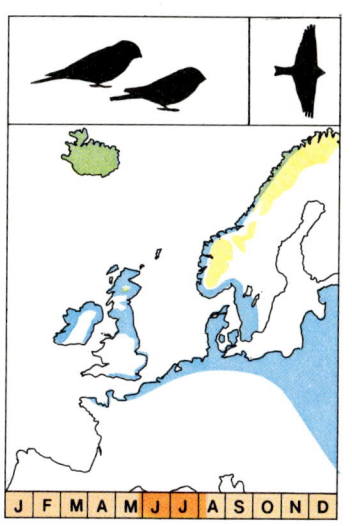

J F M A M J J A S O N D

In Mitteleuropa tritt die Schneeammer *Plectrophenax nivalis* als Durchzügler und Wintergast auf. An der Nord- und Ostseeküste sind die Vögel alljährlich in kleinen Trupps auf offenen, kurzrasigen Flächen anzutreffen; manchmal besuchen die Schwärme auch das Binnenland, wo sie an Seeufern und auf Ödflächen nach Nahrung suchen. Schneeammern sind nicht sehr scheu; es gehört zu den eindrucksvollsten Erlebnissen im Winter, einen Trupp Schneeammern zu beobachten: Die Vögel fliegen häufig auf und lassen sich wieder an einer anderen Stelle nieder, dabei hört man ständig ihre trillernden Rufe „tirr" oder „düh", kurz vor dem Landen äußern sie ein scharfes „tsrr".

Den Gesang, hell trillernde, lerchenartige Strophen mit schnellen Tonhöhenwechseln, hört man jedoch meist nur in den nordischen Brutgebieten. In Nordeuropa brüten Schneeammern in felsigen und steinigen Fjäll- und Tundragebieten. Die Männchen treffen bereits im März und lange vor den Weibchen am Brutplatz ein. Als erstes versuchen sie, in der schneebedeckten Landschaft Reviere abzugrenzen, indem sie viel singen und sich häufig mit den benachbarten Männchen umherjagen. Kommt es in dieser Zeit zu erneuten Schneefällen, so werden die Feindseligkeiten unterbrochen, und die Vögel schließen sich wieder zu Trupps zusammen, bis sich die Wetterlage gebessert hat. Die Weibchen, die mehrere Wochen später im Brutgebiet eintreffen, werden von den Revierinhabern zunächst mit Angriffen begrüßt, bis die Männchen schließlich zu Balzspielen mit Verfolgungsjagden übergehen.

Heidelerche

Typische
Haltung im
Flug

(× ³/₁₀)

Im Flug kann man die Heidelerche
von der Feldlerche am besten an der
geringeren Größe und dem viel kürzeren Schwanz unterscheiden; von nahem sieht man das weiß-schwarze
Flügelabzeichen

Singflugbahn

Der weiße Überaugenstreif ist
in allen Gefiedern typisch

Ein Altvogel in frischem Gefieder;
die Federn nutzen sich relativ
rasch ab, so daß der Vogel bald
blasser aussieht

(× ³/₅)

Ein Jungvogel, der gera-
de das Nest verlassen
hat, ruft nach den Eltern.
Junge Heidelerchen ver-
lassen das Nest bereits
mit 10 — 12 Tagen, lan-
ge bevor sie fliegen kön-
nen. Beachte die hellen
Federsäume auf dem
Rücken

Heidelerchen sind ge-
drungene Vögel mit
auffallend kurzem
Schwanz, dessen
Ecken weiß sind. Die
Überaugenstreifen
stoßen im Nacken
zusammen

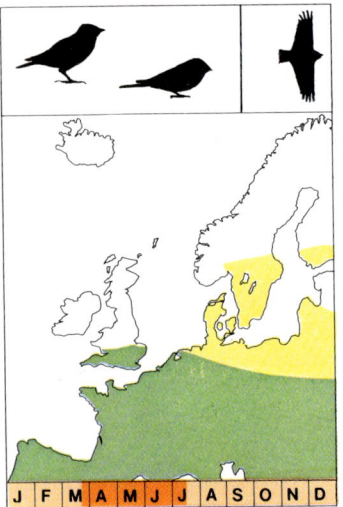

Die Heidelerche *Lullula arborea* ist, für diese
Familie eher untypisch, regelmäßig auf
Baumspitzen zu sehen. Sie bewohnt trockene, lichte Kiefernwälder mit Waldblößen,
sandige Heidegebiete und locker mit Bäumen bestandene Trockenrasen. Obwohl weit
verbreitet ist diese Lerche bei uns in den letzten Jahren selten geworden und gebietsweise sogar ganz verschwunden.
Aufgrund ihrer außergewöhnlich sanften
und melodischen Gesangsstrophen wird sie
im Volksmund auch **Heiden**nachtigall genannt. In der sonst gesangsarmen Heide-
landschaft wirkt ihre Stimme, die auch
nachts zu hören ist, besonders eindrucksvoll.
Die vielen verschiedenen Strophen — man
hat schon über 100 gezählt — fallen zum
Schluß hin meist etwas ab; sie klingen wie
„dlidlidlidlidli", „düdidüdiüdüdidüdi" oder

trillernd „tirrr". Erst seit kurzem ist bekannt,
daß die einzelnen Strophen in einer festgelegten Reihenfolge vorgetragen werden.
Meist singen die Männchen in hohem, kreisendem Singflug, der bis über eine Stunde
lang dauern kann. Heidelerchen singen
auch auf Warten; die umgebogenen Spitzen
von jungen Kiefern, die den Männchen oft
als Singwarten dienen, zeugen von der Anwesenheit der Lerchen.
Beide Partner bauen in eine kleine Bodenmulde ein sauberes, napfförmiges Nest aus
Gräsern, Moos und Haaren. Die 3 — 5
braunfleckigen Eier werden allein vom Weibchen bebrütet; dieses wird bei der Nahrungssuche stets vom Männchen begleitet. Der
Nistplatz der Heidelerche ist nur schwer zu
entdecken, denn die Altvögel laufen die letzten Meter stets geduckt zum Nest.

Grauammer

Die Grauammer ist die größte Ammer Europas: sie wirkt gedrungen, großköpfig und breitflügelig. Der Schwanz ist relativ kurz und ganz ohne Weiß

Die Grauammer kann ihren Schnabel weit öffnen, um die Samenkörner an der Schnabelbasis, der Stelle mit dem größten Druck, zu zerquetschen

(× ³/₁₀)

Grauammer-Männchen fliegen oft niedrig mit hängenden Füßen

Von nahem sieht man die dunkle Brustfleckung, die wie ein „Lätzchen" aussieht; sie ist variabel und fehlt den Jungvögeln

Das Männchen in typischer Haltung auf seiner Singwarte

Die Grauammer hat keine auffälligen Gefiedermerkmale, doch ist sie trotzdem recht leicht zu erkennen

Während der Brutzeit fliegen die Vögel oft mit hängenden Füßen

(× ³/₅)

Beim Jungvogel ist noch kein „Lätzchen" ausgebildet

Am Boden sieht die Grauammer schlanker aus als sonst und kann daher mit einer Feldlerche verwechselt werden

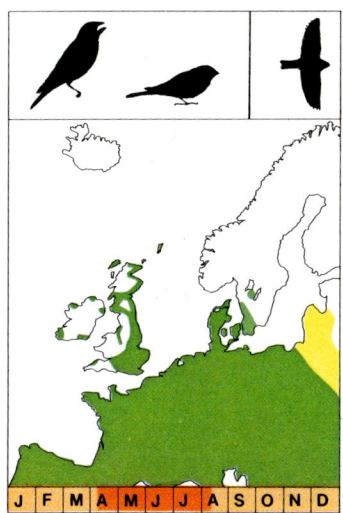

JFMAMJJASOND

Die Grauammer *Emberiza calandra* ist einer unserer unscheinbarsten Singvögel. Sie brütet in offener, trockener Landschaft mit Getreidefeldern, Wiesen und einzelnen Bäumen und Büschen; Hecken scheinen dieser Art in ihrem Lebensraum nicht zuzusagen. Bei uns fehlt die Grauammer vielerorts.

Auch ihre Brutbiologie ist unter den Ammern recht ausgefallen: Das Männchen kümmert sich nicht um die Brut und Aufzucht der Jungen, beim Nestbau begleitet es jedoch das Weibchen. Das lockere Nest ist meistens in einer Bodenmulde, im bodennahen Gestrüpp oder in einem Kornfeld verborgen; das Vollgelege enthält 3 — 5 Eier; jährlich werden meist 1 — 2 Bruten durchgeführt. Das Weibchen verläßt das Nest regelmäßig, um Nahrung zu suchen, dabei wird es häufig vom Männchen begleitet.

Bis vor kurzem dachte man, daß alle Grauammer-Männchen polygam seien, jedoch weisen neuere Untersuchungen darauf hin, daß dies nicht immer der Fall sein muß.

Das Männchen hat mehrere Singwarten in seinem Revier verteilt, oft über 100 m vom Nest entfernt. Der monotone Reviergesang ist eine Folge von kurzen, tickenden Lauten, die sich beschleunigen und in einen klirrenden und knirschenden Schlußteil übergehen, nicht unähnlich dem Rasseln eines Schlüsselbundes. Während der Brutzeit wirkt das Männchen im Flug plump, die Beine hängen herab — eine Haltung, die offenbar mit dem Singflug in Zusammenhang steht, den es in dieser Zeit gelegentlich vollführt. Meist singen die Vögel jedoch auf Buschspitzen. Vor dem Abflug und im Flug rufen Grauammern oft kurz „tick tick".

73

Haubenlerche

Haubenlerche
im Flug

Die Männchen
wählen als Sing-
warte oft eine
Buschspitze oder
einen Baum

Von unten sieht man die
rötlichorange gefärbten
Unterflügel; die äußeren
Schwanzfedern sind gelb-
braun

(× ³/₁₀)

Bei Kälte plustert die Haubenlerche ihr Gefieder auf, so
daß sie rundlich erscheint

Jungvögel haben we-
niger Gelbbraun an
den äußeren
Schwanzfedern

Haubenlerchen haben breite
Flügel und einen kurzen
Schwanz; ihr Flug wirkt unbe-
holfen

Typisch ist die aufrichtbare Federhaube; der Schnabel ist
deutlich kräftiger als bei der
Feldlerche

(× ³/₅)

Die äußeren Schwanzfe-
dern sind bei der Hau-
benlerche gelbbraun, bei
der Feldlerche weiß; dies
ist auch bei der Ansicht
von hinten gut zu er-
kennen

Singwarten lie-
gen meist hoch

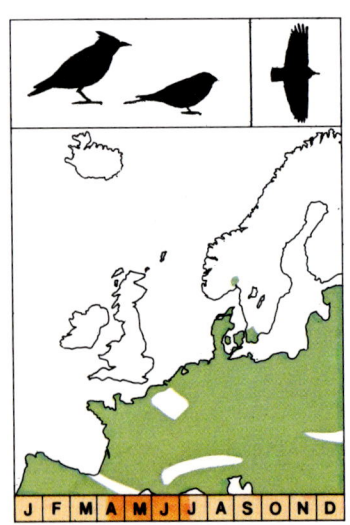

Die Haubenlerche *Galerida cristata* trifft man
eher in trockenen und spärlich bewachsenen
Lebensräumen an als die Feldlerche. Ursprünglich ein Vogel der Steppen und Halb-
wüsten, besiedelt sie bei uns vor allem Öd-
und Brachland, Fabrik- und Sportanlagen,
Truppenübungsplätze und Bahndämme, gebietsweise brütet sie mitten in Großstädten.
Die Art ist zwar weit verbreitet, fehlt aber bei
uns vielerorts oder ist sehr selten.
Haubenlerchen sind zu bemerkenswerten
Imitationen fähig: Sie ahmen nicht nur die
Stimmen anderer Vögel nach, sondern imitieren auch menschliche Pfiffe; so ahmte eine Haubenlerche den Pfiff eines Schäfers so
täuschend ähnlich nach, daß dessen Hunde
darauf genauso reagierten wie auf die Pfiffe
ihres Herrn. Im Flug rufen die Lerchen häufig ein melodisches „djui", bei Erregung

„die-di-drie" oder „dü-dü-dür-dli". Die
Männchen singen auf dem Boden, auf einer
erhöhten Warte oder in hohem, kreisendem
Singflug. Im Gegensatz zur Feldlerche starten und landen sie stumm. Die pfeifenden
und zwitschernden Strophen variieren in der
Länge und wirken durch die Pausen „zer-
hackt".
Das einfache Bodennest aus locker zusam-
mengefügten Halmen wird meist im Schutze
eines kleinen Busches gebaut; manchmal
brüten die Lerchen auch auf flachen Dächern. Haubenlerchen sind Standvögel, in
manchen Städten kann man sie im Winter
auf den Gehwegen laufen sehen.
Die nordische **Ohrenlerche** *Eremophila al-
pestris* ist bei uns regelmäßiger Wintergast;
am schwarz-gelb gezeichneten Kopf sitzen
kleine Federhörnchen.

Feldlerche

Das Männchen „hängt" beim Singen oft in der Luft

Der typische Singflug der Feldlerche: Der Vogel fliegt stumm auf, fliegt ununterbrochen singend steil empor und läßt sich zum Schluß abwärts fallen

Unten: Feldlerchen-Trupp im Winter

Die breiten Flügel weisen einen schmalen weißen Saum am Hinterrand auf

$(\times \frac{3}{10})$

Feldlerchen sitzen oft auf Pfosten, aber nie in Bäumen

Bei Beunruhigung stehen Feldlerchen aufrecht, so daß man die Brustzeichnung gut sehen kann. Beim linken Vogel erkennt man die typische Zeichnung des Unterschwanzes

Bei Jungvögeln wirkt die Oberseite durch die weißen Federsäume schuppig

In einer Singflugphase kreist der Vogel niedrig mit schwirrenden Flügeln

Ein Männchen, das gerade zum Singflug startet

Feldlerchen haben auffallend lange Hinterzehenkrallen

$(\times \frac{3}{5})$

Von hinten sieht man die typischen Gefiedermerkmale der Feldlerche: die weißen Schwanzkanten und den weißen Saum am hinteren Flügelrand

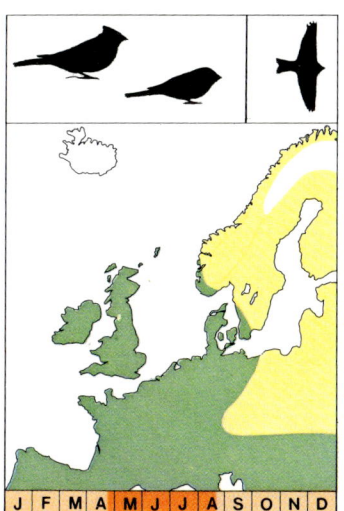

J F M A M J J A S O N D

Die Feldlerche *Alauda arvensis* ist ein unscheinbarer kleiner Vogel, der vor allem im Frühjahr durch seinen bemerkenswerten Gesang auffällt. Bereits Ende Februar, sofort nach der Ankunft im Brutgebiet, beginnen die Männchen, ihre Reviere akustisch abzugrenzen: Sie fliegen stumm auf und steigen ununterbrochen singend steil empor, um dann minutenlang singend am Himmel zu „hängen". Die Gesangsstrophen sind weit hörbar und werden fast ausschließlich im Singflug vorgetragen; sie bestehen aus trillernden, wirbelnden und flötenden Teilen, die kontinuierlich aufeinanderfolgen; häufig hört man Nachahmungen anderer Vogelstimmen heraus, z. B. Kohlmeise, Bachstelze und Turmfalke. Oft sieht man die Vögel auch niedrig mit schwirrenden Flügelschlägen kreisen. Der normale Flug des Vogels verläuft in Bögen und wirkt weich und flatternd. Am Boden laufen Feldlerchen in geduckter Haltung; auf Bäumen sitzen sie fast nie. Feldlerchen sind Vögel der offenen Landschaft; als ursprüngliche Steppenbewohner sind sie heute Charaktervögel der Kulturlandschaft, vor allem auf Acker- und Weideland und auf niedrig bewachsenen Feldern und Feuchtwiesen; auch in Marsch- und Dünenlandschaften sind sie häufig. Ihre Nahrung, Insekten, Spinnen und Samen verschiedener Gräser und Kräuter, suchen Feldlerchen ausschließlich auf dem Boden. Das Nest liegt in einer Bodenmulde und ist oft unter einem Grasbüschel gut versteckt. Nach einer kurzen Brutdauer von nur 11 Tagen schlüpfen die Jungen, die bereits nach 9 — 10 Tagen das Nest verlassen, jedoch erst mit 3 Wochen flugfähig sind.

Baumpieper

(×3/10)

Von unten erkennt man die Fleckung der Brust: die Flecken sind größer, deutlicher und weniger zahlreich als beim Wiesenpieper

Baumpieper vollführen fallschirmartige Singflüge; sie landen dabei häufig auf der Singwarte, von der sie gestartet sind

(×3/5)

Der Flug wirkt genauso unruhig flatternd wie der des Wiesenpiepers; der Schwanz des Baumpiepers ist etwas, die Flügel hingegen sind nur wenig länger und schmaler (typisch für einen Weitstreckenzieher); im Feld sind diese Unterschiede jedoch kaum zu erkennen

Baumpieper sind etwas gedrungener als Wiesenpieper, der Schnabel ist etwas kräftiger

Auf der Brust hat der Baumpieper mehr Gelbtöne als der Wiesenpieper, die Flecken sind regelmäßiger verteilt

Baumpieper wippen manchmal wie Bachstelzen mit dem Schwanz

Die Füße sind hell fleischfarben, die des Wiesenpiepers sind blasser

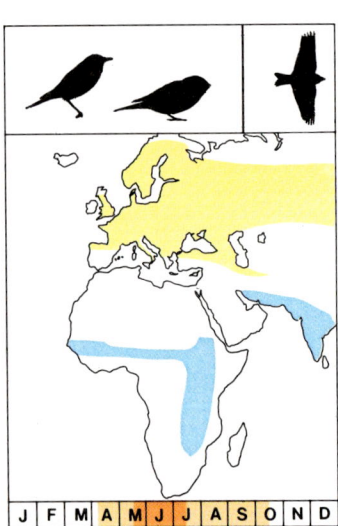

Der Baumpieper *Anthus trivialis* ist der einzige europäische Pieper, der regelmäßig im Wald anzutreffen ist. Das Männchen singt von hohen Baumspitzen aus oder im Singflug, wobei der Vogel von der Singwarte aufsteigt, kurz vor dem höchsten Punkt mit den Gesangsstrophen beginnt und dann in fallschirmartiger Flügelhaltung mit hochgehaltenem Schwanz herabgleitet; der Vogel landet dann wieder am Ausgangspunkt oder auf einer anderen Singwarte, auf der er den Gesang kurz fortsetzt. Die laut schmetternden und zwitschernden Gesangsstrophen bestehen aus trillernden und pfeifenden Touren wie „zia-zia-zia", „zizizi-zi-zi" oder „üiüiüi-üi-üi", ähnlich dem Kanariengesang. Baumpieper sind in Europa weit verbreitet; auch bei uns sind sie häufig im Laub- und Nadelwald, auf Waldlichtungen, in lockeren Baumbeständen und in Mooren und Heiden mit Einzelbäumen anzutreffen. Ideale Lebensbedingungen finden die Vögel oft am Rand von Kahlschlägen.

Die Männchen treffen meist Ende April an ihren Brutplätzen ein und besetzen sofort geeignete Territorien. Das Nest, ein einfacher Napf aus trockenen Halmen, Moos und Blättern, wird im Bodenbewuchs sehr gut versteckt. In den ersten Tagen der Eiablage, bis das Gelege vollständig ist, halten sich beide Altvögel meist in Nestnähe auf, wobei das Männchen nur wenig singt; wenn das Weibchen auf den 4—6 Eiern fest brütet, singt das Männchen wieder öfter und häufig auf viel weiter entfernten Singwarten; nach dem Schlüpfen der Jungen geht die Gesangsaktivität wieder deutlich zurück, denn jetzt muß das Männchen die Jungen mitfüttern.

J F M A M J J A S O N D

Wiesenpieper

Der Vogel wirkt am Boden unauffällig

Obwohl Wiesenpieper in baumlosen Mooren leben, sitzen sie auch auf Bäumen

Die weißen äußeren Schwanzfedern fallen besonders im niedrigen Flug auf

Wiesenpieper fliegen meist einzeln auf, bilden jedoch bald darauf einen Trupp: ihr Flug wirkt unentschlossen und etwas kraftlos; sie gewinnen nicht zielstrebig an Höhe, sondern steigen und fallen abwechselnd

Wiesenpieper wirken im Flug relativ gedrungen, kurzköpfig und kurzschwänzig; die beiden hellen Flügelbinden sind in ihrer Ausprägung recht variabel

(× ³/₁₀)

Vogel mit brauner Oberseite

Wiesenpieper haben einen hellen Augenring. Die Brustfleckung ist unregelmäßig, aber deutlich

Typisch: die lange Hinterzehenkralle

Die Oberseite kann, je nach Alter und Abnutzung des Gefieders, einen braunen, gelben, grauen oder gar grünlichen Stich haben

Das Muster der Brustfleckung variiert von Vogel zu Vogel

Obwohl Wiesenpieper beim Gehen mit dem Schwanz wippen, fällt das nicht so auf wie bei den Stelzen

(× ³/₅)

Vogel mit olivfarbener Oberseite

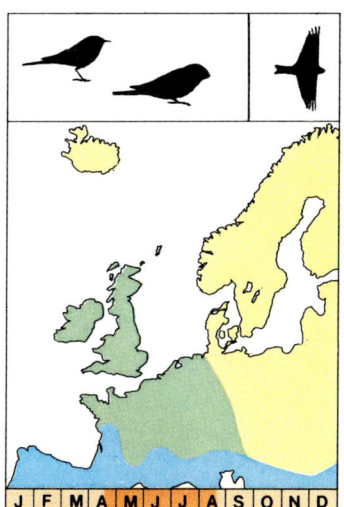

Der Wiesenpieper *Anthus pratensis* lebt in weiten Mooren und Heiden, auf Feuchtwiesen, im Dünengelände und auf Ödland; im Gebirge kommt er auf Bergwiesen bis zur Baumgrenze vor. Bei uns ist die Art im Süden seltener und fehlt gebietsweise nach der Trockenlegung von Feuchtgebieten ganz. Wiesenpieper halten sich mehr am Boden auf als Baumpieper. Die Männchen starten meist von Bodenerhebungen zu Singflügen, wobei sie bereits vor dem Abflug mit den Strophen beginnen; beim Herabgleiten kehren sie, anders als der Baumpieper, nicht zum Ausgangspunkt zurück. Die Gesangsstrophen klingen hoch und dünn und werden meist durch eine sich beschleunigende Folge von „tsip"-Rufen eingeleitet; es folgen lange Strophen, deren Lautstärke und Tonhöhe zum Schluß abfallen.

Häufig hört man den typischen Ruf, ein hohes „ist" oder „ististist", besonders wenn die Vögel gerade auffliegen. In Nestnähe warnen die Altvögel mit monotonen, langanhaltenden „tlitlitli"-Rufen.
Das Brutgeschäft beginnt schon im April. Das lockere und wenig kunstvolle Nest aus trockenen Halmen, Stengeln und Haaren ist meist unter einem Grasbüschel versteckt. 13 Tage lang bebrütet das Weibchen die 4—6 Eier, die Jungen werden während der Nestlingszeit von 12 Tagen von beiden Altvögeln gefüttert. In der Regel werden 2 Jahresbruten durchgeführt; Wiesenpieper sind gebietsweise häufige Kuckuckswirte.
Die Vögel suchen auf dem Boden nach Insekten (häufig Schnaken und deren Larven) und anderen Kleintieren, daneben verzehren sie auch feine Samen.

J F M A M J J A S O N D

Bergpieper – Strandpieper

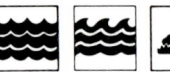

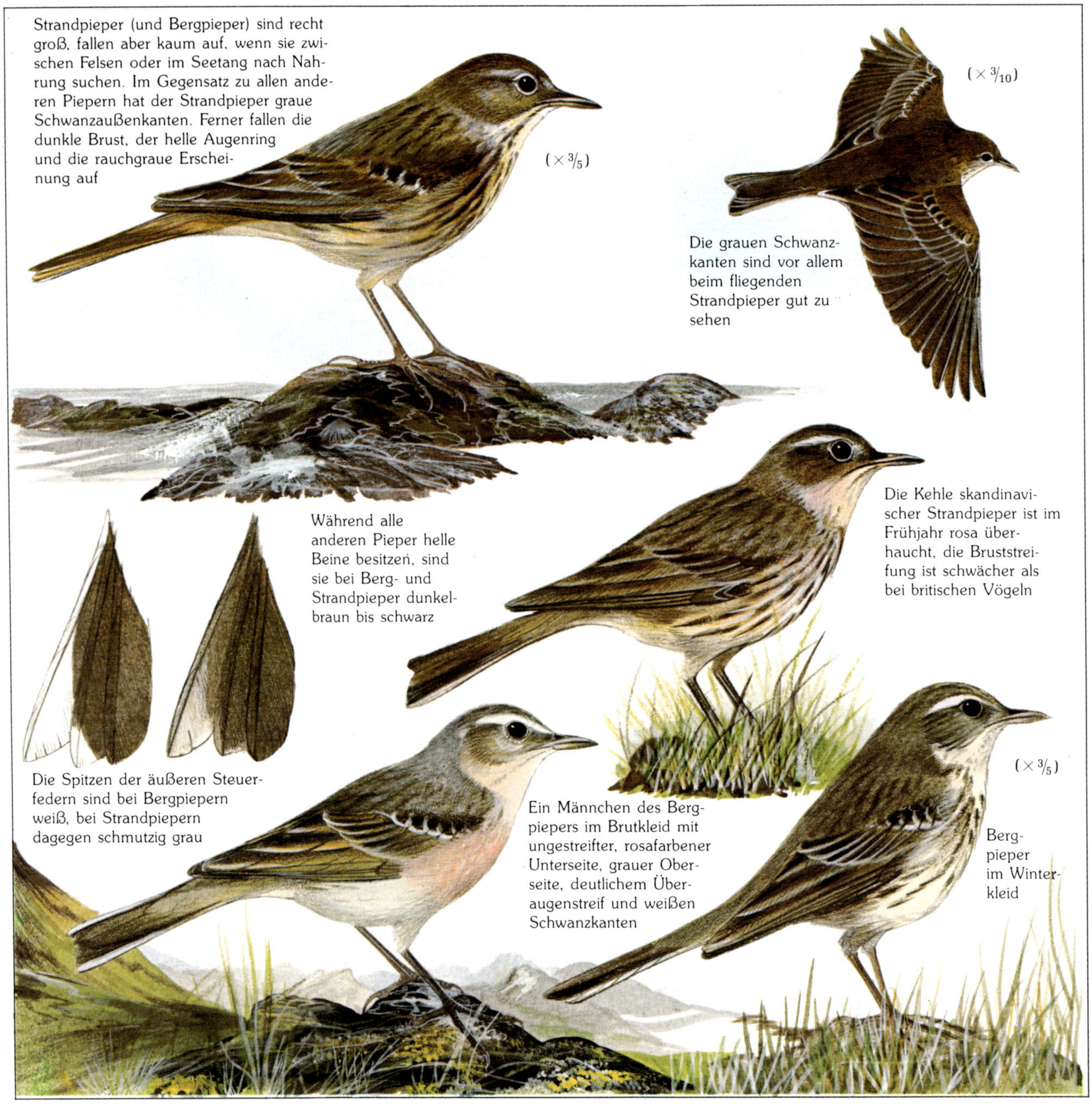

Strandpieper (und Bergpieper) sind recht groß, fallen aber kaum auf, wenn sie zwischen Felsen oder im Seetang nach Nahrung suchen. Im Gegensatz zu allen anderen Piepern hat der Strandpieper graue Schwanzaußenkanten. Ferner fallen die dunkle Brust, der helle Augenring und die rauchgraue Erscheinung auf

(× $\frac{3}{5}$)

(× $\frac{3}{10}$)

Die grauen Schwanzkanten sind vor allem beim fliegenden Strandpieper gut zu sehen

Während alle anderen Pieper helle Beine besitzen, sind sie bei Berg- und Strandpieper dunkelbraun bis schwarz

Die Kehle skandinavischer Strandpieper ist im Frühjahr rosa überhaucht, die Bruststreifung ist schwächer als bei britischen Vögeln

Die Spitzen der äußeren Steuerfedern sind bei Bergpiepern weiß, bei Strandpiepern dagegen schmutzig grau

Ein Männchen des Bergpiepers im Brutkleid mit ungestreifter, rosafarbener Unterseite, grauer Oberseite, deutlichem Überaugenstreif und weißen Schwanzkanten

(× $\frac{3}{5}$)

Bergpieper im Winterkleid

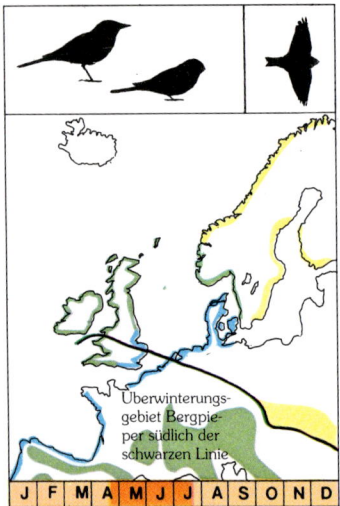

Bergpieper *Anthus spinoletta* und Strandpieper *Anthus petrosus* sind nah miteinander verwandt und wurden bis vor kurzem als Unterarten dem Artnamen Wasserpieper zugeordnet. Beide lieben feuchteres Gelände als andere Pieper: Der Strandpieper brütet an englischen und skandinavischen Küsten, der Bergpieper auf nassen Wiesen der mittel- und südeuropäischen Gebirge. Viele Bergpieper ziehen im Winter nach Norden und sind dann an Flüssen, Kiesgruben oder in Feuchtwiesen des Flachlandes zu sehen, einige sogar an der Meeresküste. Dort treffen sie auf die Strandpieper, die meist am Spülsaum des Meeres überwintern.

Bergpieper finden sich außerhalb der Brutzeit abends oft zu großen Schlafgemeinschaften in Feuchtwiesen zusammen, während sie sich tagsüber einzeln oder in kleineren Gruppen auf ein größeres Gebiet verteilen. Sie ernähren sich von Insekten, Spinnen, kleinen Schnecken und, am Meeresstrand, von den Larven der Tangfliegen.

Beide Arten bauen ein einfaches Grasnest, Strandpieper gern in Felsspalten, Bergpieper oft unter Grasbüscheln. Das aus vier oder fünf Eiern bestehende Gelege wird vom Weibchen 14 Tage bebrütet und die Jungen bleiben für die recht lange Zeit von 16 Tagen im Nest.

Der Gesang ähnelt dem des Wiesenpiepers, während der Ruf lauter und rauher ist und vor allem von auffliegenden oder ziehenden Vögeln als einsilbiges, gelegentlich auch wiederholtes „wiest-wisst" gehört wird.

Die Unterscheidung beider Arten ist sehr schwierig und wurde daher bei uns bisher kaum vorgenommen.

Brachpieper

Der elegante und etwas hüpfende Flug erinnert eher an eine Stelze als an den flatternden Flug des Wiesenpiepers

Brachpieper sind sehr elegante, schlanke und langbeinige Vögel; die Oberseite ist recht hell; die noch hellere Unterseite ist nur gering gefleckt oder manchmal sogar ungefleckt. Typisch ist auch der helle Überaugenstreif

Die Haltung ist eher typisch für eine Stelze als für einen Pieper

Von der Seite sieht man die langen Beine, die langen Flügel und den langen Schwanz

Bei Jungvögeln ist die Zeichnung kräftiger ausgebildet als bei Altvögeln

Im Flug fallen die ungestreifte sandbraune Oberseite und der lange Schwanz auf

(× 3/10)

Im Gegensatz zu Stelzen hat der Brachpieper eine relativ kurze Hinterzehenkralle

Ein Altvogel am Nest im Dünengelände

(× 3/5)

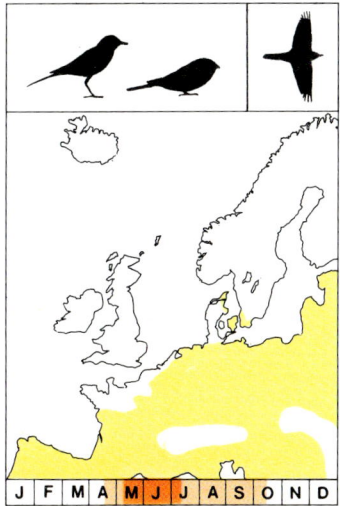

J F M A M J J A S O N D

Der Brachpieper *Anthus campestris* bevorzugt als Lebensraum offenes, karges und trockenes Ödland mit sandigem oder steinigem Boden; man trifft ihn bei uns vor allem auf Brachflächen, in Heide- und Dünenlandschaften und in Weinbergen an. In der BRD ist dieser Pieper sehr selten geworden und nur noch an wenigen Stellen Brutvogel. Insbesondere Störungen durch Erschließung und Freizeitrummel, Rekultivierung von Ödland und Sandgruben sowie die Aufforstung von Heideflächen haben ihn vielerorts vertrieben.

Die Rufe des Brachpiepers erinnern an Sperlinge, manchmal auch an Lerchen: Der Flugruf klingt wie „tschrl" oder „psia", beim Abflug hört man oft ein gedehntes „ziehp". Der einfache und monotone Gesang besteht aus einer ständigen Wiederholung von hohen, metallisch klingenden Lauten wie „zirluih", „tschrlie" oder „träih". Das Männchen singt häufig im kreisenden und wellenförmigen Singflug, zum Schluß gleitet es mit vibrierenden Flügeln abwärts.

Das relativ große Nest wird aus Gras, Blättern und Würzelchen erbaut und innen mit feinen Gräsern und Haaren ausgelegt; häufig ist es im Heidekraut oder in einer Bodensenke unter Grasbüscheln versteckt. Um die Bebrütung der 4 — 5 Eier kümmern sich beide Partner; wenn die Jungen nach 13 — 14 Tagen schlüpfen, werden sie von beiden Elternvögeln mit Nahrung versorgt. Häufig wird noch eine zweite Brut durchgeführt. Brachpieper ernähren sich von Insekten in allen Entwicklungsstadien und von Spinnen. Die wichtigsten Winterquartiere der europäischen Brutvögel liegen im Sudan.

79

Gebirgstelze

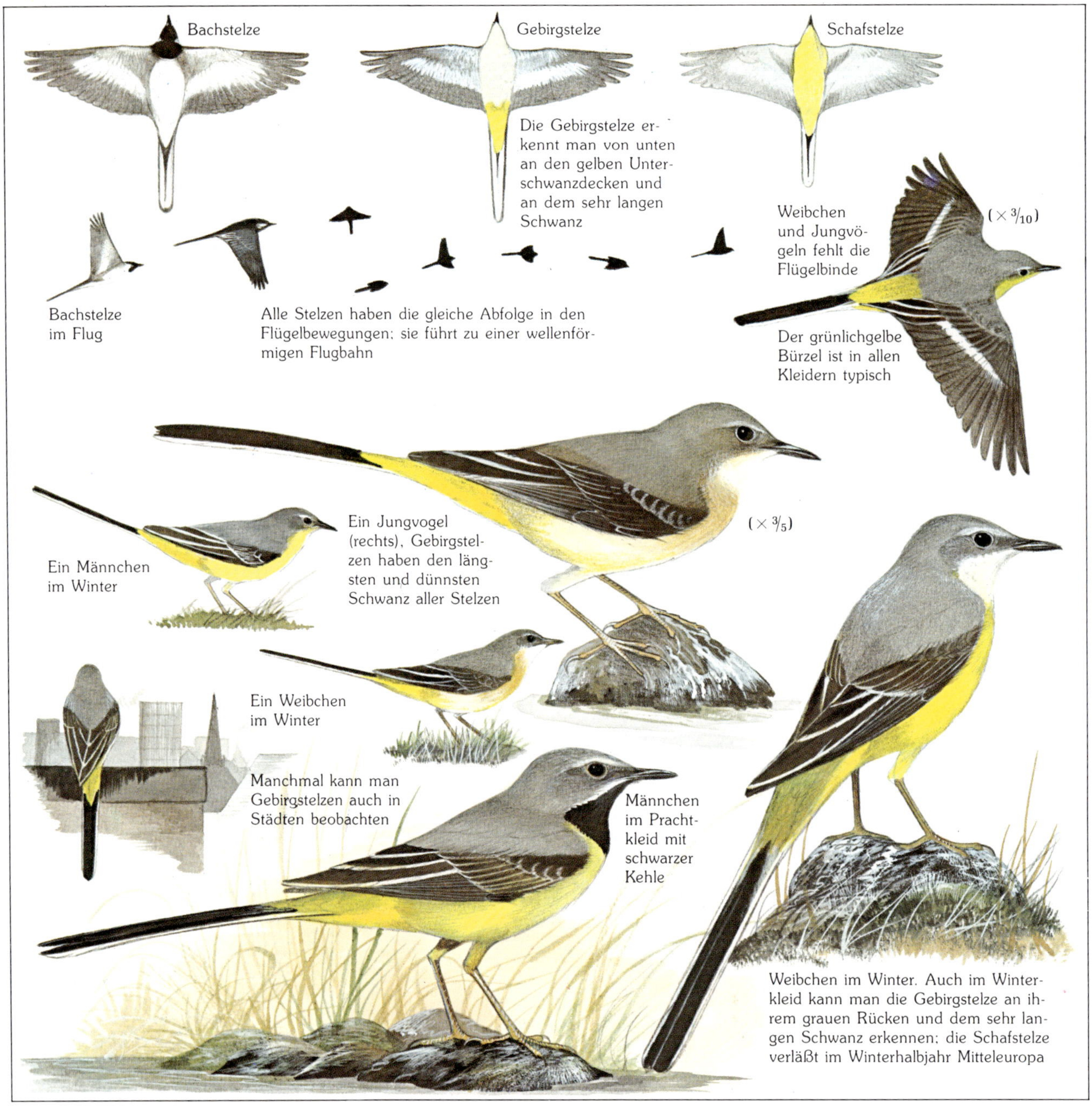

Bachstelze

Gebirgstelze

Die Gebirgstelze erkennt man von unten an den gelben Unterschwanzdecken und an dem sehr langen Schwanz

Schafstelze

Weibchen und Jungvögeln fehlt die Flügelbinde

($\times \frac{3}{10}$)

Der grünlichgelbe Bürzel ist in allen Kleidern typisch

Bachstelze im Flug

Alle Stelzen haben die gleiche Abfolge in den Flügelbewegungen; sie führt zu einer wellenförmigen Flugbahn

Ein Männchen im Winter

Ein Jungvogel (rechts), Gebirgstelzen haben den längsten und dünnsten Schwanz aller Stelzen

($\times \frac{3}{5}$)

Ein Weibchen im Winter

Manchmal kann man Gebirgstelzen auch in Städten beobachten

Männchen im Prachtkleid mit schwarzer Kehle

Weibchen im Winter. Auch im Winterkleid kann man die Gebirgstelze an ihrem grauen Rücken und dem sehr langen Schwanz erkennen; die Schafstelze verläßt im Winterhalbjahr Mitteleuropa

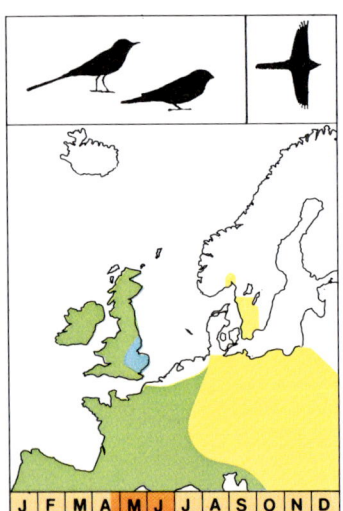

J F M A M J J A S O N D

Unsere langschwänzigste und grazilste Stelze ist die Gebirgstelze *Motacilla cinerea*. Sie hat eine Vorliebe für schnell fließende Gewässer und ist daher vor allem an Bächen und Flüssen im Bergland anzutreffen; in den Alpen wurde die Art noch in 2000 m Höhe als Brutvogel nachgewiesen. Im Flachland bevorzugt sie strudelndes Wasser an Stauwehren, Brücken und Mühlgräben. Gebietsweise brüten Gebirgstelzen auch in Steinbrüchen etwas entfernt vom nächsten Fließgewässer. Ihr Flug ist schnell und wellenförmig; häufig flattert sie von Stein zu Stein im seichten Wasser, um Insekten zu fangen. Ständig wippt die Gebirgstelze mit Schwanz und Hinterkörper.

Ihre Rufe klingen schärfer und höher als die der Bachstelze; im Flug hört man oft ein durchdringendes „ziss-zissziss", bei Gefahr ein schrilles „sissiht". Der Gesang, ein mit Pfeiftönen und Rollern durchsetztes Zwitschern, wird auf einer niedrigen Warte oder im Flug vorgetragen; häufig hört man die eingeflochtenen Rufe heraus.

Gebirgstelzen suchen auch ihre Nahrung vorwiegend am und im Wasser: Insekten und vor allem deren Larven, Spinnen, Würmer und kleine Krebse.

Als Nistplatz wird häufig eine Höhlung am Ufer, eine Stelle zwischen Steinen oder unter einer Brücke, eine Felsnische oder ein Mauerloch gewählt. Das Nest aus Zweigen, Gras und Moos wird innen mit Haaren ausgelegt und ist meist gut getarnt. Es wird vom Weibchen gebaut, das auch die Bebrütung der 4—6 Eier übernimmt.

Gebirgstelzen sind bei uns Teilzieher, daher kann man sie auch im Winter beobachten.

Schafstelze

Ein Männchen der britischen Rasse *M. f. flavissima* im Flug

(× 3/10)

Der Flug ist leicht und wellenförmig

Schafstelzen der britischen Rasse haben im Gegensatz zu den anderen Rassen einen fast vollständig gelben Kopf

Männchen der aschköpfigen Rasse *M. f. cinereocapilla*

(× 3/5)

In Europa können mehr als 5 Rassen der Schafstelze beobachtet werden. Die Oberkopffärbung der Männchen im Prachtkleid reicht von Schwarz (Maskenstelze, *M. f. feldegg*) bis blaß Blaugrau (Hellköpfige Schafstelze, *M. f. beema*)

Oben links: Ein Männchen rennt einem Insekt hinterher. Rechts das Nest

Männchen der mitteleuropäischen Rasse *M. f. flava*

Männchen der britischen Rasse (rechts)

Männchen der hellköpfigen Rasse *M. f. beema*

Weibchen der britischen Rasse im Herbst

(× 3/5)

Nordische Schafstelze *M. f. thunbergi*

Beachte die lange Hinterzehenkralle

Jungvögel der einzelnen Rassen sind kaum zu unterscheiden

Am Ende der Brutzeit ist das Gefieder des Weibchens abgenutzt

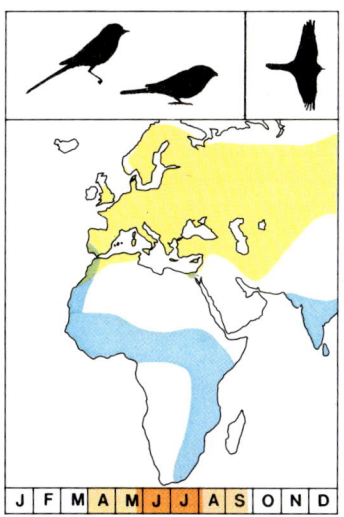

J F M A M J J A S O N D

Die Schafstelze *Motacilla flava* brütet in Europa in mehreren Rassen mit recht unterschiedlicher Kopfzeichnung. In weiten Teilen Mittel- und Nordeuropas brütet die Rasse *M. f. flava*, auf den Britischen Inseln *M. f. flavissima*, im Norden Skandinaviens und Rußlands *M. f. thunbergi*. Die Schafstelze ist weniger eng ans Wasser gebunden als andere Stelzen. Sie brütet mit wenigen Ausnahmen nur im Flachland: in Mooren, Sumpf- und Heidelandschaften, auf Wiesen und Weiden, aber auch auf Äckern und Feldern. In zunehmendem Maße brüten Schafstelzen auf Kartoffel- und Zuckerrübenäckern sowie in Getreidefeldern. Gebietsweise hat die Art mit der Besiedelung dieser Sekundärlebensräume sogar im Bestand zugenommen. Außerhalb der Brutzeit trifft man die Vögel auch an Fluß- und Seeufern, auf Kiesbänken und spärlich bewachsenen Ödflächen an. Schafstelzen halten sich oft in direkter Nähe zu Weidevieh auf. Wie alle Stelzen wippen sie fast ständig mit dem Schwanz. Die Männchen treffen rund 2 Wochen früher im Brutgebiet ein als die Weibchen. Das lockere Nest aus Halmen, Gräsern und Würzelchen ist meist in einer Bodenmulde unter dichtem Bewuchs verborgen; innen ist es oft mit Haaren ausgepolstert. Jährlich werden 1–2 Bruten mit jeweils 5–6 Eiern gezeitigt. Schafstelzen sind sehr wachsame Vögel: Jeden Eindringling im Brutrevier empfangen sie mit anhaltend scharfen „psiehp"-Rufen, ein Verhalten, das eher an Pieper als an Stelzen erinnert. Der Gesang ist selten zu hören, er besteht aus kurzen, rufähnlichen Tönen und tschilpenden Elementen und wird auch im kurzen Singflug vorgetragen.

Bachstelze

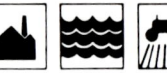

Männchen
im Sommer

Trauerbachstelze

Links: Weib-
chen im Sommer

Männchen der Trauerbach-
stelze

Die graue Oberseite
ist für die mittel-
europäische Rasse
M. a. alba typisch

$(\times \frac{1}{10})$

Die Trauerbachstel-
ze *(M. a. yarrellii)*
brütet auf den Bri-
tischen Inseln und
gelegentlich an der
Nordseeküste

$(\times \frac{3}{5})$

Eine Trauerbach-
stelze von vorne:
die Schultern
sind dunkel

Die Flanken sind bei
der mitteleuropäi-
schen Rasse hellgrau

Bachstelze im Schlicht-
kleid; nur wenig
Schwarz am Oberkopf

$(\times \frac{3}{10})$

Männchen Trau-
erbachstelze im
Flug: die weißen
Flügelbinden he-
ben sich kon-
trastreich von der
schwärzlichen
Oberseite ab

Bachstelzen laufen mit
schnellen Trippelschritten,
dabei bewegen sie rhyth-
misch den Kopf und wip-
pen fast ständig mit dem
Schwanz

Das Weibchen der Trauerbachstelze ist oberseits nur wenig dunkler
als die mitteleuropäische Bachstelze, der Bürzel ist jedoch viel
dunkler

$(\times \frac{3}{5})$

Jungvögel
beider Ras-
sen sind
ähnlich
gefärbt

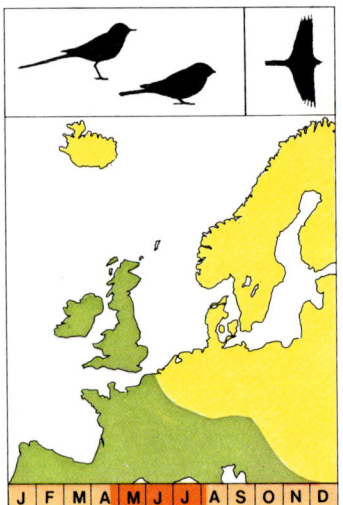

J F M A M J J A S O N D

Unsere häufigste Stelze ist die Bachstelze *Motacilla alba*. Sie ist in ganz Europa rund um die Siedlungen ein vertrauter Anblick. In ihren Lebensraumansprüchen ist sie nicht wählerisch und bewohnt nahezu alle offenen Landschaften. Besonders häufig ist sie in der Nähe von Gewässern anzutreffen. Ihr natürlicher Lebensraum sind die Flußniederungen; dort gibt es auf Kiesbänken und Flächen mit niedrigem Bewuchs genügend Nahrung und steile Flußufer, deren Höhlungen für die Anlage des Nestes geeignet sind. Die Bachstelze ist jedoch genauso in den Großstädten zu Hause, wo sie auf Rasenflächen Nahrung sucht und in Mauerlöchern der Gebäude brütet. Außerhalb der Brutzeit halten sich Bachstelzen oft an Seen und Flüssen, auf Wiesen oder Äckern auf. Zu ihren Beutetieren gehören hauptsächlich Insekten, deren Larven und Puppen, auch Spinnen und kleine Würmer werden häufig aufgenommen. Gelegentlich fängt sie in kurzem Verfolgungsflug ein vorbeifliegendes Insekt. Obwohl man Bachstelzen auch an Straßen bei der Insektenjagd sieht, werden sie nur selten Opfer von Fahrzeugen.
Bachstelzen rufen häufig, besonders im Flug, ein hartes „zitt", „ziwlitt" oder „zititip". Der nur selten zu hörende Gesang klingt zwitschernd und schwätzend und besitzt keine deutliche Stropheneinteilung. Das große und unordentliche Nest wird aus Zweigen, Halmen, Blättern und Moos gebaut und innen mit einer dicken Schicht Haare und Federn ausgelegt. Als Nistplatz dienen Halbhöhlen wie Baum- und Mauerlöcher, Dachbalken, Wehranlagen oder sogar Holzstöße und landwirtschaftliche Maschinen.

Rauchschwalbe

Jungvogel   Weib-   Männ-
            chen   chen

Rauch-
schwalben
wirken im
Flug leicht

Das Männchen hat stets längere
Schwanzspieße als das Weibchen. Vor
dem Abflug ins Winterquartier sammeln sich die Schwalben oft auf Lei-
tungsdrähten

Typisch sind die langen Schwanzspieße, das rotbraune Gesicht und die metallisch blaue Oberseite

$(\times^{5}/_{12})$

Das Nest wird oft in Ställen oder
Scheunen gebaut. Um zum Nest zu
gelangen, fliegen Rauchschwalben häufig in atemberaubender Geschwindigkeit durch ein nur einen Spalt breit ge-
öffnetes Fenster

Altvogel

Jungvogel

Links der Schwanz
eines Jungvogels,
rechts der eines Alt-
vogels. Beachte die
weißen Flecken

Die Rauchschwalbe ist die häufigste Schwalbe
in ländlicher Umgebung und daher ein vertrauter Anblick in den Dörfern

Ein Altvogel sammelt Lehm für den Nestbau; das Baumaterial wird im Schnabel zu einem Kügelchen geformt

Häufig fliegen Rauchschwalben bei der Insektenjagd
sehr niedrig

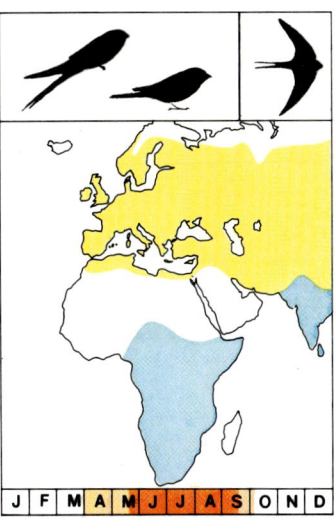

Seit langer Zeit gilt die Rauchschwalbe *Hirundo rustica* bei uns als wichtigster Früh-
lingsbote. Sie ist die häufigste Schwalbe in
ländlicher Umgebung. Im Gegensatz zu
Mehlschwalben nisten Rauchschwalben stets
im Inneren von Gebäuden, meist in Kuhstäl-
len oder Scheunen. Je nach geographischer
Breite treffen die „ersten" Schwalben an ihren europäischen Brutplätzen zwischen Ende März und Mitte Juni ein. Obwohl Rauchschwalben gerne an den Ort ihrer Geburt
wieder zurückkehren, überleben viele von
ihnen den anstrengenden Zug nicht. So liegt
die Wahrscheinlichkeit, daß ein Paar gemeinsam wieder am vorjährigen Nistplatz
brütet, nur bei rund 20%.
Das Nest aus feuchtem Lehm und Halmen
wird häufig auf einer Konsole gebaut; man
kann den Schwalben durch das Anbringen

von Nistbrettchen im Stall wirkungsvoll helfen. Jährlich werden 2—3 Bruten mit je
4—6 Eiern durchgeführt. Die Brutdauer
und Nestlingszeit sind verhältnismäßig lang,
so daß oft noch im September, wenige Wochen vor dem Wegzug, junge Rauchschwalben flügge werden.
Bei der Insektenjagd fliegen Rauchschwalben meist tiefer als Mehlschwalben oder
Mauersegler; bei schlechtem Wetter kann
man sie häufig niedrig über Wiesen oder
Wasserflächen jagen sehen.
Der typische Ruf ist ein helles „witt witt", bei
Gefahr warnen die Schwalben mit durchdringenden „ziwitt"- oder „ziwitziwitt"-Ru-
fen. Der halblaut vorgetragene Gesang aus
schnell aneinandergereihten plaudernden
und zwitschernden Tönen endet mit einem
schnurrenden Laut.

J F M A M J J A S O N D

83

Mehlschwalbe

Vor dem Abflug sammeln sich die Mehlschwalben auf Drähten

Typischer Nistplatz unter der Dachrinne

Links: Mehlschwalben bei der Insektenjagd

Oft sieht man die Vögel an Hecken jagen

Unten rechts: Ein Jungvogel wird im Flug gefüttert

Flugstudien der Mehlschwalbe

Die Unterflügel sind dunkel, der Körper rein weiß, der Schwanz ist tief gegabelt

Oben: Der gefächerte Schwanz sieht dreieckig aus

Den weißen Bürzel sieht man besonders dann, wenn die Mehlschwalben bei schlechtem Wetter niedrig über dem Boden fliegen

(× 5/12)

Der Körper ist gedrungen

Der Schnabel ist sehr klein

Mehlschwalben sammeln Lehm in kleinen Kügelchen für den Nestbau

Mehlschwalben haben weiß befiederte Füße

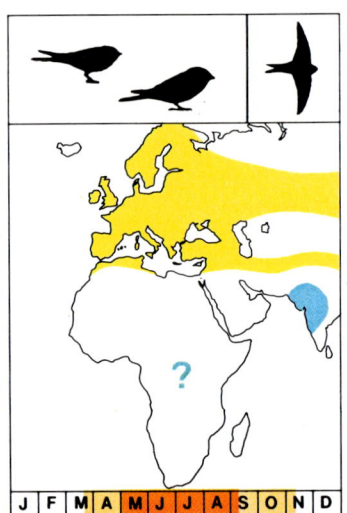

J F M A M J J A S O N D

Der wissenschaftliche Name der Mehlschwalbe, *Delichon urbica*, ist die Verballhornung des griechischen Chelidón = Schwalbe. Die ursprüngliche Heimat der Mehlschwalbe sind steile Wände im Gebirge und die Klippen der Meeresküste. Heute hat sich die Mehlschwalbe überall in Europa eng an den Menschen angeschlossen und brütet in oft großen, dichten Kolonien in Dörfern und an Einzelgehöften.

Mehlschwalben können durch künstliche Nester dazu bewegt werden, unter der Dachrinne eines Hauses zu nisten. Häufig bauen weitere Paare ihre Nester direkt nebenan, wenn ein Kunstnest bezogen wurde, denn die Vögel sind sehr gesellig. Selbstverständlich freuen sich aber auch Haussperlinge über eine solche Nisthilfe.

Jährlich werden 2 — 3 Bruten mit jeweils 4 — 5 Eiern gezeitigt. Beide Partner teilen sich das Brutgeschäft, und gelegentlich helfen sogar Junge aus einer früheren Brut bei der Fütterung der Nestlinge mit. Weil die Nestlingsdauer mit fast 3 Wochen sehr lang ist, werden die Jungen der letzten Jahresbrut manchmal erst Anfang Oktober flügge.

Die häufig zu hörenden Rufe klingen wie „prrt", „trrtrr" oder „dschrb", bei Gefahr warnen die Vögel hoch und durchdringend „zier". Der unauffällige Gesang ist ein vokalarmes Zwitschern, weniger abwechslungsreich als das der Rauchschwalbe und ohne das schnurrende Endmotiv.

Mehlschwalben kehren bei uns meist im April aus ihren afrikanischen Winterquartieren zurück, der Wegzug kann sich bis November hinziehen, so daß Nachzügler Opfer von Schlechtwetterperioden werden.

Uferschwalbe

Uferschwalben sind sehr gesellige Vögel, die auch weitab von der Brutkolonie meist im Trupp jagen. Der Flug wirkt eher flatternd und weniger zielgerichtet als der von anderen Schwalben

(× ⁵/₁₂)

Uferschwalben jagen oft über Wasserflächen

Ein Trupp ist gerade von einem Leitungsdraht abgeflogen

Uferschwalben sind die kleinsten Schwalben Europas: die Oberseite ist braun, die weiße Körperunterseite wird durch ein braunes Halsband unterbrochen

Unten rechts: Uferschwalben übernachten häufig im Schilf

Die Brutröhren einer Uferschwalbenkolonie sind in Reihen nebeneinander angeordnet

Oben: Fast flügge Jungvögel werden gerade gefüttert

Kopf eines Altvogels

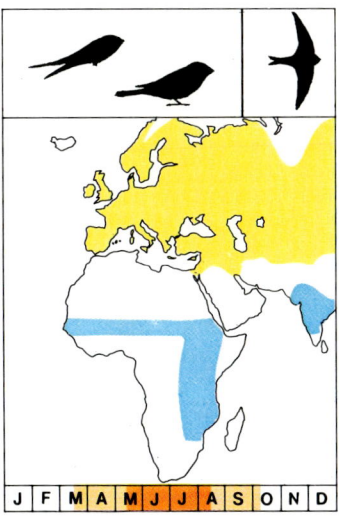

Sandige Klippen und steile Flußufer sind die natürlichen Nistplätze der Uferschwalbe *Riparia riparia*. Heute sind diese zierlichen Schwalben vor allem auf Sandgruben und andere künstliche Steilhänge für die Brut angewiesen. Uferschwalben sind bei uns selten und nur gebietsweise Brutvögel. Sie werden häufig durch Materialentnahmen während der Brutzeit gestört; hierbei kommt der Brutablauf durcheinander, und die Nester werden deswegen oft aufgegeben. Noch schlimmer jedoch wirkt sich die Rekultivierung von stillgelegten Sandgruben aus, denn dadurch verlieren sie ihre Brutplätze völlig.
Uferschwalben kehren meist im April zu ihren mitteleuropäischen Brutplätzen zurück und beginnen sofort mit dem Brutgeschäft. Für die Nestanlage graben beide Partner mit den winzigen Füßen eine 60 — 100 cm lange Höhle in die Steilwand. Viele Paare ersparen sich jedoch die anstrengende Arbeit und beziehen alte Niströhren aus dem Vorjahr. Ist die Steilwand mit den vorjährigen Brutröhren inzwischen zusammengefallen, suchen sich die Vögel einer Kolonie sofort eine andere geeignete Stelle, um unverzüglich neue Niströhren zu graben.
Die 4 — 5 Eier werden nur vom Weibchen bebrütet, die Jungen schlüpfen nach rund 2 Wochen; wie bei allen Schwalben ist die Nestlingszeit mit 3 Wochen recht lang.
Die typischen Rufe sind kratzig und klingen wie „tschrrip", „tschr" oder schnell gereiht „brbrbr", bei Gefahr warnen die Vögel scharf „zier". Der unauffällig zwitschernde Gesang ist meist in Nistplatznähe zu hören. Nach der Brutzeit übernachten oft große Schwärme von Uferschwalben im Schilf.

J F M A M J J A S O N D

Mauersegler

Ende August, kurz vor dem Abflug ins Winterquartier, fegen oft dichtgedrängte Trupps von Mauerseglern mit durchdringenden Rufen um die Häuserecken. An der Flugsilhouette sieht man deutlich die sichelförmig nach hinten gebogenen Flügel

Mauersegler sind von Alpenseglern und Schwalben aufgrund ihres einheitlich dunklen Gefieders leicht zu unterscheiden

$(\times 5/12)$

Die kurzen schwachen Füße eignen sich nicht zum Stehen

Trinken im Flug

Mit seinen vier nach vorne gerichteten Zehen kann sich der Mauersegler an vertikalen Oberflächen festhalten. Links: Die Vögel lassen sich aus der Nestnische fallen, um schnell auf „Tempo" zu kommen

Der weit geöffnete Rachen ist eine wirkungsvolle „Insektenfalle". Nachdem die gefangenen Insekten in den Kehlsack gelangt sind, werden sie mit klebrigem Speichel zu einem Kügelchen zusammengeballt; bei der Fütterung erhält jeweils ein Jungvogel ein Futterbällchen

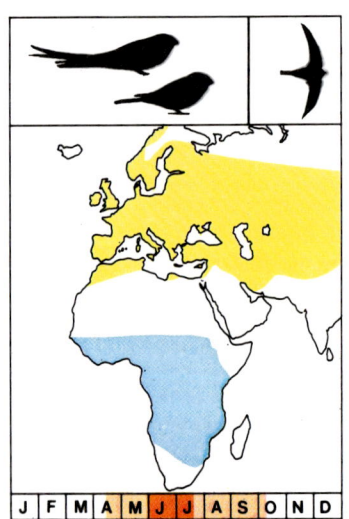

Der Sommer ist nicht mehr fern, wenn sich dichtgedrängte Pulks von Mauerseglern in rasendem Flug und mit schrillen „sriieh"-Rufen um die Hausdächer jagen. Ihre Ankunft in den mitteleuropäischen Brutgebieten beendet eine Periode von 9 Monaten, die die Vögel fast ausschließlich in der Luft verbracht haben; außerhalb der Brutzeit landen die Vögel oft mehrere Wochen lang überhaupt nicht. Verhaltensweisen wie Futtersuche, Begattung und Schlafen spielen sich in der Luft ab. Die Nahrung des Mauerseglers *Apus apus* besteht ausschließlich aus fliegenden Insekten, die er mit Hilfe des weit aufgerissenen, kescherartigen Schnabels fängt. Die Füße sind sehr klein, und alle Zehen zeigen nach vorne, um sich an senkrechten Oberflächen festhalten zu können. Mauersegler bauen ihre Nester in dunklen Hohlräumen, oft in Mauerlöchern oder unter Dächern. Das Nistmaterial wie Halme, Blätter und Federn erhaschen sie im Flug. Diese Stoffe werden mit dem zähen Speichel zu einer flachen Schale verklebt. Die 2—3 weißen Eier sind extrem länglich geformt. Die Jungen bekommen ihre Nahrung in Form eines Futterballens aus Insekten. Jeder der fütternden Elternvögel muß täglich mehrere Hundert Kilometer zurücklegen, um die Rachen der Jungen zu stopfen. Bei länger anhaltendem schlechten Wetter sind Mauersegler gezwungen, in weit entfernten Gebieten zu jagen. Die Jungen überleben dank ihrer Fähigkeit zur Kältelethargie: Sie reduzieren ihre Körperwärme und damit ihren Energieverbrauch drastisch und können in diesem Zustand über eine Woche lang ausharren, bis ihre Eltern wieder zurückkehren.

Alpensegler

Im Verhalten und in der Flugsilhouette sind sich Alpen- und Mauersegler recht ähnlich; der Alpensegler ist jedoch deutlich größer, Kehle und Bauch sind weiß

Trupps von Alpenseglern fliegen oft hoch über Städten

Alpensegler haben kürzere Schwanzgabeln als Mauersegler

$(\times \frac{5}{12})$

Alpensegler nisten natürlicherweise in geschützten Nischen steiler Felswände, im Siedlungsraum jedoch meist in Dachstühlen hoher Gebäude

Die bucklige Haltung im Flug ist typisch

Die Augen sitzen tief in Gruben, um sie vor dem Fahrtwind und Partikeln in der Luft zu schützen; außerdem wird dadurch der Luftwiderstand verringert

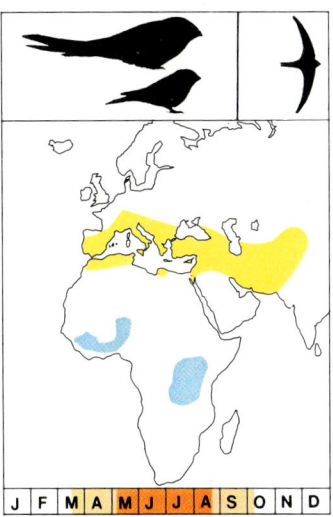

J F M A M J J A S O N D

Der Alpensegler *Apus melba* ist deutlich größer und heller als der Mauersegler. Die Flügelschlagfrequenz ist etwas niedriger, die Fluggeschwindigkeit jedoch höher; oft gleitet dieser Segler mit etwas gesenkt gehaltenen Flügeln. Die Rufe sind trillernd.

Alpensegler zeigen ähnliche Anpassungen an den Luftraum wie ihre kleineren Verwandten; in ihren Futterballen fand man ebenfalls vorwiegend kleine Insekten und Spinnen, doch wurden auch schon Heuschrecken, Bienen, Wespen und sogar Hornissen darin nachgewiesen.

Als Brutplatz wählen Alpensegler meist Nischen und Spalten hoher und steiler Felswände, aber auch Mauerlöcher an hohen Gebäuden. Einige Brutplätze an mittelalterlichen Kirchen in der Schweiz sind bereits seit Jahrhunderten bekannt. Der einzige Brutplatz in Westdeutschland ist ein Kirchturm in Freiburg, auf dem alljährlich mehrere Paare nisten. Außerhalb Europas ist der Alpensegler alles andere als ein Gebirgsvogel; in den Städten Mittelasiens brütet er beispielsweise in verfallenen Gebäuden.

Während der Balz fliegen die Segler in Pulks um den Nistplatz und brechen im Chor unvermittelt in laute Rufe aus. Wenn sie den Nistplatz verlassen, lassen sich die Segler einfach zum Ausgang hinausfallen; so erreichen sie schnell die notwendige Fluggeschwindigkeit. Im Innern der Nisthöhle müssen die Vögel jedoch eine relativ lange Strecke zum Nest kriechen. Als Nistmaterial dienen pflanzliche Stoffe.

Die europäischen Alpensegler überwintern in Äquatorial-Afrika, wo sie zusammen mit den dortigen Alpenseglern jagen.

Wasseramsel

Wasseramseln Nordeuropas haben kein Rostbraun am Bauch

Auch im schnellen Flug knapp über dem Wasser ist der weiße „Latz" meist zu erkennen; der sitzende Vogel ist leicht zu übersehen

$(× ^3/_{10})$

Die junge Wasseramsel ist oberseits schiefergrau, das Gefieder wirkt schuppig

Bei geschlossener Nickhaut scheint der Vogel zu blinzeln; die Nickhaut fungiert als ein durchsichtiges drittes Augenlid und schützt das Auge unter Wasser

Unter Wasser wirkt das Gefieder durch Luftblasen silbergrau; durch den Wasserdruck erscheint der Vogel schlank. Mit den starken Füßen kann er sich am Grund festhalten

Die Wasseramsel hat als Anpassung an das Wasserleben abgerundete Flügel, mit denen sie unter Wasser „fliegt"

$(× ^3/_5)$

Häufig müssen Wasseramseln durch einen Wasserfall fliegen, um zu ihrem Nest zu gelangen

Eine auf der Wasseroberfläche schwimmende Wasseramsel sieht im ersten Moment aus wie ein Landvogel, der durch ein Mißgeschick ins Wasser gefallen ist

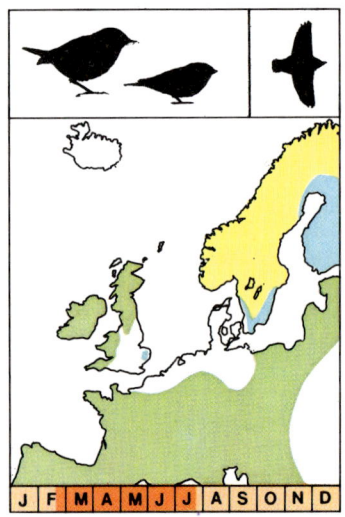

Die Wasseramsel *Cinclus cinclus* ist der einzige Singvogel, der schwimmen und tauchen kann. Seine Nahrung sucht sich der Vogel oft am Gewässergrund; dabei dreht er, kräftig mit den Flügeln rudernd, Steine um oder schiebt sie beiseite, um die darunter verborgenen Insektenlarven, Kleinkrebse und kleinen Schnecken zu erbeuten. Bis zu einer halben Minute lang kann der Vogel unter Wasser bleiben.

Häufig sieht man die Wasseramsel auf einem Stein mitten im fließenden Wasser sitzen und knicksen. Von da aus springt sie auf die Wasseroberfläche, dreht sich ein paar Mal im Kreis, um dann unvermittelt wegzutauchen. Der Flug ist schnell und geradlinig und führt knapp über das Wasser. Meistens wird man auf die fliegende Wasseramsel erst durch ihre scharfen und kratzigen „zrit"- oder „zit"-Rufe aufmerksam. Der Gesang ist fast das ganze Jahr über zu hören, auch an sonnigen Wintertagen: Männchen und Weibchen singen rauh zwitschernd und schwätzend mit trillernden und kratzenden Tönen. Häufig überhört man den Gesang aufgrund des ständigen Wasserrauschens.

Die Wasseramsel ist auf schnell fließende, klare Bäche und Flüsse angewiesen; gebietsweise brütet sie auch in Dörfern und sogar in Städten. Im Gebirge wurden Brutpaare bis in 2000 m Höhe gefunden. Im Winterhalbjahr streifen die Vögel oft umher und sind dann auch an langsam fließenden Flüssen und an Seen anzutreffen.

Das große, überdachte Moosnest hat einen seitlichen Eingang; es wird meist in der Uferböschung, unter Brücken, in Felsspalten oder in speziellen Nistkästen gebaut.

Steinrötel – Blaumerle

Steinrötel sitzen oft frei auf Felsen oder Büschen; sie erinnern wegen ihres häufigen Knicksens etwas an Braunkehlchen

(× ³/₅)

Der relativ kurze rote Schwanz ist bei beiden Geschlechtern und von den meisten Blickwinkeln aus ein gutes Feldkennzeichen. Das Auge ist relativ groß, die Flügel sind lang und spitz zulaufend. Während des Zuges sind die scheuen Vögel oft merklich vertrauter

Weibchen Steinrötel

Steinrötel-Männchen kurz nach der Mauser ins Schlichtkleid

(× ³/₁₀)

Männchen im Brutkleid

Weibchen Steinrötel

Steinrötel-Weibchen mit gestreifter Kehle

Männchen Blaumerle

Das Blaumerlen-Weibchen hat eine bläulichbraune Oberseite, die Unterseite ist heller

Rechts: Männchen Blaumerle im Prachtkleid

(× ³/₅)

Im Flug ist die Blaumerle an der Flügelform und an dem langen und kantigen Schwanz zu erkennen

(× ³/₁₀)

Blaumerle Jungvogel

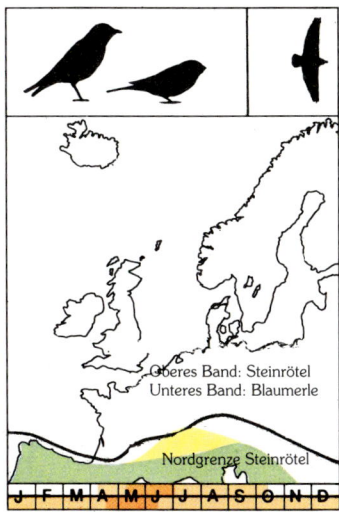

Oberes Band: Steinrötel
Unteres Band: Blaumerle

Nordgrenze Steinrötel

J F M A M J J A S O N D

Der Steinrötel *Monticola saxatilis* ist ein scheuer Vogel und trotz seiner auffälligen Färbung in den Felsen, seinem Lebensraum, nicht leicht zu entdecken. Doch gelegentlich sitzt der wenig gesellige Vogel frei und aufrecht auf einer exponierten Felsnase. Steinrötel bewohnen trocken-warme, felsige Abhänge und Blockhalden mit lichter Vegetation von 900 bis über 2500 m Höhe; auch in Steinbrüchen, Ruinen und in Weinbergen brüten die Vögel gebietsweise. In Mitteleuropa ist die Art ausgesprochen selten, nur im Süden Österreichs und der Schweiz ist sie regelmäßig Brutvogel.

Ihre Nahrung suchen Steinrötel auf dem Boden, dabei fallen die eleganten Bewegungen auf. Sie stellen vor allem großen Insekten, Spinnen und Würmern nach, manchmal verzehren sie auch Eidechsen.

Bei einer Störung im Brutrevier reagieren die Vögel mit einzelnen oder mehreren „tak"-Rufen, oft auch mit einem leisen „jü"; bei stärkerer Beunruhigung schimpfen sie mit gereihten „schak"-Lauten. Der Reviergesang besteht aus angenehmen flötenden Strophen, die häufig Imitationen anderer Vogelarten enthalten. Oft singen die Männchen auch im Singflug.

Das Nest wird vom Weibchen in Felsspalten und -nischen oder im Geröll angelegt. Es besteht aus Wurzeln, Moos und Halmen.

Auch die Blaumerle *Monticola solitarius* bewohnt felsige Berghänge und Steinbrüche, ist aber nur selten Brutnachbar des Steinrötels. Sie ist ebenfalls scheu und wenig gesellig, jedoch weit mehr Kulturfolger als der Steinrötel: Selbst in Großstädten wie Rom und Athen ist die Art Brutvogel.

Singdrossel

Obwohl die Singdrossel ein häufiger Park- und Gartenvogel ist, sind die gelblichen Unterflügel nur Wenigen bekannt

Die Männchen sitzen gern auf exponierten Singwarten

In aufrechter Haltung, den Kopf leicht schief gehalten, sucht die Singdrossel den Boden nach Regenwürmern ab. Die großen Augen sind auffallend

Der Flug ist direkt und nur schwach wellenförmig. Im Flug ist die Artbestimmung schwierig, denn auch Mistel- und Rotdrossel sehen ähnlich aus; die Misteldrossel hat jedoch langsamere, die Rotdrossel schnellere Flügelschläge

$(\times\,^3/_{10})$

Singdrosseln sind nicht besonders gesellig, man sieht sie oft einzeln oder paarweise. Auf dem Boden hüpfen oder rennen Singdrosseln meistens, „gehen" aber nur selten

Im Gegensatz zur Misteldrossel besitzt die Singdrossel einen „sanften" Gesichtsausdruck. Ihr Verhalten wirkt wenig aggressiv

$(\times\,^3/_5)$

Die Eier der Singdrossel sind türkisblau mit schwarzen Flecken. Das Nest wird innen mit Holzmulm oder Lehm ausgekleidet

Eine „Drosselschmiede"

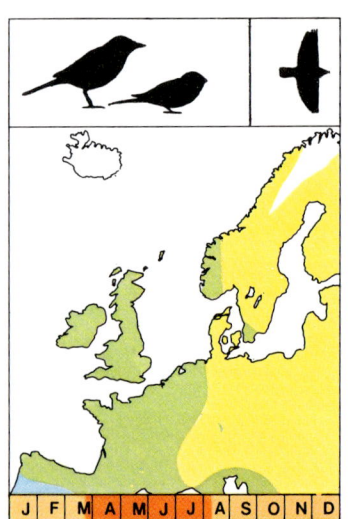

J F M A M J J A S O N D

Der Gesang der Singdrossel *Turdus philomelos* ist leicht zu merken, denn jedes der klangvollen flötenden und zwitschernden Motive wird 2- bis 3mal wiederholt. Die lauten und abwechslungsreichen Gesangsstrophen sind bei uns ab März zu hören; häufig flechten Singdrosseln Imitationen anderer Arten, besonders von Watvögeln, in ihre Strophen ein. Auch der typische Ruf, ein hohes, scharfes „zipp", ist leicht zu merken; häufig hört man ihn beim Abflug. Bei Erregung zetern Singdrosseln amselartig, aber weniger durchdringend „dickdickdick".

Die Nahrungsgewohnheiten wechseln mit den Jahreszeiten: Im Frühjahr erbeuten Singdrosseln vor allem Regenwürmer, im Sommer stehen Raupen an erster Stelle und im Spätsommer und Herbst verzehren die Vögel viele Beeren und Obst. Gehäuse-schnecken werden das ganze Jahr über gefressen; an bestimmten, immer wieder benutzten Steinen (Drosselschmiede) werden die Häuser aufgeschlagen.

Singdrosseln sind bei uns häufige Brutvögel in allen Arten von Wäldern, in Feldgehölzen, Gärten und Parks. Im Gebirge trifft man sie bis zur Baumgrenze an — oft in über 2000 m. Das Singdrosselnest ist ein stabiler Napf aus Gras und Laub und weist eine tiefe Mulde auf; innen wird es mit Holzmulm und Lehm ausgekleidet. Oft ist es in Jungfichten in halber Höhe dicht am Stamm versteckt.

Singdrosseln sind bei uns Zugvögel, deren Winterquartiere vor allem in Süd- und Westeuropa liegen. Da die Vögel oft bereits Ende Februar wieder in ihre mitteleuropäischen Brutgebiete zurückkehren, werden sie häufig von späten Wintereinbrüchen überrascht.

Misteldrossel

Singwarte auf einer Baumspitze

Fliegende Misteldrosseln wirken etwas dickbäuchig

Keine andere Drossel hat Weiß an den Schwanzfedern

Eine große und kräftige Drossel mit langen Flügeln und langem Schwanz. Jungvögel (unten) sind auf der Oberseite schwärzlich gefleckt und weiß gestrichelt

Die weißen Unterflügel (siehe auch Wacholderdrossel) und der wellenförmige Flug sind typisch

Lange Flügel und langer Schwanz; Bürzel und Hinterrücken sind ockerfarben

(× 3/10)

Die Flügel sind im Handschwingenbereich deutlich gespreizt

Besonders vor dem Landen auf einer größeren Wiese fällt der stark wellenförmige Flug auf: Die Drossel öffnet und schließt ihre Flügel rhythmisch, und manchmal hat man den Eindruck, daß der Vogel gar nicht mehr landet

Im Vergleich mit der Singdrossel ist das Auge kleiner und wirkt viel weniger „sanft", die Unterseite ist etwas gröber gefleckt, die Oberseite braun mit grauem Anflug

(× 3/5)

Im geschlossenen Flügel sieht man die weißlichen Federränder

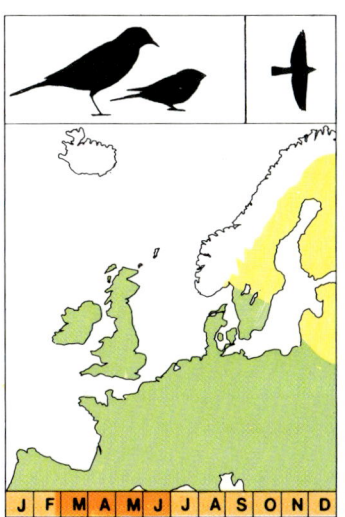

J F M A M J J A S O N D

Im Winter ernährt sich die Misteldrossel *Turdus viscivorus* vor allem von Mistelbeeren. Da die Samen der Mistel nur dann keimen können, wenn sie vorher einen Vogeldarm passiert haben, sorgt die Misteldrossel indirekt für die Verbreitung dieser Pflanze.

Die Hauptnahrung der Misteldrossel besteht jedoch aus Würmern, Schnecken und Insekten, im Herbst kommen Beeren, Früchte und Obst dazu. Misteldrosseln trifft man in Laub- und Nadelwäldern an, in Feldgehölzen, in Parks und gebietsweise auch in Anlagen. Im Gebirge ist die Art bis zur Baumgrenze Brutvogel. Typischer Ruf ist ein lautes, hart schnarrendes „tzrrr", das besonders häufig beim Abflug zu hören ist. Der Gesang erinnert etwas an den der Amsel, ist aber weniger abwechslungsreich und im Klangcharakter melancholisch; die kurzen, flöten-

den Strophen werden in fast gleichbleibender Tonhöhe vorgetragen. Die Männchen singen bereits im Februar, meist auf hohen Baumspitzen.

Das Misteldrosselnest steht gewöhnlich höher als das Singdrosselnest, meist 2 — 10 m hoch auf einem horizontalen Ast direkt am Stamm. Im zeitigen Frühjahr kann man manchmal das Weibchen bei der Nistplatzsuche beobachten: Es kauert sich an verschiedenen geeigneten Stellen probeweise hin, bevor es sich endgültig für einen Standort entscheidet. Das Nest besteht aus Gras, Wurzeln und Zweigen, ist mit Erde verfestigt und wird mit Gräsern ausgepolstert. Das Weibchen brütet die 3 — 5 Eier allein, die Jungen werden von beiden Partnern 14 — 16 Tage lang gefüttert. Pro Jahr werden in der Regel 2 Bruten durchgeführt.

91

Wacholderdrossel

Schwärme von Wacholderdrosseln gehören zu den typischen Herbsteindrücken; oft sitzen die Vögel in beerentragenden Sträuchern an der Straße

Wie die Misteldrossel hat die Wacholderdrossel weiße Unterflügeldecken

Die unregelmäßige Anordnung ist im Flug typisch

Wacholderdrosseln sind besonders von unten kontrastreich gefärbt

In den Proportionen ähnelt die Wacholderdrossel am meisten der Misteldrossel, sie ist jedoch weniger dickbäuchig

(× 3/10)

Jungvögel sind wesentlich matter

(× 3/5)

Der graue Bürzel ist bei den futtersuchenden Drosseln am Boden gut zu sehen; häufig stehen die Vögel aufrecht

Grauer Kopf, rotbrauner Rücken, grauer Bürzel und schwarzer Schwanz charakterisieren die Wacholderdrossel

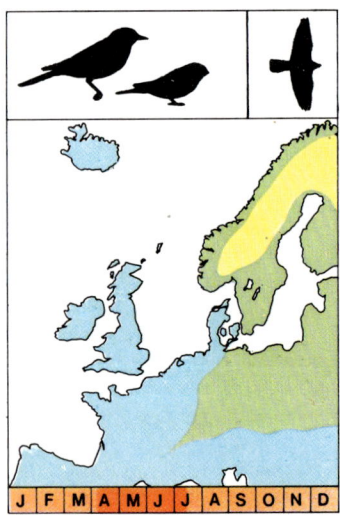

Die Wacholderdrossel *Turdus pilaris* ist ein sehr geselliger Vogel, den man nur selten einmal einzeln antrifft. Typisch sind die lauten und rauh schackernden Rufe, mit denen sich die Vögel in Trupps bemerkbar machen. Der Gesang ist nicht sehr laut, er klingt gepreßt zwitschernd und schwätzend und mit harten und schrillen Lauten durchsetzt. Häufig singen die Männchen im Flug. Wacholderdrosseln sind typische Brutvögel der nordischen Taiga und der Birkenwälder. In Mitteleuropa haben sie erst Anfang des vorigen Jahrhunderts Fuß gefaßt, indem sie zunächst Gebiete besiedelten, die ihrer nordischen Heimat entsprachen, nämlich Moore und Auwälder. Ziemlich bald wurden Parks und Obstbaugebiete besiedelt, und heute kommt die Art an Waldrändern, in Feldgehölzen und sogar in baumbestandenen Gärten mitten in der Großstadt vor. Bis auf den äußersten Nordwesten ist bereits ganz Mitteleuropa Brutgebiet dieser Drossel. Wacholderdrosseln nisten kolonieweise in benachbarten Bäumen, oft brüten mehrere Paare im selben Baum. Die großen Nester aus Reisig, Gras, Moos und Wurzeln werden innen mit feuchter Erde ausgestrichen und dann mit einer Schicht von trockenem Gras ausgelegt. Häufig bauen die Vögel ziemlich frei in Astgabeln. Die 4 — 6 Eier werden vom Weibchen 13 — 14 Tage lang bebrütet, an der Aufzucht der Jungen beteiligen sich beide Partner. Wacholderdrosseln sind in ihren Kolonien sehr aggressiv und greifen jeden Nestfeind gemeinsam an.
Früher wurden bei uns im Herbst und Winter viele Wacholderdrosseln (Krammetsvögel) gefangen und verspeist.

Rotdrossel

Beim Wegfliegen sieht man oft den Überaugenstreif und die rötlichen Unterflügeldecken

(× 3/10)

Die Rotdrossel ist kleiner und oberseits etwas dunkler als die Singdrossel; die Flügelschläge sind deutlich schneller als bei den größeren Drosseln

Rotdrossel

Singdrossel

Rotdrosseln sind recht unauffällige Vögel, besonders wenn sie auf Wiesen oder Weiden Nahrung suchen. Häufig sieht man sie zusammen mit Wacholderdrosseln in gemischten Trupps; sie fallen dann nicht nur durch ihre viel geringere Größe, sondern auch durch ihre durchdringenden hohen Rufe auf. Die Drosseltrupps besuchen im Herbst oft beerentragende Sträucher

Die Unterflügeldecken der Singdrossel sind gelblich, doch nicht immer so intensiv gefärbt wie in der Zeichnung dargestellt

Rotdrosseltrupps rasten und übernachten gerne in Weißdornbüschen, da sie dort Nahrung und Schutz vor Feinden finden

Von nahem ist die Rotdrossel leicht zu erkennen: Die Kombination von rötlichen Flanken, deutlichem hellem Überaugenstreif und stark gefleckter Unterseite ist bei keiner anderen Drossel zu finden

(× 3/5)

Rotdrosseln suchen meist auf Wiesen Nahrung

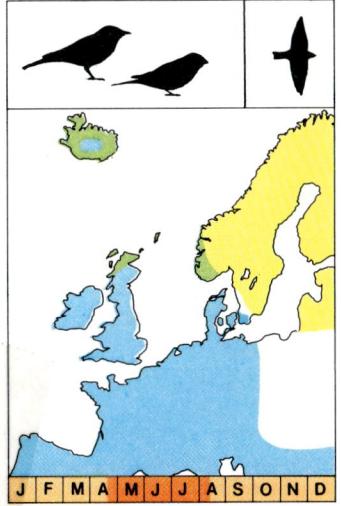

Lichte nordische Wälder bis zum Rand der Tundra sind die Heimat der Rotdrossel *Turdus iliacus*. Sie brütet aber auch in Parks und Gärten. Diese kleinste europäische Drossel ist regelmäßiger Durchzügler und Wintergast in Mitteleuropa; die meisten Rotdrosseln fliegen im Herbst jedoch weiter — nach Süd- und Westeuropa. In windstillen Oktobernächten hört man oft die gedehnten und hohen, etwas rauh klingenden Flugrufe („zjieh") der ziehenden Vögel. Die geselligen Vögel schließen sich oft den Schwärmen von Wacholderdrosseln an; besonders bei späten Wintereinbrüchen im März oder April kommen die Rotdrosseln an die Futterhäuser in Parks und Gärten.
An schönen Vorfrühlingstagen kann man auch bei uns gelegentlich die Gesangsstrophen von durchziehenden Rotdrossel-

männchen hören: schnell vorgetragene, in der Tonhöhe abfallende Reihen von Flötentönen wie „trü trü trü trü" oder „tjirre tjerre tjürre tjörre"; darauf folgt ein Nachgesang aus gepreßt zwitschernden und schnarrenden Tönen. Von den rastenden Durchzüglern hört man jedoch häufig nur diese an Wacholderdrosseln erinnernden Töne.
Das Nest, ein typisches Drosselnest, wird aus Gras, Zweigen, Flechten und Erde gebaut; es wird meist niedrig in Bäumen und Büschen oder Tundrapflanzen versteckt.
In Mitteleuropa ist die Rotdrossel nur im nordöstlichen Polen Brutvogel. Dort nistet sie Seite an Seite mit so südlichen Arten wie der Turteltaube. In den Alpen und im Alpenvorland werden von Zeit zu Zeit brütende Rotdrosseln entdeckt, vor allem in Moorgebieten, die der nordischen Heimat ähneln.

Amsel

Nach dem Landen wird der Schwanz gestelzt

(× ³/₁₀)

Um auf einem höher gelegenen Zweig zu landen, gewinnt der Vogel mit einigen kräftigen Flügelschlägen an Höhe

Männchen singend

Links: Dieses Weibchen hat einen auffallend gelben Schnabel; bei den meisten Weibchen ist der Schnabel bräunlich oder nur schwach gelblich

Gelber Schnabel und gelber Augenring kennzeichnen das Männchen

Amseln können laut zetern, besonders wenn eine Katze in der Nähe ist; bei Luftfeindalarm rufen sie wie viele andere Singvögel hoch und dünn „zieh". Unten links: Häufig sieht man Amseln mit weißen Gefiederpartien (Teilalbinos)

Rechts ein Weibchen; der Schnabel ist meist dunkler

(× ³/₅)

Ein Jungvogel — unterseits lebhaft gefleckt

Unten: Verhaltensstudien an einem Männchen nach dem Landen: geräuschvolle Landung, Schwanzstelzen; Stop zur Futtersuche; Vorwärtshüpfen mit hängenden Flügeln

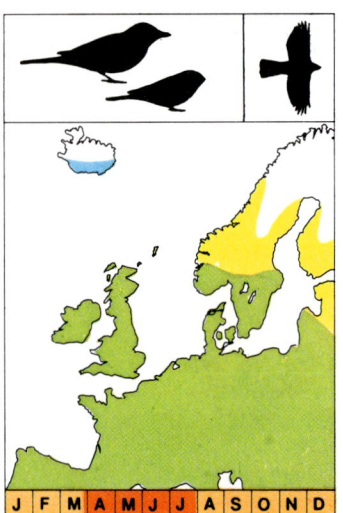

Ursprünglich war die Amsel *Turdus merula* ein scheuer Waldvogel; heute ist diese Drossel eine der häufigsten Vogelarten in der Kulturlandschaft, in Dörfern und Städten. Selbst in kleinen Hinterhofgärten mitten in der Großstadt ist dieser Vogel anzutreffen. Bei der Nahrungssuche hüpft die Amsel meist auf dem Boden; häufig hält sie ruckartig an, stelzt den Schwanz und zuckt mit den Flügeln. Sie erbeutet vorwiegend Regenwürmer, Schnecken und Insekten, im Herbst werden viele Beeren und Obst verzehrt.

Bereits Anfang März beginnen die Männchen zu singen, vorwiegend auf Baumspitzen, Hausdächern und Antennen. Die lauten und volltönenden Gesangsstrophen sind von flötendem und orgelndem Klangcharakter; sie werden relativ langsam vorgetragen und enden meist mit etwas höheren, gepreßt zwitschernden Tönen. Amseln rufen häufig „tix tix" oder „duk duk duk", bei Erregung zetern sie metallisch „tsink tsink".

Das Weibchen baut ein stabiles Nest aus Grashalmen und Wurzeln, verklebt es mit feuchter Erde und polstert es innen mit Halmen aus. Meist ist es niedrig in Jungbäumen, Büschen und Hecken angelegt; aber auch Dachbalken, Fenstersimse, Balkonkästen und ähnliche Stellen dienen häufig als Nestunterlage.

In den Städten ist der Bruterfolg weit geringer als im Wald oder in der Kulturlandschaft; häufig werden die Bruten Opfer von Katzen oder gehen wegen der oft lang anhaltenden Revierstreitigkeiten zugrunde.

Recht häufig sieht man weißgescheckte Amseln oder Vögel mit mehr oder weniger ausgedehnten weißen Gefiederpartien.

J F M A M J J A S O N D

Ringdrossel

Eine flüchtende Ringdrossel, die man nur von hinten sieht, kann man leicht mit einer Amsel verwechseln

Von oben sieht man die hellen Ränder der Flügeldecken

Skandinavisches Weibchen

(× ¹/₆)

Skandinavisches M...

Teilalbinismus ist bei den Amseln so weit verbreitet, daß auch Vögel beobachtet wurden, die wie die Ringdrossel eine weiße Kehlzeichnung aufwiesen; doch durch ihre helle Flügelzeichnung läßt sich die Ringdrossel zweifelsfrei bestimmen

Die Alpenringdrossel ist deutlich heller als die nordische Rasse, auch das helle Flügelmuster fällt stärker auf. Oben links Männchen, rechts Weibchen

Skandinavisches Männchen

Beim Weibchen ist das weiße Brustschild nur schwach ausgeprägt, doch das helle Flügelmuster und die hellen Federränder unterscheiden es vom Amsel-Weibchen

(× ³/₅)

Ringdrosseln brüten in Mitteleuropa hauptsächlich in den Alpen und in einigen Mittelgebirgen. Sie sind viel scheuer als Amseln, ihre Rufe klingen hart und hölzern

Jungvogel

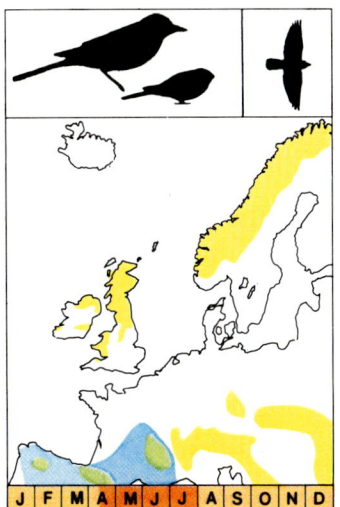

J F M A M J J A S O N D

Im Gegensatz zur Amsel ist die Ringdrossel *Turdus torquatus* scheu und meidet die Nähe des Menschen. Sie fliegt schnell und gewandt; bevor der Vogel rasch hinter einem Felsen verschwindet, kann man oft die helle Flügelzeichnung erkennen.

Bei Erregung rufen Ringdrosseln hölzern und hart „tok tok tok", im Flug vibrierend „tsriet"; kommt man in die Nähe des Nistplatzes, warnen die Altvögel in sicherer Entfernung hart „teck-teck-teck".

In Mitteleuropa brüten Ringdrosseln nur im Gebirge und in den höheren Lagen der Mittelgebirge von rund 900 m bis über 2000 m Höhe. Man trifft sie dort in der Latschenregion und in lockeren Fichten- und Lärchenwäldern an. Bei Wintereinbrüchen im Frühjahr kommen die Vögel oft truppweise in die Täler und sind dann sogar in Gärten zu be-

obachten. Zur Zugzeit halten sich Ringdrosseln auch im Tiefland auf; diese Vögel gehören der dunkleren skandinavischen Unterart *T. t. torquatus* an. Sie suchen, manchmal in Gesellschaft mit anderen Drosseln, auf Hangwiesen und seltener in offener, baumarmer Landschaft nach Nahrung. Ringdrosseln erbeuten hauptsächlich Regenwürmer, Schnecken und Insekten, im Herbst verzehren sie viele Beeren.

Die Männchen singen oft auf Baumspitzen; die Motive in den kurzen und flötenden Strophen werden wie bei der Singdrossel mehrfach wiederholt. Der Klangcharakter erinnert an Amsel und Misteldrossel, doch singen Ringdrosseln rauher; „derü derü derü", „trü trü trü" oder „tjüli tjüli".

Ringdrosseln bauen große und stabile Nester ähnlich wie Amseln.

Pirol

Weibchen

Altes Weibchen

Jungvogel

Im Flug sind Jungvögel nur schwer von Weibchen zu unterscheiden, ihnen fehlt jedoch die kurze gelbe Flügelbinde. Manche Pirol-Weibchen entwickeln das volle Gelb der Männchen und sind daher leicht mit Männchen zu verwechseln; der Zügelstreif ist bei Weibchen jedoch nie schwarz, sondern grau

Aus diesem Blickwinkel sehen sich das adulte Weibchen (links) und der Jungvogel (rechts) sehr ähnlich

Pirole trifft man nur selten am Boden an, sie sind ausgeprägte Baumvögel. Ihr Flug ist stark wellenförmig; aufgrund der auffälligen Färbung sind sie nicht leicht zu verwechseln, ihre Flugsilhouette erinnert an die der Misteldrossel

(× 3/10)

Adultes Männchen: Typisch ist die schwarze Zeichnung rund um das Auge

Ein Männchen (oder altes Weibchen) im Flug von unten

(× 3/5)

Trotz seines kontrastreichen Gefieders fällt das Männchen im Laub kaum auf

Auch Weibchen haben eine kurze Flügelbinde

Jungvögel sind grünlicher und stärker gestreift als Weibchen

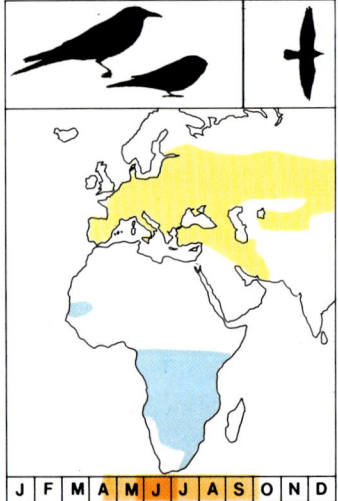

Der knapp amselgroße Pirol *Oriolus oriolus* ist ein scheuer Waldvogel, den man meist nur kurz zwischen den Bäumen fliegen sieht, bevor er gleich wieder im schützenden Blätterdach verschwindet. Sein Flug ist schnell und verläuft in großen, flachen Bögen; kurz bevor er in einer Baumkrone landet, legt er die Flügel pfeilartig an.

Bei Beunruhigung rufen Pirole rauh und gepreßt „krää" oder „grewäh". Der Gesang ist leicht nachzupfeifen, ein klangvoll flötendes „didualiu", „düdlio" oder ähnlich, wobei der erste Teil weniger gut zu hören ist.

Obwohl der Pirol vorwiegend in alten Laubwäldern, Auwäldern und in Parks mit altem Baumbestand vorkommt, trifft man ihn gebietsweise auch in reinem Kiefernwald an. Pirole sind bei uns selten, in den höheren Lagen fehlen sie ganz.

Erst im Mai kehren die Vögel aus ihren afrikanischen Winterquartieren zurück. Im frischen Laub erbeuten sie viele verschiedene Insekten, auch größere wie etwa Maikäfer, Hummeln, Schmetterlinge und behaarte Raupen. Gelegentlich fangen die Vögel auch Beutetiere in der Luft. Im Spätsommer und Herbst verzehren sie viele Beeren und Früchte, besonders Feigen.

Das kunstvolle, hängende Napfnest ist oft in eine Astgabel oder zwischen 2 waagrechte Zweige geflochten, das Weibchen baut es meist hoch in Bäumen. Das Nistmaterial, Grashalme, Bast und manchmal Papier, wird vor dem Verbauen mit Speichel angefeuchtet, wodurch das Nest sehr stabil wird und sogar Stürmen standhalten kann. An der Bebrütung der 3 – 4 Eier und der Fütterung der Nestlinge beteiligen sich beide Partner.

Star

Stare sind sehr gesellig (oben). Während des Singens rudern die Männchen oft heftig mit den Flügeln

Stare sehen im Flug gedrungen und spitzflügelig aus, ihre Flugsilhouette wirkt dreieckig. Von weitem sind sie schwarz

Greifvögel werden häufig im dichten Schwarm umkreist

(× 3/10)

Nur Stare bilden so dichte Schwärme über Feldern und Weiden (links)

Die überwiegend graubraunen Jungvögel haben eine helle Kehle und einen dunklen Zügelstreif

Männchen im Winter; wegen der hellen Fleckung wird der Star im Ruhekleid auch Perlstar genannt

Im Flug wechseln die Vögel zwischen Ruder- und Gleitflug ab

Männchen im Sommer (rechts) stochert mit geöffnetem Schnabel im Boden („Zirkeln")

(× 3/5)

Männchen im Frühjahr

Weibchen im Frühjahr

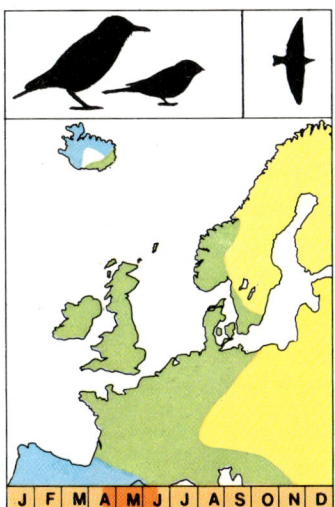

Stare sind sehr gesellig, sie treten meist in Schwärmen oder zumindest in kleinen Trupps auf. Bei der Nahrungssuche unterscheiden sie sich stark von Drosseln, mit denen sie oft gleichzeitig auf einer Wiese oder Weide nach Würmern und Insektenlarven suchen: Während sich Drosseln bei der Futtersuche oft weit voneinander entfernen und dabei um sich herum nach Beute Ausschau halten, bleibt ein Trupp Stare eng beieinander; die Vögel bewegen sich in die gleiche Richtung und forschen nach Beutetieren, indem sie häufig im Boden stochern. Dabei fällt ihr wackelnder Gang auf.

Stare sind sehr stimmfreudig; sie rufen häufig heiser „rräh" oder „ärr", daneben schrill „schrien" und bei Gefahr hart „spett spett". Beim Singen sitzen die Vögel mit gesträubtem Kopfgefieder und rudern heftig mit den Flügeln. Das abwechslungsreiche, anhaltende Schwätzen enthält pfeifende, schnurrende, schnalzende und ratternde Laute und eine Vielzahl von Imitationen anderer Vogelarten wie Mäusebussard, Pirol und Rebhuhn. Häufig ahmt der Star *Sturnus vulgaris* auch Umweltgeräusche nach.

Das Weibchen baut ein unordentliches Nest aus Stroh, Blättern und Halmen und polstert es innen mit einer Schicht Federn aus. Die 4 – 7 Eier werden 12 – 13 Tage lang bebrütet, die Nestlingszeit ist mit 3 Wochen verhältnismäßig lang. Beliebte Brutplätze sind Spechthöhlen und Nistkästen.

Stare kann man überall dort antreffen, wo es Bäume und Nistmöglichkeiten gibt. Außerhalb der Brutzeit scharen sie sich oft zu großen Schwärmen zusammen und fallen nicht selten in Obst- und Weinanbaugebiete ein.

J F M A M J J A S O N D

Seidenschwanz

Seidenschwänze können meisenartig in Gezweig turnen

Fliegende Vögel erinnern an Stare, unterscheiden sich aber durch den gerade abgeschnittenen Schwanz und die hohen, klingelnden Rufe, die ständig zu hören sind

(× 3/10)

Die Unterflügel sind hell, beim Star jedoch dunkel

Von vorne sind die schwarze Kehle, rotbraune Unterschwanzdecken und die gelbe Schwanzspitze auffallend

Die Gestalt der Vögel kann, wie hier bei der Balz, stark wechseln. Oft wird die Haube aufgestellt und macht die Vögel auch als Silhouette unverkennbar

(× 3/5)

Jungvögeln fehlen die hellen „Haken" in den Spitzen der Handschwingen

Während der Nahrungsaufnahme wirken die Vögel dick und, aufgeplustert, bei Gefahr dagegen viel schlanker

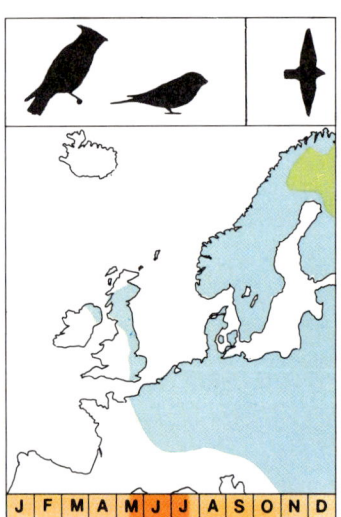

Seidenschwänze sind befremdlich aussehende, aber ungewöhnlich schöne Vögel, was ihnen in Verbindung mit ihrem unregelmäßigen, dann aber oft massenhaften Auftreten früher den Namen „Pestvogel" eingebracht hat. Ihre Haube, die schwarze Kehl- und Gesichtszeichnung, die gelbe Schwanzspitze und die roten Siegellack-Plättchen an den Spitzen der Armschwingen unterscheiden sie von jeder anderen Vogelart. Die Heimat des Seidenschwanzes *Bombycilla garrulus* sind die Nadelwälder Lapplands und der nördlichen Sowjetunion. Das napfförmige Nest wird aus Zweigen und Gras gebaut, mit Rentierflechte getarnt und innen mit Haaren und Federn ausgepolstert; es enthält meist drei bis fünf Eier. Oft steht es in Bäumen am Waldrand oder in Gewässernähe. Die Jungen verharren bei Gefahr in einer rohrdommelähnlichen Pfahlstellung. Im Brutgebiet ernähren sich Seidenschwänze vorwiegend von Fluginsekten, die sie von einer Sitzwarte aus im Flug erhaschen — ein Verhalten, das man dem sonst eher plump wirkenden Vogel kaum zutraut.

Kleine Trupps von Seidenschwänzen sind in jedem Winter zwischen Oktober und März in Mitteleuropa zu sehen. Ihre Winternahrung besteht aus Beeren, besonders von Ebereschen, Misteln, Schneeball und Liguster. Daher finden wir sie oft in den Parks und Alleen der Städte, wo sie wenig scheu sind und eine Annäherung auf wenige Meter gestatten, da sie aus ihren Brutgebieten den Menschen nicht kennen.

In manchen Jahren kommt es zu Invasionen und einige Vögel gelangen dann sogar bis ans Mittelmeer.

Raubwürger – Schwarzstirnwürger

Die kontrastreiche Zeichnung fällt bei beiden Arten auf; der Flug der Vögel verläuft wellenförmig

(× 3/10)

Schwarzstirnwürger: vorne mit rötlichem Anflug

(× 3/10)

Beim Raubwürger nimmt die Länge der äußeren drei Handschwingen von außen nach innen zu: beim Schwarzstirnwürger sind die drei äußeren Handschwingen ungefähr gleich lang

Junger Schwarzstirnwürger ohne Schwarz am Kopf

Der Schwarzstirnwürger hat schmalere und spitzere Flügel als der Raubwürger

Raubwürger: Das Weiß im Flügel variiert in der Ausdehnung

Links: Die typische Sitzhaltung eines Würgers. Unten: Überschüssige Beutetiere werden häufig als Vorrat auf Dornen gespießt oder in Astgabeln geklemmt

(× 3/5)

(× 3/5)

Der Schwanz des Raubwürgers ist deutlich länger als der des Schwarzstirnwürgers

Die Spitzen der gefalteten Flügel reichen beim Schwarzstirnwürger viel weiter nach hinten als beim Raubwürger. Der Schnabel des Schwarzstirnwürgers ist kürzer

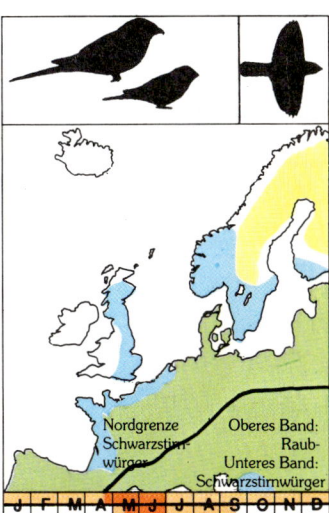

Nordgrenze Schwarzstirnwürger

Oberes Band: Raubwürger
Unteres Band: Schwarzstirnwürger

J F M A M J J A S O N D

Würger sind eindrucksvolle Singvögel; sie haben eine Lebensweise entwickelt, die eher einem kleineren Greifvogel als einem Singvogel entspricht. Der Raubwürger *Lanius excubitor* ist die größte der europäischen Würgerarten und erreicht knapp die Größe einer Amsel. Seine Nahrung besteht aus Mäusen, Eidechsen und Kleinvögeln, daneben nimmt er auch große Insekten. Der kleinere Schwarzstirnwürger *Lanius minor* dagegen fängt hauptsächlich Käfer, Maulwurfsgrillen, Heuschrecken und andere größere Insekten, gelegentlich erbeutet er auch Mäuse.

Würger sind für ihre Vorliebe bekannt, Nahrungsvorräte anzulegen. Bei Futterüberfluß spießen sie Beutetiere auf Dornen auf oder klemmen sie in Astgabeln ein, um bei schlechtem Jagdergebnis nicht hungern zu müssen. Während der Raubwürger dieses Verhalten häufig zeigt, ist es beim Schwarzstirnwürger jedoch kaum entwickelt.

Raubwürger bewohnen vor allem Moor- und Heidegebiete mit Baumgruppen, Schwarzstirnwürger dagegen brüten in offener Kulturlandschaft mit Alleen und Gehölzen und in Weinbergen. In Mainfranken brüteten früher beide Arten nebeneinander in Obstgärten. Schwarzstirnwürger sind in Westdeutschland so gut wie ausgestorben, nur noch im östlichen und südöstlichen Mitteleuropa sind sie regelmäßig Brutvögel. Der Raubwürger ist bei uns ebenfalls selten geworden, vielerorts ist er bereits völlig verschwunden.

Beide Arten bauen große, unordentliche Nester in Büsche oder Bäume, der Schwarzstirnwürger wählt jedoch oft hohe Obstbäume und Pappeln am Straßenrand.

Neuntöter

Links: die typische Haltung auf der Ansitzwarte. Darunter: Der Vogel nimmt vor dem Beobachter eine geduckte Haltung ein. Unten: Das Männchen fliegt auf den Boden, um ein Insekt aufzunehmen

Weibchen

Jungvogel

Männchen. Der Neuntöter ist der einzige Würger ohne Weiß im Flügel

Das adulte Männchen hat einen lachsroten Anflug auf der Brust. Neuntöter sind auffällige Vögel, nicht nur wegen ihrer Färbung, sondern vor allem durch ihr Verhalten: Häufig sitzen sie frei auf einer Warte

$(\times \frac{3}{10})$

Weibchen: ohne Schwarz im Schwanz

$(\times \frac{3}{5})$

Beim Weibchen ist die Ausdehnung von Grautönen an Kopf und Bürzel sehr variabel

Neuntöter haben bei uns in den letzten Jahren drastische Bestandseinbußen erlitten; Verlust an Lebensraum und Nahrung sind die wichtigsten Rückgangsursachen

Jungvogel mit rostbrauner Oberseite und rahmfarbener Unterseite; das Gefieder ist stark dunkel geschuppt

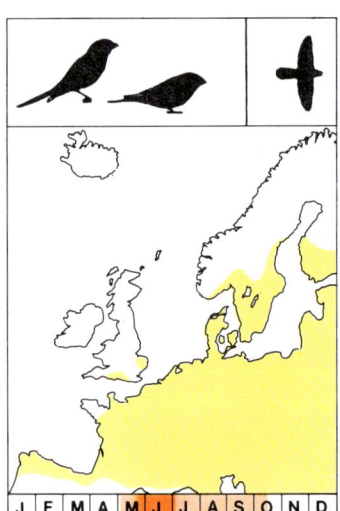

J F M A M J J A S O N D

Die Bestände des Neuntöters *Lanius collurio* sind im nordwestlichen Teil seines europäischen Brutareals teilweise drastisch zurückgegangen. Schuld daran ist vor allem die Intensivierung der Landwirtschaft, die mit Verlust an natürlicher Vielfalt und mit Vergiftung der Nahrungstiere einhergeht. Dorniges Gebüsch und breite Hecken mit einzeln stehenden Büschen sind für diesen Würger lebensnotwendig.

Neuntöter sitzen oft weithin sichtbar auf erhöhten Warten, besonders auf Einzelbüschen, denn von dort können sie ringsum den Boden beobachten; bei Erregung machen sie drehende Schwanzbewegungen und rufen nasal „dschää" oder hart „trrt-trrt". Der Gesang ist abwechslungsreich schwätzend, enthält gepreßte Laute und ist häufig mit Imitationen anderer Vogelstim-

men untermischt. Im Gegensatz zu den lauten und durchdringenden Bettelrufen der flüggen Jungen („quää") ist der Gesang nur selten zu hören.

Neuntöter fangen vor allem große Insekten wie Laufkäfer, Mistkäfer, Heuschrecken und Hummeln, daneben erbeuten sie aber auch Eidechsen, junge Mäuse und kleine Vögel. Häufig werden die Beutetiere auf Dornen oder Stacheldraht aufgespießt.

Für die Anlage des großen Nestes aus Halmen, Moos, Wurzeln und Federn wählen die Vögel meist eine niedrige Stelle in einem Dornbusch oder in einer Hecke. Während der Nestbau hauptsächlich Sache des Männchens ist, kümmert sich das Weibchen um die Bebrütung der 3—6 Eier.

Im September ziehen die Neuntöter in ihr afrikanisches Winterquartier.

Rotkopfwürger

Das Männchen hat ein breiteres schwarzes Stirnband als das Weibchen

(×³/₁₀)

Rotkopfwürger benutzen häufig Überlandleitungen als Ansitzwarten. Von hinten fällt das große weiße V auf dem Rücken auf; auch die weiße Vorderseite ist typisch

Im Flug sieht man oft die kontrastreiche Färbung der Oberseite: das Weibchen ist matter gefärbt

Rechts und unten: Im tarnfarbenen Jugendkleid ist der Rotkopfwürger leicht zu übersehen: Das Gefieder weist im Prinzip die gleiche Musterung auf wie bei Altvögeln, nur wesentlich undeutlicher; die meisten Federn des Körpergefieders haben dunkle Ränder und verleinen dem Jungvogel ein geschupptes Aussehen

Junge Rotkopfwürger sind leicht mit jungen Neuntötern zu verwechseln, sie sind jedoch oberseits mehr braun, Schulter- und Bürzelbereich sind heller

Weibchen: Von nahem sieht man, daß die Ausdehnung der schwarzen Kopfmaske geringer ist als beim Männchen

(×³/₅)

Besonders von hinten fällt die kontrastreiche Oberseitenfärbung auf

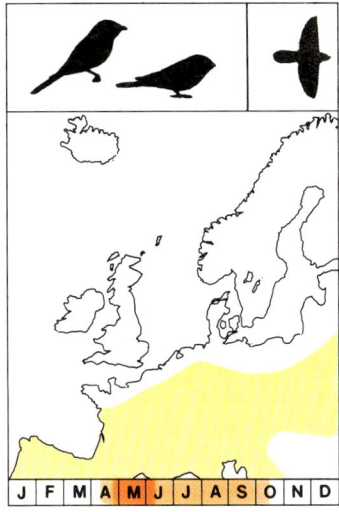

Der etwa neuntötergroße Rotkopfwürger *Lanius senator* ist in Mitteleuropa ein seltener Brutvogel, bei uns kommt er nur noch an wenigen warmen Stellen Südwestdeutschlands vor. Als Lebensraum bevorzugt der Rotkopfwürger offene Landschaft mit Büschen, Feldgehölzen und Streuobstflächen. Im Mittelmeerraum besiedelt die Art vorwiegend Olivenhaine oder lockere Korkeichenbestände. Dieser Würger sitzt nicht so häufig auf exponierten Warten wie der Neuntöter; da seine Lebensweise versteckter ist, bekommt man ihn deshalb schon seltener zu sehen. Er sitzt jedoch ebenfalls auf Leitungen an der Straße. Sonst entspricht seine Lebensweise weitgehend der des Neuntöters, auch er ernährt sich vorwiegend von großen Insekten wie Käfern und Hummeln und spießt die Beutetiere auf Dornen auf.

Die Rufe des Rotkopfwürgers klingen ähnlich wie beim Haussperling „dscherrt" oder schackernd und hölzern „dschä-dschä", bei Erregung werden die Rufe mehrfach wiederholt. Der Gesang ist nicht in Strophen gegliedert, sondern anhaltend und plaudernd, mit rauhen und harten Lauten untermischt; er enthält aber auch melodische Abschnitte und viele Imitationen anderer Vogelarten. Häufig beginnt der Gesang mit einigen Rufen.

Das festgefügte Nest des Rotkopfwürgers steht meist ein gutes Stück höher als das des Neuntöters. Meist ist es auf einem waagrechten Ast in 2—6 m Höhe gebaut; häufige Nistbäume sind Apfel- und Birnbäume. Der tiefe Napf ist aus Halmen und Wurzeln gebaut und wird mit Federn, Haaren und Wolle ausgepolstert; er enthält meist 5—6 Eier.

J F M A M J J A S O N D

Blauracke

Blauracken sind bei uns auf Baumhöhlen für die Brut angewiesen

Der leichte Flug erinnert manchmal an Krähen, manchmal an Tauben und ist recht einprägsam: Bestimmungsschwierigkeiten entstehen höchstens dann, wenn der Vogel vom Beobachter wegfliegt und das Blau nicht zu sehen ist. Auf der Warte sitzt der Vogel oft längere Zeit still

Von unten ist die fliegende Blauracke sehr auffällig; während des Balzfluges präsentiert das Männchen die prachtvolle Unterseite

(× 1/5)

Kein anderer europäischer Vogel von der Größe einer Dohle hat ein so prachtvolles Gefieder wie die Blauracke: der kastanienbraune Rücken fällt besonders auf

Unten: Der Jungvogel ist weniger auffällig gefärbt, auch fehlen ihm die schwarzen Enden der äußeren Schwanzfedern

Kopf und Schnabel sind relativ groß, die Füße verhältnismäßig kurz

(× 1/3)

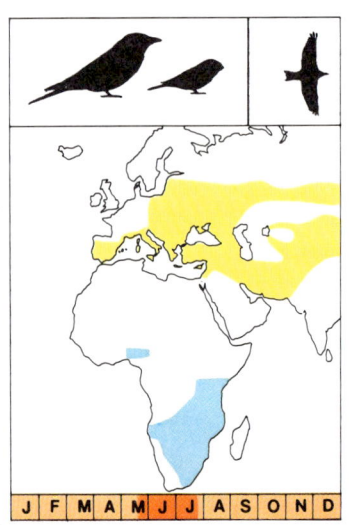

Die fast krähengroße Blauracke *Coracias garrulus* ist einer unserer schönsten Vögel. Sie brütet in lichten Wäldern mit altem Baumbestand und vielen Höhlen, besonders in Eichen- oder Kiefernbeständen, kommt jedoch auch in Alleen, Feldgehölzen und Parks vor. In Südeuropa nisten Blauracken auch in steilen Abbrüchen an Flüssen, in Felswänden und sogar in altem Gemäuer. In Mitteleuropa sind ihre Bestände drastisch zurückgegangen; nur noch in der DDR, der ČSSR, in Polen und an wenigen Stellen Österreichs ist dieser seltene Vogel anzutreffen. Bei uns ist er schon seit langem als regelmäßiger Brutvogel ausgerottet.

Die Stimme der Blauracke klingt rauh und hart „rak-rak-rak ..." oder (bei Gefahr) gedehnt „krah". Der häufig in taumelndem Balzflug vorgetragene Gesang erinnert an Krähenkrächzen: „graraa-graraa-grera ...", „rärärärärä ...".

Oft sitzen Blauracken auf exponierten Warten wie Leitungsmasten, Telefondrähten oder Zweigen und halten nach Käfern und anderen großen Insekten und Regenwürmern Ausschau; sie erbeuten aber auch Eidechsen, Jungvögel und junge Mäuse. Hat die Blauracke eine Beute am Boden gefangen, kehrt sie meistens wieder auf ihre Ansitzwarte zurück. Blauracken bauen keine Nester, das Weibchen legt seine 4–5 Eier auf den nackten Boden einer Spechthöhle oder einer anderen Höhlung. Männchen und Weibchen brüten gemeinsam 18–19 Tage lang.

Blauracken sind in Mitteleuropa Zugvögel; sie überwintern im südlichen Afrika und kehren erst Anfang Mai wieder zurück.

J F M A M J J A S O N D

102

Eisvogel

Dieses Männchen droht gerade einem Konkurrenten mit leicht hängenden Flügeln

Ein Weibchen füttert seine flüggen Jungen. Die Fischchen werden immer mit dem Kopf voran gereicht

Die Oberseite des Eisvogels zeigt verschiedene Blautöne von Tiefblau bis hell Blaugrün, je nach Einfallswinkel des Lichtes

Kurz vor dem Stoßtauchen ins Wasser rüttelt der jagende Eisvogel oft über dem Wasser; die dunklen Füße weisen auf einen Jungvogel hin

(×$\frac{3}{10}$)

Das Männchen hat einen einheitlich dunklen Schnabel

(×$\frac{3}{5}$)

Der Unterschnabel des Weibchens ist teilweise rötlich gefärbt

Durch den sehr kurzen Schwanz, den großen Kopf und den langen Schnabel sieht der Eisvogel etwas unproportioniert aus

Links: Ein Altvogel fliegt mit einem Fisch zur Bruthöhle. Unten: Die langen Flügel fallen von oben besonders auf

Die vorderen Zehen sind zum Teil miteinander verwachsen

Die weißen, fast kugeligen Eier liegen auf Fischgräten

Links: Ein hellblauer Strich ist oft alles, was man vom fliegenden Eisvogel zu sehen bekommt

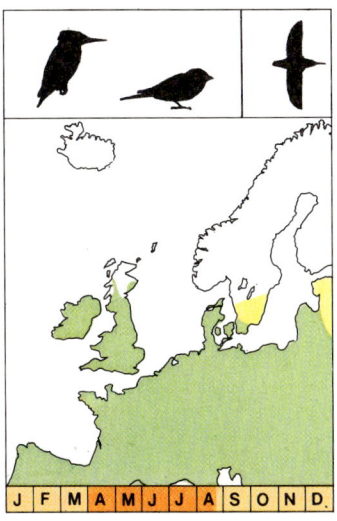

J F M A M J J A S O N D

Der prächtig gefärbte Eisvogel *Alcedo atthis* gehört einer Vogelfamilie an, die vorwiegend in den Tropen beheimatet ist. Trotz der intensiven Färbung ist der Eisvogel jedoch leicht zu übersehen, wenn er ruhig am Ufer sitzt. Meist wird man durch die lauten, hohen und durchdringenden Rufe „tiiht", „tji" oder „tiitü" auf den „fliegenden Edelstein" aufmerksam. Der Gesang besteht aus abgewandelten Rufen und hellen Trillern.

Eisvögel sitzen häufig auf Zweigen oder Pfählen am Ufer oder direkt über dem Wasser und lauern auf kleine Fische wie Elritzen, Stichlinge und junge Forellen.

Als Brutplätze dienen meist senkrechte Steilufer an langsam fließenden, klaren Bächen und Flüssen; dort hinein graben die Vögel eine bis zu 1 m lange, meist etwas ansteigende Röhre und legen an deren Ende eine Nestkammer an. Die 6 — 8 weißen Eier werden auf den nackten Boden der Nestkammer gelegt; beide Partner brüten abwechselnd, bis nach 3 Wochen die Jungen schlüpfen. Die rege Verdauung der Nestlinge macht die Brutröhre so glitschig, daß die Altvögel nach dem Füttern jedesmal baden. Junge Eisvögel wandern noch im ersten Jahr oft über weite Entfernungen ab. Man trifft die Vögel außerhalb der Brutzeit auch an Fischteichen, kleinen Tümpeln und sogar an der Meeresküste an.

In harten Wintern, wenn die Nahrungsgewässer zum großen Teil zufrieren, erleiden die Eisvogelbestände oft große Verluste. Die hohe Vermehrungsrate der Vögel — 2 — 3 Bruten jährlich — vermag diese Winterverluste wieder auszugleichen; allerdings nur, wenn der Lebensraum nicht zerstört wird.

Bienenfresser

Obwohl Bienenfresser sehr auffällig gefärbt sind, verschwimmen ihre Farben manchmal mit der Landschaft. Das große gelbe V auf dem Rücken ist jedoch meistens zu erkennen

(× 3/10)

Ein segelnder Bienenfresser von hinten

Der Flug erinnert etwas an den der Mehlschwalbe mit regelmäßigem Wechsel zwischen einigen schnellen Flügelschlägen und kurzem Gleitflug

Bienenfresser sind aufgrund der Färbung und Gestalt nur schwer mit anderen Vogelarten zu verwechseln; die langen spitzen Flügel und die verlängerten mittleren Schwanzfedern sind typisch. Häufig wird man jedoch erst durch die rollenden, weichen „rrüp"-Rufe auf die Vögel aufmerksam

Männchen und Weibchen lassen sich kaum unterscheiden. Jungvögel sind etwas matter gefärbt

(× 3/5)

Bienenfresser sitzen häufig zu mehreren auf dem Jagdansitz

Bienenfresser leben in offener, warmer Landschaft mit reichlichem Angebot an großen Insekten

Die Nester werden oft an Steilufern von Flüssen angelegt; dazu müssen die Vögel eine 1.5 m lange Röhre graben

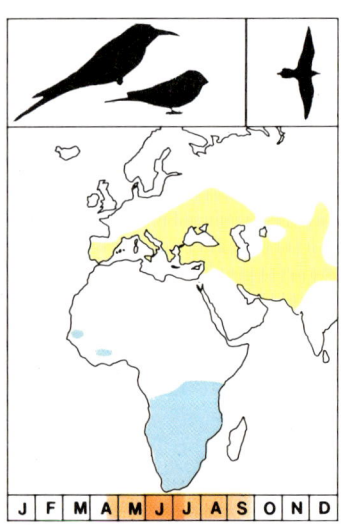

J F M A M J J A S O N D

Der Bienenfresser *Merops apiaster* ernährt sich in der Tat zum großen Teil von Bienen, Wespen, Hummeln und sogar Hornissen. Aber auch Schmetterlinge, Käfer und Fliegen werden in elegantem Jagdflug erbeutet. Ein einziger Stich einer Biene oder Wespe hat für die meisten Kleinvögel bereits fatale Folgen, Bienenfresser haben jedoch eine viel größere Immunität gegen das Insektengift; sie umgehen das Problem auch, indem sie gefangene Stechinsekten erst mit einigen Schlägen töten und dann den Insektenkörper am Zweig hin und herreiben; das austretende Gift entfernen sie mit Wischbewegungen. Außerdem haben die Vögel die Fähigkeit, nichtstechende Drohnen und andere Insekten von stechenden zu unterscheiden. Zur „Entschärfung" von stechenden Beutetieren kehren Bienenfresser nach dem Jagd-

flug stets wieder auf ihre Warte zurück, nichtstechende werden oft bereits im Flug verzehrt.

Bienenfresser brüten in offener, abwechslungsreicher und warmer Landschaft mit reichlichem Angebot an großen Insekten. Während die Art in Südeuropa stellenweise noch recht häufig ist, tritt sie in Mitteleuropa nur in Ungarn und der südlichen CSSR als regelmäßiger Brutvogel auf. Im österreichischen Burgenland nisten fast alljährlich einige Paare, bei uns kommt es gelegentlich zu einzelnen Bruten.

Bienenfresser sind Koloniebrüter; Männchen und Weibchen graben in Steilufer von Flüssen, an sandigen trockenen Böschungen oder in Abbrüchen von alten Sandgruben eine rund 1,5 m lange Röhre; an deren Ende wird die Nestkammer angelegt.

Felsentaube – Straßentaube

Felsentaube: Keine andere Wildtaube hat 2 dicke schwarze Streifen auf der hinteren inneren Flügelfläche oder einen weißen Bürzel

Felsentauben sind schnelle und gewandte Flieger. Sie leben in Kolonien an Felsen und zerklüfteten Felsküsten. Sie haben rein weiße Unterflügel, ein Merkmal, das sie mit manchen Straßentauben teilen

Die in nahezu allen Städten anzutreffenden Straßentauben sind Abkömmlinge der wilden Felsentaube. Ihr Gefieder ist sehr variabel gefärbt: von Blaugrau — der Färbung der Felsentaube — über Rostbraun und Schwarz bis fast ganz Weiß; häufig haben sie einen weißen oder hellgrauen Hinterrücken

Felsentauben haben für eine Taube verhältnismäßig stark zugespitzte Handschwingen

(× 1/5)

Verwilderte Haustauben brüten gebietsweise zusammen mit Felsentauben und fliegen in gemischten Trupps

(× 1/3)

Eine Straßentaube, die der wilden Stammform sehr ähnlich sieht

Felsentaube

Die Felsentaube sitzt häufig auf Felsen, gelegentlich auch auf Gebäuden, aber so gut wie nie auf Bäumen

Straßentauben sind in den Städten Europas sehr weit verbreitet. Aufgrund der zunehmenden Gefährdung alter Bauwerke durch Taubenkot wurde in einigen Städten bereits ein Fütterungsverbot erlassen

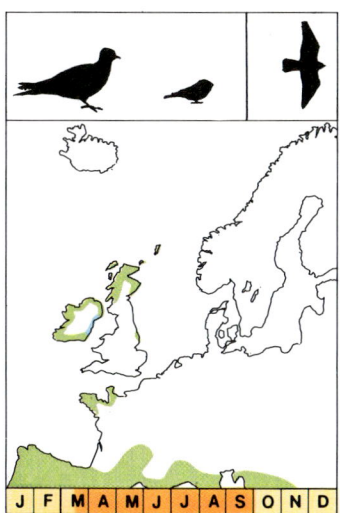

Der Markusplatz in Venedig ist ohne die dichten Schwärme von Straßentauben kaum vorstellbar. Diese Vögel sind in vielen Teilen der Welt aus den Städten und Dörfern nicht mehr wegzudenken. Um aber die Felsentaube *Columba livia*, die Stammmutter der Haus- und Straßentauben, zu finden, muß man abgelegene, zerklüftete Felsküsten oder Felsklippen in Wüsten- oder Halbwüstengebieten besuchen.

Voraussetzung für einen geeigneten Felsentauben-Lebensraum ist das Vorhandensein von Felshöhlen für die Brut und offenen Flächen, auf denen die Vögel Nahrung suchen. Durch die vielfältigen Maßnahmen des Menschen wurde für beides reichlich gesorgt: Gebäude sind gut geeignete „Ersatzfelsen" und die Rodung der Wälder hat viele Flächen für die Nahrungssuche geschaffen.

Man nimmt heute an, daß die Vorfahren unserer Haus- und Straßentauben wilde Felsentauben waren, die schon vor langer Zeit anfingen, an Gebäuden zu brüten.

Die natürliche Nahrung der Tauben besteht aus verschiedenen Samen von Gräsern und Kräutern, besonders von Wicken. Die halbzahmen Straßentauben ernähren sich vor allem von Getreide, Brot und Abfällen.

Felsentauben fliegen schnell und geschickt; diese Fähigkeiten wurden zusammen mit dem ausgezeichneten Orientierungsvermögen bei der Züchtung von Brief- und Reisetauben genutzt. Die Schnelligkeit und Wendigkeit haben die Felsentauben eigentlich dem Wanderfalken zu „verdanken": Dieser gewandte Greifvogel bewohnt den gleichen Lebensraum und hat sich auf Tauben und andere Vögel als Beute spezialisiert.

JFMAMJJASOND

105

Ringeltaube

Ringeltauben sind nicht nur schnelle und geschickte Flieger, sondern auch sehr scheu; daher bekommt man sie meist nicht so leicht von nahem zu sehen

Während des Balzfluges steigt die Taube von einer Warte aus steil empor, klatscht oft mehrmals peitschenartig mit den Flügeln und gleitet dann mit gespreiztem Schwanz abwärts

Beim Sitzen fällt der kleine Kopf auf

Bei der balzfliegenden Ringeltaube fallen die auffälligen weißen Flügelabzeichen auf

Junge Tauben sehen merkwürdig aus; mit ihrem breiten Schnabel können sie die Kropfmilch aufnehmen, die ihnen von den Altvögeln verfüttert wird

(×⅕)

Aus fast jedem beliebigen Blickwinkel fallen die weißen Flügelabzeichen ins Auge, die einen Kontrast zu den dunklen Handschwingen bilden

In der Silhouette sieht man den kleinen, oft hoch erhobenen Kopf

Ringeltauben sind die größten europäischen Tauben. Im Verhältnis zum massigen Körper wirkt der Kopf sehr klein

Unten: Ringeltauben fliegen mit lautem Flügelklatschen auf

Von unten ist das auffällige Muster des Schwanzes deutlich zu erkennen

(×⅓)

Typische Flügel- und Schwanzstellung beim Auffliegen

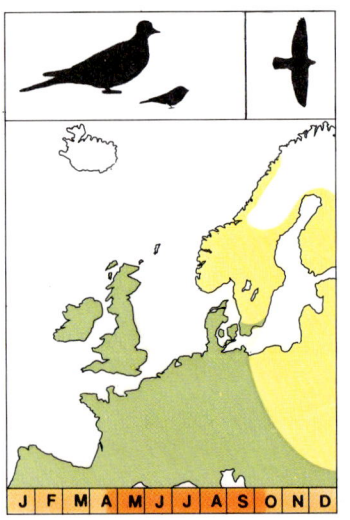

Als einzige Vögel produzieren Tauben eine Flüssigkeit, die den Jungen als Nahrung dient. Da diese Flüssigkeit im Kropf gebildet wird und in ihrer Funktion der Milch der Säugetiere entspricht, wird sie auch als Kropfmilch bezeichnet. Viele vegetarisch lebende Vogelarten ziehen ihre Jungen mit Insekten auf, denn das ist die einzige Nahrung, die den Jungen für ihr schnelles Wachstum genügend Eiweiß bieten kann. Dies ist auch der Grund, daß die Brutzeit in der Zeit des größten Insektenangebotes im Frühsommer liegt. Die Kropfmilch ist eine perfekte Ersatznahrung, die die Tauben vom Insektenangebot unabhängig macht. In der Tat zieht sich die Brutzeit bei der Ringeltaube *Columba palumbus* über fast das ganze Sommerhalbjahr hin. Da der Bruterfolg auch vom Futterangebot für die Altvögel abhängt, werden besonders bei Bruten im Spätsommer viele Jungvögel flügge; dann finden die Tauben nämlich auf abgeernteten Getreidefeldern reichlich Nahrung.

Im Frühjahr und Sommer hört man in Waldgebieten häufig den weit tragenden, dumpf gurrenden Reviergesang „gu-guh-gu-guru". Ringeltauben brüten in aufgelockerten Waldlandschaften mit Wiesen und Feldern oder kleinen Mooren, häufig in Feldgehölzen. Gebietsweise, vor allem in der Norddeutschen Tiefebene, sind die sonst scheuen Waldvögel in die Parks und Grünanlagen der Städte eingewandert. Dieser Verstädterungsprozeß ist in manchen Großstädten wie Hamburg oder Berlin bereits weit fortgeschritten. Dort kann man die Ringeltauben oft gemeinsam mit Straßentauben und Türkentauben Nahrung suchen sehen.

Hohltaube

Hohltauben haben Weiß an den äußeren Schwanzfedern

Im Gegensatz zur Ringeltaube hat die Hohltaube einen schwarzen Flügelhinterrand

Dieses Gleiten mit leicht erhobenen Flügeln gehört zum Balzverhalten der Hohltaube

Links: Die hell blaugrauen Flügel mit schwarzem Hinterrand sind auffallend. Rechts: Hohltauben sind besser proportioniert als Ringeltauben

Unter den europäischen Taubenarten sind Hohltauben die einzigen Baumhöhlenbrüter. Meist beziehen sie alte Schwarzspechthöhlen

(× 1/5)

(× 1/3)

Hohltauben treten seltener in großen Schwärmen auf als Ringeltauben

Ein Männchen beim „Verbeugen" während der Balz

Im Gegensatz zur Ringeltaube hat die Hohltaube kein Weiß an Hals und Flügeln: die Brust ist purpurfarben getönt, auf den Flügeln sieht man 2 kurze schwarze Binden

Jungvögel sind matter gefärbt als Altvögel

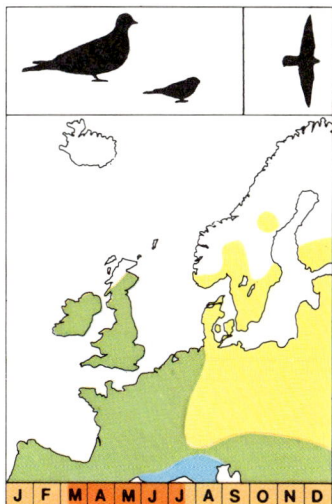

Die Hohltaube *Columba oenas* brütet in lichten Laub- und Mischwäldern, auch in Kiefernwäldern und in Parks mit altem Baumbestand. Gebietsweise gibt es auch Brutplätze in kleineren Feldgehölzen, in Obstgärten und sogar in Dünenlandschaft. Wichtig ist das Vorhandensein von Schwarzspechthöhlen für die Brut, denn andere größere Baumhöhlen sind im modernen Wirtschaftswald selten geworden.

Wie Ringeltauben suchen die Hohltauben auf offenen Flächen nach Nahrung und nutzen die Getreidereste auf abgeernteten Feldern. Im Gegensatz zu Straßen- und Ringeltaube zeigt diese Taube nur wenig Tendenz zur Urbanisierung: Auch wenn die Vögel in Parks brüten, ignorieren sie das vom Menschen dargebotene Taubenfutter. Aufgrund ihrer Ähnlichkeit zur Straßentaube und zur Ringeltaube und dem Fehlen von auffälligen Merkmalen wird diese Art häufig übersehen. Ihre Anwesenheit bekommt man am besten im Frühjahr mit, wenn ab März der Tauber seinen dumpfen monotonen Reviergesang hören läßt: „gue-ru gue-ru", auf der ersten Silbe jeweils betont. Wenn mehrere geeignete Bruthöhlen vorhanden sind, nisten oft mehrere Paare in enger Nachbarschaft. Diese Situation führt zwangsläufig zu Kämpfen zwischen den einzelnen Paaren. Für das Nest werden oft viele Halme, kleine Zweige und Blätter eingetragen, manchmal liegen die 2—3 Eier auch auf dem nackten Höhlenboden.

Außerhalb der Brutzeit trifft man Hohltauben oft zusammen mit anderen Tauben auf Wiesen und abgeernteten Feldern an, jedoch nie in großen Schwärmen.

107

Turteltaube

Turteltauben fliegen reißend schnell und werfen sich dabei von einer Seite auf die andere. Vor dem Landen müssen die Tauben ihre hohe Geschwindigkeit mit bestimmten Bremsbewegungen der Flügel vermindern

Ein Männchen (ganz links) in der typischen Balzhaltung

Turteltauben steigen während des Balzfluges mit schnellen Flügelschlägen steil auf und gleiten dann mit gespreiztem Schwanz in Bögen abwärts

(× 1/5)

Typischer Sitzplatz auf einem kahlen Zweig

Das Nest ist flach und besteht aus dünnen Zweigen

Eine kleine und schlanke Taube mit langem, gestuftem Schwanz. Typisch sind das Halsmuster und die rotbraunen Flügeldeckenfedern mit schwarzen Zentren

(× 1/3)

Beim Starten und Landen fallen die rostbraunen Schultern und der weiß gesäumte Schwanz auf

Die rosafarbene Brust, den weißen Bauch, den schwarz-weißen Halsfleck und die blaugrauen Unterflügel zeigt die Turteltaube im Abflug

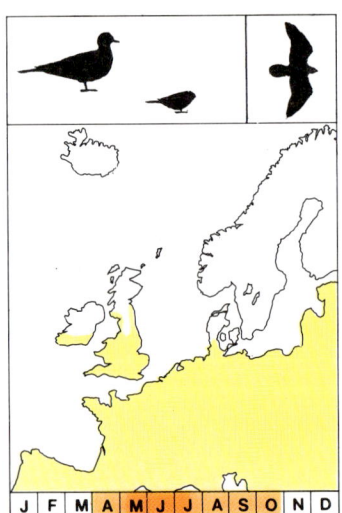

J F M A M J J A S O N D

Der schnurrende Gesang der Turteltaube *Streptopelia turtur* ist ein typischer Laut im sommerlichen Südeuropa: „turrr turrr . . .". Auch im Tiefland Mitteleuropas hat die Art ein weites Verbreitungsgebiet, doch ist sie meist selten. Die Vögel brüten an Waldrändern, in Feld- und Ufergehölzen und Obstbaugebieten. Im Gegensatz zu den anderen europäischen Tauben ist die wärmeliebende Turteltaube ein Weitstreckenzieher, der im Savannengürtel südlich der Sahara überwintert. Ihre Verbreitung fällt in England hauptsächlich mit dem Vorkommen einer wichtigen Nahrungspflanze, dem Erdrauch, zusammen. Die Samen dieser Pflanze und anderer Kräuter bilden die Nahrungsgrundlage. Obwohl die Turteltauben auch auf Feldern Getreide verzehren, sind sie von diesem Futter nicht so abhängig wie Türkentauben.

Wie bei anderen Tauben zieht sich die Brutperiode über einen relativ langen Zeitraum hin. Während dieser Zeit findet auch die Jahresmauser statt, die jedoch im September unterbrochen wird, damit die Tauben mit lückenlosem Gefieder ins Winterquartier fliegen können; dort wird der Federwechsel bis zum März fortgesetzt.

Die Nester befinden sich meist in geringerer Höhe als bei Türken- und Ringeltauben; Neststandort ist in der Regel ein Baum oder ein hoher Busch, manche Nester findet man in 1,5 m Höhe im Gebüsch. Wie bei vielen Tauben bringt das Männchen das Nistmaterial herbei, und das Weibchen verbaut es. Die beiden Eier werden von beiden Partnern bebrütet. Die Jungen schlüpfen nach 2 Wochen und werden ebenfalls von beiden Eltern mit Kropfmilch versorgt.

Türkentaube

Türkentaube
im Flug

(× 1/5)

Türkentauben fliegen
schnell, aber nicht so reißend wie Turteltauben.
Die Ähnlichkeit ihres
Flugbildes mit fliegenden
Greifvögeln hat schon oft
Kleinvögel getäuscht: Wie
beim Auftauchen eines
Sperbers reagieren sie auf
die Tauben mit den typi-
schen Luftalarm-Rufen

Außer dem schwarz-weißen Schwanzmuster ist die
Unterseite im Flug unauffällig

Unten: Jungvögel
sind grauer als Altvö-
gel und haben keinen
Halsring. Typischer
Sitzplatz ist die Fern-
sehantenne

Während des Balzfluges steigt das
Männchen flügelklatschend empor
und segelt dann mit stark gespreiztem Schwanz und unter lautem
Girren abwärts (ganz links)

Unten: Eine Türkentaube
fliegt eine Antenne an;
nach dem Landen wird
der Hinterkörper stark angehoben

Im Gegensatz zur
Turteltaube ist der
Rücken der Türken-
taube einheitlich
sandfarben

(× 1/3)

Unten: Die landende Türkentaube zeigt von oben ein ganz
anderes Gefiedermuster als
die Turteltaube gegenüber

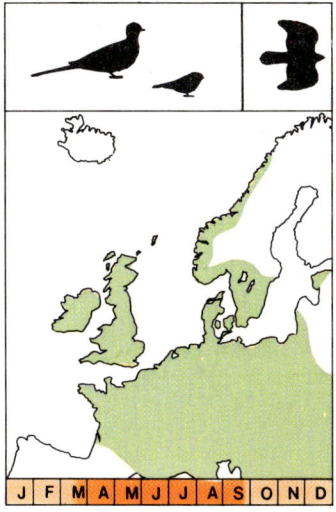

Erst vor wenigen Jahrzehnten ist die Türkentaube *Streptopelia decaocto* vom Südosten
her in Mitteleuropa eingewandert. Sie hat
sich eng an den Menschen angeschlossen
und lebt heute ganzjährig in Dörfern und
Städten; besonders beliebt sind Gegenden
mit günstigem Nahrungsangebot wie Parkanlagen, Zoos, Silos, Lagerplätze oder Bau-
ernhöfe. Im Winter besuchen die Tauben
häufig Fütterungen für Kleinvögel.
Im Flug und besonders vor dem Landen
hört man oft das typische nasale Girren
„chwäh chwäh". Der Reviergesang ist ein
monotones dreisilbiges „gu guh gu gu gu
guh . . .". Fliegende Türkentauben produzieren ein pfeifendes Flügelgeräusch.
Neben ihrer großen Anpassungsfähigkeit ist
sicher auch die hohe Vermehrungsrate in
Kombination mit geringer Sterblichkeit für

die enorm schnelle Ausbreitung dieser Taube verantwortlich. Tauben haben generell eine lange Brutzeit, doch die Türkentaube
brütet wie die Straßentaube das ganze Jahr
über, also auch im Winter. 4 — 5 oder sogar
noch mehr Bruten können jedes Jahr gezeitigt werden. Außerdem gibt es bei dieser Art
Schachtelbruten: Ein Paar, das größere Junge mit Kropfmilch füttert, kann gleichzeitig
bereits das nächste Gelege bebrüten. Das
Nest ist eine flache und oft durchscheinende
Plattform aus kleinen Zweigen; meist wird es
in Bäumen oder Sträuchern angelegt, wobei
Nadelhölzer bevorzugt werden; gelegentlich
wird es auch in eine Nische an einem Haus
gebaut. Das Nest ist oft so gut getarnt, daß
es nur schwer zu entdecken ist, auch wenn
ein Altvogel darauf sitzt. Durch Beobachten
der Altvögel ist es jedoch bald gefunden.

J F M A M J J A S O N D

Grünspecht – Grauspecht

Links: Männchen vom Grünspecht mit rotem Scheitel und schwarzrotem Bartstreif; das Grauspecht-Männchen hat viel weniger Rot und Schwarz am Kopf

(× ³/₅)

Unten: Männchen vom Grauspecht mit rotem Vorderscheitel und kleinem schwarzen Bartstreif. Dieser scheue Specht verbirgt sich vor dem Menschen oft auf der Rückseite eines Baumes

(× ³/₅)

Ein junger Grauspecht

Grauspecht-Weibchen

(× ¹/₇)

Beide Arten haben einen wellenförmigen Flug

Beide Spechte suchen ihre Nahrung vor allem auf dem Boden ("Erdspechte"). Der Grünspecht (unten ein Jungvogel) verzehrt hauptsächlich Ameisen und deren Puppen, die er im Winter durch eine oft hohe Schneedecke aufspüren muß

(× ¹/₇)

Grünspecht-Weibchen

Der gelbe Bürzel des Grünspechts ist ein gutes Feldkennzeichen

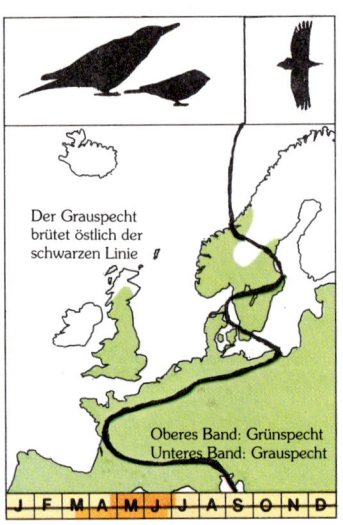

Der Grauspecht brütet östlich der schwarzen Linie

Oberes Band: Grünspecht
Unteres Band: Grauspecht

J F M A M J J A S O N D

Spechte sind für ihre langen Zungen bekannt, mit denen sie Insekten aus ihren Gängen hervorholen können. Der Grünspecht *Picus viridis* hat eine besonders lange Zunge und außerdem eine Vorliebe für Ameisen; dies bringt ihn dazu, öfter als jeder andere Specht zur Nahrungssuche auf den Boden zu fliegen. Um an die Beutetiere zu gelangen, hackt der Grünspecht bis zu 10 cm tiefe Löcher in den Boden, im Winter arbeitet er sich sogar durch den Schnee zu den Ameisenhaufen vor; dabei hinterläßt er große Löcher, die dem Kundigen die Anwesenheit dieses Spechtes verraten. Im Gegensatz zum Grauspecht, den man im Winter gelegentlich an Futterstellen antrifft, kommt der Grünspecht kaum an die Winterfütterung.
Der Grünspecht brütet in aufgelockerten Randbereichen von Laub- und Mischwäldern, in Feldgehölzen und Obstgärten. Gute Lebensbedingungen findet er in parkartiger Landschaft mit alten Laubbäumen. In den Alpen ist die Art sogar in Nadelwald zu finden. Bei uns ist der Grünspecht weit verbreitet, jedoch meistens nicht häufig.
Grünspechte trommeln viel weniger als andere Spechte; dafür hört man im Frühjahr um so öfter den weit hörbaren, lachenden Reviergesang „klü klü klü ...". Die Reihe sinkt im Gegensatz zur Grauspechtstrophe nicht ab. Die Strophen der Weibchen sind leiser und klingen weicher.
Die Strophen des Grauspechtes *Picus canus* lassen sich gut nachpfeifen: eine absinkende Reihe aus wohlklingenden „gü-gü-gü ..."-Lauten. Grauspechte trommeln häufig und zimmern sich im Frühjahr meist eine Höhle. Der Grauspecht ist bei uns selten geworden.

Schwarzspecht

Rechts: Schwarz-
spechte fliegen
ziemlich geradli-
nig mit unregel-
mäßigen Flügel-
schlägen; der
kleine Vogel
rechts daneben
ist ein Klein-
specht im richti-
gen Maßstab

Von unten läßt sich der
Schwarzspecht leicht von
einer Krähe unterschei-
den: Kopf und Schwanz
ragen ungefähr gleich
weit nach vorn bzw. nach
hinten

Das Weibchen hat
nur einen kleinen ro-
ten Fleck am Hinter-
kopf, beim Männchen
ist der ganze Scheitel
rot

Das helle
Auge ist sehr
auffallend

(× ⅓)

Schwarz-
spechte
trommeln
sehr laut

(× ⅙)

Der Schwarzspecht
— hier ein Männ-
chen — hat einen
sehr kräftigen hel-
len Schnabel

Unten: Bei Be-
drohung nimmt
der Schwarz-
specht die typi-
sche „Revierver-
teidigungshal-
tung" am Fuß
des Baumes ein

Schwarzspechte
zimmern große
hochovale Nist-
höhlen

Der Schwarzspecht ist der größte
europäische Specht und nur wenig
kleiner als eine Krähe. Er ist leicht
zu erkennen, auch wenn man ihn
nur flüchtig zu sehen bekommt.
Die Männchen sind ziemlich re-
viertreu; im Frühjahr verteidigen
sie ihr Revier mit lauten Trommel-
wirbeln gegen Eindringlinge

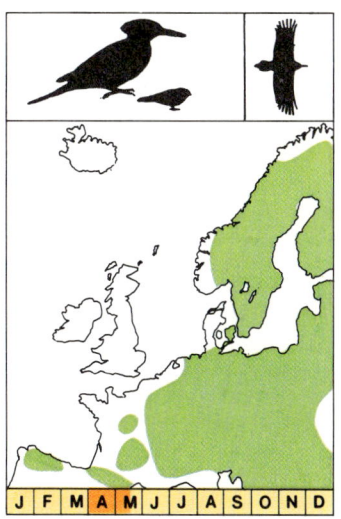

Der Schwarzspecht *Dryocopus martius* ist
durch seine Größe, das schwarze Gefieder
und den hellen Schnabel eine imposante Erscheinung. Er brütet in abwechslungsreichen
Nadel- und Mischwäldern mit einem hohen
Anteil an alten Bäumen. Häufigster Brut-
baum in Mitteleuropa ist die Rotbuche, bei
Fehlen von alten Buchen zimmert der
Schwarzspecht seine Höhle meist in eine
Kiefer; gelegentlich wird die Brut auch in einer Fichte, Tanne oder Lärche aufgezogen.
Bei uns ist der Schwarzspecht in den größeren Waldgebieten weit verbreitet und meist
nicht selten. Bei der Nahrungssuche legen
Schwarzspechte mit kräftigen Schnabelhie-
ben die im Holz lebenden Insekten frei; oft
findet man in kernfaulen Fichten seine
Hackspuren — längliche, tiefe Löcher. Ver-
modernde Baumstümpfe zerlegt er, um an

die Nester der Roßameise zu gelangen. Auf
den Schwarzspecht wird man meistens durch
seinen typischen Flugruf, ein weit hörbares
„prrü-prrü-prrü", aufmerksam; nach der
Landung an einem Baumstamm ertönt häufig ein abfallendes „kliööh". Der Reviergе-
sang im Frühjahr klingt wie „kwikwikwikwi
. . ." Der Schwarzspecht trommelt zur Revierverteidigung laut und weit hörbar mit relativ
langsamer Schlagfolge (Dauer eines Trom-
melwirbels jeweils 2 — 3 Sekunden).
Männchen und Weibchen zimmern gemeinsam eine bis zu einen halben Meter tiefe
Bruthöhle. Meist ist sie höher als 7 m über
dem Boden, noch unter den tiefsten Ästen
angelegt. Die Bebrütung der 3 — 5 Eier wird
von beiden Partnern durchgeführt. Nach
12 — 14 Tagen schlüpfen die Jungen, die
knapp 4 Wochen in der Höhle verbringen.

J F M A M J J A S O N D

Buntspecht

Der Flug ist schnell und stark wellenförmig. eine Serie rascher Flügelschläge wird jeweils von einer Phase mit angelegten Flügeln abgelöst

$(\times \, ^3/_{10})$

Von hinten fallen die ovalen Schulterflecken oft stark auf

Links: Das Buntspecht-Männchen hat im Gegensatz zum Weibchen einen roten Fleck am Hinterkopf

$(\times \, ^3/_5)$

Der Buntspecht ist durch seine kräftig rot gefärbten Unterschwanzfedern vom Mittelspecht und Kleinspecht unterschieden. Der etwas kleinere Mittelspecht hat in allen Kleidern eine rote Kopfplatte, der weiße Schulterfleck ist weniger ausgedehnt, und die Unterschwanzdecken sind rosa. Der etwas größere Weißrückenspecht hat eine quergebänderte Oberseite ähnlich wie der Kleinspecht.

In gewohntem Aufwärtsschwung landet der Buntspecht an einem senkrechten Ast

Bei Jungvögeln ist der Vorderscheitel rot, das Rot des Unterschwanzes ist undeutlicher

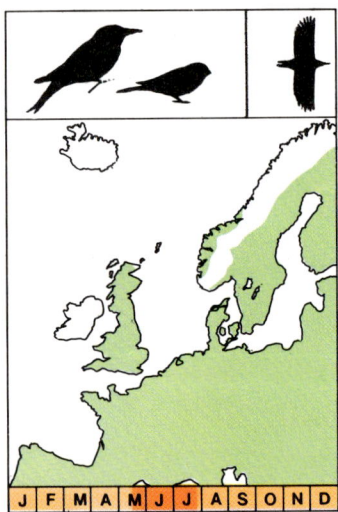

Der Buntspecht *Picoides major* ist unser weitaus häufigster Specht. Er brütet in allen Arten von Wäldern, besonders mit Eichen und Hainbuchen, daneben in Feldgehölzen, Parks und Gärten mit Baumbestand, auch in Dörfern und sogar mitten in der Großstadt. Der Buntspecht ernährt sich von holzliebenden Insekten und deren Larven, Jungvögeln, Eiern und Früchten. Im Winter verzehrt er viele Fichtensamen und Nüsse. Zur Bearbeitung von Nüssen und Zapfen erweitert er natürliche Spalten mit Schnabelhieben und paßt dann das Nahrungsobjekt ein. Das ganze Jahr über kann man den typischen Ruf hören, ein hartes und metallisches „kick" oder „kix"; im Frühjahr zetern die Spechte häufig heiser „rräh-rräh". Männchen und Weibchen trommeln auf trockenen Ästen, aber auch an Holzmasten oder Blechdächern. Die Trommelwirbel sind kurz (rund 0,5 Sek. lang) und am Anfang betont. Buntspechte zimmern jedes Jahr eine neue Höhle und schaffen so Wohnraum für viele kleinere Höhlenbrüter und andere Tiere.

Der **Mittelspecht** *Picoides medius* ist bei uns ein seltener Laubwaldbewohner im Tiefland, besonders in alten Eichen- und Hainbuchenbeständen. Im Frühjahr hört man seinen klagend-quäkenden Reviergesang „gää-gää-gää . . .". Dieser Specht ernährt sich vor allem von rindenbewohnenden Insekten.

Der **Weißrückenspecht** *Picoides leucotos* brütet in urwaldartigen Mischwäldern mit einem hohen Anteil von absterbenden und toten Bäumen; er bearbeitet oft liegende Stämme. Der Weißrückenspecht ist seltener Brutvogel der Alpen, des Bayerischen Waldes und des östlichen Mitteleuropas.

J F M A M J J A S O N D

Kleinspecht

Im Frühling vollführt das Kleinspecht-Männchen häufig Balzflüge, indem es mit weit gespreizten Flügeln von einem Baum zum anderen „schwebt"; manchmal läßt es sich fallschirmartig herabsinken und präsentiert dem oben sitzenden Weibchen seine Oberflügel

Die Flugbahn ist ähnlich wellenförmig wie beim Buntspecht

Der Kleinspecht hat keine weißen Schulterabzeichen wie der Buntspecht; er ist nur sperlingsgroß und hat einen relativ kurzen Schnabel

Kleinspechte brüten in aufgelockerten Laub- und Mischwäldern, besonders in Bruch- und Auwäldern und in flußbegleitenden Gehölzen; man trifft sie auch in Parks mit alten Weiden und Pappeln an und in Obstgärten. Bei uns ist der Kleinspecht weit verbreitet, aber meist nicht häufig. Im Gegensatz zu anderen Spechten ernährt sich der Kleinspecht vor allem von Insekten, die auf Blättern und im Gezweig leben

$(\times \frac{3}{10})$

Unten: Das Kleinspecht-Weibchen hat einen weißlichen Oberkopf

$(\times \frac{3}{5})$

Jungvögel haben kein Rot im Gefieder, das Gesicht ist graubraun, sonst sind sie dem Weibchen ähnlich

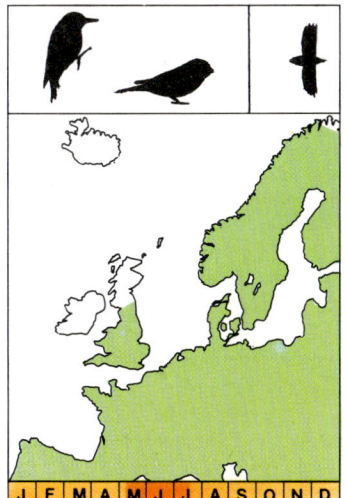

Da sich der Kleinspecht *Picoides minor* vorwiegend an dünnen Ästen und Zweigen im Baumkronenbereich aufhält, wird er oft übersehen. Häufig wird man auf den unauffälligen Kleinvogel erst durch seine turmfalkenartige Stimme aufmerksam: ein helles „ki-ki-ki ..." (Reviergesang), das man vor allem im Frühjahr hört. Männchen und Weibchen trommeln in langen und schwachen, gleichmäßigen Wirbeln (Dauer 1 – 1,5 Sek.). Die Nisthöhle wird oft in relativ dünnen Ästen angelegt, auch mit dem Schlupfloch an der Astunterseite. Meist wählen die Spechte eine angefaulte Stelle in rund 2 m bis über 20 m Höhe. Die 4 – 6 Eier werden von Männchen und Weibchen bebrütet, die nach 11 Tagen schlüpfenden Jungen ebenfalls von beiden Partnern gefüttert. Wenn die Jungvögel bereits alt genug sind, um das Futter am Höhleneingang entgegenzunehmen, hört man ihre lauten Bettelrufe.

Im Winter ernähren sich Kleinspechte hauptsächlich von Käfern, die unter der Rinde überwintern; häufig ziehen sie mit Meisen und anderen Kleinvögeln umher und erscheinen dann selten an Futterstellen.

Der **Dreizehenspecht** *Picoides tridactylus* ist etwas kleiner als der Buntspecht; sein Gefieder ist überwiegend schwarz-weiß gefärbt, Rot fehlt völlig; der Rücken ist weiß, die Flügel sind einheitlich schwärzlich. Das Männchen hat eine gelbe Kopfplatte, die dem Weibchen fehlt. Der Dreizehenspecht lebt bei uns in naturnahen Bergfichtenwäldern der Alpen und höheren Mittelgebirge. Er bevorzugt wie der Weißrückenspecht halbtote und abgestorbene Bäume, hält sich jedoch nicht so häufig auf liegendem Totholz auf.

J F M A M J J A S O N D

Wiedehopf

Männchen, Weibchen und Jungvögel sind gleich gefärbt

Die schwarz-weiß gebänderten Flügel machen den Wiedehopf sehr auffällig. Möglicherweise soll dieses Muster zusammen mit der unregelmäßigen Flugweise Greifvögel verwirren

Der Wiedehopf fliegt mit weichen und ungleichmäßigen, oft weit durchgezogenen Flügelschlägen; dadurch wirkt der Flug etwas unsicher und schmetterlingsartig gaukelnd

Der Wiedehopf kann auch an einem Baumstamm landen, indem er sich mit den Zehen an der Rinde festklammert und sich wie ein Specht mit dem Schwanz abstützt. Im Flug wird die Federhaube angelegt

(× ³/₁₀)

Beim Landen und bei Erregung stellen Wiedehopfe häufig die Federhaube auf

(× ³/₅)

Bei der Nahrungssuche auf dem Boden wirkt der Wiedehopf oft verblüffend unscheinbar; häufig wird man erst beim Abflug auf den Vogel aufmerksam

Beim sitzenden Wiedehopf wirkt der Schwanz verhältnismäßig lang, im Flug jedoch im Vergleich zu den sehr breiten Flügeln kurz

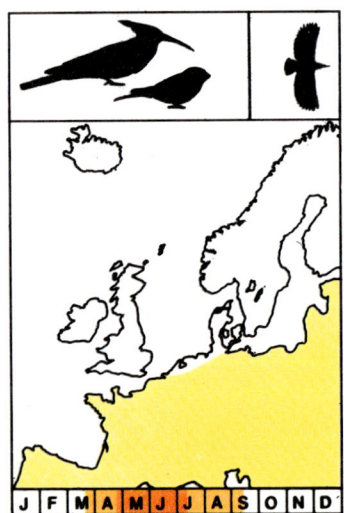

J F M A M J J A S O N D

Der Schnabel des Wiedehopfes *Upupa epops* läßt Rückschlüsse auf seine Ernährungsweise zu: Obwohl er viele Beutetiere wie Grillen, Käfer und Raupen vom Boden aufnimmt, stochert er häufig im weichen Boden nach Insektenlarven und Würmern; dabei stößt er den Schnabel in den Boden und öffnet ihn dann. Der Gesang des Männchens, ein dumpfes „up up up", ist weit zu hören. Der Vogel sitzt dabei aufrecht mit gesenktem Schnabel.

Der Wiedehopf brütet bei uns in warmen, offenen Landschaften, vor allem in trockenem, extensiv bewirtschaftetem Kulturland mit Viehweiden, aber auch in Weinbergen, lichten Auwäldern und in Parks und Obstgärten. Wichtig für das Vorkommen dieser Vogelart sind geeignete Brutplätze wie Höhlungen in alten Bäumen, Felsen oder Mauern. Manche Nester sind in Holzstapeln, unter Dächern oder in Nistkästen gebaut. Im zentralen Mitteleuropa ist die Art sehr selten geworden und nur noch in wenigen Gebieten Brutvogel.

In der Bruthöhle werden die Eier meist auf nur wenig Nistmaterial oder auf den nackten Boden gelegt. Sprichwörtlich ist der üble Geruch, der der Kinderstube des Wiedehopfes entströmt. Die Jungen können sich wirksam gegen Nestfeinde verteidigen: Zunächst äußern sie ein zischendes Fauchen, bei weiterer Störung heben sie ihr Hinterteil hoch und verspritzen den flüssigen und geruchlosen Inhalt des Enddarmes. Durch tröpfchenweise Abgabe eines Bürzeldrüsensekretes entsteht der üble Geruch. Junge Wiedehopfe sperren ähnlich wie junge Singvögel mit aufgerissenem Schnabel.

Elster

Elstern haben den typischen Schnabel der Rabenvögel, zu denen sie gehören. Kopf und Schnabel sind einheitlich schwarz

Gleithaltung

Rechts unten ein Jungvogel, an seinem kurzen Schwanz zu erkennen

Der lange, grün schimmernde Schwanz wirkt im Feld meist schwarz

(× 1/10)

Das kontrastreiche Gefieder, die kurzen, rundlichen Flügel und der lange gestufte Schwanz machen die Elster unverwechselbar. Das Muster der Unterflügel ist ganz anders als das der Oberflügel

(× 1/5)

Manchmal wird der Schwanz im Flug teilweise geöffnet

Auch im Winter, wenn die Nester vieler Vögel bereits nicht mehr als solche zu erkennen sind, behalten die Elsternester meistens ihre kugelige Form. Sie werden vorwiegend aus dornigen Zweigen gebaut und sind größer als ein Fußball

Elstern sind Allesfresser, die auch vor Aas und Abfällen nicht zurückschrecken

Oben rechts: Elstern sind Spezialisten im Aufspüren von Vogelnestern; Eier und Jungvögel gehören zu ihrer Nahrung

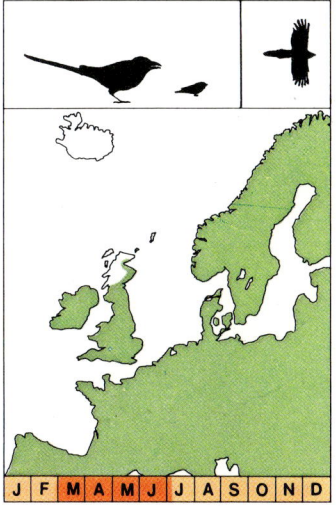

J F M A M J J A S O N D

Elstern haben wie alle Rabenvögel eine besondere Vorliebe für glänzende Gegenstände. Der Diebstahl von wertvollem Schmuck wird wohl sicher bei zahmen Vögeln vorkommen, für freilebende Elstern sind derartige Übergriffe jedoch nicht belegt. Fotos, die Silberlöffel und Sonnenbrillen in einem Elsternest zeigen, sind eindeutig gefälscht.

Die Elster *Pica pica* lebt in der offenen Kulturlandschaft mit Hecken und Gehölzen, in Alleen und Dörfern, an Stadträndern und in Parks. Geschlossenen Wald meiden diese Rabenvögel genauso wie das Hochgebirge. Ihre Nahrung suchen sie vor allem am Boden; dort finden sie Würmer, Schnecken, Insekten, junge Mäuse und Frösche, Samen und Früchte. Häufig verzehren Elstern Abfälle und Aas.

Im Frühjahr, zur Brutzeit der Kleinvögel, er-

beuten sie oft Eier und Junge von anderen Singvögeln; sie dezimieren deren Bestände nicht nachhaltig, denn bei den Kleinvögeln sind diese Verluste bereits „eingeplant", sie haben eine hohe Vermehrungsrate.

Typisch ist die rauh schackernde Stimme der Elster „tscharrr-ackackackack" oder „jäckjäckjäck". Ihr Gesang hat nach menschlichen Maßstäben nur wenig Wohlklang, er besteht aus rauh gurgelnden, schnarrenden, gepreßten und pfeifenden Lauten.

Männchen und Weibchen bauen für die Brut ein großes überdachtes Reisignest mit seitlichem Eingang; die Nestmulde wird mit feineren Wurzeln ausgelegt und mit feuchtem Lehm verklebt. Meist steht es hoch in Bäumen oder Büschen. Die 4 — 8 Eier werden nur vom Weibchen bebrütet, das Männchen füttert währenddessen seine Partnerin.

Tannenhäher

(×1/10)

Von unten gesehen fallen die breiten Flügel und der kurze Schwanz auf. Das weiße Dreieck des Unterschwanzes und die weiße Schwanzendbinde sieht man oft deutlich

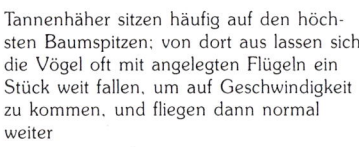
Tannenhäher sitzen häufig auf den höchsten Baumspitzen; von dort aus lassen sich die Vögel oft mit angelegten Flügeln ein Stück weit fallen, um auf Geschwindigkeit zu kommen, und fliegen dann normal weiter

(×1/5)

Der schwarze Schnabel ist lang und kräftig; gelegentlich tötet der Tannenhäher damit sogar Kleinvögel

Die Brutzeit beginnt bereits im März, wenn der Bergwald noch tief verschneit ist; die im Herbst versteckten Baumsamen bilden jetzt die Hauptnahrung

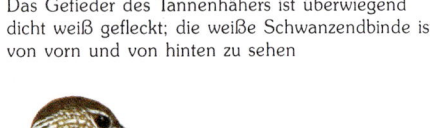
Das Gefieder des Tannenhähers ist überwiegend dicht weiß gefleckt; die weiße Schwanzendbinde ist von vorn und von hinten zu sehen

Unter dem Schnabel befindet sich ein „Kehlsack", eine Erweiterung unter der Zunge, in dem der Tannenhäher die gesammelten Baumfrüchte verstaut

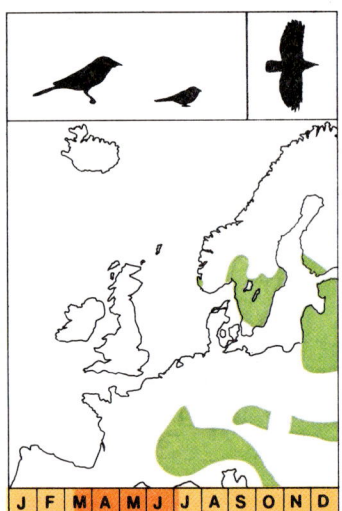

Der Tannenhäher *Nucifraga caryocatactes* ernährt sich vor allem von Nadelbaumsamen; Brutvögel der Alpen bevorzugen deutlich die Samen der Zirbelkiefer (Arve). Außerdem verzehren die Vögel Hasel- und Walnüsse, Bucheckern, Eicheln, Beeren und Obst. Im Herbst legen Tannenhäher regelmäßig Vorräte an; sie verstecken die Samen oder Nüsse an bestimmten Stellen im Boden, die sie sich sehr genau einprägen, um sie auch unter einer dicken Schneedecke wiederzufinden. Bis zu 1 m lange Löcher gräbt der Vogel in den Schnee, um an sein Versteck zu gelangen. Die Sammeltätigkeit des Tannenhähers ist enorm: man hat bis zu 100 000 Arvennüßchen gezählt, die ein einziger Tannenhäher im Herbst versteckt hat. Nicht nur den Winter über leben die Vögel hauptsächlich von ihren Vorräten, auch die

Jungen werden mit den im vorigen Herbst versteckten Samen aufgezogen — ein einmaliges Verhalten in unserer Vogelwelt.
Der typische und häufig zu hörende Ruf ist ein schnarrendes und etwas nasales „grährr-grährr", das oft in langen Reihen zu hören ist. Ihr Gesang ist ziemlich unbedeutend, ein leises Schwätzen, untermischt mit Imitationen anderer Vogelstimmen.
Tannenhäher leben bei uns in Nadel- und Mischwäldern der Mittelgebirge und der Alpen bis in 2000 m Höhe; im Winter trifft man die Häher oft in den Alpentälern an. In manchen Jahren finden invasionsartige Einflüge von Tannenhähern der dünnschnäbeligen sibirischen Rasse *N. c. macrorhynchos* in Mitteleuropa statt.
Das Nest aus Reisig, Gräsern und Flechten steht hoch auf einem Nadelbaumast.

Eichelhäher

Eichelhäher fliegen langsam mit
unregelmäßigen Flügelschlägen

Im Flug, der etwas unbeholfen wirkt, sieht man oft den
weißen Bürzel und die weißen Unterschwanzdecken

Am Kopf sind der kräftige schwarze Schnabel und der schwarze
Bartstreif auffallend. Unter dem
Schnabel befindet sich ein Kehlsack, in dem der Eichelhäher ge-
sammelte Eicheln und andere
Früchte transportiert

Typisch sind die blau-
schwarz gemusterten Flü-
geldecken. Im Wegfliegen
fällt vor allem der starke
Kontrast zwischen dem
Schwarz von Schwingen
und Schwanz und dem
Weiß des
Bürzels
auf

(× ⅕)

Zur Zugzeit im
Frühjahr und
Herbst sieht man
oft lockere, „lang-
gezogene" Trupps
von Eichel-
hähern
fliegen

Bei vielen Jägern sind Eichelhäher we-
nig beliebt, denn sie warnen vor dem
Menschen mit durchdringenden
Kreischlauten und alarmieren so die
Tiere des Waldes. Im Herbst ver-
stecken die Vögel große Mengen von
Eicheln und Nüssen

In Europa gibt es mehrere Rassen, die alle das
gleiche Grundmuster besitzen, sich aber vor allem in der Färbung des Rückens voneinander
unterscheiden

Eine Unterlegenheitspose
von Männchen und
Weibchen

Eichelhäher wir-
ken auch im Flug
kompakt und et-
was schwerfällig,
doch sie kön-
nen sehr ge-
schickt zwischen
den Bäumen und
Ästen manö-
vrieren

Am Boden hüpfen
Eichelhäher oft mit
seitwärtsgerichteten
Sprüngen

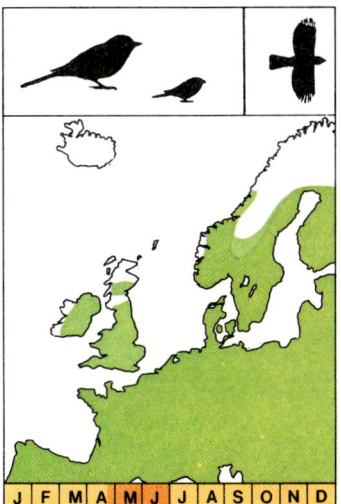

Die Eichen, die in vielen Gegenden Mitteleuropas zum typischen Landschaftsbild gehören, sind zum großen Teil von Eichelhä-
hern *Garrulus glandarius* „gepflanzt". Im
Herbst sammeln die Häher nämlich große
Mengen von Eicheln und anderen Baumfrüchten und verstecken sie an geeigneten
Stellen am Boden: Zuerst hackt der Vogel
mit dem Schnabel ein Loch, dann würgt er
den Inhalt seines Kehlsackes aus und deckt
zum Schluß die Vorratskammer mit Erde
oder Laub zu. Da die Eichelhäher im Winter
nicht alle Früchte wiederfinden, bleiben
noch genügend übrig, die im Frühjahr aus-
keimen können — an Stellen, die sie ohne
Zutun des Vogels nie erreicht hätten. Der Eichelhäher wird daher als „Pflanzgärtner des
Waldes" bezeichnet.
Außer Baumfrüchten verzehren Eichelhäher

Insekten, Würmer, Vogeleier und Jungvögel. Im Winter besuchen sie oft Futterstellen
für Kleinvögel, die im Wald gelegen sind.
Häufig hört man die rauh kreischenden
Warnrufe „räh räh" oder „schräih",
manchmal auch ein leises „gahi"; den Bus-
sardruf „hii-ä" imitieren Eichelhäher häufig.
Ihr Gesang, wie bei allen Rabenvögeln nicht
sehr eindrucksvoll, ist abwechslungsreich
und besteht aus leise schwatzenden, rät-
schenden, schnalzenden und miauenden
Lauten und Imitationen anderer Vögel.
Eichelhäher leben in allen Arten von Wald,
in den Alpen sind sie bis über 1500 m Höhe
verbreitet, und auch in Parks und Gärten mit
Baumbestand trifft man sie regelmäßig an.
Das relativ kleine und flache Nest aus Zweigen, Wurzeln und Haaren ist meist gut versteckt und hoch in Bäumen gebaut.

J F M A M J J A S O N D

117

Saatkrähe

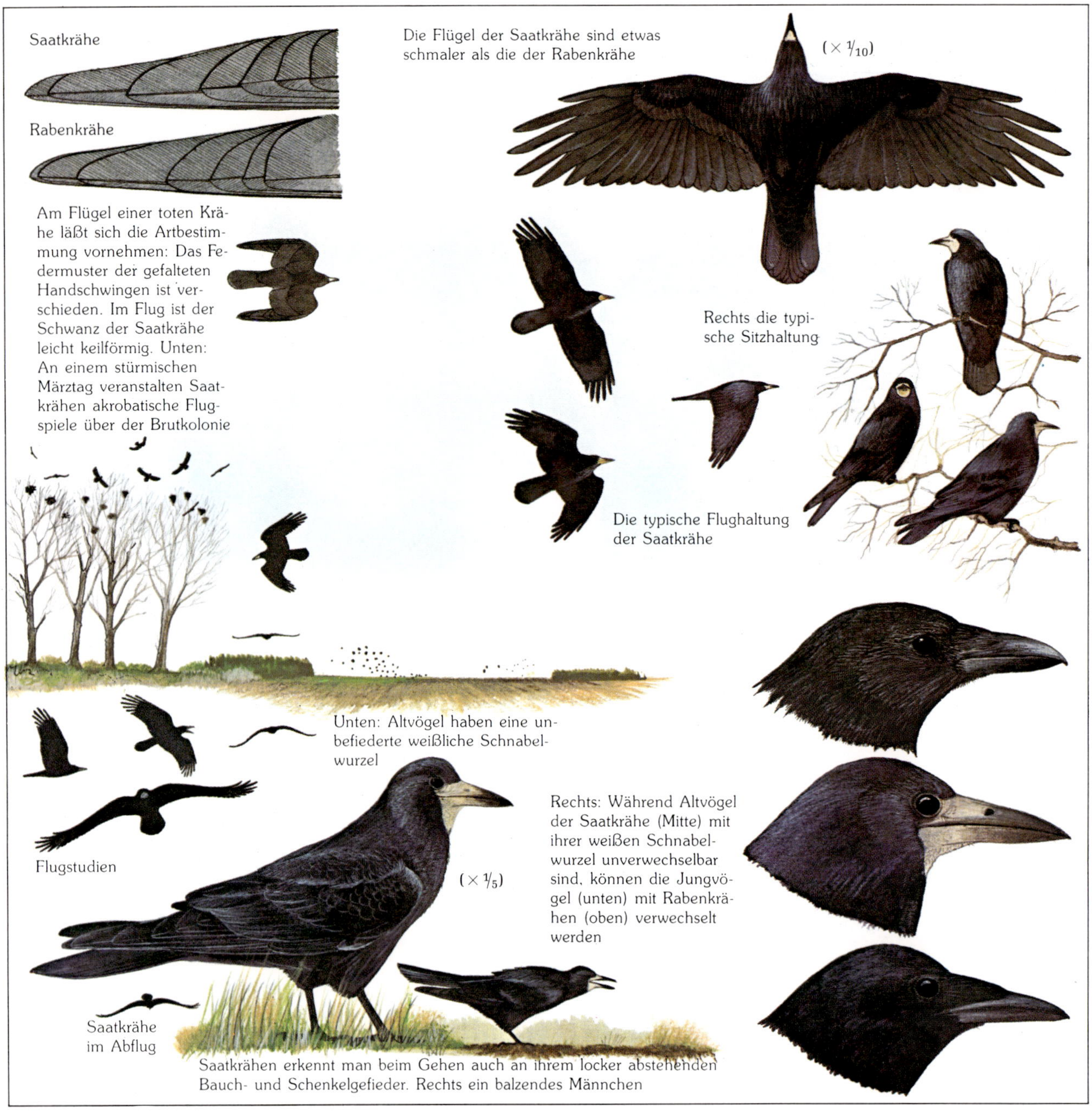

Saatkrähe

Rabenkrähe

Am Flügel einer toten Krähe läßt sich die Artbestimmung vornehmen: Das Federmuster der gefalteten Handschwingen ist verschieden. Im Flug ist der Schwanz der Saatkrähe leicht keilförmig. Unten: An einem stürmischen Märztag veranstalten Saatkrähen akrobatische Flugspiele über der Brutkolonie

Die Flügel der Saatkrähe sind etwas schmaler als die der Rabenkrähe

(× 1/10)

Rechts die typische Sitzhaltung

Die typische Flughaltung der Saatkrähe

Flugstudien

Unten: Altvögel haben eine unbefiederte weißliche Schnabelwurzel

Rechts: Während Altvögel der Saatkrähe (Mitte) mit ihrer weißen Schnabelwurzel unverwechselbar sind, können die Jungvögel (unten) mit Rabenkrähen (oben) verwechselt werden

(× 1/5)

Saatkrähe im Abflug

Saatkrähen erkennt man beim Gehen auch an ihrem locker abstehenden Bauch- und Schenkelgefieder. Rechts ein balzendes Männchen

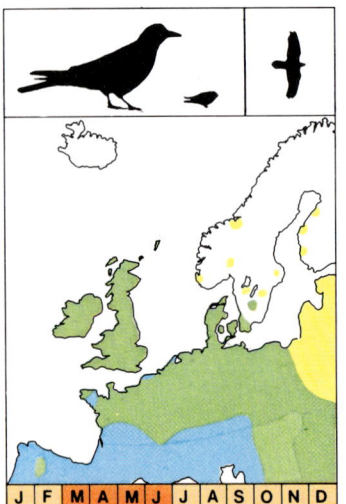

J F M A M J J A S O N D

Die Saatkrähe *Corvus frugilegus* unterscheidet sich von der Rabenkrähe vor allem durch die unbefiederte, weißliche Schnabelwurzel, den eckig wirkenden Kopf mit steiler Stirn und das oft locker abstehende Bauch- und Schenkelgefieder. Ihr Flug ist schneller und wendiger als der der Rabenkrähe. Die geselligen Vögel nisten kolonieweise in offener Kulturlandschaft mit Gehölzen, an Rändern von Laub- und Nadelwäldern, in Parks und selten sogar in Städten.

Obwohl alljährlich ab Ende Oktober große Scharen aus nördlichen und vor allem östlichen Brutgebieten in Mitteleuropa einfliegen, sind Saatkrähen bei uns seltene und bedrohte Brutvögel. Durch rücksichtslose Verfolgung ist die Art heute bereits aus vielen Gegenden verschwunden; um die letzten Kolonien müssen Naturschützer hartnäckig kämpfen, um sie vor der Vernichtung zu retten, denn immer noch wird die Beseitigung von Brutkolonien gefordert.

Die Vögel ernähren sich vor allem von Insektenlarven wie Raupen und Drahtwürmern, von Würmern, Schnecken, jungen Mäusen und von grünen Pflanzenteilen. Vielfach nehmen sie Aas und Abfälle.

Das große Nest wird aus Zweigen, Halmen und Erde gebaut und mit Gras, Blättern, Haaren und Wolle gepolstert. Legebeginn ist im April, die 3 — 6 Eier werden 17 — 20 Tage lang bebrütet; nach 28 — 35 Tagen verlassen die Jungen, die wie alle Singvögel sperren, das Nest. Die Winterschwärme fliegen auf Felder oder Müllplätze und in die Großstädte und suchen dort in Parks und Anlagen nach Nahrung. Abends fliegen sie in oft großen Scharen zu den Schlafplätzen.

Dohle

(× ¹/₁₀)

Das Flugbild zeigt ziemlich spitze Flügel, die meist etwas nach hinten gehalten werden

Beim Segeln sind die Handschwingen- und Schwanzfedern gespreizt

Typisch sind die hellen Augen; Nacken und Hinterkopf sind grau gefärbt

Häufig werden die Kopffedern gesträubt

Jungvögel haben blaue Augen und einen dunklen Nacken

Dohlen sieht man häufig in Schwärmen um Ruinen, Kirchtürme oder andere alte und hohe Gebäude fliegen

Dohlen sind sehr geschickte Flieger, die oft in akrobatischen Flugspielen um hohe Gebäude kreisen

Altvogel

(× ¹/₅)

Ein Paar an der Nisthöhle in einem Baum

Flugstudien

Dohlen sind Kulturfolger

Dohlen nisten häufig in Kaminen; links ein Vogel mit gefülltem Kehlsack

Der Normalflug ist recht schnell, die Flügel schlagen meist unterhalb der Horizontalen

Dohlen sind deutlich kleiner als Saatkrähen

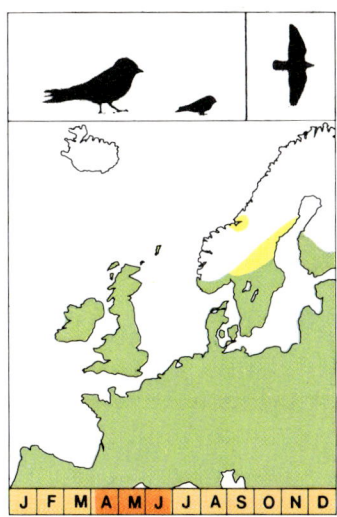

J F M A M J J A S O N D

Dohlen *Corvus monedula* sind sehr gesellig. Außerdem sind sie sehr intelligente Vögel mit einem reichhaltigen Repertoire an Ausdrucksbewegungen und Lauten. Mehrere Verhaltensforscher haben sich bereits intensiv mit dem Sozialverhalten der Dohle beschäftigt und unter anderem herausgefunden, daß die sozialen Signale hauptsächlich erlernt werden und weniger angeboren sind. Zur Nahrungssuche fliegen Dohlen gemeinsam auf offene Flächen, wo sie Insekten, Schnecken, Würmer, Mäuse und Jungvögel erbeuten; daneben verzehren sie auch verschiedene Früchte, Samen und Abfälle. Im Winter fliegen in den großen Saatkrähenschwärmen häufig einige Dohlen mit; man erkennt sie anhand ihrer schnelleren Flügelschläge und vor allem an ihren typischen Rufen: Häufig hört man von den

Dohlen kurze und laute „kja"- oder „kjak"-Laute, auch ein schnarrendes „kjerr" und bei Gefahr ein hohes „jüp". Der leise schwätzende Gesang ist mit knackenden Tönen und miauenden Lauten untermischt. Die Vögel brüten kolonieweise in Gehölzen und Parks mit alten Bäumen, auf Kirchtürmen, Burgen und Ruinen, in Felswänden und Steinbrüchen. Das Nest besteht aus Reisig und wird innen mit weichem Pflanzenmaterial und mit Tierwolle ausgepolstert. Je nach Lage kann es ziemlich klein sein oder — z. B. in einem senkrechten Kamin — eine große Menge von Zweigen aufweisen. Die 4—6 Eier sind heller als die der übrigen Rabenvögel, vermutlich eine Anpassung an das wenige Licht in der Nisthöhle. Beide Partner sind an der Aufzucht der Jungen beteiligt, das Futter transportieren sie im Kehlsack.

Kolkrabe

(× ¹⁄₁₀)

Flugprofil von vorn

Der weit vorstehende, große Kopf und der lange, keilförmige Schwanz kennzeichnen das Flugbild des Kolkraben

Die Flügel sind spitzer als bei Krähen; dies ist vor allem beim Segeln deutlich zu sehen. Die sonoren Rufe des Kolkraben machen seine Bestimmung leicht

Außerhalb der Brutzeit sieht man Kolkraben oft gemeinsam segeln und akrobatische Flugspiele vollführen

Rechts: 2 Kolkraben im Streckenflug; die Flügelschläge sind kraftvoll

Kolkraben brüten oft in steilen Felsen; häufig nützen sie die Thermik der Brutwand für akrobatische Luftspiele

Kolkraben gehen „gemessenen Schrittes"

(× ¹⁄₅)

Der große Kopf mit dem starken Schnabel und die oft gesträubten Kehlfedern geben dem Kolkraben sein typisches Aussehen

Beim Hüpfen halten Kolkraben ihre Flügel oft etwas geöffnet

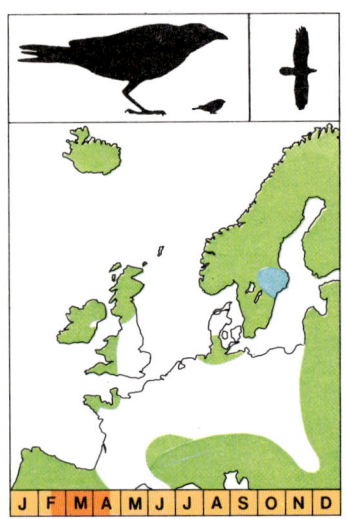

Kolkraben *Corvus corax* bewohnen sehr unterschiedliche Lebensräume von der Meeresküste über Waldgebiete, Steppen und Tundren bis ins Hochgebirge. In Mitteleuropa gibt es größere Bestände im Alpenraum und in weiten Teilen Norddeutschlands, kleinere Vorkommen in einigen Mittelgebirgen. Das Brutgeschäft beginnt früh im Jahr: Schon im Spätwinter kann man das Paar in größerer Höhe über dem Brutplatz kreisen sehen. Häufig vollführen die Partner akrobatische Flugspiele, wobei sie sich auf den Rücken werfen, Loopings drehen oder sich im Sturzflug fallen lassen. Bereits im Februar oder März ist das Gelege vollständig. Männchen und Weibchen bauen in einer Felsnische oder auf einem hohen Baum ein großes Nest aus Ästen, Zweigen, Moos und Lehm; innen polstern sie es mit Blättern, Gras und

Haaren. Das Weibchen bebrütet die 4–6 Eier rund 3 Wochen lang allein. An der Fütterung der Jungen beteiligen sich beide Partner.

Kolkraben haben ein vielseitiges Lautinventar; häufig hört man ein tiefes und sonores „grok", „krah" oder „kroar", auch hohl „klong" und hölzern „k-k". Der Gesang ist abwechslungsreich und schwätzend; er enthält schnarrende und schnalzende Laute und zahlreiche Imitationen.

Auch in ihrer Ernährung sind die Vögel sehr vielseitig. Sie nehmen Würmer, Schnecken, kleine Säugetiere und Vögel, manchmal auch ein geschwächtes junges Schaf oder Reh. In den Alpen verzehren die Wotansvögel vor allem verendetes Wild und Abfälle. An den Müllplätzen trifft man Kolkraben oft in größeren Verbänden an.

Rabenkrähe – Nebelkrähe

Raben- und Saatkrähe können im Flug miteinander verwechselt werden, der Schwanz der Rabenkrähe ist jedoch gerade abgeschnitten und der Kopf ist nicht so weit vorgestreckt; außerdem fliegen Rabenkrähen meist langsamer. Die grauen Gefiederteile kennzeichnen die Nebelkrähe eindeutig

(× ¹/₁₀)

Das Flugbild von Raben- und Nebelkrähe ist gleich

Rabenkrähe

(× ¹/₁₀)

Rabenkrähe rufend

Der gerade abgeschnittene Schwanz ist typisch

Nebelkrähe

Balzflug hoch in der Luft

Nebelkrähen sind leicht zu erkennen

Die Nester werden meist hoch auf Bäumen angelegt, so daß die Vögel nach allen Seiten freie Sicht haben und Beutegreifer rechtzeitig entdecken können. Manchmal brüten Rabenkrähen auch in hohen Büschen oder an Gebäuden

Rabenkrähe im Gleitflug

Oben: Kurz vor der Landung

(× ¹/₅)

(× ¹/₅)

Raben- und Nebelkrähen gehen oder hüpfen am Boden; das Bauch- und Schenkelgefieder ist im Gegensatz zu dem der Saatkrähe meist angelegt

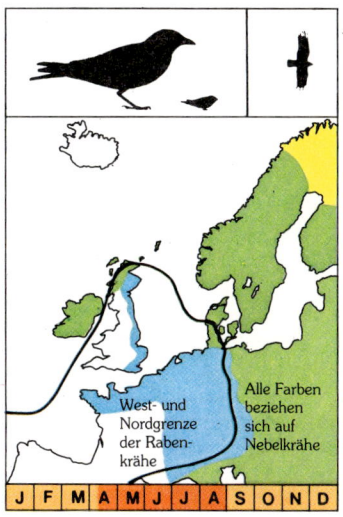

West- und Nordgrenze der Rabenkrähe

Alle Farben beziehen sich auf Nebelkrähe

J F M A M J J A S O N D

Raben- und Nebelkrähe sind Rassen derselben Art, der Aaskrähe *Corvus corone*. Bei der Nebelkrähe *C. c. cornix* sind Rücken und Unterseite hellgrau gefärbt, die Rabenkrähe *C. c. corone* ist einheitlich schwarz. In einer schmalen Überlappungszone ihrer Verbreitungsgebiete kommen Mischlinge mit Gefiedermerkmalen beider Rassen vor.

Während Saatkrähen häufig in Trupps oder Schwärmen fliegen, treten Raben- und Nebelkrähen jedoch meist einzeln oder paarweise auf. Oft arbeiten die Partner eines Paares bei der Nahrungsbeschaffung zusammen, beispielsweise um einem Graureiher den gefangenen Fisch abzujagen.

Aaskrähen ernähren sich vielfach von toten Tieren, aber auch von Würmern, Schnecken und Insekten. Mäuse und Frösche gehören genauso zur Beute wie Eier und Jungvögel.

Ein großer Teil der Nahrung besteht jedoch aus Samen, Pflanzenteilen und Abfällen.

Typischer Ruf ist ein lautes „kräh" oder „wärr"; der Gesang ist recht leise und klingt bauchrednerisch schwätzend.

Rabenkrähen nisten häufig in offener Kulturlandschaft, in Mooren und an der Küste; in Gärten und Parks trifft man sie genauso an wie im Hochgebirge (bis 2000 m). Während die Rabenkrähe bei uns überall häufig ist, brütet die Nebelkrähe nur östlich und nördlich der Elbe, in Teilen der Südschweiz und im östlichen Österreich.

Rabenkrähen bauen große und stabile Nester aus Zweigen und verfestigen sie mit feuchter Erde; die Nestmulde wird mit Haaren und Wolle ausgepolstert. In der Regel nisten die Vögel hoch auf Bäumen, manchmal werden auch Felsnischen bezogen.

121

Wachtelkönig — Wachtel

Küken des Wachtelkönigs sind schwarz

(× 1/3)

Links die typische geduckte Haltung des Wachtelkönigs

(× 1/6)

Wachtelkönige fliegen etwas unbeholfen und flatternd, dabei fallen die herunterhängenden Beine und die rotbraunen Armdecken auf

Wachtelkönige leben nahezu unsichtbar in dichter Bodenvegetation; auch in der kleinsten Deckung können sie verschwinden

Das Männchen ruft hoch erhoben mit weit geöffnetem Schnabel und hängenden Flügeln

Der Flug des Wachtelkönigs mit hängenden Beinen

Wachtel-Weibchen

Wachtel-Männchen

(× 1/3)

Wachteln fliegen schnell mit fast schwirrenden Flügelschlägen, anders als die übrigen Hühnervögel, die häufig kurze Gleitflugphasen einlegen. Die kurzen, ziemlich schmalen Flügel erinnern an Watvogelflügel. Wachteln ziehen vorwiegend nachts

Unten: Der Kopf des Männchens ist auffällig gemustert, der des Weibchens viel schlichter gefärbt

Oben: Wachteln sind sehr kleine Hühner mit braungesprenkelter Oberseite, nicht unähnlich den Rebhühnern

(× 1/6)

Während des Zuges sieht man gelegentlich Wachteln aus spärlicher Bodenvegetation auffliegen. Die Vögel können sehr schnell laufen und unter Zuhilfenahme der Flügel beachtlich hoch springen. Im Brutgebiet sind sie jedoch sehr schwer zu beobachten

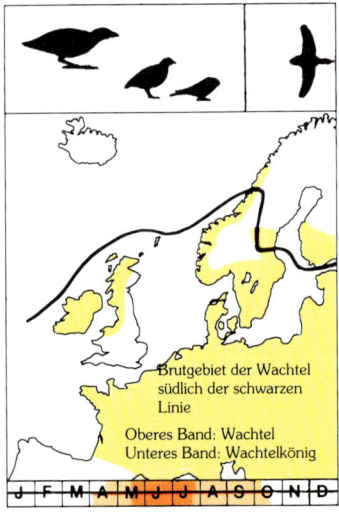

Brutgebiet der Wachtel südlich der schwarzen Linie

Oberes Band: Wachtel
Unteres Band: Wachtelkönig

J F M A M J J A S O N D

Die erstaunliche Geschicklichkeit und Schnelligkeit, mit der die Wachtel *Coturnix coturnix* durch bodennahe Vegetation läuft, führt dazu, daß man diesen Vogel nur selten zu Gesicht bekommt. Die Vögel flüchten fast immer zu Fuß, nur selten sieht man sie mit schnellen, flachen Flügelschlägen knapp über dem Boden fliegen. Die Brutplätze liegen häufig in Klee-, Luzerne- und Wintergetreidefeldern oder in hochgrasigen Wiesen. Im Tiefland Mitteleuropas ist die Wachtel weit verbreitet, die Bestandsdichte schwankt jedoch von Jahr zu Jahr stark und nimmt insgesamt drastisch ab. Schuld daran sind vor allem die Umwandlung der vielfältigen Feldflur in eintönige Agrarsteppen und der Einsatz von Giften.

Wachteln weist man durch den Reviergesang des Männchens nach, ein bezeichnendes „pickwerwick", das besonders abends zu hören ist. Der „Wachtelschlag" kommt auch in BEETHOVENS Pastorale vor.

Die 6 — 12 Eier liegen in einem einfachen Bodennest in dichter Vegetation. 1 — 2 Bruten werden pro Jahr durchgeführt.

Der Wachtelkönig *Crex crex* gehört zwar zur Familie der Rallen, ist aber in seiner Lebensweise der Wachtel recht ähnlich: Auch er bewegt sich fast unsichtbar in dichter Vegetation, ist in der Regel nur durch seine Stimme nachweisbar und leider auch ein Opfer der modernen Landwirtschaft.

Obwohl Wachtelkönige auch auf trockenen Klee- und Luzernefeldern vorkommen, bevorzugen sie Feuchtwiesen und extensiv genutzte, feuchte Mähwiesen.

Der Gesang klingt hölzern und schnarrend, ein monotones „rrerrp-rrerrp …".

Moorschneehuhn

Oben: Im Flug ist der Kopf erhoben, die Brust wirkt rundlich

Schottisches Moorschneehuhn im gleichen Maßstab wie das Rebhuhn (S. 127)

$(\times \frac{1}{6})$

Von unten kontrastiert Weiß der Unterflügel mit dem rotbraunen Bauchgefieder

Beim Abflug fallen die schwarzen Schwanzfedern auf

Das Schottische Moorschneehuhn unterscheidet sich von der skandinavischen Rasse vor allem durch das Fehlen eines weißen Winterkleides; das hängt mit den schneearmen Wintern der Britischen Inseln zusammen. Im Sommer ist das Gefieder überwiegend dunkel rotbraun, die Flügel sind oberseits stets dunkelbraun

Die an der norwegischen Küste lebenden Moorschneehühner haben die Gefiedermerkmale beider Rassen

Moorschneehuhn im Herbstkleid

Moorschneehuhn im Brutkleid

Moorschneehuhn im Winterkleid

Moorschneehuhn im Brutkleid. Das ganze Jahr über hat diese Rasse weiße Flügel, im Herbst ist das Körpergefieder teilweise weiß

$(\times \frac{1}{4})$

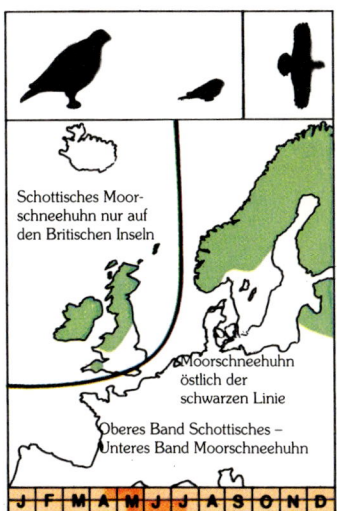

Schottisches Moorschneehuhn nur auf den Britischen Inseln

Moorschneehuhn östlich der schwarzen Linie

Oberes Band Schottisches – Unteres Band Moorschneehuhn

J F M A M J J A S O N D

Von allen Landvögeln dringen Schneehühner am weitesten in die kältesten Gebiete der Erde vor. Sie sind durch ihre pelzig befiederten Füße, das dichte warme Federkleid und den dreimaligen Gefiederwechsel sehr gut an arktische Bedingungen angepaßt.

Die europäischen Moorschneehühner gehören zur selben Art *Lagopus lagopus*, die große Teile des nördlichen Nadelwaldgürtels der Alten und Neuen Welt bewohnt. Die Rassen Englands und Irlands haben ein einheitlich rotbraunes Gefieder, immer dunkle Flügel und legen kein weißes Winterkleid an.

Das Moorschneehuhn lebt in offenen Moorgebieten der Taigazone mit Birken und Zwergsträuchern. Es ernährt sich von Blättern, Knospen und Beeren der Preisel-, Heidel- und Krähenbeere und von verschiedenen Kräutern. Im Winter verzehren die Vögel vor allem Blätter und Knospen der Zwergbirke. Um an die Nahrungspflanzen in der tief verschneiten Landschaft zu gelangen, müssen Moorschneehühner oft metertiefe Gänge in den Schnee graben.

Die weit hörbare Stimme klingt rauh und hölzern: „quak-kawak-quak-quarrr".

Das **Alpenschneehuhn** *Lagopus mutus* ist Brutvogel der Alpen oberhalb der Baumgrenze (Abb. Seite 239). Die Stimme klingt noch etwas härter knarrend als die des Moorschneehuhns.

Die Trupps, die den Winter über zusammengehalten haben, zerfallen im Frühjahr wegen der zunehmenden Aggressivität der Hähne. Diese suchen sich schließlich Reviere und vollführen darin Balzflüge. Das Weibchen baut in einer Bodenvertiefung ein dürftiges Nest aus Halmen und Federn.

Birkhuhn

Im Flug fällt beim Birkhahn das kontrastreich schwarzweiße Gefiedermuster auf. Die leierförmig verlängerten Schwanzfedern sind in der europäischen Vogelwelt einzigartig

Das Birkhuhn hat die typische Flugweise der Hühnervögel: schnelle Flügelschläge, bei denen der Vogel stark beschleunigt, werden von Gleitphasen mit steif nach unten gehaltenen Flügeln unterbrochen

Beide Geschlechter haben weiße Unterflügeldecken. Birkhühner fliegen häufig auf

Männchen

Weibchen

(× 1/7)

Bei uns ist das Birkhuhn außerhalb der Alpen, der Rhön und der Norddeutschen Tiefebene fast ausgestorben. Grund dafür sind vor allem die Zerstörung des Lebensraumes und häufige Störungen

Die Henne ist kleiner als das Männchen, ihr Gefieder ist rostbraun bis gelblichbraun gefärbt, der Schwanz ist im Gegensatz zu dem der Auerhenne leicht gegabelt; die Rosen sind nur angedeutet. Im Flug sieht man 2 schmale helle Flügelbinden

Männchen

Bei beiden Geschlechtern fallen die weißen Unterflügeldecken vor allem beim Starten deutlich auf. Birkhühner fliegen meist höher als Moorschneehühner

Weibchen

Unten: Die Gemeinschaftsbalz der Birkhähne ist sehr volkstümlich, ihre Balzhaltung ist von den ausgestopften „Spielhähnen" unzähliger Wirtshausstuben bekannt: Der Schwanz ist aufgestellt und extrem gespreizt, die leuchtend weißen Unterschwanzdecken werden auffällig zur Schau gestellt, während die Flügel herunterhängen

Birkhühner sitzen oft auf Bäumen

Rückansicht des balzenden Hahnes

Henne am Balzplatz

Die roten Rosen am Kopf sind geschwollen

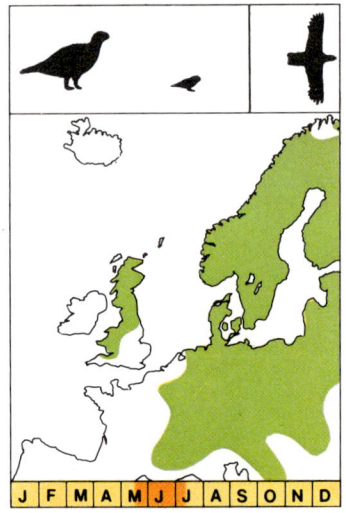

Im Gegensatz zum Auerhuhn ist das Birkhuhn *Lyrurus tetrix* nicht grundsätzlich ein Kulturflüchter, denn erst durch die großen Rodungen wurden im mitteleuropäischen Flachland die für dieses Rauhfußhuhn geeigneten Lebensräume geschaffen. Die Intensivnutzung der bisher extensiv genutzten Flächen hat jedoch dazu geführt, daß das Birkhuhn aus den einst eroberten Flächen des Tieflandes wieder weitgehend verschwunden ist. Die Hauptbrutvorkommen liegen bei uns in der Latschenregion der Alpen im Bereich der Baumgrenze.

Die Birkhahnbalz ist eines der eindrucksvollsten Naturschauspiele: Bereits im März, wenn die Landschaft oft noch tief verschneit ist, treffen sich die Männchen in der Morgendämmerung auf traditionellen Plätzen wie Mooren, kurzrasigen Wiesen oder zugefrore-

nen Seen. Die Hähne umkreisen sich in der typischen Haltung, kullern und zischen auffällig und fauchen oft merkwürdig „tschuüsch". Die tretwilligen Hennen laufen zielstrebig auf den Hahn im Zentrum der Arena zu. Nach der Kopulation baut die Henne in dichter Bodenvegetation ein einfaches Nest. Die Küken, die in der ersten Zeit kleine Insekten benötigen, werden von der Henne allein geführt. Adulte Birkhühner ernähren sich von Knospen, Trieben und Beeren der Sträucher und Bäume.

Das **Haselhuhn** *Bonasa bonasia* ist ein rebhuhngroßes Waldhuhn, das unterholzreiche, gut strukturierte Misch- und Nadelwälder bewohnt. Es kommt bei uns nur noch in den Wäldern der Mittelgebirge und in den tieferen Lagen der Alpen vor; es ist stark gefährdet und vielerorts schon verschwunden.

Auerhuhn

Weibchen

Auerhühner fliegen geräuschvoll polternd auf, so daß man
dabei oft erschrickt; im Flug
sind sie jedoch leise. Unten:
Hähne fliegen mit weit vorge-
strecktem Kopf

Auerhühner fressen im Winter
vor allem Kiefernnadeln; besonders die Hennen ruhen oft
hoch in Bäumen

(× 1/7)

Unten und oben: Das Weib-
chen hat weiße Bereiche an
den Unterflügeln, einen
rostbraun-schwarz gebänderten, ungegabelten Schwanz
und ein orangebraunes Brustband

Links: Adulte und
junge Hennen sind
kaum voneinander zu
unterscheiden. Unten:
Bei Gefahr reckt die
Auerhenne ihren Kopf
hoch und sträubt die
Oberkopf- und Kehl-
federn; manchmal
stellt die Henne dabei
den gefächerten
Schwanz auf — eine
Haltung, die an die
Balzhaltung des Hah-
nes erinnert

Links ein Hahn in
der typischen Balz-
haltung mit gefächer-
tem, aufgestelltem
Schwanz und stark
gesträubtem Kehlge-
fieder. Unten: Von
vorn fällt der weiße
Fleck an den Schul-
tern besonders auf

(× 1/7)

(× 1/7)

Auerhühner sind sehr wachsame und scheue
Waldvögel, die jedoch oft erst 10 m vor dem
Menschen abfliegen: der Überraschungseffekt
gelingt meistens

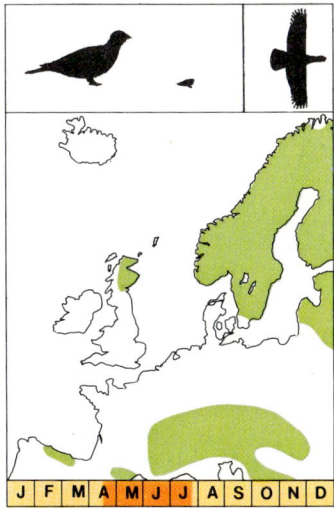

Das fast truthahngroße Auerhuhn *Tetrao
urogallus* lebt in ruhigen, reich strukturierten
Waldgebieten mit Lichtungen, kleinen Mooren und Altbaumbeständen; die Bäume im
Auerhuhnbiotop dürfen nicht zu dicht stehen,
damit die großen Vögel bei Gefahr zwischen
den Stämmen hindurchfliegen können. Auf
alten und abgestorbenen Bäumen liegen die
Ruheplätze. Entscheidend ist das reichliche
Vorkommen der Heidelbeeren, deren Knospen, Blätter, Triebe und Beeren wichtige
Nahrung liefern. Ebenso müssen im Auerhuhnbiotop Ameisenhaufen für die Jungenaufzucht vorhanden sein.
Leider haben sich bei uns die Lebensbedingungen für das Auerhuhn so verschlech-
tert, daß es heute nur noch in den höheren
Lagen einiger Mittelgebirge und in den
Bergfichtenwäldern der Alpen vorkommt. In

den vorherrschenden dichten Altersklassen-
Waldbeständen kann das Auerhuhn nicht
leben. Eine weitere Rückgangsursache sind
die häufigen Störungen der Vögel im Winter
und während der Balz- und Brutzeit. Kälte-
einbrüche, wie sie in den letzten Jahren
regelmäßig im Juni eintraten, kosten vielen
Küken das Leben.
Im Gegensatz zur Gruppenbalz der Birkhähne balzen Auerhähne häufig einzeln
oder zu zweit und dritt.
Auerhennen legen ihre Nester am Boden,
häufig unter tief herabhängenden Ästen, an.
Rund dreimal so schwer wie ein Auerhahn
wird die männliche **Großtrappe** *Otis tarda*.
Dieser mit Rallen und Kranichen verwandte
Laufvogel bewohnt die Kultursteppen des
östlichen Mitteleuropa, in Deutschland ist er
fast ausgestorben.

125

Fasan

Der kürzere Schwanz unterscheidet im Flug die Henne vom Hahn eindeutig

Fasane fliegen meist tief, bei Bejagung deutlich höher

Fasane fliegen oft nur wenige Meter vor dem Menschen laut polternd und mit hastigen „gökök"-Rufen auf. Nachdem eine bestimmte Höhe erreicht ist, geht der Vogel zum Gleitflug über. Im Normalflug wechseln eine Reihe schneller Flügelschläge jeweils mit kurzen Gleitstrecken ab

Zu einzeln stehenden Bäumen fliegen Fasane fast senkrecht hoch

Das Gefieder der Hähne variiert stark

Der Schwanz der Henne ist kürzer als der des Hahnes, der von Jungvögeln noch kürzer

In Europa wurden mehrere Rassen des Fasans zum Zweck der Jagd ausgesetzt („Jagdfasan"); die meisten Männchen haben ein weißes Halsband

$(\times \frac{1}{6})$

$(\times \frac{1}{6})$

Fasane leben bei uns vor allem in der reich gegliederten Kulturlandschaft, doch auch in nicht zu nassen Feuchtgebieten trifft man die bunten Vögel an

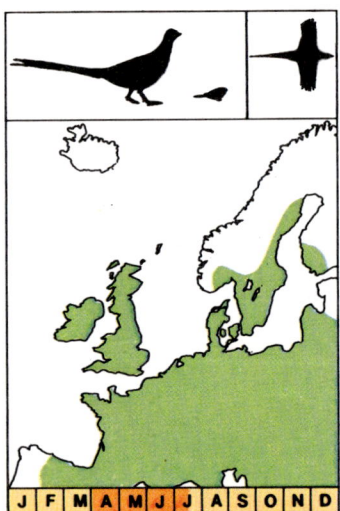

Ursprünglich war der Fasan *Phasianus colchicus* in Europa nicht heimisch. Die Vögel wurden vor Jahrhunderten aus ihrer südostasiatischen Heimat als Jagdwild in Europa eingeführt; auch heute noch werden bei uns jedes Jahr große Mengen von volierengezüchteten Fasanen ausgesetzt, um sie wenig später wieder abzuschießen. Das Aussetzen von Fasanen ist eine Verfälschung der heimischen Vogelwelt, die schon in der Römerzeit begann.

Fasane leben bei uns in der reich gegliederten Kulturlandschaft mit Hecken und Feldgehölzen, am Rand von lichten Wäldern und in nicht zu nassen Feuchtgebieten. Die hohen winterlichen Verluste können nur durch planmäßige Fütterung und durch ständige Aussetzungsaktionen ausgeglichen werden. Um diesen Fremdling bei uns zu fördern, werden mancherorts sogar alteingesessene Arten wie der Habicht verfolgt, in dessen Beutespektrum diese halbdomestizierten Exoten passen. Im Frühjahr hört man oft den Reviergesang des Männchens, ein explosives, laut blökendes „gögock", auf das häufig ein deutlich hörbares Flügelburren folgt. Von fliegenden Fasanen ist oft ein hartes, heiseres „äch", von aufgescheuchten Vögeln ein gepreßtes „gökök" zu hören.

Fasane ernähren sich vor allem von verschiedenen Samen, Früchten und Beeren; auf abgeernteten Feldern und an den Schütten fressen sie Getreide; aber auch Würmer, Schnecken und Insekten werden verzehrt. Ab April baut die Henne ein gut verstecktes Bodennest im dichten Bewuchs. Die Jungen können bereits im Alter von 2 Wochen fliegen.

Rebhuhn — Rothuhn

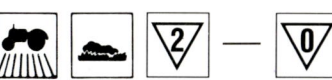

Rebhuhn im Flug: Typisch sind die rostroten Schwanzfedern

Rebhühner sind sehr gesellig und meist in Trupps anzutreffen. Bei Gefahr flüchten sie häufig zu Fuß

Rebhühner starten unvermittelt und mit lauten Rufen; sie fliegen niedrig und schnell in typischem Hühnerflug und fallen meist nach kurzer Flugstrecke wieder ein

(×¹⁄₆)

Rebhuhn im Feld

Auch im Flug halten Rebhühner eng zusammen

Unten: Beunruhigte Rebhühner stehen aufrecht (links), rechts die Normalhaltung

(×¹⁄₄)

Das Männchen hat ein rostgelbliches Gesicht, eine graue Brust und einen hufeisenförmigen Bauchfleck

Fliegendes Rothuhn

Die einfarbig olivbraune, ungemusterte Oberseite unterscheidet das Rothuhn vom Rebhuhn. In der BRD gilt es als ausgestorben

(×¹⁄₆)

Junge Rothühner sind matter gefärbt als Altvögel und ohne die typischen Flankenstreifen

(×¹⁄₄)

Männchen Rothuhn

Jungvogel

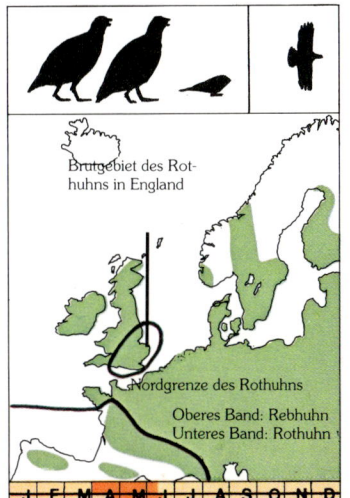

Brutgebiet des Rothuhns in England

Nordgrenze des Rothuhns

Oberes Band: Rebhuhn
Unteres Band: Rothuhn

J F M A M J J A S O N D

Das Rebhuhn *Perdix perdix* lebt in abwechslungsreicher, trockener Kulturlandschaft des Tieflandes mit Ackerrainen, Hecken und Hochstaudenbereichen. Auch in Heidegebieten und in Brachland findet es günstige Lebensräume. Bei uns ist die Art weit verbreitet, aber wegen der Intensivierung der Landwirtschaft und dem Verlust an Nahrung und Deckung vielerorts selten geworden.

Rebhühner ernähren sich von Samen und grünen Pflanzenteilen verschiedener Wildkräuter, von Getreide und Klee. Die Küken sind in der ersten Zeit auf kleine Insekten und Spinnen angewiesen.

Das Weibchen ähnelt dem Männchen oft sehr; es ist jedoch etwas blasser gefärbt, die Schulterfedern und Oberflügeldecken sind hell quergebändert, der Hufeisenfleck ist oft unvollständig und kann auch ganz fehlen.

Aufgescheuchte Rebhühner rufen laut „kjerriprip ...“. Der vor allem morgens und abends zu hörende, heisere Reviergesang des Männchens klingt wie „girreck“.

Das Bodennest ist meist gut getarnt; die 10—20 Eier bebrütet nur das Weibchen.

Das Rothuhn *Alectoris rufa* lebt in offener Landschaft als das Rebhuhn, stellt aber insgesamt weniger hohe Ansprüche an den Lebensraum. Dieses Feldhuhn wurde in England eingebürgert. Rothühner fliegen weniger häufig auf als Rebhühner, sondern rennen bei Gefahr in die nächste Deckung.

Das ähnliche **Steinhuhn** *Alectoris graeca* brütet in den Hochalpen Österreichs und in der Schweiz und ist sehr seltener Brutvogel der Bayerischen Alpen. Es bewohnt trockene, steinige und meist südexponierte Hänge unterhalb der Schneehuhnvorkommen.

Kuckuck

Das rotbraune Jugendkleid erinnert an das Gefieder des Turmfalken

Das Flugbild ist ähnlich dem eines Greifvogels. Auch Weibchen sind gelegentlich rotbraun, jedoch ohne den weißen Nackenfleck des Jugendkleides

Unten: Das Weibchen hat eine mehr rostbraune Brustbänderung

Die typische Silhouette: lange, schmale und spitze Flügel, langer Schwanz

Der dunkle Schwanz ist mit weißen Flecken besetzt. Der Kuckuck fliegt mit flachen Flügelschlägen, der Kopf ist verhältnismäßig klein. Er ernährt sich von behaarten Raupen

(× 1/5)

Unten: Der Jungkuckuck wirft kurze Zeit nach dem Schlüpfen die Eier und Jungen der Wirtsvögel aus dem Nest. Dazu stemmt er sich rückwärts an der Nestwand hoch; das hochgeschobene Ei behält jedoch stets Kontakt mit der Nestwand

Vor oder nach der Eiablage entnimmt das Kuckucksweibchen ein Wirtsvogelei und verschluckt es

Frühere Lehrmeinung über diesen Vorgang

Oben links: Heckenbraunelle füttert ihr „Riesenbaby" von dessen Rücken aus. Rechts: Jungkuckuck 3/4 natürlicher Größe

(× 1/3)

Typische Haltung des Männchens beim „Rufen": der Schwanz ist angehoben, die Flügel hängen; der Kuckucksruf ist ein echter Reviergesang

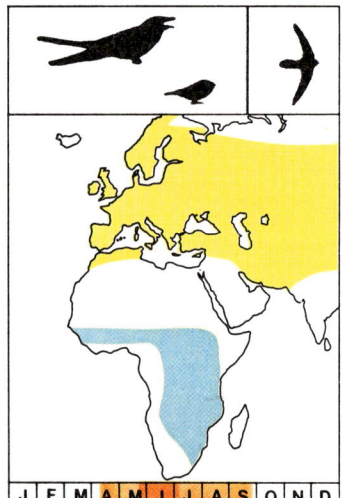

Der Kuckuck Cuculus canorus kommt in fast allen naturnahen Lebensräumen von der Dünenlandschaft über die Waldgebiete bis ins Hochgebirge vor, gebietsweise trifft man ihn sogar in Dörfern und Städten an.

Er ist schon aufgrund seines „Rufes" sehr volkstümlich. Allgemein bekannt ist auch sein Verhalten, die Eier in fremde Nester zu legen und sie dort von den „Stiefeltern" ausbrüten zu lassen (Brutparasitismus). Doch wie er das macht, das ist längst nicht so klar. Da das Kuckucksweibchen meistens eines der Wirtsvogeleier entnimmt, wenn es das eigene ins Nest legt, wird oft behauptet, daß es sein eigenes Ei zunächst auf dem Boden ablegt, um es dann mit dem Schnabel in das fremde Nest zu bugsieren. Diese Methode wurde jedoch nie zweifelsfrei beobachtet; es erscheint hingegen viel wahrscheinlicher,

daß das Kuckucksweibchen sein Ei immer direkt in das Wirtsvogelnest legt, auch in das Zaunkönigsnest, dessen Eingang sehr eng ist.

Geeignete Kuckuckswirte sind vor allem Haus- und Gartenrotschwanz, Rotkehlchen, Bachstelze, Teich-, Sumpf- und Drosselrohrsänger, Grasmücken, Pieper und Heckenbraunelle. Jedes Kuckucksweibchen legt zeitlebens Eier eines Färbungstyps und ist somit auf eine bestimmte Singvogelart als Wirt angewiesen. Die Kuckuckseier sind in der Regel größer als die des Wirts, aber trotzdem erstaunlich klein. Sie sind durchaus nicht immer den Wirtsvogeleiern ähnlich (z.B. bei der Heckenbraunelle). Wohl die meisten Kuckuckseier werden von den Wirtsvögeln nicht angenommen; oft werden sie beseitigt oder das Nest wird aufgegeben.

Ziegenmelker

Der ruhende Ziegenmelker sitzt der Länge nach auf einem Ast, da er so optimal getarnt ist

Im Flug erinnert der Ziegenmelker mit seinen langen, schlanken Flügeln und dem langen Schwanz etwas an den Kuckuck. Der Vogel fliegt lautlos und gaukelnd; häufig macht er eine geschickte Wendung, um ein Insekt zu fangen

Das Männchen hat leuchtend weiße Abzeichen an den Flügelspitzen und am Schwanz

(× ⅓)

Männchen

(× ³/₄)

Kopf des Männchens

Der Ziegenmelker kann seinen kleinen Schnabel sehr weit öffnen, so daß ein riesiger, fast kreisförmiger Insektenkäscher entsteht; die steifen Borsten am Schnabelwinkel vergrößern den Rachen und schützen das Auge vor den gefangenen Insekten

Unten: Weibchen und Jungvögeln fehlen die weißen Abzeichen

Mit dieser Putzkralle an der Mittelzehe reinigt der Ziegenmelker die Borsten am Schnabelwinkel von Schmutz und Teilen der verzehrten Insekten

Ziegenmelker nisten auf dem Boden. Die großen schwarzen Augen sind tagsüber bis auf schmale Schlitze geschlossen, der Vogel ist durch sein Tarngefieder nahezu unsichtbar

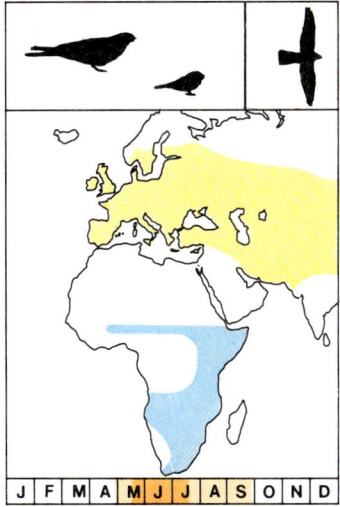

Die große Zahl der nächtlich fliegenden Insekten stellt ein reiches Nahrungsangebot dar, das von der Vogelwelt so gut wie nicht genutzt wird. Wenn die Nacht hereinbricht, sind es die verschiedenen Fledermäuse mit ihrem hoch entwickelten Echolot-System, die von dem Insektenreichtum profitieren. Nur eine Vogelgruppe füllt diese Lücke aus, die Nachtschwalben mit ihren riesigen Rachen. Bei uns ist diese Familie mit einer Art vertreten, dem Ziegenmelker *Caprimulgus europaeus*.

Der Vogel brütet vor allem in aufgelockerten Kiefernwäldern auf Sandböden, kommt aber auch in dichteren Wäldern mit Lichtungen, Schonungen oder Kahlschlägen und in Heide- und Dünengebieten vor. Bei uns ist die Art lückenhaft in milden Gebieten verbreitet und fehlt vielerorts ganz.

Ziegenmelker erbeuten ausschließlich fliegende Insekten wie Nachtfalter und Käfer. Häufig starten sie dabei von einem Stein oder einem unteren Ast.

Während des Frühjahrs wird man manchmal auf den heimlichen Vogel aufmerksam: Ein anhaltend schnurrendes „errr … örrrr-errr …", der Reviergesang des Männchens, ist besonders in der Abenddämmerung zu hören. Die Rufe des Ziegenmelkers klingen wie „kuäk" oder „kuik".

Tagsüber verstecken sich die Vögel mit fast geschlossenen Augen auf dem Boden; durch ihr perfektes Tarngefieder sind sie nur sehr schwer zu entdecken.

Das Gelege von 2 Eiern liegt auf dem nackten Boden, oft zwischen Heidekraut versteckt oder neben einem alten Ast. Männchen und Weibchen brüten etwa 18 Tage.

J F M A M J J A S O N D

Turmfalke

Turmfalken fliegen mit angewinkelten Flügeln

Der Schwanz ist sehr lang

Bei jungen Männchen zeigt der Schwanz eine schwache Bänderung

(× 1/7)

Kreisende Falken halten die Flügel mehr gerade. Kennzeichnend ist die schwarze Endbinde des Schwanzes

Weibchen und Jungvögel tragen auf der Oberseite eine dunkle Bänderung auf rostbraunem Grund

Der lange Schwanz des Männchens ist grau mit einer breiten, schwarzen Endbinde

Oft wird die Umgebung von einer erhöhten Ansitzwarte aus beobachtet

In Städten brüten Turmfalken gern an Kirchtürmen und Hochhäusern

Die charakteristische Art, vor dem Rütteln etwas aufzusteigen

(× 1/3)

Oben und links verschiedene Phasen des Rüttelns. Dieses Verhalten ist für Turmfalken typisch. Während der Vogel in der Luft steht, wird mit dem abgespreizten Schwanz die Windgeschwindigkeit ausgeglichen. Nach dem blitzartigen Herabstoßen wird die Beute auf einem Pfahl verzehrt

Altes Männchen. Turmfalken ernähren sich überwiegend von Mäusen, können aber auch Kleinvögel im Flug erbeuten

Aus der Nähe unterscheidet sich das stark gebänderte Weibchen sehr vom fast schon bunten Männchen. Beide haben eine schwarze Endbinde am Schwanz

Flugspiele am Himmel

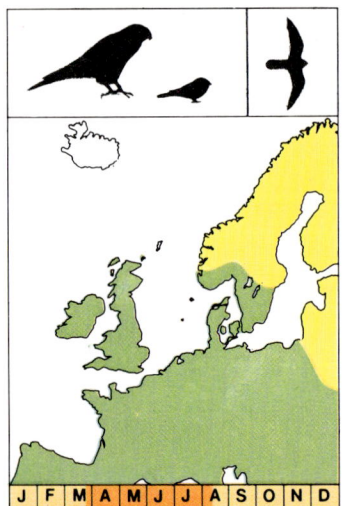

Turmfalken sind sicher die bekanntesten Beutegreifer, da sie auch an hohen Gebäuden inmitten von Städten brüten. Gegenüber den echten Greifvögeln besitzen alle Falkenarten einige Sondermerkmale: Sie sind relativ klein, haben lange, spitze Flügel, einen recht großen Kopf mit immer dunklen Augen, einen kurzen Schnabel mit einer Ausbuchtung an der Schneidekante des Oberschnabels (dem sogenannten „Falkenzahn"), bei den meisten Arten sind die Männchen kleiner als die Weibchen, und sie bauen kein eigenes Nest.

Für den Turmfalken *Falco tinnunculus* ist sein Rüttelflug typisch. Dabei steht der Vogel mit schräggestellter Längsachse und gefächertem Schwanz in sieben bis zwölf Metern Höhe flügelschlagend in der Luft und beobachtet den Boden. Hat er ein Beutetier, meist eine Wühlmaus, entdeckt, stürzt er sich hinab und ergreift sie mit den Zehen. Es ist sehr interessant, unter Kirchtürmen nach Gewöllen von Falken zu schauen und diese zu untersuchen. Zwischen den zusammengebackenen Haaren finden sich neben schwer bestimmbaren kleinen Knochen ganze Kiefer von Mäusen und manchmal sogar Vogelschnäbel.

Turmfalken legen ihre vier bis sechs rotbraun gefleckten Eier in alte Krähen- und Taubennester oder einfach auf den nackten Untergrund in Fels- oder Gebäudenischen. Das Gelege wird vom Weibchen allein etwa 30 Tage lang bebrütet. Dann dauert es noch einmal vier Wochen, bis die Jungen fliegen können. Anschließend werden sie noch einen weiteren Monat von den Alten gefüttert und betreut.

J F M A M J J A S O N D

Sperber

Altes Weibchen (× 1/5)

Der Sperber ist häufiger als der Habicht. Beide sind durch breite, runde Flügel, einen langen, rechteckigen Schwanz und relativ kleine Köpfe sowie „gesperberte" Unterseite gekennzeichnet

(× 1/7)

Die Grundfarbe ist bei jungen Weibchen bräunlicher als bei alten, die fast weiß sind

Verschiedene Flugphasen. Im Streckenflug wirken Sperber manchmal fast wie Tauben, im Sturzflug wie Falken

(× 1/7)

Männchen sind viel kleiner als Weibchen und bekommen im Alter eine rötliche Unterseite

Die Oberseite alter Männchen hat einen bläulichen Schimmer

Im Gleitflug legen Sperber die Handschwingen zusammen und erinnern, auch durch den langen Schwanz, etwas an Falken

Sperber fliegen oft niedrig an Hecken entlang und versuchen, Kleinvögel zu überraschen

(× 1/3)

Links ein altes Weibchen am Nest. Sperber sitzen meist sehr aufrecht auf ihren Warten, wie das rechts abgebildete Männchen

Die Unterseite des Männchens ist rötlich und weniger gebändert als beim Weibchen

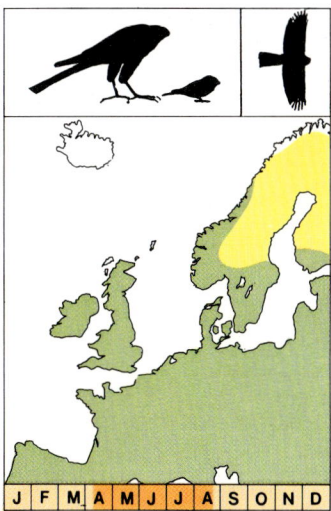

J F M A M J J A S O N D

Der Sperber *Accipiter nisus* bewohnt vor allem Nadel- und Mischwald, der mit offenen Flächen wie Mooren, Heiden und Kulturland abwechselt. In der Kulturlandschaft brütet er in Feldgehölzen, manchmal auch in Parks und Friedhöfen. Häufig sieht man den Sperber niedrig und mit hoher Geschwindigkeit an einer Hecke oder am Waldrand entlangfliegen. Besonders im Winter jagt dieser Greifvogel relativ häufig in Städten und Dörfern.

Während Sperber in der Nähe von Dörfern vor allem den dort häufigen Sperlingen und Grünfinken nachstellen, stehen hauptsächlich Tannenmeisen und Buchfinken auf den Beutelisten der waldbewohnenden Artgenossen. Das um ein Drittel schwerere Sperberweibchen fängt auch dementsprechend größere Vögel; es kann sogar Tauben über-

wältigen, während das Männchen Kleinvögel bis höchstens Drosselgröße schlägt. Nur selten nimmt der Sperber Kleinsäuger.

Nach einem starken Rückgang der Bestände in den 50er und 60er Jahren durch DDT und andere Umweltgifte, hat der Sperber bei uns wieder zugenommen.

Im Frühjahr hört man die schnellen und hohen Rufreihen des Sperbers: „gjigjigjigji ...". Männchen und Weibchen bauen gemeinsam ein recht kleines und flaches Nest in 4 – 12 m Höhe, meist in Stammnähe auf einem Nadelbaum. Da das Weibchen während des Brütens eine schnelle Mauser durchmacht und daher kaum flugfähig ist, muß das Männchen die Nahrung alleine heranschaffen. Die Rufe der ausgeflogenen Jungsperber ähneln den Standortrufen junger Waldohreulen: „jih jih".

Baumfalke

Beim Gleiten hält der Baumfalke seine Flügel leicht nach hinten gewinkelt. Der Jungvogel (links) ist mehr braun gefärbt und hat keine roten „Hosen"

(× 1/6)

Der Baumfalke ist mittelgroß und ziemlich kräftig gebaut; er hat sehr lange, schlanke und spitze Flügel und einen relativ kurzen Schwanz. Sein Flugbild erinnert an das eines Mauerseglers

Er fängt Insekten im Flug und verzehrt sie in der Luft

Seine Geschicklichkeit und Wendigkeit im Flug sind faszinierend; selbst Mauersegler sind vor ihm nicht sicher

Baumfalken jagen oft Mehlschwalben

Im Normalflug sind die Flügelschläge relativ langsam und flach und wirken etwas steif

Schon von weitem fällt die kontrastreiche Gesichtszeichnung des Baumfalken auf; besonders der dunkle Bartstreif unterscheidet ihn sicher vom Turmfalken

(× 1/3)

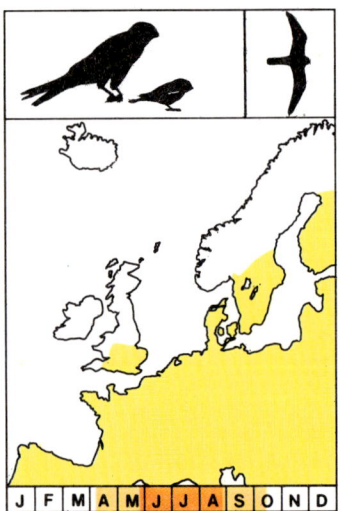

Der Baumfalke *Falco subbuteo* ist einer unserer schnellsten und elegantesten Falken. Seine Beutetiere, Kleinvögel und Insekten, fängt er ausschließlich im Flug. Typischer Lebensraum sind abwechslungsreiche Waldlandschaften mit Mooren, Heiden und ausgedehnten Verlandungszonen; geeignete Brutplätze liegen in Feldgehölzen, an Waldrändern und in lichtem Wald.

Mit dem Brutgeschäft wartet der Baumfalke auf die insekten- und jungvogelreiche Zeit des Hochsommers. Die Balzspiele sind jedoch schon früher zu beobachten: Die beiden Partner kreisen gemeinsam, das Männchen vollführt akrobatische Sturzflüge in Richtung Weibchen, oft mit durchdringenden schnellen „gjegjegjegje"-Rufen. Für das Gelege wählen Baumfalken meistens Krähennester, seltener Nester von Elstern, Tauben oder Sperbern. Die Eiablage beginnt oft erst im Juni, so daß die Jungen nicht vor August flugfähig werden. Ungefähr die Hälfte der Gelege wird von Krähen geplündert. Der **Rotfußfalke** *Falco vespertinus* ist dem Baumfalken im Flug recht ähnlich (vor allem Jungvögel), doch er hat kürzere Flügel und einen längeren Schwanz. Während Rotfußfalken häufig rütteln, tun dies Baumfalken nur sehr selten. Rotfußfalken weisen einen bemerkenswerten Färbungsunterschied der Geschlechter auf: Das Männchen ist dunkel schiefergrau mit roten „Hosen", das Weibchen oberseits hellgrau und quergebändert, unterseits gelblichbraun gefärbt. Rotfußfalken sind seltene Brutvögel des östlichen Mitteleuropas, bei uns erscheinen alljährlich einige dieser Falken über Moor- und Heidegebieten.

Habicht

(×¹⁄₁₄)

Segelnd

Jungvogel

Jungvögel haben im Gegensatz zu jungen Sperbern eine gelbliche Unterseite mit kräftiger dunkelbrauner Fleckung (Abb. junges Weibchen)

Ein altes Weibchen: Unterseite weißlich, dicht quergebändert

Rechts: Habichte kreisen im März oft in großer Höhe

Altvogel

Von unten wirkt der Altvogel oft recht hell

(×¹⁄₁₄)

Habicht-Männchen

(×¹⁄₁₄)

Sperber-Weibchen: Wirkt zierlicher als das Habicht-Männchen

Im Flug sind Habicht-Männchen und Sperber-Weibchen oft schwer voneinander zu unterscheiden, da sie ähnlich groß sein können; der Habicht hat jedoch einen deutlich langsameren Flügelschlag

Sturzflug während der Balz

Jungvogel

Altvogel

Im Ruderflug

(×¹⁄₇)

Jungvögel können oberseits etwas grau aussehen, besonders kurz nach der Herbstmauser

Links adultes Weibchen. Manche Weibchen brüten bereits im Jugendkleid

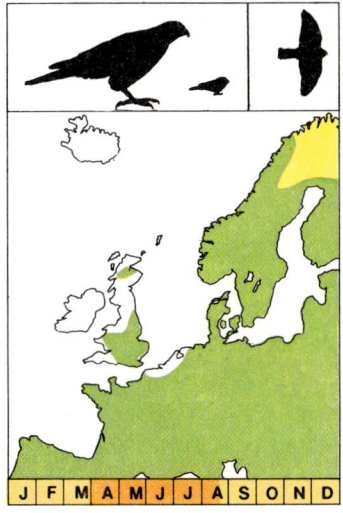

In vielerlei Hinsicht ist der Habicht *Accipiter gentilis* eine große, kräftige Form des Sperbers. In der Tat sind einige Habicht-Männchen nicht größer als starke Sperber-Weibchen, so daß die Unterscheidung im Flug oft schwerfällt. Die deutlich geringere Flügelschlagfrequenz und das auffallende Weiß der Unterschwanzdecken sind auch von weitem meist gut erkennbar. Aus der Nähe sieht man, daß die Füße und die Brustpartie des Habichts viel kräftiger ausgebildet sind.

Während der Balzzeit im März hört man oft ungeduldig klingende Reihen von „gik-gik-gik"-Rufen, daneben auch ein bussardähnliches, auf der ersten Silbe betontes „hiäh". Die Standortrufe der flüggen Jungvögel sind hoch und heiser „psiiä".

Der Habicht brütet in abwechslungsreicher Waldlandschaft, hauptsächlich in hochstämmigem Nadelwald, manchmal auch in Siedlungsnähe. Bei uns ist der Habicht weit verbreitet, aber seltener als der Mäusebussard. In der Beutewahl ist der Habicht sehr vielseitig; je nach Angebot schlägt er Vögel bis Hühner- und Säugetiere bis Junghasengröße. Rabenvögel, Tauben, Kaninchen und Eichhörnchen sind in Mitteleuropa häufige Beutetiere.

Der Habichtshorst ist viel größer und kompakter als das kleine Sperbernest; er wird meist hoch auf einem Nadelbaum oder einer Buche angelegt. Viele Bruten gehen durch Marder verloren.

Während Sperber das ganze Jahr über, besonders im Winter, in Dörfern und Städten beobachtet werden können, sieht man jagende Habichte im Siedlungsbereich nur selten.

133

Wanderfalke

(× 1/14)

Das Weibchen (oben) ist deutlich größer als das Männchen (unten). Der Wanderfalke ist kräftig gebaut und kurzschwänzig

Das Weibchen (oben) hat eine markantere Querbänderung auf der Brust als das Männchen

Im Gleitflug

(× 1/7)

Deutliche Unterflügel-Bänderung

Männchen

(× 1/14)

Der Wanderfalke ist nur 1/3 größer als der Turmfalke (unten), aber doppelt so schwer

(× 1/14)

Der Normalflug ist ziemlich langsam und kraftvoll; die Flügelschläge sind nicht sehr ausholend und wirken etwas steif. Während des Beschleunigungsfluges — zu Beginn der Jagd — werden die Flügelschläge sehr kraftvoll, so daß die Geschwindigkeit schnell zunimmt. Der Wanderfalke kann mit dem etwas größeren Würgfalken verwechselt werden

Sturzflug

Altvögel dieser Art haben im Gegensatz zu den kleineren Falkenarten eine helle Vorderbrust, die größeren Falkenarten sind auf der ganzen Unterseite sehr hell. Nur der Wanderfalke hat einen hellgrauen Bürzel

Jungvogel

(× 1/4)

Junges Weibchen: Unterseite gelbbraun und längsgestreift

In dieser Haltung sitzt der Falke oft lange auf dem Ansitz. Beim Wanderfalken ist der Kopf recht dunkel und der Kontrast zwischen breitem, dunklem Bartstreif und hellen Wangen meist deutlich zu sehen

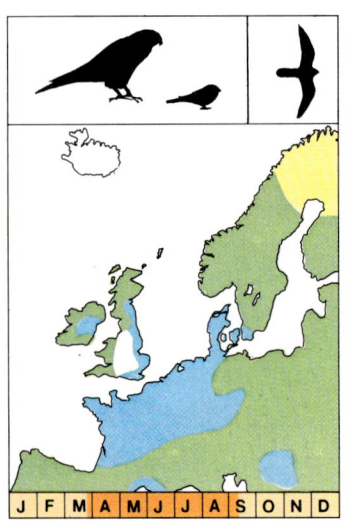

J F M A M J J A S O N D

Der Wanderfalke *Falco peregrinus* jagt fast ausschließlich Vögel — von der Tannenmeise bis zum Graureiher. In Mitteleuropa wurden über 200 Vogelarten als Wanderfalkenbeute nachgewiesen. Oft sitzt der Falke auf einer übersichtlichen Felsnase und wartet auf eine günstige Gelegenheit. Dann fliegt er los und versucht zunächst über den anvisierten Vogel zu gelangen, um ihn dann im Sturzflug zu schlagen; dabei erreicht er über 300 km/h. Wenn der verfolgte Vogel die Gefahr erkannt hat und Ausweichmanöver versucht, mißlingt der Angriff des Falken oft, da er bei der hohen Geschwindigkeit nicht sehr wendig ist. Oft versucht der Falke dann, das Opfer im Streckenflug einzuholen. Im Erfolgsfall bremst der Wanderfalke kurz vor dem Aufprall seine Geschwindigkeit stark ab und versucht dann, dem Beutetier den Rücken aufzureißen. Häufig trudelt das schwer verletzte oder bereits getötete Opfer dann zu Boden.

Wanderfalken sind in allen Erdteilen und in vielen Lebensräumen — mit Ausnahme der Wüsten und der geschlossenen Wälder — verbreitet. In Mitteleuropa leben sie in abwechslungsreicher Landschaft mit steilen Felsen für die Brut, in Mittel- und Hochgebirgen und an der Meeresküste.

Wanderfalken sind durch Verfolgung und Pestizide weltweit an den Rand der Ausrottung gebracht worden. Bei uns ist der Bestand durch aufwendige Schutzmaßnahmen wieder auf über 50 Paare angewachsen.

Der größere, langschwänzigere und hellere **Würgfalke** *Falco cherrug* ist Brutvogel Ungarns und der ČSSR, wo er offene steppenartige Landschaften bevorzugt.

Merlin

Die Oberseite des Weibchens oder Jungvogels ist einheitlich braun, nicht rotbraun mit dunkler Bänderung wie die des Turmfalken

(× ¹/₇)

(× ¹/₇)

Altes Männchen. Das junge Männchen ist oberseits braun wie das Weibchen

Weibchen. Die starke Musterung der Unterflügel sieht man wegen des schnellen Fluges meistens nicht

Angriffshaltung (Männchen)

Der Merlin ist der kleinste Falke Europas. Typisch ist der rasante, oft bodennahe Flug. Der Sperber hat einen viel längeren Schwanz

Der Merlin ist ein Überraschungsjäger, der über offenem Gelände jagt. Er fängt Kleinvögel, indem er sie in niedrigem und schnellem Flug aufscheucht, um sie dann zu überrumpeln. Mißlingt die erste Attacke, versucht er, die Beute in wendigem Verfolgungsflug einzuholen, doch ist dann die Erfolgschance geringer

Jagd auf eine Feldlerche

(× ¹/₅)

Das Merlin-Männchen ist der kleinste Greifvogel mit blaugrauer Oberseite

Häufig jagt der Merlin an der Küste

Sitzt oft auf einer niedrigen Warte

J F M A M J J A S O N D

Der Merlin *Falco columbarius* ist ein kleiner kompakter Falke, der oft niedrig und rasant dahinsaust. Meist bleibt er wegen seiner geringen Größe unbemerkt. Er erbeutet kleinere Vögel wie Pieper, Lerchen, Ammern, Drosseln und Regenpfeifer; gelegentlich greift er Vögel an, die größer sind als er selbst, wie Kiebitze und Krickenten. Selten schlägt er auch Kleinsäuger und große Insekten.

Der Merlin brütet in den fjällnahen Birkenwäldern auf baumlosen Heiden und in Moorgebieten Nordeuropas und der Britischen Inseln. In Mitteleuropa ist dieser Falke alljährlicher Durchzügler und Wintergast an der Küste. Im Binnenland wird die Art zwar regelmäßig, aber immer nur in geringer Zahl beobachtet. Im Winter jagt der Merlin vor allem Schwarmvögel wie Finken, Sperlinge

und Ammern, die in offener Landschaft Futter suchen. Als Ansitz wählt er oft eine Erdscholle oder einen Stein, auf Bäumen sieht man ihn bei uns nur selten sitzen.

Die Männchen kehren zuerst an die Brutplätze zurück; als Nistplatz wählen die Falken häufig eine Bodenmulde, eine Felsnische oder einen Baum. Oft wird die Brut in einem alten Krähennest aufgezogen.

Das Gelege besteht aus 5–6 Eiern, die in eintägigen Intervallen gelegt werden; in diesem Zeitabstand schlüpfen auch die Jungen, so daß das älteste Junge sehr viel größer ist als das jüngste. Bei Nahrungsknappheit verhungern das Jüngste und eventuell noch weitere Nesthäkchen. Die Nahrung für die Jungen schafft zuerst das Männchen alleine herbei, später wird es dabei vom Weibchen unterstützt.

Rohrweihe

(× 1/14)

Einjähriger Vogel

Während der Brutzeit segeln Paare oder einzelne Männchen oft sehr hoch

Jungvogel

Männchen

Männchen

Junges Männchen   Weibchen

Links: Das Weibchen wirkt sehr dunkel und hat einen rahmfarbenen Oberkopf; wenn die Sonne tief steht, glänzt die helle Kopffärbung auffällig

(× 1/10)

(× 1/7)

Die Rohrweihe erreicht die Größe eines Bussards und ist damit unsere größte Weihe; sie ist jedoch viel schlanker und schmalflügeliger als ein Mäusebussard. Während der Jagd fliegt sie in langsamem, niedrigem Suchflug mit weichen Flügelschlägen und eingeschobenen Gleitstrecken. Im geeigneten Augenblick stößt sie blitzschnell auf ein Beutetier herab.

Einige Männchen sind matter gefärbt als das Männchen rechts

Ein niedrig und langsam über der Vegetation fliegender Greifvogel mit V-förmig gehaltenen Flügeln kann nur eine Weihe sein

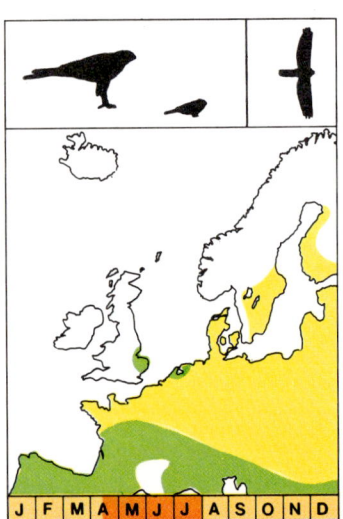

Von Greifvögeln erwartet man meist, daß sie schnelle Flieger sind, die ihre Beutetiere in rasantem Flug überwältigen. Für einige Arten trifft dieses Schema sicher zu, doch für bestimmte Jagdstrategien ist der langsame Flug viel sinnvoller. Die Weihen sind Meister des „Langsamfluges", die im Wind dahingaukeln und oft kurze, schwebende Gleitflugstrecken einschalten. So können sie den Boden unter sich genau absuchen und die Bewegungen ihrer Beutetiere wahrnehmen. Über dem Wasser wendet die Rohrweihe *Circus aeruginosus* häufig eine andere Jagdtechnik an: Sie zwingt das Opfer durch wiederholte Angriffe so lange zum Tauchen, bis es schließlich erschöpft ist und sich von der Wasseroberfläche greifen läßt.
Zu den Beutetieren der Rohrweihe gehören vor allem kleinere Säugetiere bis Rattengrö-

ße und Vögel bis Krickentengröße, aber auch Frösche, Fische und Insekten. Zur Brutzeit werden vor allem junge Wasservögel gejagt.
Typische Lebensräume sind ausgedehnte und dichte Schilfflächen an Seen und Flüssen im Flachland; meistens trifft man diese Weihe über Feuchtwiesen und angrenzenden Wiesen und Weiden an; während der Zugzeit ist sie auch über offenem Kulturland zu beobachten. Gleich nach der Ankunft am Brutplatz beginnen die Rohrweihen mit Balzflügen, wobei das Männchen akrobatische Flugspiele vollführt und häufig auf das Weibchen spielerisch herabstößt; dieses wehrt die Scheinangriffe — ebenso spielerisch — mit den Krallen ab. In dieser Zeit hört man oft die quäkend-klagende Stimme des Männchens.

(× ¹/₁₄)

Kornweihe Männchen un-ausgefärbt

Korn- und Wiesenweihen-Weibchen sehen sich sehr ähnlich, die Wiesenweihe ist jedoch deutlich schlanker

(× ¹/₁₄)

Weibchen Wiesenweihe

Der typische Gleitflug

(× ¹/₁₄)

Weibchen Kornweihe

Flugstudie einer jungen Wiesenweihe

Das Wiesenweihen-Männchen ist deutlich schlanker als die Kornweihe und wirkt „schlaksig". Typisch ist außerdem die schwarze Flügelbinde

Das Kornweihen-Männchen ist an den kontrastreich abgesetzten schwarzen Flügelspitzen und dem weißen Bürzel leicht zu erkennen

(× ¹/₈)

Wiesenweihen-Weibchen

Kornweihen-Weibchen: Der Gesichtsschleier ist deutlicher ausgeprägt

(× ¹/₈)

Kornweihen-Männchen: Vier Handschwingen bilden Flügelspitze

Wiesenweihen-Männchen: Drei lange Handschwingen bilden Flügelspitze

Junge Wiesenweihe

Wiesenweihen-Weibchen

Kornweihen-Weibchen

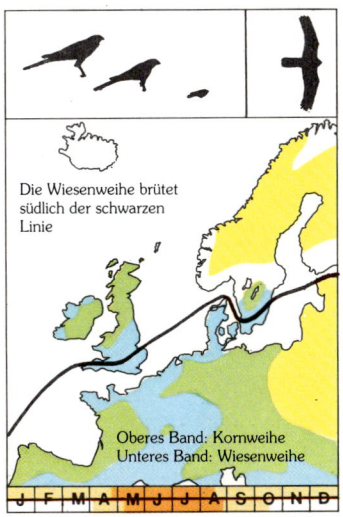

Die Wiesenweihe brütet südlich der schwarzen Linie

Oberes Band: Kornweihe
Unteres Band: Wiesenweihe

J F M A M J J A S O N D

Die Kornweihe *Circus cyaneus* brütet in Mooren, Heidegebieten, Dünengelände, Marschen und Feuchtwiesen; gebietsweise wurden Horste auch schon in jungen Aufforstungsflächen und in Feldern gefunden. Bei uns ist diese Weihe ein sehr seltener Brutvogel, der im Süden völlig fehlt. Im Winterhalbjahr kann man die Art jedoch regelmäßig in offener Landschaft über Feuchtgebieten oder Kulturland beobachten. Wie die Rohrweihe auch, schwebt sie oft mit V-förmig erhobenen Flügeln niedrig und langsam. Kornweihen jagen vor allem Kleinsäuger wie Erdmäuse und andere Wühlmäuse, daneben Spitzmäuse und Jungtiere von Hasen, Kaninchen und Ziesel. Häufig erbeuten die Weihen auch Vögel wie Lerchen, Pieper, Sperlinge, Drosseln und Jungvögel von Enten und Hühnern.

Während der Balz vollführt das Männchen auffällige Schauflüge, indem es mit seeschwalbenartig leichten Flügelschlägen steil aufsteigt und dann im Sturzflug hinabsaust, um erneut hoch aufzusteigen. Dabei ruft es hoch und klagend „piuu piuu".
Die Wiesenweihe *Circus pygargus* wirkt vor allem im Flug sehr schlank und grazil, auch etwas „schlaksig", aber trotzdem elegant. Ihre Flugweise erinnert an die der Möwen. Wiesenweihen brüten in ausgedehnten Verlandungszonen mit nicht zu hoher Vegetation, in feuchten Heidegebieten, vor allem aber in Flachmooren. Wie die Kornweihe brütet sie bei uns zunehmend auf Feldern, da die ursprünglichen Lebensräume immer mehr verschwinden. Bei uns ist die Art seltener und bedrohter Brutvogel des Tieflandes, im Norden kommt sie häufiger vor.

Mäusebussard

(×¹⁄₁₄) Männchen

Das typische Flugbild: breite Flügel, verhältnismäßig kurzer Schwanz, großer rundlicher Kopf

Männchen

Mäusebussard-Männchen. Die Färbung ist sehr variabel und daher für die Artbestimmung oft wenig nützlich

Oben: Profil im Segeln, unten im Gleiten

(×¹⁄₁₄) Weibchen

Der Schwanz des Jungvogels (ganz links) zeigt eine regelmäßige Bänderung, der des Altvogels (daneben) jedoch nicht

Unter den Bussarden sind Mäusebussarde die ausgeprägtesten Segelflieger; oft kann man sie zu mehreren am Himmel kreisen sehen, besonders im Frühjahr. Mäusebussarde sind sehr variabel gefärbt — von fast weiß bis einheitlich schwarzbraun

Männchen im Gleitflug

Ruderflug

Segelflug

Segelflug von hinten

Mäusebussard

Wespenbussard

Mäusebussard

Rufend

(×¹⁄₇)

Mäusebussarde sitzen oft auf Wiesen, Zaunpfählen oder unteren Ästen und warten stundenlang auf Beutetiere

Segelnd von oben

Häufig suchen sie am Boden nach Regenwürmern oder Käfern

Das lange Warten auf Beute ist ein typisches Verhalten aller Bussarde

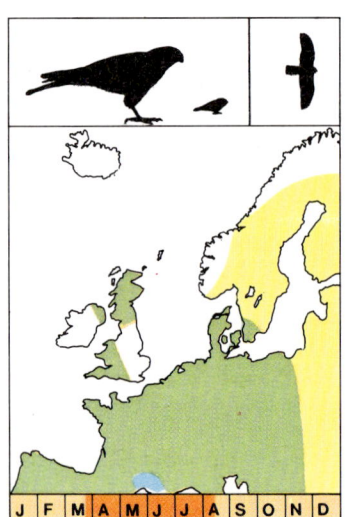

Der Mäusebussard *Buteo buteo* ist der häufigste größere Greifvogel Mitteleuropas. Die besten Lebensbedingungen findet er in abwechslungsreichen Waldlandschaften mit eingestreuten offenen Flächen.

Ab März sieht man die Partner eines Brutpaares häufig bei ihren Balzflügen: mit angelegten Flügeln stürzen sie sich aus großer Höhe und steigen danach wieder fast senkrecht auf. Während der Flugspiele hört man den typischen Ruf, ein miauendes „hijäh".

In der Regel bauen Mäusebussarde jedes Jahr einen neuen Horst, manchmal wird auch das vorjährige Nest für die Brut ausgebessert. Meist steht der Horst in 7 – 25 m Höhe auf einem Laub- oder Nadelbaum. Mäusebussarde sind ausgeprägte Ansitzjäger, die oft stundenlang geduldig auf einem Pfosten sitzen und auf Kleinsäuger warten.

Wichtigstes Beutetier in Mitteleuropa ist die Feldmaus, aber auch andere Wühlmäuse, Waldmäuse, Spitzmäuse, Hamster und Jungkaninchen stehen auf den Beutelisten. Regenwürmer, Reptilien und Insekten werden ebenfalls regelmäßig gefangen, Vögel dagegen nur selten. Häufig nimmt der Bussard Aas an. Im Winter, wenn die heimischen Bestände zum Teil durch Zuzügler aus dem Norden ersetzt werden, sieht man die Vögel oft an Straßen sitzen und nach überfahrenen Tieren Ausschau halten. Dann trifft man bei uns gelegentlich auch den **Rauhfußbussard** *Buteo lagopus* als Wintergast an. Er ist etwas größer, hat einen kontrastreich abgesetzten dunklen Bugfleck und einen weißen Schwanz mit dunkler Endbinde. Die meisten Mäusebussarde dagegen erkennt man an ihrem hellen Brustband.

Wespenbussard

(× 1/14)   Männchen

(× 1/14)   Männchen

Das Profil beim
Gleiten oder Segeln

Oben links: Im Normal- oder im Gleitflug ist der
Schwanz deutlich länger und schmaler als beim
Mäusebussard; im Segelflug (oben rechts) ist
dieses Merkmal nicht mehr zu sehen, wohl aber
der schmale, taubenartig vorgestreckte Kopf

(× 1/14)   Weibchen

Außer bei einem sehr dunklen Vogel ist das typische
Schwanzmuster meist gut zu
sehen und eindeutig von dem
des Mäusebussards zu unterscheiden

Das Weibchen wirkt
beim Segeln kompak-
ter als das Männchen

Wespenbussarde auf
dem Zug

Der Schwanz des Wespen-
bussards ist weniger abgerundet als der des Mäuse-
bussards

Der Altvogel (oben) hat
auffallend gelbe Augen.
Junge Wespenbussarde
(unten) und die meisten
Mäusebussarde haben
dunkle Augen

(× 1/7)

Wespenbussarde graben mit
den Füßen die Nester von
Wespen und Hummeln auf,
um die Larven zu erbeuten.
Auf der Suche nach den In-
sektennestern fliegen sie oft
Waldränder ab

Oben: Wespenbussarde auf dem Zug. Obwohl das Basismuster der Zeichnung immer
einheitlich ist, gibt es unter den Wespen-
bussarden große Färbungsunterschiede, die
das sichere Bestimmen oft schwermachen

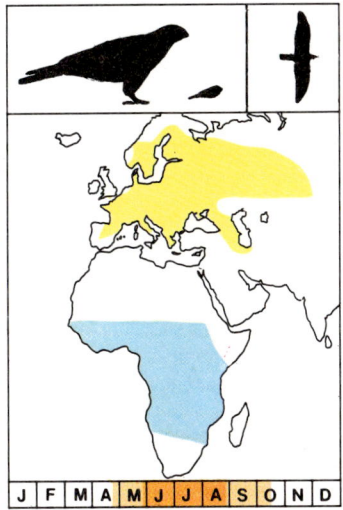

J F M A M J J A S O N D

Bienen, Wespen und deren Larven sind als
Nahrung für einen Greifvogel recht ungewöhnlich — trotzdem ist dies die Hauptnahrung des Wespenbussards Pernis apivorus.
Besonders zu Beginn der Brutzeit erbeuten
diese Greifvögel noch zusätzlich andere Insekten, Regenwürmer, Frösche, Eidechsen
und Jungvögel. Jedoch benötigt ein Paar
Wespenbussarde ein Territorium von mehr
als 5 km² Fläche. Die besten Lebensbedingungen findet der Wespenbussard in reich-
strukturierten, etwas bergigen Landschaften,
in denen Laub- oder Mischwald mit kleinen
Gehölzen, Lichtungen, Wiesen oder Feldern
abwechseln.
Von gefangenen Wespen und Bienen entfernen die Vögel zunächst den Stachel und verzehren sie dann; die Hauptnahrung besteht
jedoch aus den Larven und Puppen dieser

Insekten. Bodennester graben sie mit den
Füßen auf, Wespennester an Bäumen oder
Gebäuden werden oft im Flug abgerissen.
Wespenbussarde bauen relativ kleine Horste; oft verwenden sie alte Krähen- oder
Bussardnester und legen sie mit frischen grünen Zweigen aus. Das Weibchen legt 1 — 3
Eier, die 30 — 35 Tage lang bebrütet werden.
Nach 40 — 44 Tagen sind die Jungen flügge.
Anfänglich besteht die Nestlingsnahrung
hauptsächlich aus Wespen- und Bienenlar-
ven. Die Altvögel tragen ganze Wespennester oder Bienenwaben zum Horst und ver-
füttern die darin enthaltenen Larven einzeln
an die Nestlinge. Später bekommen die Jungen auch kleine Wirbeltiere gebracht.
Auf dem Zug nach Süden folgen Wespenbussarde bestimmten Zugrouten; sie fliegen
dabei oft in großen Schwärmen.

139

Fischadler

Die typische Haltung der langen Flügel beim Gleitflug; oft hat man das Gefühl, der Vogel besteht nur aus Flügeln

(×1/10)

Im Flug fallen vor allem die möwenartig schmalen Flügel und die sehr helle Unterseite auf

Vor dem Eintauchen ins Wasser streckt der Vogel die Füße sehr weit nach vorne

Der Fischadler verschwindet beim Tauchstoß oft vollständig im Wasser. Wie bei allen Beutegreifern ist nicht jeder Versuch erfolgreich

Fischadler rütteln häufig über dem Wasser

Vor dem Sturzflug rüttelt der Fischadler schwerfällig, oft mit „ausgefahrenen" Füßen

Im niedrigen Suchflug fliegt der Fischadler mit gesenktem Kopf

Segelflug mit gefächertem Schwanz

Oben: Die Haltung kurz vor dem Beginn des Tauchstoßes

Im Gleitflug sind die Flügel stark gewinkelt

Der Vogel fliegt erst ein Stück hoch, bevor er das Wasser abschüttelt

(×1/7)

So trägt er den gefangenen Fisch

Der Jungvogel hat auf der Oberseite helle Federränder, wodurch eine helle Linienzeichnung entsteht

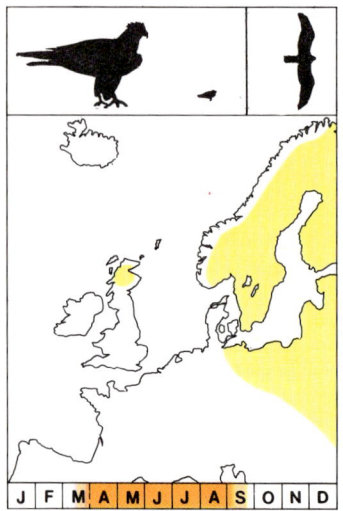

J F M A M J J A S O N D

Der Fischadler *Pandion haliaëtus* gehört zu einer eigenen Greifvogelfamilie, die mit den echten Adlern nur entfernt verwandt ist. Er fängt ausschließlich mittelgroße Fische. Bei der Jagd kreist er oft in mittlerer Höhe über dem Wasser und rüttelt kurz; wenn er dann ein Beutetier entdeckt hat, stößt er mit angelegten Flügeln auf das Wasser. Kurz vor dem Erreichen der Wasseroberfläche streckt er die Füße weit nach vorne.

Fischadler sind fast weltweit verbreitet. In Europa und Nordamerika sind ihre Bestände durch direkte Verfolgung und Umweltgifte in den letzten Jahrzehnten stark zurückgegangen. Seit einigen Jahren haben sie sich jedoch teilweise wieder etwas erholt.

Fischadler brüten in Waldgebieten an klaren, fischreichen Seen, langsam fließenden Flüssen und an der Meeresküste. In Mitteleuropa ist dieser Greifvogel nur noch an wenigen Stellen in der DDR und Polen Brutvogel. Bei uns erscheint er als regelmäßiger Durchzügler (besonders auf dem Herbstzug) an Fischteichen, fischreichen Seen und Flüssen.

Der große Horst wird oft im Wipfel einer alten hohen Kiefer am Wasser oder in Wassernähe gebaut, in der DDR haben auch Bruten auf Hochspannungsmasten stattgefunden.

Im Gegensatz zum Fischadler ist der **Schreiadler** *Aquila pomarina* ein echter Adler, auch wenn er nur wenig größer als ein Mäusebussard ist. Im Flug hält er die langen und von der Basis bis zur Spitze gleich breiten Flügel brettartig — ähnlich wie der Seeadler. Auch dieser Greifvogel ist bei uns ausgestorben; in Laub- und Mischwäldern des östlichen Mitteleuropa ist er seltener Brutvogel. Er ernährt sich vor allem von Mäusen.

Schwarzmilan — Rotmilan

Der Rotmilan hat einen tief gegabelten Schwanz

Oben: Rotmilane sehen aus der Ferne immer schlank aus

Flugstudien des Rotmilans: Der Vogel segelt oft mit etwas angehobenen Schwingen

Schwarzmilan

Rotmilan

Der Schwarzmilan (links) wirkt immer dunkler als der Rotmilan und sitzt viel aufrechter

($\times \frac{1}{14}$)

Unten: Der Schwarzmilan wirkt im Flug elegant und wohlproportioniert, aber auch sehr dunkel. Jungvögel haben helle Bereiche auf den Unterflügeln, wodurch sie dem Rotmilan ähneln

Der Rotmilan hat einen grauen Kopf, der bei älteren Vögeln oft sehr hell wird. Jungvögel sind weniger intensiv rötlich gefärbt und haben einen schwächer gegabelten Schwanz

($\times \frac{1}{14}$)

Unten: Flugstudien des Schwarzmilans; er fliegt oft langsam und niedrig über Gewässern

Unten: Schwarzmilan von vorne im Gleitflug: der dunkle Schwanz ist schwächer gegabelt als beim Rotmilan

Rechts: Beim Fliegen wechselt der Schwarzmilan oft die Richtung, der Schwanz macht dabei drehende Bewegungen

Oben: Typische Flughaltungen des Schwarzmilans

Der junge Schwarzmilan (rechts) hat unterseits helle Flügelbereiche

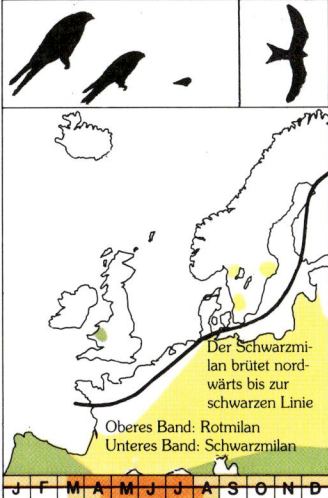

Der Schwarzmilan brütet nordwärts bis zur schwarzen Linie

Oberes Band: Rotmilan
Unteres Band: Schwarzmilan

J F M A M J J A S O N D

Der Schwarzmilan *Milvus migrans* ist weltweit wohl der häufigste Greifvogel; in Mitteleuropa ist die Art ebenfalls weit verbreitet, aber trotzdem meist recht selten. Der Schwarzmilan brütet vorwiegend in Gewässernähe, in Auwäldern, Feldgehölzen, an Waldrändern und an Berghängen.

Dieser Greifvogel jagt häufig über dem Wasser, aber auch über offener Landschaft. Auf der Suche nach toten Fischen, seiner Hauptnahrung, fliegt er oft langsam und niedrig am Ufer entlang; manchmal trifft man ihn auch an Straßen, wo er nach überfahrenen Tieren Ausschau hält. Er erbeutet ebenfalls Jungvögel und kleine Säugetiere. Außerdem jagt der Schwarzmilan auch anderen Greifvögeln und selbst Reihern die Beute ab. Besonders zur Balz- und Brutzeit hört man die wiehernd-jammernde Stimme.

Der Rotmilan *Milvus milvus* gilt in der BRD als stark gefährdet (Gefährdungskategorie 2 der „Roten Liste"). Er ist weniger an Wasser gebunden als der Schwarzmilan und kommt auch in trockenen und flachen Landschaften mit kleinen Waldstücken vor. Bessere Lebensbedingungen findet er jedoch in abwechslungsreichen, bergigen Laubwaldgebieten mit kleinen Mooren, Anbauflächen und Gewässern.

Wie der Schwarzmilan nimmt der Rotmilan hauptsächlich tote Tiere, deren Fleisch und Eingeweide er verzehrt; er jagt aber auch kleinere Säugetiere und Vögel.

Beide Arten bauen große Horste aus Zweigen und Erde hoch in Bäumen; die Nestmulde legen sie oft mit allerlei Zivilisationsmüll wie Lumpen, Papier und Plastikfetzen aus.

Steinadler

Ein ausgefärbter Steinadler hat kürzere Schwingen und einen kürzeren Schwanz als ein Jungvogel

Typisch ist die leicht erhobene Flügelhaltung beim Kreisen, während des Gleitens ist sie mehr horizontal

Der auffallend leichte Flug läßt diesen großen Adler oft kleiner erscheinen

Die Flügel des Steinadlers sind lang und relativ schmal. Der noch größere **Seeadler** Haliaeëtus albicilla hat breitere Flügel, die er beim Segeln brettartig hält, der Schwanz ist kurz und keilförmig (bei ausgefärbten Vögeln weiß), der Kopf ragt weit vor. Dieser große Greifvogel fliegt mit kraftvollen, etwas steif wirkenden Flügelschlägen. Der Seeadler jagt vor allem Wasservögel und Fische

Im Sturzflug

$(\times^1/_{18})$

$(\times^1/_7)$

Der junge Steinadler hat große weiße Flecken auf den Flügeln und einen weißen Schwanz mit breiter schwarzer Endbinde; er wird innerhalb von 5 Jahren immer dunkler

Der Steinadler ist sehr kräftig gebaut: Der Schnabel ist groß, und die Fänge sind stark ausgebildet. Oberkopf und Nacken sind bei Altvögeln goldbraun

Steinadler fliegen oft paarweise in niedriger Höhe an Berghängen; dabei suchen sie systematisch ihr Revier nach günstigen Beutemöglichkeiten ab; dem im Abstand nachfolgenden Partner gelingt es oft, das vom ersten Adler aufgescheuchte Beutetier zu schlagen

Bei Jungvögeln bis zum Alter von $1^1/_2$ Jahren sind die weißen Abzeichen sehr auffällig

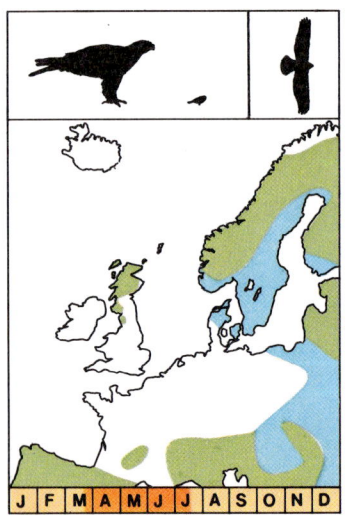

Der Steinadler Aquila chrysaëtos, ursprünglich ein Bewohner abwechslungsreicher Wald- und Berglandschaften, wurde durch gnadenlose Verfolgung in die einsamen Gebirgsgegenden abgedrängt. In Mitteleuropa kommt dieser Adler nur noch in den Alpen und Karpaten als Brutvogel vor; bei uns ist die Art in den Bayerischen Alpen Brutvogel und wird neuerdings auch im Schwarzwald gesehen. Der Steinadler erbeutet mittelgroße Säugetiere bis zur Größe eines schwachen Rehs oder eines Fuchses, ebenso Vögel bis zur Größe eines Auerhahnes. Die Brutvögel der Alpen ernähren sich im Sommer vor allem von Murmeltieren, im Winter von Fallwild. Nur selten töten Steinadler unbeaufsichtigte Junge von Rehen, Hirschen oder Gemsen; auch erbeutete Lämmer sind in der Regel tot aufgefunden.

Häufig suchen Steinadler ihr Revier in niedrigem Suchflug ab; die Beute wird in rasanter Verfolgungsjagd am Boden oder in geringer Höhe geschlagen. Beutetiere bis zur Größe eines Fuchses können Steinadler im Flug wegtragen, schwerere Tiere verzehren sie an Ort und Stelle. In den Alpen jagen die Adler oft oberhalb des Horstes; so können sie ihre Beute im abwärtsführenden Gleitflug relativ mühelos zum Horst bringen. Bereits im Spätwinter beginnen die Adler mit atemberaubenden Balzflügen; dabei sausen die Vögel oft aus großer Höhe mit angelegten Flügeln herab. Die Steinadler der Alpen brüten meistens in unzugänglichen Felsnischen, manche auch auf großen alten Bäumen. Der große Horst enthält ein Gelege von meist 2 Eiern. In der Regel wird jedoch nur das ältere der beiden Jungen groß.

Waldkauz

Die bogenförmige Flügelhaltung ist typisch; der Waldkauz fliegt geschickt und schnell und oft mit eingeschobenen Gleitstrecken

Im Streckenflug fliegen Waldkäuze mit schnellen Flügelschlägen und etwas wellenförmig. Am besten sieht man sie in der frühen Morgendämmerung

Der sitzende Vogel sieht plump und rundlich aus

Ein Altvogel hat gerade an den rund 4 Wochen alten Jungvogel eine Spitzmaus übergeben. Waldkäuze haben verhältnismäßig große runde Köpfe mit großen schwarzen Augen. Der Schwanz ist zwar recht lang, aber im Verhältnis zu den breiten Flügeln kurz

Rechts: Die kurzen runden Flügel und der große Kopf sind typisch

Der Waldkauz ist oberseits kräftig gemustert. Neben der bräunlichen Form gibt es auch eine graue Farbvariante

(× 1/3)

(× 1/6)

Waldkauz der grauen Variante

Im Gegensatz zur Schleiereule hat der Waldkauz einen recht kurzen Schnabel

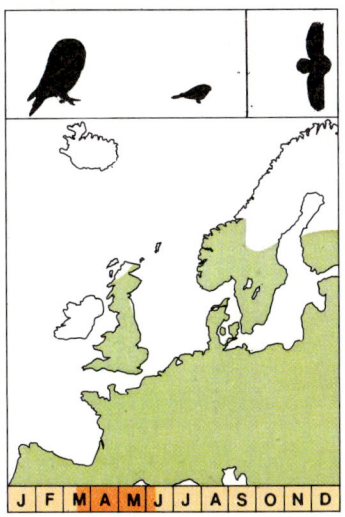

Der Waldkauz *Strix aluco* ist die häufigste und bekannteste Eule Mitteleuropas. Des öfteren wird man durch die zeternden Rufe der Kleinvögel auf den vor seiner Höhle sitzenden Kauz aufmerksam. Der Waldkauz lebt in nicht zu dichtem Laub- und Mischwald, meist am Rand zu offenen Flächen oder Gewässern; auch in Friedhöfen und Parks und sogar in Gärten mit alten Laubbäumen trifft man ihn nicht selten an.

Der Waldkauz jagt vom Ansitz aus oder im Suchflug; häufig scheucht er Vögel an ihrem Schlafplatz auf, um sie im Flug zu erbeuten. Seine Ernährung ist sehr vielseitig: Vorwiegend erbeutet er Feld- und Waldmäuse, Rötelmäuse und Ratten, aber auch viele Vögel; Maulwürfe und Spitzmäuse stehen ebenfalls häufiger auf den Beutelisten, seltener dagegen Frösche, Kröten, Fische und Käfer.

Bereits im Herbst und Winter hört man den schaurig tremolierenden Reviergesang des Männchens „huuu-hu-huhuhuhuh", der häufig in Filmen untergelegt wird, um Gruselstimmung zu erzeugen. Das Weibchen ruft laut und durchdringend „kuwitt".

Während der Jungenaufzucht ist der Waldkauz auch gegen Menschen aggressiv und greift in Nestnähe manchmal an. Waldkäuze nisten meist in Baumhöhlen oder Nistkästen. Das Weibchen sucht den Brutplatz aus, der oft viele Jahre lang beibehalten wird.

Der deutlich größere und langschwänzigere **Habichtskauz** *Strix uralensis* ist in der BRD ausgestorben. In den Nadel- und Mischwäldern im Osten der ČSSR und Polens ist er seltener Brutvogel. Im Bayerischen Wald wird derzeit eine Wiedereinbürgerung versucht.

143

Zwergohreule

Steinkauz

Oben: Im Gegensatz zum Steinkauz sitzt die Zwergohreule erst in der späten Dämmerung frei auf Hausdächern oder anderen Warten

(× ⅓)

Links Zwergohreule: Die schlanke Gestalt mit den Federohren, die aufrechte Haltung und das rindenfarbige Gefieder sind typisch für die kleinste Ohreule. Der monotone Gesang der Zwergohreule, in Abständen von 2 — 3 Sekunden wiederholte „djüt"-Laute, gehört zu den typischen nächtlichen Klangeindrücken in mediterranen Dörfern und Städten

(× ⅙)

(× ⅙)

Die Flügelunterseite des Steinkauzes ist gebändert

Die Flugbahn des Steinkauzes ist bogenförmig

Oben: Die typische Sitzhaltung des Steinkauzes — hier auf einem Telegrafenmast

Beachte den kurzen Schwanz des Steinkauzes

Steinkäuze in Erregung

Der Steinkauz hat einen flachen Oberkopf und große Augen mit gelber Iris

(× ⅓)

Ein Steinkauz schaut aus seiner Nisthöhle in einem hohlen Baum

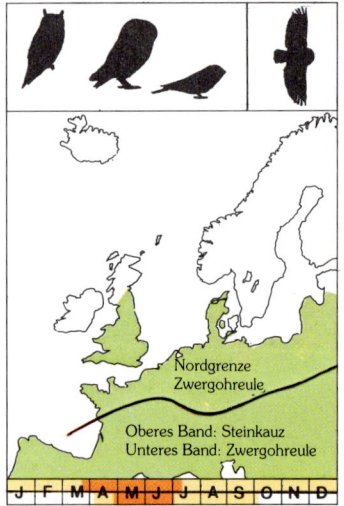

Nordgrenze Zwergohreule

Oberes Band: Steinkauz
Unteres Band: Zwergohreule

J F M A M J J A S O N D

Der Steinkauz *Athene noctua* brütet in offener Landschaft mit einzelnen Bäumen, Baumgruppen oder Alleen; gute Lebensbedingungen und Brutmöglichkeiten findet er in Wiesen- und Weidegebieten mit Kopfweiden und Obstbäumen, am Rand von kleinen, lichten Wäldchen, an Dorfrändern und Einzelgehöften. Bei uns ist der Steinkauz weit verbreitet, jedoch sind die Bestände vielerorts drastisch geschrumpft.

Der Steinkauz jagt meist vom Ansitz aus oder in niedrigem Suchflug; dabei erbeutet er vor allem Mäuse, junge Vögel, Frösche, Eidechsen, Regenwürmer und Käfer. Steinkäuze nisten in natürlichen Höhlen von Kopfweiden und alten Obstbäumen, auch in Mauerlöchern und in „Steinkauzröhren".

Die Zwergohreule *Otus scops* bewohnt ähnliche Lebensräume wie der Steinkauz; im Gegensatz zu diesem ruht sie tagsüber sehr versteckt. Die Zwergohreule ist ein sehr seltener Brutvogel der Südschweiz, Südösterreichs, Ungarns und der ČSSR. Seit 1900 hat diese Eule mindestens drei mal bei uns gebrütet. In letzter Zeit wurde ein starker Rückgang der mitteleuropäischen Brutvorkommen beobachtet. Bei uns brüten 2 weitere Kleineulen, der **Rauhfußkauz** *Aegolius funereus* und der **Sperlingskauz** *Glaucidium passerinum*. Im Gegensatz zu den beiden abgebildeten Arten sind sie nur in größeren Waldgebieten heimisch. Während der steinkauzgroße Rauhfußkauz ausgeprägte Nachtaktivität zeigt, ist der nur starengroße Sperlingskauz auch am Nachmittag zu beobachten. Beide Arten sind vor allem anhand ihrer Stimmen nachweisbar.

Waldohreule

Die Waldohreule jagt vor allem im Suchflug

Bei erhobenen Flügeln sieht man die dunklen Flecken am Flügelbug

Die Waldohreule ist im Flug am besten an den kürzeren Flügeln und dem längeren Schwanz von der sonst ähnlichen Sumpfohreule zu unterscheiden. Im Gegensatz zur Sumpfohreule sieht man die Waldohreule nur ausnahmsweise tagsüber fliegen

$(\times \frac{1}{6})$

Die Waldohreule hat ausgeprägte, oft steil aufgerichtete Federohren; ungestörte Vögel legen sie auch ganz an. Bemerkenswert sind auch die orangegelben Augen und der gelblichweiße Gesichtsschleier. Das Gefieder ist baumrindenartig marmoriert

$(\times \frac{1}{3})$

Rechts sieht man die feine Bänderung der Armschwingen und der inneren Handschwingen, die dem hinteren Flügelbereich ein graues Aussehen verleihen. Die Flügel der Sumpfohreule sind viel kräftiger gebändert und kontrastreicher gezeichnet

Unten: Am Tage sitzen Waldohreulen aufrecht und in schlanker Haltung auf Bäumen, oft dicht am Stamm

Waldohreulen brüten oft in alten Krähennestern; die Unsitte, Nester von Krähen und Elstern im Frühjahr auszuschießen, hat schon manche Eulenbrut vernichtet, oft auch den brütenden Altvogel

In der typischen Abwehrhaltung versucht die Eule durch Ausbreiten der Flügel größer zu erscheinen

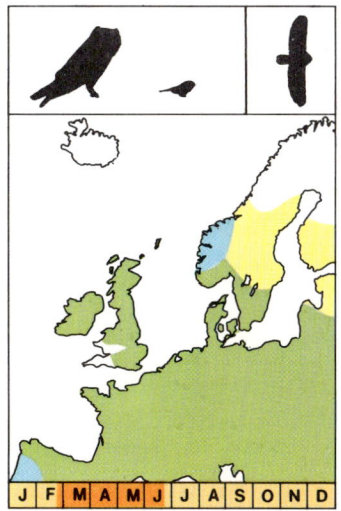

Die Waldohreule *Asio otus* brütet in relativ großer Dichte in lichten Wäldern, an Waldrändern, in Feldgehölzen, in hohen Windschutzhecken und in größeren Parks. Die Jagdgebiete liegen in der offenen Landschaft mit niedrigem Bewuchs; dort stellt sie vor allem den Feldmäusen nach. Auch andere Kleinsäuger, vor allem Waldmäuse, werden erbeutet, manchmal auch Vögel.
Im Winter bilden Waldohreulen häufig Schlafgemeinschaften von über 20 Vögeln, die auf bestimmten Bäumen ruhen; auch in Parks und Friedhöfen, und manchmal sogar in Gärten, trifft man die Eulen dann an.
Balz und Paarbildung beginnen bereits im Februar. Zu dieser Zeit hört man häufig den Reviergesang des Männchens, ein in langen Folgen wiederholtes, nicht sehr lautes „huh". Die Partner eines Paares fliegen oft gemeinsam mit weit ausholenden Flügelschlägen umher und klatschen immer wieder ihre Flügel geräuschvoll unter dem Körper zusammen. Der Brutplatz, in der Regel ein altes Krähen- oder Elsternest, wird vom Weibchen ausgewählt. Im Alter von kaum 3 Wochen verlassen die noch nicht flugfähigen Jungeulen das Nest. Ihre häufig zu hörenden Bettelrufe sind hoch klagend und klingen wie „zieh".
Der **Uhu** *Bubo bubo* ist die größte Eulenart und etwa doppelt so groß wie eine Waldohreule. Er lebt in reichstrukturierter Landschaft mit Waldflächen, Felsen und offenem Gelände, häufig in Gewässernähe. Der Uhu brütet bei uns in Felswänden, an Steilhängen und sogar in Steinbrüchen. Durch Schutzmaßnahmen hat sich bei uns der Bestand dieser seltenen Eule wieder erfreulich erholt.

Schleiereule

Mitteleuropäische Rasse: Unterseite meist rostgelb mit feinen dunklen Punkten

Fliegende Schleiereulen wirken unterseits sehr hell; außerdem fallen die langen schlanken Flügel auf. Die Eulen jagen vom Ansitz aus oder im Suchflug. In der Regel fliegen Schleiereulen nur bei völliger Dunkelheit

West-europäische Rasse

Die westeuropäische Rasse ist heller und hat eine rein weiße Unterseite; es gibt aber auch mitteleuropäische Schleiereulen mit fast weißer Unterseite

Die Schleiereule ist nicht schwer zu bestimmen: Die Gefiederfärbung ist insgesamt ziemlich hell, auf der Oberseite grau mit feinen weißen Flecken, auf der Unterseite rostgelb bis weiß; typisch ist der große Kopf mit dem herzförmigen Gesichtsschleier

(× ⅓)

(× ⅙)

Die langen und etwas X-förmigen Beine sind im unteren Teil nur wenig befiedert, die Zehen sind mit borstenartigen Federn besetzt

Die große Ohröffnung wird erst sichtbar, wenn die Federn entfernt sind

Der Schnabel der Schleiereule ist relativ lang und dünn. Schleiereulen orientieren sich hauptsächlich akustisch; deshalb erbeuten sie viele Spitzmäuse, da diese Kleinsäuger fast ständig hoch zwitschernde Laute von sich geben und deshalb leicht geortet werden können

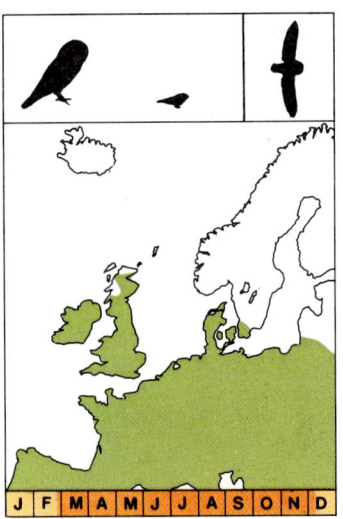

Die Schleiereule *Tyto alba* ist fast weltweit verbreitet und kommt mit Ausnahme der Antarktis auf allen Kontinenten vor. In Mitteleuropa ist diese Eule nahezu ausschließlich Kulturfolger; sie brütet in ungestörten Kirchtürmen, Scheunen, Dachstühlen und ähnlichen Schlupfwinkeln, die auch freien An- und Abflug gewähren. Ihre Jagdgründe liegen in der offenen Landschaft, wo sie hauptsächlich Feldmäuse erbeutet. In feldmausarmen Jahren fängt sie viele Spitzmäuse, andere Kleinsäugerarten und sogar Vögel. Die Häufigkeit ihres Vorkommens hängt stark von der Dichte der Feldmaus ab, so daß in schlechten Jahren nur wenige Junge groß werden.

Die Bestände der Schleiereule erleiden in kalten und schneereichen Wintern starke Verluste, denn dann sind die Feldmäuse unter Schnee und Eis vor ihren Feinden sicher. Geeignete Nistplätze für Schleiereulen sind bei uns leider Mangelware. Viele traditionelle Schleiereulenbrutplätze in Kirchtürmen wurden in den letzten Jahrzehnten durch Renovierungsarbeiten zerstört oder durch Vergitterung der Einflugöffnungen für die Eulen unzugänglich — man wollte die Tauben aus dem Turminneren verbannen und sperrte die seltenen Eulen gleich mit aus.

Eine weitere Rückgangsursache ist die Intensivierung der Landwirtschaft. Kollisionen mit Fahrzeugen oder Leitungen führen zu direkten Verlusten.

Ab Februar hört man am Schleiereulenbrutplatz die ganze Nacht hindurch merkwürdig schnarchende Laute, die Bettelrufe von Weibchen und Jungen. Der Reviergesang des Männchens ist ein heiseres Kreischen.

J F M A M J J A S O N D

Sumpfohreule

Im Frühjahr vollführt das Männchen hoch über dem Brutplatz Schauflüge mit verlangsamten und tief ausholenden Flügelschlägen und jähen „Abstürzen"; häufig werden die Flügel in schneller Folge unter dem Bauch zusammengeschlagen

Die Sumpfohreule erscheint im Flug schmalflügeliger und heller als die Waldohreule, der Kopf wirkt sehr kurz und rundlich. Beim Gleiten hält sie die Flügel häufig wie eine Weihe V-förmig nach oben

(× 1/6)

Typisch ist der helle Unterflügel mit dem schwarzen Fleck

Sumpfohreulen fliegen bei der Beutesuche oft langsam und niedrig gegen den Wind, gelegentlich rütteln sie kurz. Am Brutplatz sind die Vögel gegenüber Eindringlingen recht aggressiv; das Männchen vollführt heftige Sturzflüge auf Nestfeinde, manchmal auch auf Menschen

Die Federohren sind oft kaum zu sehen, die Augen sind gelb

(× 1/3)

Die Sumpfohreule sitzt häufig auf niedrigen Warten wie Pfählen und Steinen oder auf dem Boden. Ihre Sitzhaltung ist mehr waagrecht als die der Waldohreule. Meistens bekommt man sie erst dann zu sehen, wenn man sie vom Boden aufscheucht

Auf der Oberseite der langen Flügel fällt der schwärzliche Fleck am Flügelbug auf, der von einem orangefarbenen Bereich eingerahmt ist; die Bänderung ist viel kräftiger als bei der Waldohreule

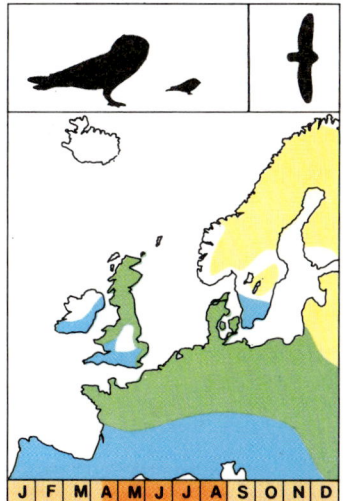

In Mitteleuropa ist die Sumpfohreule *Asio flammeus* ein seltener und unregelmäßiger Brutvogel, deren Nistplätze in Jahren mit geringem Nahrungsangebot verwaist bleiben. Bei uns fehlt die Art im südlichen Teil fast völlig. Sumpfohreulen leben in offener Landschaft mit niedrigem, aber dichtem Bewuchs, wie sie auf Moor- und Heideflächen, Verlandungsbereichen und in Dünenlandschaften zu finden sind. Auch auf Kulturflächen mit vorjährigem Gras oder Schilf brütet diese Eule gelegentlich. Sumpfohreulen sind zwar dämmerungsaktiv, aber während der Balz und Brut kann man die Eulen bei vollem Sonnenschein fliegen sehen.

Im Frühjahr grenzen die Männchen ihre Reviere mit dumpfen „du-du-du . . ."-Reihen, dem Reviergesang, ab. Das Weibchen antwortet mit einem „tjää-upp"-Ruf. Am Brut-

platz warnen beide Altvögel mit bellenden „kwä"-Lauten. Die Standortrufe der flüggen Jungeulen klingen schnarchend wie „kschija"; sie sind bis zu 300 m weit zu hören.

Das Nest aus trockenen Halmen wird in einer Bodenmulde im niedrigen und dichten Bewuchs gebaut. Das Gelege von 4 — 9 Eiern ist meist im April vollständig. Das Weibchen brütet allein, während sich das Männchen auf die Revierverteidigung konzentriert. Bereits nach 15 — 17 Tagen laufen die noch nicht flugfähigen Jungen aus dem Nest und erwarten in der Umgebung die futterbringenden Altvögel.

Früher war die Sumpfohreule in den großen Moorgebieten Mitteleuropas nicht selten. Die weitgehende Zerstörung dieser Naturlandschaften hat die schöne Eulenart bei uns an den Rand der Ausrottung gebracht.

Sandregenpfeifer

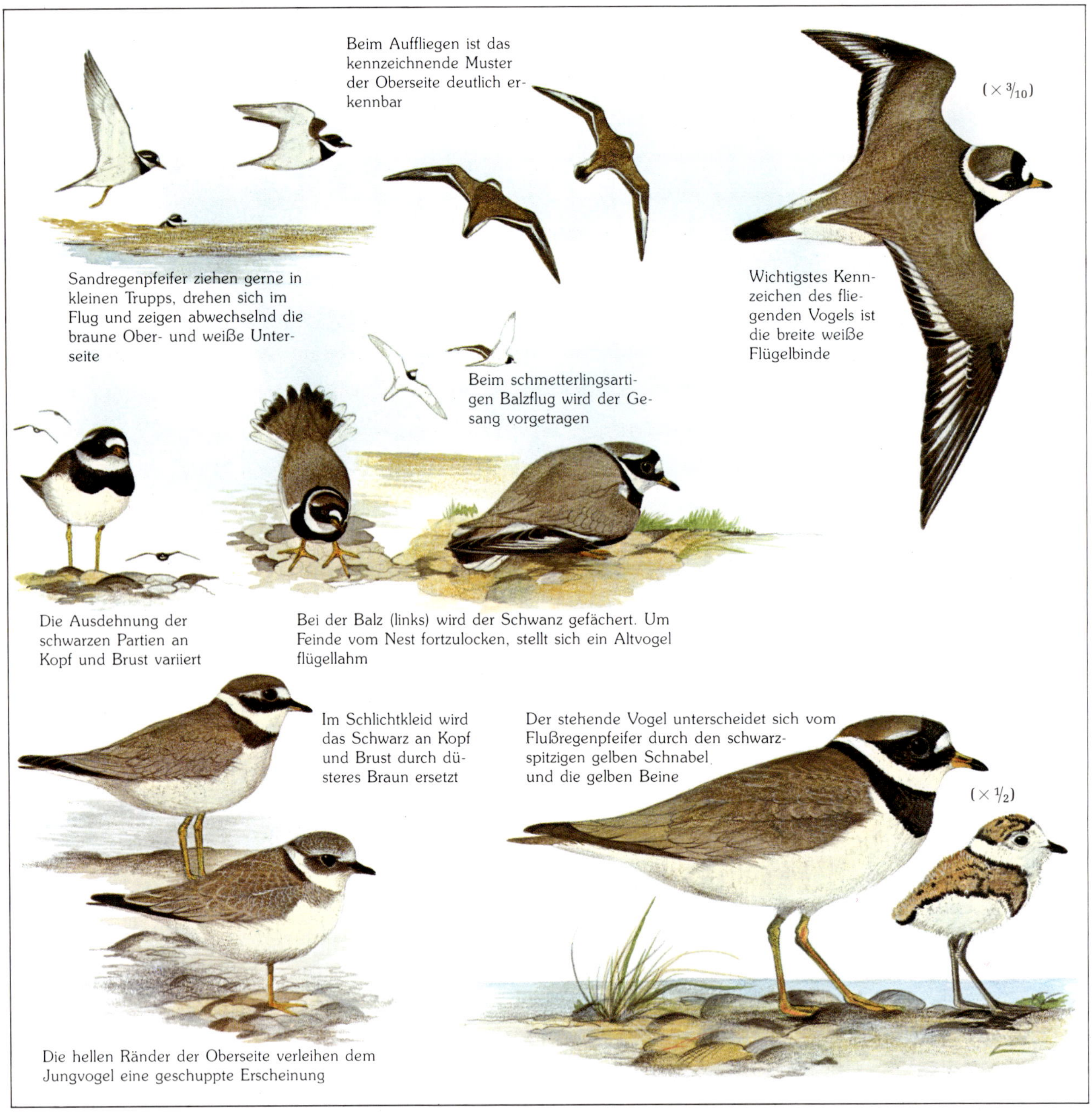

Beim Auffliegen ist das kennzeichnende Muster der Oberseite deutlich erkennbar

(× 3/10)

Sandregenpfeifer ziehen gerne in kleinen Trupps, drehen sich im Flug und zeigen abwechselnd die braune Ober- und weiße Unterseite

Wichtigstes Kennzeichen des fliegenden Vogels ist die breite weiße Flügelbinde

Beim schmetterlingsartigen Balzflug wird der Gesang vorgetragen

Die Ausdehnung der schwarzen Partien an Kopf und Brust variiert

Bei der Balz (links) wird der Schwanz gefächert. Um Feinde vom Nest fortzulocken, stellt sich ein Altvogel flügellahm

Im Schlichtkleid wird das Schwarz an Kopf und Brust durch düsteres Braun ersetzt

Der stehende Vogel unterscheidet sich vom Flußregenpfeifer durch den schwarzspitzigen gelben Schnabel und die gelben Beine

(× ½)

Die hellen Ränder der Oberseite verleihen dem Jungvogel eine geschuppte Erscheinung

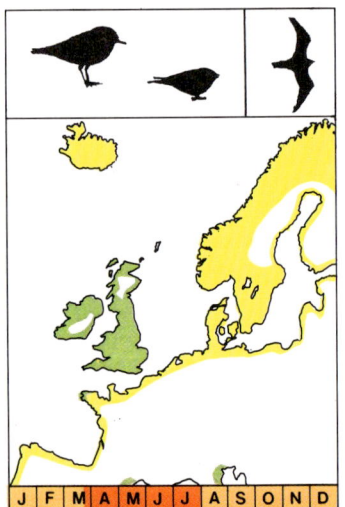

Während des Sommers ist der weiche „külip"-Ruf des Sandregenpfeifers *Charadrius hiaticula* einer der charakteristischen Klänge an sand- und kiesbedeckten Stränden. Er wird häufig von erregten Altvögeln ausgestoßen, wenn Strandwanderer den Nestern oder den Jungvögeln zu nahe kommen. Solche Störungen führen dazu, daß viele Brutversuche erfolglos bleiben.

Die Eier sind in reizvoller Weise in der Nistmulde versteckt. Das schützt sie vor den räuberischen Möwen, erhöht aber die Wahrscheinlichkeit, unter einem Menschenfuß zertreten zu werden. In manchen Gegenden nisten Sandregenpfeifer im Binnenland auf Heiden oder in der Nähe von Flüssen mit Kiesbänken. Normalerweise meiden sie die Kiesgruben, Großbaustellen und Manöverflächen, die vom Flußregenpfeifer gern an-

genommen werden. Manchmal nisten jedoch beide Arten am gleichen Platz, was zu einer Art Wettbewerb führt. Vom Sandregenpfeifer ist bekanntgeworden, daß er seine Eier in die Nester des Flußregenpfeifers legt und die Jungvögel ihre kleineren Nestgenossen völlig verdrängen. Die Eiablage findet zwischen April und August statt. Es gibt zwei Bruten, und zusätzliche Gelege ersetzen Verluste durch Störung oder außergewöhnlich hohes Flutwasser. Beide Elterntiere brüten 24—25 Tage, und die Jungen werden nach dreieinhalb Wochen flügge. Außerhalb der Brutzeit sieht man Sandregenpfeifer an Sand- oder Schlickküsten zusammen mit anderen Watvögeln. Die Nahrung wird mit einer kurzen Paddelbewegung, dem Fußtrillern, aus dem nassen Sand an die Oberfläche gebracht.

Flußregenpfeifer

Kopf und Brust des Sandregenpfeifers zeigen mehr Schwarz, und die Schnabelbasis ist gelb

Altvogel

Im Gegensatz zu Sand- und Seeregenpfeifer ist die Flügelbinde des Fluß- regenpfeifers sehr schmal und kaum sichtbar

(× 3/10)

Junger Sandregenpfeifer

Beim Flußregenpfeifer ist der Schnabel dagegen schlanker und schwarz. Dafür ist der gelbe Lid- ring aus der Nähe sehr auffällig

Altvogel

Oft fällt der Fluß- regenpfeifer zuerst durch seine Stimme auf, ein melodisch pfeifendes „ti-u"

Junger Flußregenpfeifer

Junge Sandregenpfeifer sind insgesamt düsterer als junge Flußregenpfeifer und haben einen breiten weißen Überaugenstreif

Die rollende Fortbewegungs- weise wird durch kurze Pau- sen unterbrochen, in denen sich der Vogel kaum von der Umgebung abhebt

Die Männchen umkreisen laut flötend ihr Brut- revier und verfolgen Konkurrenten oft über wei- te Entfernungen

Die Oberseite der Jungvögel wirkt geschuppt

(× 1/2)

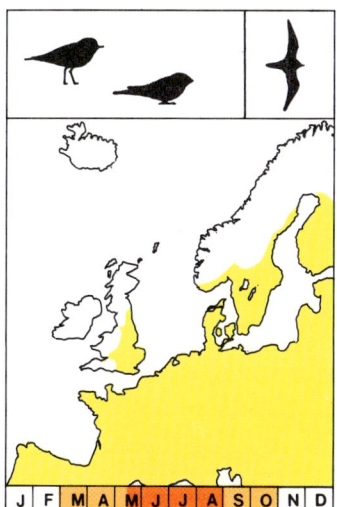

Mit dem gegenwärtigen ständigen Rückgang der Feuchtgebiete sinken normalerweise auch die Kopfzahlen der Watvögel. Die Ge- schichte vom Flußregenpfeifer *Charadrius dubius* stellt in Europa jedoch eine aufsehen- erregende Ausnahme dar. Seit der Jahrhun- dertwende hat sich sein Verbreitungsgebiet weit nach Nordwesten ausgedehnt, und die- ser Vorgang hält immer noch an. Diese Ex- pansion verdankt die Vogelart ihrer Fähig- keit, vom Menschen neu geschaffene Le- bensräume, besonders Kiesgruben und leere Staubecken anzunehmen. Trotzdem ist diese Art bei uns selten und bedroht. Als natürli- che Brutplätze wählt sie Sand- oder Schot- teraufschüttungen an Seen und Flüssen.
Gut dokumentiert ist die Ausweitung des Verbreitungsgebietes in Belgien und den Niederlanden in den 30er Jahren und in England seit 1944. Die Eroberung der briti- schen Insel begann mit zwei Brutpaaren, 1973 wurden 477 gezählt.
Betrachtet man diese Bestandszunahme, so überrascht der geringe Bruterfolg: Viele Ge- lege fallen Eierräubern, wie Rabenkrähen, zum Opfer, andere werden durch Über- schwemmungen und Beunruhigungen zer- stört. Hartnäckiges Mehrfachbrüten gleicht die Verluste aus, und es gibt auch ein paar echte Zweitbruten. Männchen und Weib- chen brüten die 4 Eier in der einfachen Mul- de aus. Ihr Alarmruf ähnelt dem des Sand- regenpfeifers. Er klingt wie ein absinkender Flötenpfiff: „ti-u". Die Jungvögel schlüpfen nach 24 – 25 Tagen und sind nach 3 Wo- chen flugfähig. Die Nahrung besteht aus ei- ner Vielzahl wirbelloser Tiere, das „Fußtril- lern" ist bei ihm eher noch häufiger.

149

Sanderling

Im Winter sind Sanderlinge die hellsten Watvögel und wirken fast weiß, besonders im Flug: sie rufen leise „pit-pit"

Das auffallendste Merkmal des fliegenden Sanderlings ist seine breite weiße Flügelbinde: Schwanz und Bürzel ähneln denen anderer Strandläufer

(× ³/₁₀)

Der Jungvogel (oben) ist oberseits dunkel gefleckt, der Altvogel (unten) einfarbig grau

Während der Mauser (links) wachsen braune Federn, die ins rotbraune Prachtkleid führen

Zehen mit schmalen Lappen

(× ½)
Bei diesem rastenden Jungvogel ist der typische dunkle Fleck am Flügelbug verdeckt

Einziger Strandläufer ohne Hinterzehe

(× ½)
Der Schnabel ist kurz, gerade und, wie die Beine, schwarz. Der dunkle Flügelbug fällt auf

Wie aufgezogene Spieluhren rollen sie über den Sand

Altvogel

Jungvogel

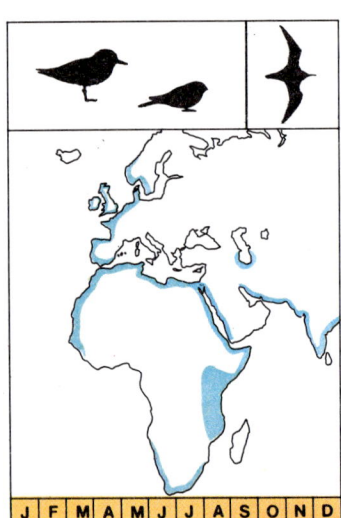

Ein kleiner, oberseits silbergrauer, unterseits weißer Watvogel, der Sanderling *Calidris alba*, ist unverwechselbar. Er eilt auf seinen schwarzglänzenden Beinen über die Sandstrände, auf die er beschränkt ist. In Europa ist er vor allem ein Frühlings- und Herbstvogel. Im Spätfrühling können durchziehende Altvögel im gesprenkelten, rotbraunen Brutkleid beobachtet werden. Gelegentlich lassen sie ein kurzes „twick" vernehmen. Wenige einjährige Vögel bleiben den Sommer über.

Sanderlinge ernähren sich von kleinen Krebstieren, die sie erbeuten, während sie der Brandung folgen. Die Brutperiode in der Arktis ist kurz — nur etwa 6 Wochen —, und bei einigen Paaren legt das Weibchen bei der Ankunft zwei Gelege in gesonderten Nestern ab. Sie brütet eines davon selber aus und überläßt das andere dem Männchen. Die Jungen picken Insekten und Larven.

Sanderlinge reisen weit: Arktische Brutvögel durchziehen Südamerika bis hin zu den Falklandinseln und Afrika bis zum Kap der Guten Hoffnung, immer auf der Suche nach Sandstränden. Sie sind arglose Vögel, die eher davonlaufen als auffliegen, und kommen selten in Scharen von mehr als einem Dutzend vor. Europäische Strände dienen als Nahrungsplätze vor den weiteren Reisen. Studien haben gezeigt, daß Sanderlinge hier in 14 Tagen ihr Gewicht verdoppeln können. Daher kann der Flug von der Tundra bis Südafrika in zwei großen Etappen bewältigt werden. Man nimmt an, daß nur Brutvögel aus Grönland die lange Wanderung machen, während sibirische Sanderlinge an europäischen Küsten überwintern.

Seeregenpfeifer

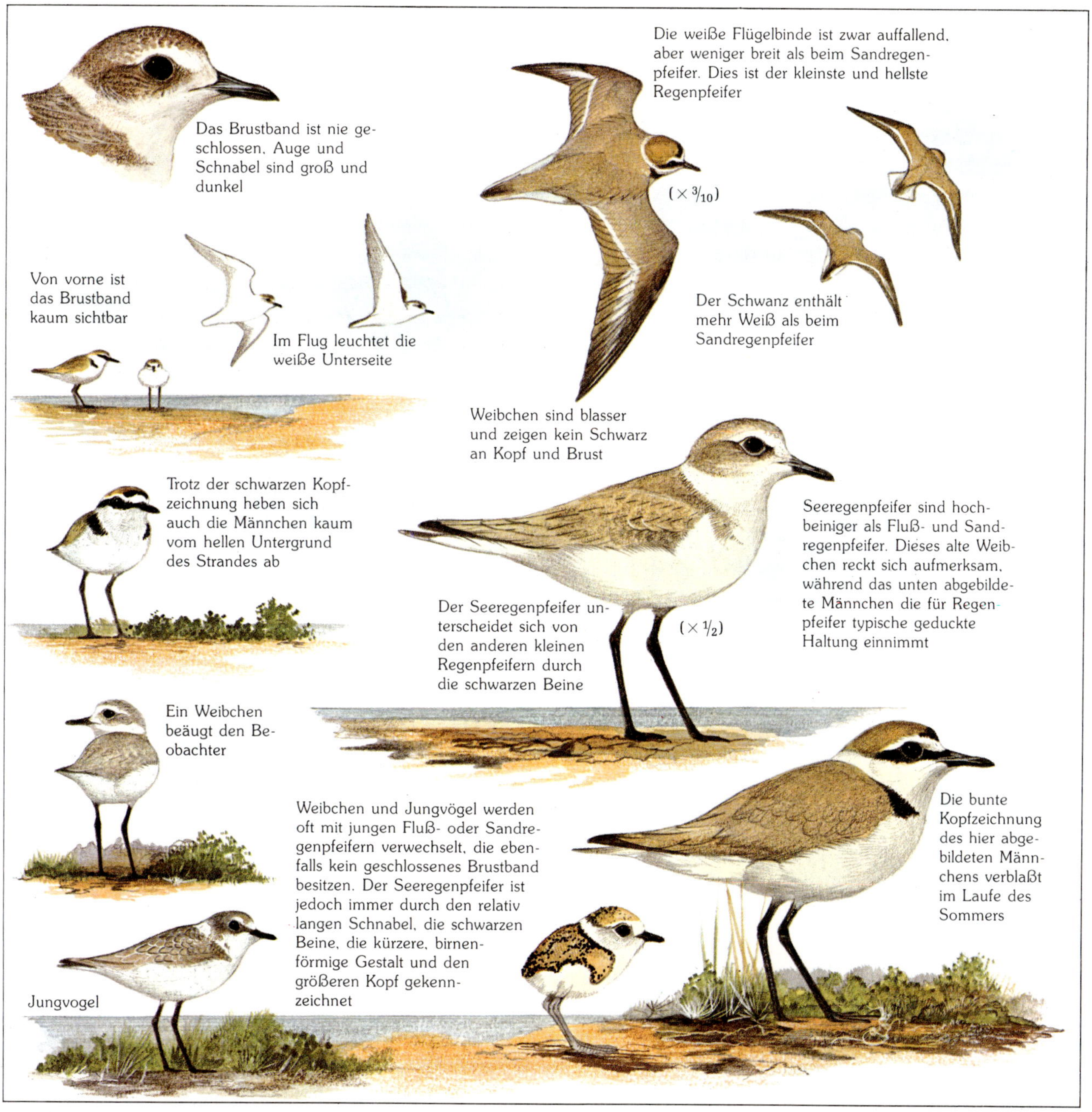

Das Brustband ist nie geschlossen, Auge und Schnabel sind groß und dunkel

Die weiße Flügelbinde ist zwar auffallend, aber weniger breit als beim Sandregenpfeifer. Dies ist der kleinste und hellste Regenpfeifer

(× 3/10)

Von vorne ist das Brustband kaum sichtbar

Im Flug leuchtet die weiße Unterseite

Der Schwanz enthält mehr Weiß als beim Sandregenpfeifer

Weibchen sind blasser und zeigen kein Schwarz an Kopf und Brust

Trotz der schwarzen Kopfzeichnung heben sich auch die Männchen kaum vom hellen Untergrund des Strandes ab

Seeregenpfeifer sind hochbeiniger als Fluß- und Sandregenpfeifer. Dieses alte Weibchen reckt sich aufmerksam, während das unten abgebildete Männchen die für Regenpfeifer typische geduckte Haltung einnimmt

Der Seeregenpfeifer unterscheidet sich von den anderen kleinen Regenpfeifern durch die schwarzen Beine

(× 1/2)

Ein Weibchen beäugt den Beobachter

Weibchen und Jungvögel werden oft mit jungen Fluß- oder Sandregenpfeifern verwechselt, die ebenfalls kein geschlossenes Brustband besitzen. Der Seeregenpfeifer ist jedoch immer durch den relativ langen Schnabel, die schwarzen Beine, die kürzere, birnenförmige Gestalt und den größeren Kopf gekennzeichnet

Die bunte Kopfzeichnung des hier abgebildeten Männchens verblaßt im Laufe des Sommers

Jungvogel

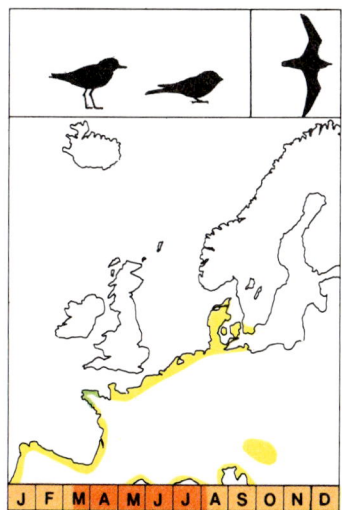

Die mitteleuropäischen Brutplätze des Seeregenpfeifers *Charadrius alexandrinus* liegen an der Nord- und Ostseeküste sowie in der ungarischen Tiefebene mit einigen Vorposten an den salzigen Lacken des Neusiedler Sees. Der Seeregenpfeifer ist ein regsamer, flinker Vogel, der rascher und häufiger rennt als der Sandregenpfeifer. Er ist auch überraschend zutraulich gegenüber menschlichen Beobachtern — es sei denn, er hat ein Nest in der Nähe. Wird er gestört, während er Junge führt, dann reagiert er — wie Sand- und Flußregenpfeifer — mit dem „Verleiten". Diese Verhaltensweise ahmt eindrucksvoll einen verletzten Vogel nach, um das Interesse des vermeintlichen Feindes auf eine scheinbar leichte Beute zu lenken.

Das Nest ist wie bei den beiden verwandten Arten im wesentlichen eine flache Bodenmulde. Es hat aber oft eine angedeutete Umrahmung aus Muschelschalen, welken Blättern oder Tang. Seine Lage variiert beträchtlich: Wie beim Sandregenpfeifer kann es auf kiesigem Boden, getrocknetem Schlamm, auf Tangfeldern oder Rasenflächen in Wassernähe liegen. Der Balzflug des Männchens mit seinen langsamen, schmetterlingsähnlichen Flügelbewegungen ähnelt dem der beiden anderen Arten. Die drei Eier werden von beiden Partnern in rund 24 Tagen erbrütet. Der Nahrungsraum ist auf Sand- oder Schlammflächen, wo die Vögel weit verstreut über den Strand nach Futter suchen. Im seichten Wasser wird häufig vom „Fußtrillern" Gebrauch gemacht. Seeregenpfeifer sind in einem großen Teil ihres Verbreitungsgebietes eher seßhaft, obwohl nördliche Vögel bis zum Mittelmeer ziehen.

J F M A M J J A S O N D

Alpenstrandläufer

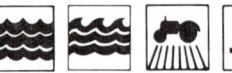

Der Alpenstrandläufer kann zu den Zugzeiten als häufigster Watvogel im Wattenmeer am schwarzen Bauchfleck erkannt werden. Junge und Altvögel im Schlichtkleid können jedoch mit dem Sichelstrandläufer, bei dem Beine und Schnabel länger sind und die Oberschwanzdecken ein leuchtend weißes Feld bilden, oder mit dem kleineren Zwergstrandläufer (siehe dort) verwechselt werden

Altvogel, Prachtkleid

Jungvogel

Altvogel im Schlichtkleid

Die weißen Oberschwanzdecken des Alpenstrandläufers sind, wie bei diesem Jungvogel, in der Mitte schwarz geteilt

Altvogel im Schlichtkleid

Über den Flügel zieht sich eine schmale weiße Binde. Der Ruf ist ein schwirrendes „tirrrr"

$(\times \frac{3}{10})$

Wenn man sich ihnen vorsichtig nähert, sind Alpenstrandläufer wenig scheu. Im Binnenland rasten sie auch an Klärteichen, Kiesgruben und schlammigen Ufern

Jungvogel

Emsige Nahrungssuche und ausgedehnte Ruheperioden wechseln sich ab

Schlichtkleid

Bei der Nahrungssuche hinterläßt der Schnabel kleine Löcher im Schlamm

In wolkenartigen Trupps führen Tausende von Alpenstrandläufern ihre wendigen Flugmanöver über dem Wattenmeer vor

Wie andere Watvögel, sieht man auch Alpenstrandläufer gelegentlich schwimmen

Das Prachtkleid ist durch den rotbraunen Rücken und den schwarzen Bauchfleck gekennzeichnet

Eintägiges Küken

Schlichtkleid mit grauem Rücken, weißer Unterseite und fein gestrichelter Brust

$(\times \frac{1}{2})$

Jugendkleid: Braun, meist mit großen schwarzen Flecken an den Flanken

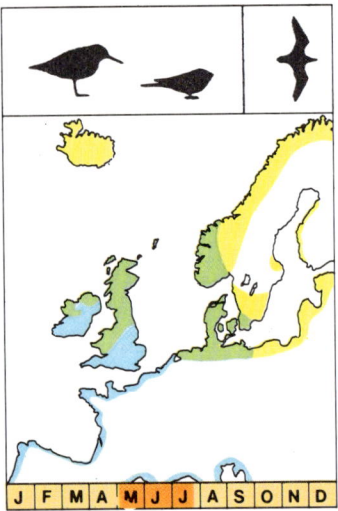

Eine lebende Federwolke, die steigt, fällt und Luftakrobatik vollführt, ist ein außergewöhnliches Schauspiel. Der Alpenstrandläufer *Calidris alpina* vollführt solche Formationsflüge besonders zur Zeit der Flut, wenn sich die Vögel auf Kiesbänken oder Strandwiesen sammeln und warten, bis die Ebbe ihre Nahrungsplätze wieder freilegt.

Zu den Schlickflächen zurückgekehrt, erwecken sie den Eindruck geschäftiger Aktivität, wenn sie, ohne einen Blick nach oben zu werfen, nach Nahrung suchen. Pickbewegungen an der Schlammoberfläche und Stochern darunter werden von „Stechtouren" unterbrochen, einer mechanischen Serie rascher Probebohrungen. Die Vögel bewegen sich dabei vorwärts und hinterlassen eine Einstichspur. Mit diesem Verhalten können sie die Nahrung durch den Tastsinn aufspüren; die Schlammlöcher werden häufig zum tiefen Krater, um ein winziges Krebstier oder einen Wurm zu ergreifen. Mit dem Picken an der Oberfläche wird hauptsächlich eine kleine Schnecke (*Hydrobia*) gefangen, die in ungeheuren Massen im Watt lebt. Sie ist die Nahrungsgrundlage für viele Watvögel.

Der Alpenstrandläufer ist ein Vogel der Tundra Eurasiens und Nordamerikas. In den Alpen brütet er dagegen niemals. *Linné* hat ihn vielmehr nach einem Bergland in Skandinavien benannt. Balz, Paarung und Reviersuche sind innerhalb von 2 Wochen nach der Ankunft am Brutplatz abgeschlossen. Die 4 Eier werden in einer Mulde abgelegt und 3 Wochen bebrütet. Die Jungen ernähren sich überwiegend von Mückenlarven. Kennzeichnend für den Alpenstrandläufer ist ein nasaler, trillernder Flugruf.

Zwergstrandläufer

Zwergstrandläufer können mit dem ebenfalls kleinen Temminck- und dem größeren Alpenstrandläufer verwechselt werden

Zwergstrandläufer. Der Schnabel ist schwarz, kurz und gerade

Im Flug zeigen Zwergstrandläufer, wie dieser Jungvogel, eine schmale Flügelbinde. Die Außenkanten des Schwanzes sind grau, beim Temminckstrandläufer dagegen weiß

Dem Altvogel fehlt im Prachtkleid die weiße Rückenstreifung, die Federn haben rostrote Ränder

$(\times \frac{3}{10})$

Alpenstrandläufer der südlichen Rasse mit kurzem Schnabel

Das Jugendkleid ist durch zwei weiße V-Zeichnungen auf dem Rücken unverkennbar

Schlichtkleid

Alpenstrandläufer der skandinavischen Rasse mit langem, deutlich abwärts gebogenem Schnabel

Meist sieht man den Zwergstrandläufer in kleinen Trupps in geduckter Haltung im Schlamm picken. Vom hellbeinigen Temminckstrandläufer unterscheidet er sich durch die schwarzen Füße, vom Alpenstrandläufer durch geringere Größe und den immer weißen Bauch

Jugendkleid

Der Zwergstrandläufer ruft kurz „tit-tit", der Temminckstrandläufer dagegen hoch „tirr-r-r"

Schlichtkleid

Während die bei uns im Herbst meist auftretenden Jungvögel an der V-Zeichnung des Rückens leicht zu bestimmen sind, können Altvögel sehr variabel sein und eher Probleme bereiten

$(\times \frac{1}{2})$

Altvogel im Herbst

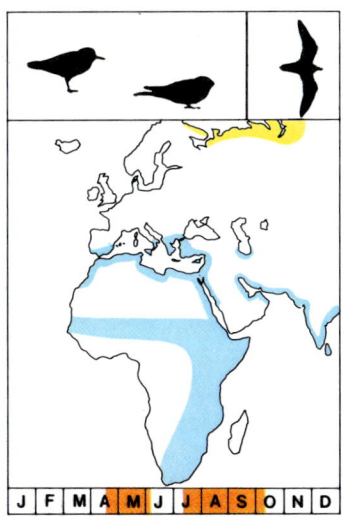

J F M A M J J A S O N D

Der Zwergstrandläufer *Calidris minuta* ist einer der kleinsten Watvögel, wesentlich kleiner als der Alpenstrandläufer, den er häufig begleitet. Nichtsdestotrotz sind die beiden Vögel verwandt, und die Art ihres Nahrungserwerbs ist ähnlich. Der Flugruf des Zwergstrandläufers ist ganz anders, er stößt ein wiederholtes „tit" aus, auch gesellt er sich nicht in so großen Scharen zusammen. Aufgrund seiner geringen Körpergröße ist er beweglicher und konzentriert sich beim Nahrungserwerb mehr auf die Weich- und Krebstiere der Oberfläche. Dabei ist er fast ständig mit dem Schnabel am Boden.

Durchziehende Zwergstrandläufer gehen weiter landeinwärts, zum Beispiel an die Ufer von Binnenseen. Frühjahrs- und Herbstzug sind die besten Gelegenheiten,

den Vogel in Mitteleuropa zu Gesicht zu bekommen. An seinen Überwinterungsplätzen tritt er in Scharen zu mehreren Hundert auf, beim Durchzug sind die Schwärme viel kleiner.

Seine Brutplätze sind arktisch oder subarktisch, im allgemeinen nördlicher als die des selteneren Temminckstrandläufers (S. 238). Grasbewachsenes Marschland oder Tundren werden als Nistbiotope ausgewählt, und während der frühen Brutperiode singt der Zwergstrandläufer häufig in anhaltenden, klirrenden Folgen. Dabei verharrt er flügelschwirrend am Boden und vollführt einen gaukelnden Singflug. Das typische vierteilige Watvogelgelege wird vor allem vom Männchen ausgebrütet. Drei Wochen dauert die Brutzeit, und die Jungvögel sind nach $2-2\frac{1}{2}$ Wochen flügge.

153

Steinwälzer

Jugendkleid

Mit dem kurzen, kräftigen Schnabel können sie kleinere Steine hochstemmen, um an die unter ihnen sitzenden wirbellosen Tierchen zu gelangen. Sie halten sich gern an Kiesstränden, auf Molen, Piers und zwischen angespültem Seetang auf und sind nicht nur Durchzügler, sondern auch Wintergäste an unseren Küsten

Das schachbrettartige Muster der Oberseite macht den Steinwälzer zum unverwechselbaren Harlekin unter den Watvögeln

(×³/₁₀)

Die Unterseite ist ganz weiß, im Gegensatz zum Meerstrandläufer, mit dem er oft vergesellschaftet ist

Steinwälzer sind sehr kompakte Watvögel. Der mittlere Vogel hält eine Muschel fest, um sie mit dem kräftigen Schnabel aufzuhämmern

(×½)

Im graubraunen Schlichtkleid heben sie sich kaum von den dunklen Steinen ab, auf denen sie gerne rasten. Nur die gelben Beine leuchten

Nach der Mauser ins Prachtkleid wird der Steinwälzer sehr bunt

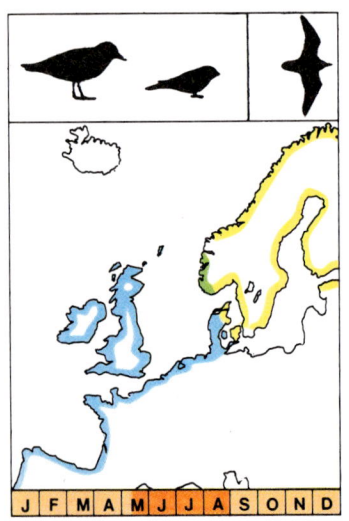

Der kurze, leicht aufwärtsgebogene Schnabel des Steinwälzers *Arenaria interpres* ist daran angepaßt, bei der Futtersuche alle möglichen Gegenstände, die an der Küste herumliegen, hochzustemmen oder herumzudrehen. Der Vogel untersucht damit auch den blanken Schlamm der Flußmündungen. Dabei bewegt er sich vorwärts und stößt die leichte Tangdecke beiseite, indem er sie mit dem Schnabel wälzt. Hauptsächlich Sandflöhe und ähnliche Krebstiere werden auf diese Weise erbeutet, ferner kleine Weichtiere und Würmer. Steinwälzer gehen auch an Aas, das an die Küsten geschwemmt wird.

In Europa brütet er rund um die Küsten Skandinaviens, besonders auf Felsinselchen. Es wird angenommen, daß einjährige Vögel noch keine Gelege produzieren und auch brutreife Tiere gelegentlich ein Jahr aussetzen.

Der Balzgesang besteht aus „titi …“-Elementen; der Ruf klingt wie „töck“. Territoriale Männchen verscheuchen Eindringlinge und kehren mit einem langsamen Schmetterlingsflug zurück, wobei sie einen Triller an den Ruf anhängen. Vor dem Legeakt fertigt das Männchen einige Schein-Nistmulden an. Das Weibchen richtet die letzte Bodenvertiefung her, im Normalfall liegt diese im Schutze eines Felsens, und legt 4 Eier. Oft brütet es bereits ab dem 1. Ei, so daß sich das Schlüpfen (nach 21–23 Tagen) über 2 Tage hinzieht. Das Weibchen brütet hauptsächlich bei Nacht, das Männchen tagsüber. Beide Eltern führen die Jungen. Das Männchen verweilt noch 10 oder mehr Tage bei ihnen, nachdem sie fliegen können.

Meerstrandläufer

Da die Vögel meist niedrig über das Wasser fliegen, ist die Unterseite selten zu sehen. Sie ist dunkler als beim Steinwälzer

Obwohl Meerstrandläufer im Sitzen plump wirken, sind sie, wie alle Strandläufer, schnelle und gewandte Flieger. Durch die düster-graue Oberseite mit der schmalen weißen Flügelbinde sind sie unverkennbar. Die äußeren Oberschwanzdecken leuchten weiß

($\times \frac{3}{10}$)

Meerstrandläufer überwintern bei uns nur an felsigen Küsten, z. B. auf Helgoland, aber auch an Hafenmolen. Sie sind sehr vertraut und fliegen meist erst auf, wenn man wenige Schritte vor ihnen steht. Sie suchen wasserumspülte Steine, oft direkt in der Brandung, nach kleinen Schnecken ab

($\times \frac{1}{2}$)

Durch die dunkelgraue Färbung sind sie zwischen den feuchten Steinen hervorragend getarnt. Nur Schnabelbasis und Beine leuchten gelb bis orange. Jungvögel haben auf der Oberseite braune Federränder, Altvögel dagegen eher graue. Im Flug lassen sie ein zwitscherndes „kwit-twit-wit" hören

Im bei uns kaum einmal zu sehenden Prachtkleid wird die Oberseite rotbraun und die Brust fast schwarz

Meerstrandläufer wirken sehr rund und pummelig, die hellen Flanken zeigen eine dunkle Streifung

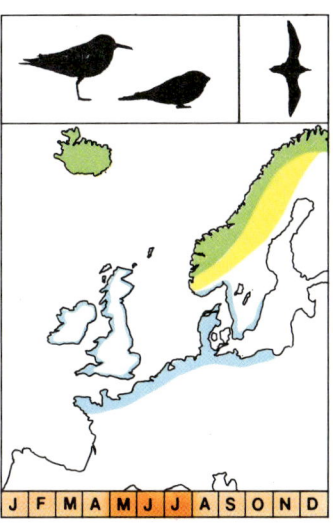

J F M A M J J A S O N D

Durch sein zutrauliches Verhalten, das ihn dem Beobachter liebenswert erscheinen läßt, könnte der Meerstrandläufer *Calidris maritima* einer der bekanntesten Watvögel sein. In Wirklichkeit wird er oft übersehen, wahrscheinlich weil er schwierig auszumachen ist zwischen den Molensteinen oder in seinem Lebensraum an der Felsküste. Er fliegt viel weniger als die anderen Watvögel. Obwohl er mit dem Alpenstrandläufer nahe verwandt und ähnlich — wenn auch plumper — gebaut ist, sind seine Gewohnheiten doch anders. Er sucht selten im Sand oder Schlick nach Nahrung; auch stochert er weniger mit dem Schnabel im Boden. Er findet den Hauptteil seiner Beute mit dem Auge. Seine Nahrung besteht im Winter hauptsächlich aus Strandschnecken und kleinen Wellhornschnecken. Er hält sich nahe am Spülsaum auf und bewegt sich mit den Gezeiten vor und zurück. Seine Freßgeschwindigkeit ist im mittleren Küstenbereich am höchsten.

In den Winterquartieren sind Meerstrandläufer weitgehend stumm, aber in ihrem arktischen Brutgebiet lassen sie während des Balzflugs einen heiser pfeifenden Trillergesang hören. Zur Werbung gehört auch eine Haltung mit steil hochgereckten Flügeln, die gelegentlich noch im Überwinterungsgebiet zu sehen ist. Die tiefe Nistmulde wird im weichen, flechtenbewachsenen Boden der Fjäll- oder Tundragebiete angelegt. Die 4 Eier werden vor allem durch das Männchen 21—22 Tage bebrütet. Vögel, die beim Brüten gestört werden, nehmen eine Ablenkungshaltung ein, die sie einem Lemming ähnlich werden läßt.

Bruchwasserläufer

Bruchwasserläufer brüten normalerweise am Boden und benutzen nur selten alte Drosselnester in Bäumen, wie es für den Waldwasserläufer typisch ist

Bei Gefahr fliegen die aufmerksamen Vögel schnell auf und rufen dabei laut und hell „giff-giff-giff"

Während der Zugzeit rasten die Vögel gerne an kleinen Tümpeln und Schlammflächen im Binnenland. Die äußeren Schwanzfedern sind meist nicht so hell wie auf dieser Abbildung

Bruchwasserläufer und Waldwasserläufer können leicht verwechselt werden. Sieht man den Vogel im Flug von unten, ist die helle Flügelunterseite das beste Merkmal. Beim Waldwasserläufer ist sie dunkel

(× 3/10)

Die Oberseite des Bruchwasserläufers ist heller als die des Waldwasserläufers, die hellen Oberschwanzdecken treten daher nicht so deutlich hervor, die Flügel sind schmaler, und die Beine ragen im Flug weiter über das Schwanzende

Der weiße Schaft der äußersten Handschwinge ist typisch für den Bruchwasserläufer

Nur während der Brutzeit sieht man ihn auf erhöhten Punkten sitzen. Dann ist auch die Streifung der Brust am deutlichsten. Im Herbst wird sie blasser, und auch die hellen Flecken der Oberseite sind weniger auffällig. Ein weiteres Kennzeichen ist der lange, helle Überaugenstreif

(× 1/2)

Lange Beine und ein langer Schnabel sind typisch für alle Wasserläufer. Bruchwasserläufer suchen gerne im Flachwasser nach Nahrung, recken oft den langen Hals und wippen mit dem ganzen Körper. Schlanke Gestalt, braune Oberseite mit weißer Sprenkelung, weißer Bauch und gelblichgrüne Beine sind kennzeichnend

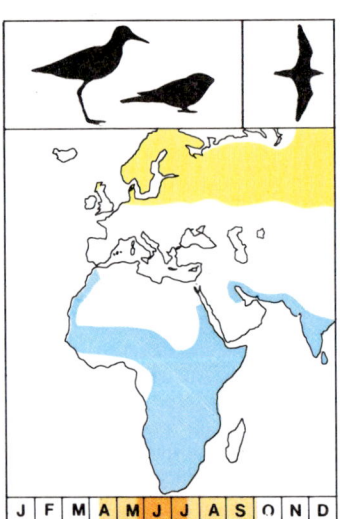

J F M A M J J A S O N D

Sumpfige Lichtungen oder Seeufer inmitten der nordischen Birken- oder Nadelwälder sind typische Brutgebiete für den Bruchwasserläufer *Tringa glareola*. Noch weiter nördlich nistet er auf der offenen Tundra, die nur mit Zwergweiden bewachsen ist. In Finnland ist er mit 180 000 geschätzten Brutpaaren die häufigste Limikole. Einige Paare brüten in Norddeutschland, Dänemark und Schottland.

Die Brutzeit beginnt mit Balzflügen, die von beiden Geschlechtern ausgeführt werden. Sie bestehen aus Gleit- und Flatterphasen. Der Gesang erinnert an die klaren, abfallenden Strophen der Heidelerche.

Das Nest ist meist eine einfache Vertiefung im Boden, die mit Gras ausgelegt ist. Es werden 4 Eier gelegt, die 22 — 23 Tage von beiden Partnern bebrütet werden. Das Weibchen übernimmt den Hauptteil dieser Pflicht, aber nachdem die Eier sich entwickelt haben, überläßt sie bald die Aufzucht ihrem Gatten. Es dauert 4 Wochen, bis die Jungen flügge sind.

Nach der Brutzeit findet man Bruchwasserläufer vor allem an Tümpeln in Feuchtgebieten und in Rieselfeldern. Mit einem charakteristischen „giff-giff . . ." fliegen sie bei Störung auf. Ihr Nahrungsraum ist sowohl das Seichtwasser als auch Weichschlamm, in dem sie nach kleinen Krebstieren, Fliegenlarven, Wasserkäfern und ähnlichem suchen. In weiten Teilen Westeuropas sieht man Bruchwasserläufer nur auf dem Durchzug und in ziemlich geringer Anzahl. In der Camargue sammeln sich manchmal einige Tausend — in der Hauptsache skandinavische Vögel —, um zu mausern.

Waldwasserläufer

Der fliegende Wald-
wasserläufer wirkt
kontrastreich
schwarz und weiß
gezeichnet, viel
dunkler als der
Bruchwasserläufer.
Die Oberschwanz-
decken stechen
weiß hervor, die
äußere Hand-
schwinge hat einen
dunklen Schaft

Die weißen Oberschwanzdecken
und der weiße Schwanz mit der
breiten dunklen Endbinde heben
sich hier gut von der sonst sehr
dunklen Oberseite ab

Im Frühjahr ist der
Waldwasserläufer
oberseits brauner und
stärker gefleckt, so
daß er dem Bruch-
wasserläufer ähn-
licher wird

(× ³/₁₀)

Im Flug sind die im
Gegensatz zum
Bruchwasserläufer
dunklen Unterflügel
zu sehen. Gleichzeitig
wird meist auch der
jodelnde Ruf „tluit-itt-
itt" ausgestoßen

Der weiße Augenring
ist auffallend. Der
Schnabel ist länger,
die Beine sind dage-
gen kürzer als beim
Bruchwasserläufer

Die Oberseite ist nur schwach
gefleckt, der ganze Vogel
wirkt robuster als ein Bruchwasserläufer. Einzelne Vögel
überwintern regelmäßig bei
uns

(× ¹/₂)

Die Brust ist einfarbig
düster, nicht fein gestrichelt wie beim Bruchwas-
serläufer. Waldwasserläu-
fer rasten gern versteckt
an kleinen Gräben und
Bächen

Dieser landende
Vogel zeigt schön
seine schwärzli-
chen Unterflügel

Waldwasserläufer stehen meist geduckt.
Auch sie wippen oft mit dem Körper

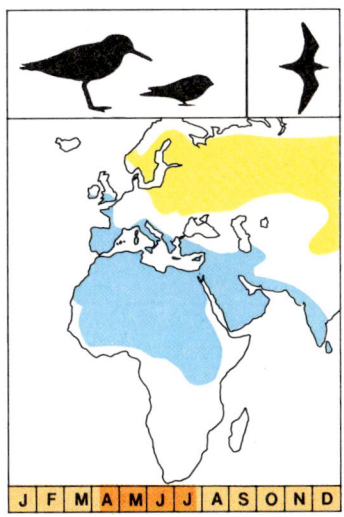

Als ein noch ausgeprägterer Waldvogel als der Bruchwasserläufer brütet der Waldwasserläufer *Tringa ochropus* fast nur in Laubwäldern aus Birke oder Erle und in Nadelwäldern. Ausnahmen kommen vor, wie jenes Paar, daß 1959 in Schottland auf nassem Sumpfland mit nur einigen verstreuten Fichten nistete.

Zu Beginn der Brutzeit zeigen die Vögel verschiedene Bodenbalzspiele mit ausgebreiteten Flügeln und gefächertem Schwanz. Die Flugbalz besteht aus einem abwechselnden Hochsteigen mit raschen Flügelschlägen und steilem Abwärtsgleiten. Der Gesang aus langgezogenen und melodischen Elementen klingt hell und klar wie „gegjörluit". Gewöhnlich ist der Nistplatz das alte Nest eines anderen Vogels, z. B. einer Drossel, eines Eichelhähers oder einer Ringeltaube. Auch verlassene Eichhörnchenkobel werden bezogen. Die Nester liegen in Bäumen, die bis zu 15 m hoch sein können. Das Normalgelege enthält 4 Eier. Sie werden von beiden Geschlechtern 20 – 23 Tage lang bebrütet. Nach dem Schlüpfen taumeln die Küken in Richtung Boden. Ihr geringes Gewicht und das dicke Daunenkleid schützen sie dabei vor Verletzungen. Das Flüggewerden dauert ungefähr 4 Wochen. Dem Männchen obliegt nach wenigen Tagen die alleinige Fürsorge. Auf dem Durchzug und in den Winterquartieren verweilen die Waldwasserläufer in deckungsreichem Gelände. Werden sie unerwartet hochgescheucht, erklingt ihr Ruf silberhell „tluit itt-itt". Während der Brutzeit ernährt sich diese Art weniger durch Schlammstochern, sondern erbeutet winzige Wassertiere.

J F M A M J J A S O N D

157

Flußuferläufer

Bevor sich die Flußuferläufer während des Zuges im Herbst an ihren Gemeinschaftsschlafplätzen auf kleinen Schlamminseln oder am Teichrand sammeln, umkreisen sie das Gebiet oft laut rufend in großer Höhe

Die Zeichnung des Unterflügels ist für einen Watvogel einmalig, aber selten zu sehen, da Flußuferläufer meist niedrig über das Wasser abfliegen

Wenn ein Flußuferläufer mit schnellen, steifen Flügelschlägen abstreicht, sind die weißen Außenkanten des Schwanzes und die Flügelbinde (deutlicher als auf der Abbildung) gute Kennzeichen

$(\times \sqrt[3]{10})$

Im Sommer ist die Brust deutlicher gestreift

$(\times \frac{1}{2})$

Die Jungvögel sind, wie bei allen Watvögeln, Nestflüchter und suchen schon vom ersten Tag an selbständig nach Nahrung

Die weißen Federn der Brustseiten ziehen sich weit auf den Vorderrücken hinauf, ein gutes Kennzeichen, wenn man den Vogel frontal sieht

Flußuferläufer wippen ständig mit dem Schwanz

Bei Störung fliegen Flußuferläufer flach ab und fallen bald wieder am Ufer ein. Dabei lassen sie ihren unverkennbaren Ruf hören, ein hohes „hididididit"

Jungvögel haben oberseits helle Federränder, vor allem auf den Flügeldecken, was allerdings nur aus der Nähe erkennbar ist

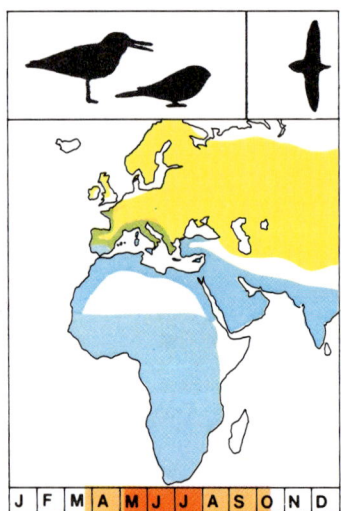

Raschfließende Gebirgsflüsse sind der typische Lebensraum für den Flußuferläufer *Actitis hypoleucos*, obgleich auch ausreichend klare Stillgewässer geeignet sind. Wie die Wasseramsel und die Gebirgstelze, mit denen er den Lebensraum teilt, hat dieser schmucke kleine Watvogel die Gewohnheit, unentwegt knicksende Bewegungen zu machen — eine Verhaltensweise, die noch einer befriedigenden Erklärung bedarf.

Flußuferläufer kommen im April in ihren Brutgebieten an. Die Zeit der Balz und Paarung ist durch auffällige Schauflüge gekennzeichnet. Das Männchen kreist dabei höher und höher und stößt einen trillernden Gesang aus, in dem der oft zu hörende Flugruf „hididi . . ." zu Motiven gereiht wird. Manchmal attackiert er andere Männchen im Sturzflug, und ebenso kommen heftige Boden-

kämpfe vor. Beide Partner scharren Nistmulden; das Weibchen wählt eine davon aus und stattet sie dürftig mit Pflanzenteilen aus. Die Nistmulde ist normalerweise in der Krautschicht versteckt, kann aber auch ganz offen auf Kiesbänken liegen. Beide Geschlechter brüten die 4 Eier in 21—23 Tagen aus. Die Jungen werden in ungefähr 4 Wochen flügge. Es gibt nur eine Brut. Durch Verleiten werden Eindringlinge von den Jungen abgelenkt.

Außerhalb der Brutzeit sieht man Flußuferläufer an den verschiedensten Gewässern und an der Küste. Egal, wo sie sich aufhalten, immer ernähren sie sich durch Aufpicken von Kleintieren, die sie an der Oberfläche von Felsen, auf Schlammflächen oder im seichten Wasser finden, und immer zeigen sie ihr typisches Körperwippen.

Kampfläufer

Zur Balz benutzen Kampfläufer traditionelle Arenen in Mooren oder auf kurzem Grasland. Das System ish sehr kompliziert: Es gibt „unabhängige" und „periphere" Männchen, sowie sogenannte „Satellitenmännchen"

Altes Weibchen im Schlichtkleid

$(\times \frac{1}{6})$

$(\times \frac{1}{6})$

Altes Männchen im Herbst

Unabhängige Männchen besetzen und verteidigen ein kleines Territorium, in dem Satelliten-Männchen geduldet werden. Periphere Männchen besuchen mehrere Arenen und versuchen, sich einen Platz zu erobern

Es ist eine Ausnahme unter den Watvögeln, daß beim Kampfläufer die Männchen deutlich größer als die Weibchen sind. Sie fliegen mit schnellen, kräftigen Flügelschlägen und gleiten das letzte Stück vor der Landung. Von der recht einfarbigen Oberseite heben sich die ovalen Schwanzflecken ab

Die Halskrause macht das Männchen im Prachtkleid unverkennbar

Wie mittelalterliche Ritter rennen die Männchen in ihren unblutigen Kämpfen aufeinander los. Die Weibchen stehen scheinbar teilnahmslos am Rand

$(\times \frac{1}{4})$

Männchen mit dunklen Halskrausen sind denen mit weißen überlegen. Nach einem gewonnenen Kampf begeben sich paarungsbereite Weibchen in das Territorium des siegreichen Männchens

Kampfläufer gehen keine Paarbindung ein. Die Weibchen kümmern sich alleine um Brut und Jungenaufzucht

Kampfläufer werden oft mit den verschiedenen Wasserläufern verwechselt. Kennzeichnend sind der kurze, gerade Schnabel, die geschuppte Oberseite und der relativ kleine Kopf. Ruft selten!

Die Beine können grau, grün, gelb, orange oder rot sein – je nach Alter und Jahreszeit

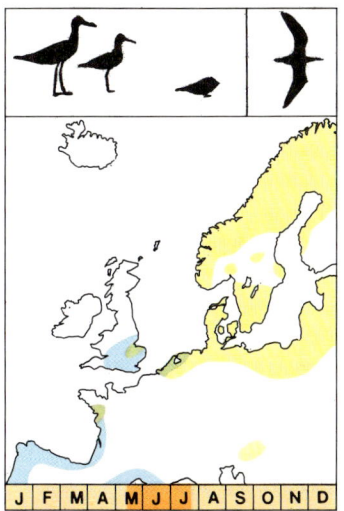

Mit seinem verwickelten Paarungsverhalten und seinem schönen Gefieder ist der Kampfläufer *Philomachus pugnax* ein wahrhaft aufregender Vogel. Die Balz und die Partnerwahl finden nur auf „öffentlichen" Balzplätzen oder Arenen statt. Verschiedene Vogelgruppen der Welt haben Balzplatzverhalten entwickelt — in Europa ist das Birkhuhn ein weiteres Beispiel, doch die Kampfläuferbalz ist einzigartig. Nur bei ihm gibt es ein System von unabhängigen und beigeordneten Männchen, die durch verschiedene Gefiederfärbungen gekennzeichnet sind.

„Unabhängige" Hähne gründen Balzarenen und erwerben Balzgelände darauf, indem sie die anderen Männchen androhen oder mit ihnen kämpfen. Beigeordnete Männchen können an den Territorien der Platzhalter teilhaben, beteiligen sich aber nicht an deren Verteidigung. Die sogenannten „Satellitenmännchen" zeigen nur wenig Aggression, denn die Platzhalter würden sie sonst nicht dulden, und auf großen Balzplätzen gelingt es ihnen nur selten, an der Paarung teilzunehmen. Auf einer kleineren Arena sind sie erfolgreicher. Nur die Männchen auf dem Balzgelände haben eine Chance, von Weibchen als Partner ausgesucht zu werden.

Junge oder sehr alte Kampfläufer besitzen keine Territorien und können nur am Rande der Balzplätze das Geschehen verfolgen. Wenn ihre Zeit gekommen ist, werden die Jungvögel die Platzherren „enteignen" und an ihre Stelle treten.

Die Nester werden im Umkreis der Arenen angelegt. Das Weibchen trägt die gesamte Last des Brutgeschäfts und der Jungenaufzucht alleine.

Knutt

Altvogel im Schlichtkleid mit weißer Unterseite und einfarbig grauer Oberseite

Männchen im Prachtkleid leuchtend rostbraun, Weibchen blasser

Knutts sind langflügelig und sehen im Winter auch im Flug sehr hellgrau aus

$(\times \frac{3}{10})$

Im Jugend- und Schlichtkleid ist die Oberseite einfarbig grau mit schwacher Binde auf den langen Flügeln und einer dunklen Querwellung auf Bürzel und Oberschwanzdecken

Im Prachtkleid kann der Knutt nur mit dem Sichelstrandläufer verwechselt werden, der aber schlanker ist und einen langen, abwärts gebogenen Schnabel hat

Knutts treten an der Küste oft in gewaltigen Trupps auf. Eine Wolke von 1000 Vögeln ist oval (oben), 10 000 und mehr Vögel bilden ein Band (unten). Kleinere Gruppen bleiben auch im Winter im Wattenmeer

Bei Flut rasten sie an trockenen Plätzen. Nur selten gelangen Knutts ins Binnenland

Der Knutt ist unsere größte Strandläuferart. Am robusten Körperbau, den kurzen Beinen und dem geraden, kurzen und kräftigen Schnabel ist er gut zu erkennen. Die Stimme ist ein leises „nutt-nutt"

Jungvögel sind oberseits stärker geschuppt als Altvögel im Schlichtkleid und an der Brust blaß bräunlich

$(\times \frac{1}{2})$

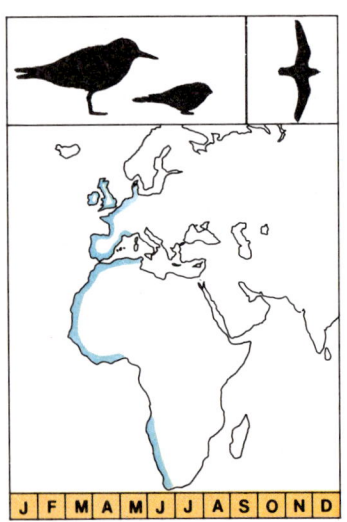

Dem Dänenkönig *Knut* wird nachgesagt, daß er diese plumpen Watvögel gerne verzehrte. Der Knutt *Calidris canutus* soll nach ihm benannt worden sein. Eine andere Möglichkeit der Namensherkunft wäre, daß er als Strandvogel mit dem König, der seinen Ruf an der Küste erlangte, in Verbindung gebracht wurde. Knutts sind größer als ihre nahen Verwandten, die Alpenstrandläufer, mit denen sie häufig gemeinsam nach Nahrung suchen. Ihre größere Statur bedingt eine langsamere Art und Weise der Futtersuche; dies wiederum beweist eine umgekehrte Beziehung zwischen Größe und Aktivität — wie häufig im Reich der Tiere.

Die Art ihrer Nahrungssuche ist der des Alpenstrandläufers ähnlich, obwohl sich Knutts mehr auf Oberflächenbeute, wie kleine Strandschnecken und andere Weichtiere,

konzentrieren. Knutts sind hochnordische Brutvögel. Sie nisten in der offenen Tundra, die nur spärlich mit Flechten bedeckt ist. Die 4 Eier werden, sobald die Schneedecke dahingeschmolzen ist, gelegt, normalerweise in der zweiten Hälfte des Juni. Beide Eltern brüten; die Eier entwickeln sich in 21 Tagen. Die Jungvögel werden dann in sumpfigeres Gelände geführt, wo sie Insektenlarven finden.

Knutts überwintern an den Küsten Mittel- und Westeuropas, südlich bis Westafrika. An den Küsten Großbritanniens finden sich die meisten Individuen: Es können in der Mitte des Winters bis zu 250 000 sein.

Beim Abfliegen lassen Knutts ein gedämpftes „nutt-nutt" hören. Ihr Gesang erinnert ein wenig an die Rufe des Großen Brachvogels, ist aber bei uns nicht zu hören.

J F M A M J J A S O N D

Kiebitz

Breiter, runder Flügel des Männchens

Schmalerer Flügel des Weibchens

Kiebitze ziehen in lockeren Trupps. Die Flügelschläge sind langsam, bei der Balz fast schmetterlingsartig. Das kontrastreiche Muster macht die taubengroßen Vögel unverkennbar

Eierraubende Krähen werden aus dem Brutrevier vertrieben

Kiebitze stehen meist mit dem Kopf gegen den Wind. Nach der Landung bleiben die Flügel noch gestreckt

(× 1/3)

Kiebitze sind an der kontrastreichen Gefiederfärbung und der Haube leicht zu erkennen. Diese ist bei Jungvögeln (links) kürzer, der Rücken mehr geschuppt

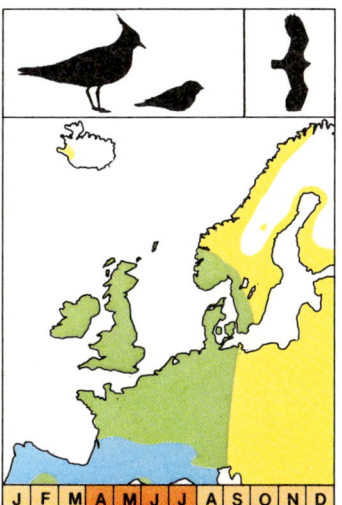

„Kiu-witt"-Rufe und der überschwengliche, taumelnde Balzflug des männlichen Kiebitzes *Vanellus vanellus* scheinen in vollkommener Weise das Gefühl der Heiterkeit, das mit dem Frühlingsbeginn aufkommt, auszudrücken. Dieser Imponierflug zieht rasch eine Partnerin an, welche das Männchen mit verstärkten Scharrbewegungen, die das Anlegen der Nistmulde nachahmen, umwirbt. Das Paar besichtigt geeignete Plätze gemeinsam, durch Balzerwiderung zeigt das Weibchen, welche Stelle es bevorzugt. Es folgt die Paarung. Das erste Ei wird oft schon im März gelegt. Beide Elterntiere brüten, das Weibchen hat aber den Hauptanteil am Brutgeschäft. Die Eier entwickeln sich in 24—31 Tagen; dadurch fällt der Schlüpftermin in die Zeit, in der der Bewuchs eine optimale Höhe hat. Bald nach dem Schlüpfen werden die Jungen von dem trockenen, freiliegenden Nistplatz — ein gepflügter Acker ist typisch — in feuchteres Gelände geführt, wo ihnen die Grasdecke Sichtschutz gewährt. Sie werden nach 4 1/2 — 5 Wochen flügge.

Außerhalb der Brutzeit suchen die Kiebitze auf Weiden und Äckern nach Nahrung. Sie verhalten sich dabei folgendermaßen: Sie rennen ein kurzes Stück, halten inne und stürzen sich gelegentlich auf ein Opfer — einen Regenwurm, eine Made oder eine Erdraupe. Mit heftigen Grabbewegungen werden Beutetiere aus den Wurzeln von Grasbüscheln herausgezogen. Der Nahrungserwerb wird schwierig, wenn die Felder gefroren sind. Bei ungünstigem Wetter ziehen Kiebitze kurze Strecken. Große Scharen formieren sich dann zu breiten Bändern am Himmel.

161

Goldregenpfeifer

Prachtkleid
der südlichen
Unterart

Schlicht- und
Jugendkleid
beider Unter-
arten

Die Federränder der
Oberseite sind gold-
gelb, die weiße Flü-
gelbinde fällt auf

Links ein Männchen der nördlichen Unterart, die bei uns häufig
durchzieht, rechts die südliche Unterart, die sehr selten in Norddeutschland brütet

Goldregenpfeifer sind
recht kompakte Vögel,
die im Flug an Tauben er-
innern. Oft hört man den
melancholisch flötenden
Ruf „tlüüh"

(× ⅕)

Im Flug unter-
scheidet er sich
vom Kiebitzre-
genpfeifer vor al-
lem durch die
weißen (nicht
schwarzen) Ach-
selfedern

Der runde
Kopf mit dem
großen Auge
gibt dem Gold-
regenpfeifer
ein niedliches
Aussehen. Im
Winter fehlt
der schwarze
Bauchfleck

(× ½)

Goldregenpfeifer rasten oft gemeinsam mit Kiebitzen auf Wiesenflächen und
abgeernteten Feldern, nur selten im Watt

Aufmerksam wird der
Hals gereckt

Wiesen und Weideland, häufig in Küstennähe, sind das Überwinterungsgebiet des Goldregenpfeifers *Pluvialis apricaria*. Sein melodischer Ruf, ein flötendes „dlüh", gehört
ebenso zum flachen Land, wie das Schak-
kern der Wacholderdrosseln.
In dichtgedrängten Schwärmen fliegen die
Goldregenpfeifer von Feld zu Feld. Nach der
Landung suchen sie auf dieselbe Art und
Weise Futter wie alle Regenpfeifer: in einem
raschen Trippellauf, von kurzen Pausen unterbrochen. Aufgespürte Beutetiere werden
durch rasche Schnabelhiebe getötet. Meist
erwischen die Regenpfeifer ihre Opfer nicht
ganz, sondern zerstückeln sie. Das ist zwar
eine verschwenderische Methode im Vergleich mit der des Brachvogels, den man oft
auf denselben Feldern sieht; dessen langer
Schnabel kann die Würmer unversehrt

herausziehen. Die Renn-und-Pack-Methode
ist jedoch ideal, um Oberflächentiere wie
Käfer, Nacktschnecken und Fliegenlarven zu
erhaschen. Die Küste (dort sind kleine
Weichtiere die Beute) ist als Nahrungsraum
meist weniger wichtig. Ausnahmen sind
strenge Frostperioden. Im Küstengebiet wird
der Strand als Übernachtungsplatz genutzt,
aber bei hellem Mondlicht bleiben fressende
Goldregenpfeifer die ganze Nacht auf dem
Feld.
Im zeitigen Frühjahr kann man von Vögeln,
die immer noch in den Winterquartieren
sind, den Vortrag ihres Gesanges hören: eine hübsche Trillerphrase, die in absteigender
Tonhöhe wiederholt wird. Einige tragen
schon ihr prachtvolles Sommergefieder, bevor sie ziehen. Als Brutbiotop wählen sie
Moore, Heiden oder die Tundra.

Kiebitzregenpfeifer

Die Oberseite ist grau, je nach Alter und Lichteinfall silbern, graubraun oder gar gelbbraun

Kiebitzregenpfeifer haben in jedem Kleid schwarze Achselfedern, Goldregenpfeifer dagegen weiße

Kiebitzregenpfeifer im vollen Brutkleid haben einen ganz schwarzen Bauch. Man sieht sie zwischen Mai und August

Altvogel im Prachtkleid

Während der Mauser ist die schwarze Unterseite mit weißen Flecken durchsetzt

Auf den langen Flügeln zeichnet sich eine weiße Binde ab. Oberseits unterscheidet er sich im Flug vom Goldregenpfeifer durch die helleren, ungebänderten Oberschwanzdecken

(× 3/10)

(× 1/2)

Kiebitzregenpfeifer haben einen bedächtigen Gang und nehmen oft eine geduckte Haltung ein. Sie sind vorwiegend am Strand und im Watt zu finden

Jungvögel sind mehr gelbbraun getönt

Altvogel im Schlichtkleid ohne schwarze Unterseite. Der Ruf ist ein klagendes, dreisilbiges Flöten „tüh-tü-lüüh"

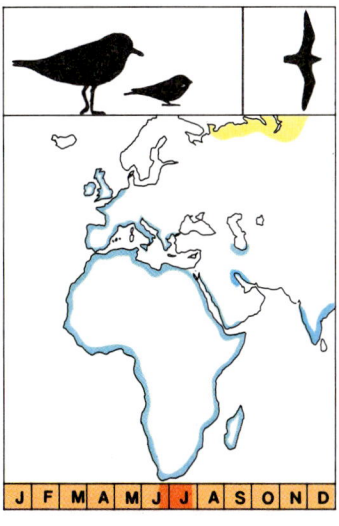

Das offene Watt, Sandbänke und die Schlammflächen an der Küste sind der bevorzugte Nahrungsraum des Kiebitzregenpfeifers *Pluvialis squatarola* — im Gegensatz zum sehr ähnlichen Goldregenpfeifer. Im Fluge unterscheiden ihn von diesem nicht nur die schwarzen Achselfedern, sondern auch der deutlich dreisilbige Ruf: „tlih-o-ih". Der Kiebitzregenpfeifer ist stämmiger gebaut als der Goldregenpfeifer und nimmt eine mehr gebückte Haltung ein — sogar bei seinen seltenen Besuchen auf den Feldern, wo ein aufrecht stehender Goldregenpfeifer einen viel besseren Ausblick über die Halme oder Stoppeln hat.

Am Strand befähigt ihn der längere, kräftigere Schnabel zum Fang von Beute, die dem kleineren Vetter unerreichbar bleibt. Krabben sind seine Hauptnahrung, bevor er im Win-

ter in tieferes Wasser geht. Viele kleine Weichtiere werden ebenso aufgenommen. Der Kiebitzregenpfeifer brütet in der arktischen Tundra. Seine Wanderzüge sind weiter als die des Goldregenpfeifers. Europäische Wintergäste kommen von den Küsten des Weißen Meeres und Sibirien. Sie durchziehen das Baltikum, und viele setzen ihren Weg über die Strände Europas bis nach Südafrika fort.

Die Balzgewohnheiten ähneln denen des Goldregenpfeifers: Beide haben einen schmetterlingsartigen Singflug und ähnliche Gesänge; auch die Nistweise ist fast identisch. In der einfachen Nistmulde zwischen Steinen und Flechten liegen Ende Juni 4 Eier. Die Altvögel sind geradezu tollkühn in der Verteidigung ihrer Nestlinge, die im späten August flügge werden.

J F M A M J J A S O N D

Grünschenkel

Helle
Unterseite

Grünschenkel
ziehen einzeln
oder in kleinen
Trupps

(× ³/₁₀)

Der Grünschenkel hat
keine Flügelbinde, die
Flügel sind einfarbig hell
graubraun. Wichtigstes
Kennzeichen sind die hel-
len Oberschwanzdecken,
die in einen weißen Keil
übergehen, der sich weit
auf den Rücken erstreckt.
Die grünen Füße über-
ragen den Schwanz

Grünschenkel suchen meist stochernd, pickend oder sei-
hend im Flachwasser nach Würmern, Insekten und
Larven

Der kennzeichnende Ruf des
Grünschenkels ist ein drei- oder
viersilbiges, lautes und hartes
„kjück-kjück-kjück", das man vor
allem von fliegenden Vögeln hört

(× ½)

Grünschenkel sind sehr wachsam und
fliegen bei Beunruhigung schnell auf

Die langen grünen Beine und
der lange, leicht aufwärtsgebogene und an der Basis gleichfalls grüne Schnabel machen
den oberseits hell graubraunen
und unterseits fast weißen
Grünschenkel unverkennbar

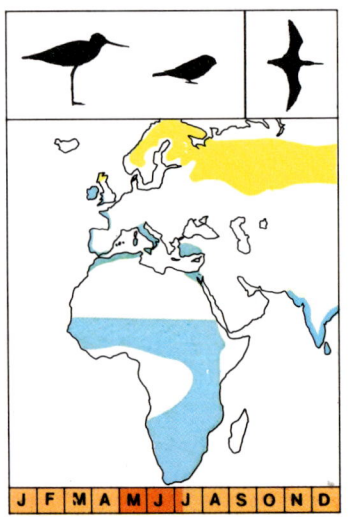

J F M A M J J A S O N D

Der Grünschenkel *Tringa nebularia* fällt im
Flug durch seine Größe, das helle Gefieder
und die laut und hart flötenden Rufe auf. Er
brütet in Schottland, Skandinavien und
Nordasien auf trockenem Moorland, in der
sumpfigen Tundra und auf Waldlichtungen.
Von dort zieht er in der kalten Jahreszeit weit
umher, von der Atlantikküste bis zum Mittelmeer und Südafrika. Östlichere Populationen überwintern zwischen den südasiati-
schen und australischen Meeressäumen. Einige bleiben auch bei uns, ja es kommt gelegentlich vor, daß sie übersommern, ohne
zu brüten.
Bei der Futtersuche ist der Grünschenkel
sehr agil, fängt Krebstiere und kleine Fische
im seichten Wasser. Oft macht er jähe Vor-
stöße, um die Beute zu packen; weil der
Grünschenkel sehr hochbeinig ist, kann er
weit ins tiefere Wasser gehen. Gelegentlich
vollführt er einen eiligen Tanz, um die Beutetiere aufzustöbern. Im Brutgebiet nimmt er
vermehrt Wasserinsekten und schnappt nur
ab und zu nach Molchen, Kaulquappen und
Fischchen. Er greift aber auch nach fliegenden Großinsekten.
Grünschenkelnester liegen auf riesigen
Moorflächen — eines zu finden gehört zu
den besonderen Erlebnissen der Freilandbe-
obachtung. Paradoxerweise ist seine Brutbiologie gerade deswegen recht gut bekannt.
Der Grünschenkel legt seine Eier mit Vorliebe neben einem Stück Bruchholz ab. Seinen
flötenden Gesang trägt er im Zickzackflug
oder von einer Singwarte aus vor, sein lauter
Flugruf „kjückjückjück . . ." erinnert an den
lachenden Gesang unseres Grünspechts im
Frühling.

Rotschenkel

Ein Rivale wird vertrieben

Rotschenkel werfen sich im Flug oft von einer Seite auf die andere und gleiten mit steif nach unten gehaltenen Flügeln

Die Stimme des Rotschenkels ist ein laut flötendes „tü-tü-tüt", das auch andere Vögel alarmiert. Während der Balz ist auch ein perlender Triller zu hören

Neben dem weißen Keil auf dem Rücken ist vor allem die breite weiße Binde am Hinterrand der Flügel das wichtigste Merkmal des fliegenden Vogels

(× ³/₁₀)

Außerhalb der Brutzeit erscheinen Rotschenkel oft in kleinen Trupps

Altvogel im Frühjahr. Die langen roten Beine und die rote Schnabelbasis in Verbindung mit der hellbraunen Oberseite und hellen Unterseite kennzeichnen ihn eindeutig

Nach der Landung strecken Rotschenkel, wie andere Limikolen auch, die Flügel noch einmal. Außerhalb der Brutzeit sitzen sie nicht auf Pfählen

Das Männchen hält auf einem erhöhten Punkt in der Nähe des brütenden Weibchens Wache. Die langen Beine verraten uns, daß er im Flachwasser am Ufer nach Nahrung sucht. In den Wiesen bohrt er mit seinem langen Schnabel vor allem nach Regenwürmern

(× ½)

Rotschenkel brüten in feuchten Wiesen und rasten zur Zugzeit an Teichen und schlammigen Ufern sowie im Watt

Im Abflug ist er durch die drei weiß aufblitzenden Dreiecke unverwechselbar

Eintägiges Küken

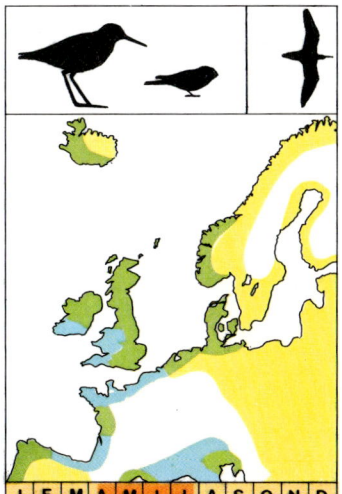

Die aufgeregten Rufe des hochgescheuchten Rotschenkels *Tringa totanus* klingen ähnlich denen des Grünschenkels, alllerdings nicht so hart. Er wurde deshalb schon treffend der Wächter der Marschen genannt.

Während des Herbstes und Frühjahrs sind die weiten Schlickflächen des Watts sein wesentlicher Nahrungsraum, dort hat er sich darauf spezialisiert, den winzigen Schlickkrebs *Corophium*, der in engen U-förmigen Wohnröhren lebt, zu fangen. Im allgemeinen halten sich diese Tierchen nahe der Oberfläche auf und werden mit kurzem Picken (bis zu hundertmal pro Minute) hervorgeholt, während der Vogel flink übers Watt schreitet. Der Gesichtssinn ist bei dieser Jagdweise wichtig. Bei einer alternativen nächtlichen Fangmethode, die auf dem Tastsinn zu beruhen scheint, wird der Schnabel mähend durch den Schlamm geführt. Studien zeigten, daß eine Schlammtemperatur unter 3 °C die Schlickkrebse davon abhält, an die Oberfläche zu kommen. Dann wendet sich der Rotschenkel anderer Beute zu, etwa Wattwürmern und Weichtieren.

Brutplätze im Landesinneren werden in der Bundesrepublik mehr und mehr aufgegeben, nur in der Norddeutschen Tiefebene sind nistende Rotschenkel noch häufiger. Das Balzritual besteht aus einem „jodelnden" Gesang und Flugspielen mit raschen, flachen Flügelschlägen und langen Gleitphasen. Das Bodennest, eine ausgelegte Mulde, ist völlig unter Moos- oder Graspolstern versteckt. Beide Geschlechter brüten und sitzen sehr fest auf den Eiern. Die Jungen schlüpfen nach 22 — 29 Tagen und sind nach 4 Wochen flügge.

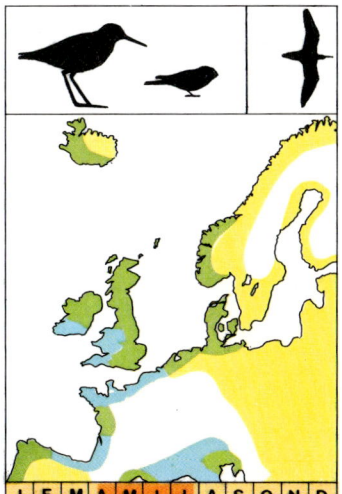

Waldschnepfe

Die besondere Kopfform und die weit hinten liegenden Augen erlauben der Waldschnepfe eine fast komplette Rundumsicht. Die Schnabelspitze ist mit Nervenzellen besetzt

Der gaukelnde, an eine Eule erinnernde Balzflug des Männchens ist an Frühlingsabenden an Waldrändern zu sehen

(× 1/5)

Die fast taubengroße Waldschnepfe fliegt meist erst wenige Meter vor dem Beobachter auf und verschwindet im niedrigen Kurvenflug zwischen den Bäumen. Durch ihre Größe und die an Herbstlaub erinnernde Tarnfärbung ist sie unverkennbar. Der lange Schnabel wird im Flug schräg abwärts gehalten

Der Flug ist langsam und gaukelnd, meist landet die Schnepfe schnell wieder in schützender Deckung

Während der Bodenbalz wird der kontrastreich gemusterte Unterschwanz gezeigt

Eine im Laub sitzende Waldschnepfe ist schwer zu entdecken. Auch die Küken besitzen schon diese Tarnfärbung. Einzelne Schnepfen überwintern bei uns

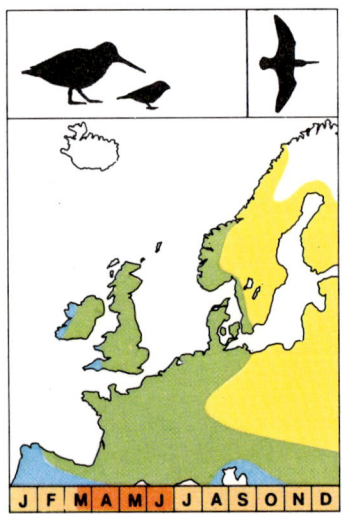

J F M A M J J A S O N D

Viele Menschen neigen dazu, die Waldschnepfe aufgrund ihres Aussehens für einen dummen Vogel zu halten. BREHM schrieb über die Waldschnepfe *Scolopax rusticola*, sie sei „nicht nur scharfsinnig, sondern auch über Erwarten klug". Auf jeden Fall sind die Augen der Waldschnepfe überaus groß, was für einen hauptsächlich nachtaktiven Vogel wichtig ist. Das Gesichtsfeld dieser Augen ist im Hinterkopfbereich größer als im Stirnbereich und bildet so ein Frühwarnsystem für den Vogel, der im weichen Mulm feuchter Wälder nach Würmern und Larven stochert.

Die Waldschnepfe findet ihre Beute vor allem mit Hilfe der feinfühligen Schnabelspitze, deren obere Hälfte angehoben werden kann — eine Fähigkeit, die übrigens viele Watvögel besitzen; besonders hoch entwickelt ist sie bei der Waldschnepfe und der Bekassine. Beide sind in der Lage, unterirdische Beutetiere zu ergreifen, ohne den ganzen Schnabel öffnen zu müssen.

Vor der Brut hört man beim Schnepfenstrich das „Quorren" und „Puitzen" der Männchen, die mit langsamem Flügelschlag in der Dämmerung über Schneisen fliegen. Der Balzflug beschreibt einen Kreis, der sich über einige Kilometer erstrecken kann.

Das Nest, eine mit Fallaub ausgelegte Mulde am Fuße eines Baumes, enthält 4 rostfarbene und gefleckte Eier. Das Weibchen hat sie nach 20 — 21 Tagen erbrütet und führt die Küken rund 5 Wochen. Nicht selten liest man die Behauptung, das Weibchen trüge die Jungen zwischen die Beine geklemmt fliegend davon. Eine wohl irrige Annahme, handelt es sich doch eher um Verleiten.

Bekassine – Zwergschnepfe

Während der Flugbalz versetzt der Luftzug die abgespreizten äußeren Steuerfedern der Bekassine in Vibration, so daß ein wummerndes Geräusch entsteht

Der extrem lange, gerade Schnabel, die braune Oberseite und die weißen Markierungen auf Rücken und orangefarbenem Schwanz sind typisch

Bekassinen steigen im Zickzack-Flug hoch auf

Dabei ist ein heiser rätschender Ruf zu hören

$(\times \frac{3}{10})$

Die Zwergschnepfe fliegt dagegen stumm und gradlinig auf, meist erst direkt vor den Füßen des Beobachters. Unten nahrungssuchende Bekassinen

$(\times \frac{3}{10})$

Besonders gebaute äußere Steuerfeder der Bekassine zur mechanischen Lauterzeugung

Schnabel und Flügel sind bei der Zwergschnepfe kürzer, der Schwanz ist keilförmig und ohne weiße Kanten

Die Oberseite der kleineren, kurzschnäbligeren und kurzbeinigeren Zwergschnepfe schillert metallisch

$(\times \frac{1}{2})$

$(\times \frac{1}{2})$

Nahrungssuchende Zwergschnepfen wippen, wie an Gummibändern hängend, ständig auf und ab

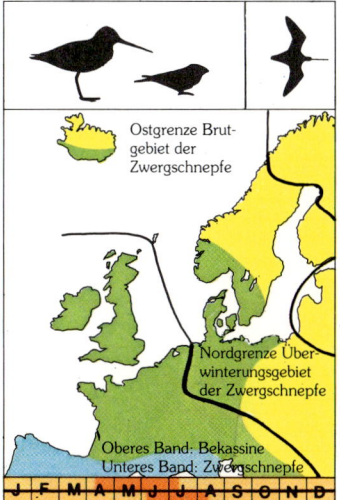

Ostgrenze Brutgebiet der Zwergschnepfe

Nordgrenze Überwinterungsgebiet der Zwergschnepfe

Oberes Band: Bekassine
Unteres Band: Zwergschnepfe

J F M A M J J A S O N D

Der Zickzackflug muß ein wirksames Abwehrmittel gegen Falken und andere geflügelte Räuber sein, die gelegentlich nach der Bekassine *Gallinago gallinago* stoßen. Verantwortungslose Jäger dagegen finden aufsteigende Schnepfen oft als Flugzielscheibe reizvoll, weil sie so schwierig mit der Flinte zu treffen sind.

Die Methoden des Nahrungserwerbs der Bekassinen stehen im interessanten Gegensatz zum Brachvogel: Sie suchen im weichen Schlamm mit lotrechtem Sondierstich und führen nie kräftige Zerrbewegungen wie der Brachvogel aus. Folglich braucht ihr Schnabel auch keine schützende Armierung, und es bleibt Platz für eine lange Zunge. Auf diese Weise sind viele Beutetiere wie Würmer und Insektenlarven bereits weit im Schnabel verschwunden, noch bevor die Schnepfe sie aus dem Boden zieht. Sämereien werden nur in kleinen Mengen aufgenommen. Bekassinen fressen am aktivsten in der Nacht und fliegen in der Dämmerung zu ihren Nahrungsgründen. Den eigentümlichen Summton beim Balzflug hört man im zeitigen Frühjahr — das „www ..." wird im Deutschen seltsamerweise als „Meckern" bezeichnet; der Gesang ist ein metronomisches „tücke-tücke-tücke ...". Das Gelege enthält 4 Eier, wird in einer Mulde angelegt und vom Weibchen 20 Tage lang bebrütet. Die Zwergschnepfe *Lymnocryptes minimus* ist ein Brutvogel des Nordens. Sie wird viel weniger häufig beobachtet, weil sie sich äußerst lang auf den Boden drückt und eigentlich erst hochsteigt, bevor man auf sie tritt. Als Überwinterer verweilt sie bei uns an kleinen Süßgewässern.

Pfuhlschnepfe

Fliegende Vögel im Pracht-, Schlicht- und Jugendkleid

Männchen im Prachtkleid sind leuchtend rostbraun, Weibchen etwas blasser. Während der Mauser ist das Gefieder weiß gescheckt

Der leicht aufwärts gebogene Schnabel ist beim etwas größeren Weibchen noch länger

Ein kleiner Trupp landet

Die Pfuhlschnepfe ist die einzige große langschnäblige Limikole mit einfarbiger Oberseite und weißem Keil auf dem Rücken. Der helle Schwanz ist dunkel quergebändert

($\times \frac{1}{5}$)

Im Flug überragen die Füße den Schwanz etwas, gelegentlich ist ein nasales „gäh-gäh" zu hören. Beim Landen stürzen die Vögel oft im Zickzack-Flug aus großer Höhe hinunter. An der Küste rasten sie in großen Trupps, im Binnenland erscheinen sie selten. Außer mit der Uferschnepfe kann man sie mit keiner Art verwechseln

Eine große, langschnäblige Limikole, im Jugend- und Schlichtkleid dem Brachvogel ähnlich. Jungvögel auf Brust und Oberseite brauner als Altvögel

($\times \frac{1}{3}$)

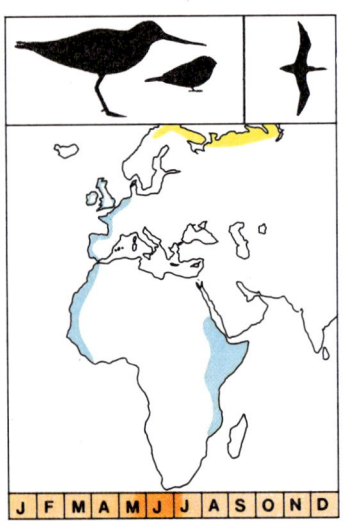

J F M A M J J A S O N D

Ein futtersuchender Trupp von Pfuhlschnepfen bietet ein unterhaltsames Schauspiel. Sie laufen behende über den Schlamm, machen in kurzen Zeitintervallen rasche Versuchsbohrungen, und wenn die nervenreiche Schnabelspitze Beute spürt, dreht sich der Vogel mehrmals um seinen Schnabel herum. Damit treibt die Pfuhlschnepfe *Limosa lapponica* ihr Sondierorgan tief in den Schlamm, um einen Wurm oder eine Muschel zu erbeuten. Ab und zu fällt der Vogel auch in Laufschritt, dann nämlich, wenn er eine Beute mit den Augen erspäht hat. Pfuhlschnepfen suchen ihre Beute mit Vorliebe im festen, ziemlich sandigen Schlamm. In der Regel bleiben sie dem Niedrigwasser fern, ganz im Gegensatz zu den langbeinigeren Uferschnepfen, die regelmäßig auch noch tiefer ins Meer oder in einen See gehen. Obwohl die Vögel in lockeren Gruppen nach Nahrung suchen, sammeln sie sich zu dichten Schwärmen, wenn die Flut am höchsten ist.

Während des Winters ähneln die Pfuhlschnepfen mit ihrer dann matteren Färbung den Brachvögeln, an die sie auch im Fluge erinnern.

Pfuhlschnepfen haben eine eigenartige Gewohnheit, die sie nur mit den grauen Gänsearten teilen: Sie verlieren ganz plötzlich an Flughöhe und trudeln in verzerrten Zwirbelwindungen nach unten ab. Ihr Flugruf ist ein näselndes „gähgähgäh . . .".

Die Pfuhlschnepfe brütet in arktischen Tundrengebieten mit Weidengebüsch und Zwergbirken. Das Nest wird auf einem trockenen Hügelchen errichtet. Die 4 Eier brütet hauptsächlich das Männchen alleine aus.

Uferschnepfe

Uferschnepfe im graubraunen Schlichtkleid. Das Jugendkleid ist noch brauner, auch Brust und Unterseite sind warm rotbraun getönt

Der lange Schnabel, die den Schwanz weit überragenden Beine und das markante Muster der Oberseite machen die fliegende Uferschnepfe unverkennbar: weiße Flügelbinde, schwarzer Schwanz, weiße Oberschwanzdecken

Eindringlinge ins Brutrevier wie Möwen, Krähen und Menschen werden von der Uferschnepfe mit lauten Rufen vertrieben

Im Flug sind die hellen Unterflügel sehr auffallend

Uferschnepfen brüten in feuchten Wiesen. Auf dem Zug rasten sie an Teichen und auf Schlammflächen im Binnenland, nicht so sehr am Meer wie die ähnliche Pfuhlschnepfe

(× ⅕)

Während der Brutzeit umkreist das Männchen mit lauten „gritta-gritta-gritta"-Rufen sein Revier oder steht aufmerksam auf Zaunpfählen

Die Gestalt der Uferschnepfe erinnert an einen kleinen Storch. Im Prachtkleid ist das Gefieder schön rostbraun gefärbt, die Flanken sind schwarz gebändert, und die Unterschwanzdecken bleiben weiß. Der lange Schnabel ist nur ganz leicht aufwärts gebogen

Beim Auffliegen und Landen ist die Zeichnung der Oberseite gut zu sehen

(× ⅓)

Auf langen Beinen stolzieren Uferschnepfen durch die Feuchtwiesen. Das Männchen zeigt während der Balz sein auffallendes Schwanzmuster. Meist brüten mehrere Paare in einem Gebiet

Im Schlichtkleid verschwindet das leuchtende Rostrot

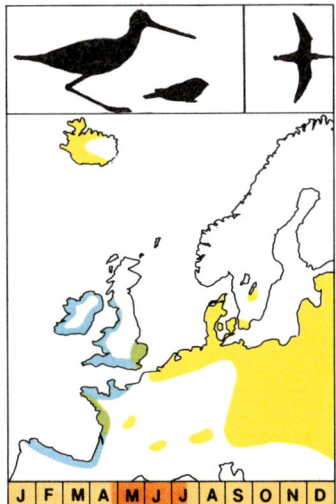

Weicher Schlamm ist der Nahrungsraum der stattlichen Uferschnepfe Limosa limosa, sofern sie sich an der See aufhält. Sie ist langbeiniger als die Pfuhlschnepfe und wagt sich bis zum Bauch ins Wasser vor; ihre Bewegungen erscheinen gemessener. Sie jagt noch mehr mit dem Tastsinn. An der Küste frißt sie Würmer und Weichtiere, auf binnenländischen Wiesen und Weiden auch Insektenlarven, Käfer und Heuschrecken, selbst Sämereien und Beeren.

Auf dem Durchzug erscheint die Uferschnepfe regelmäßig weitab von den Meeresgestaden; trotz ihres Namens geht sie viel eher an einen Süßwasser-„Pfuhl" als die Pfuhlschnepfe. Zur Brutzeit hält sie sich überhaupt von Ufern fern und ist bei uns in wenig genutzten Feuchtwiesen mit hohem Bewuchs anzutreffen. Im Wiesenbrüter-Pro-

gramm der Vogelschützer werden in Mitteleuropa allzu tatkräftige Landwirte davon abgehalten, die Wiesen immer früher und intensiver zu mähen. Mit Stillhalteprämien können so auch Ruhezonen für die Uferschnepfe geschaffen werden. Anfang Juli haben die Vögel ihre Brutplätze ohnehin verlassen und suchen zur Mauser sumpfige Gebiete in Westeuropa auf.

Im April erscheinen Uferschnepfen bei uns und zeigen ihre Gegenwart durch Schauflüge und einen gellenden Gesang, in dessen Verlauf ein auf- und absteigendes „grittagritta . . ." vorgetragen wird. Die 4 Eier liegen in einem Kissen aus Pflanzenmaterial und werden vor allem vom Männchen ausgebrütet. Die nestflüchtenden Jungen suchen nach kleinen Insekten, die sie von den umgebenden Pflanzenstengeln ablesen.

Großer Brachvogel

(× 1/5)

Brachvögel werden zur Zugzeit einzeln, oft aber auch in großen Gruppen gesehen. Abends treffen sie sich an gemeinsamen Schlafplätzen, an denen sie oft ein tausendstimmiges Konzert hören lassen

Die hellen Unterflügel sind dunkel gebändert

Oft hört man die Stimme, ein laut flötendes „tülüüht", lange bevor man den Vogel sieht. Die dunkle Schwanzbänderung, der weiße Keil auf dem Rücken und die sonst bräunliche Oberseite sowie der sehr auffallende, lange und abwärts gebogene Schnabel schließen Verwechslungen mit anderen Vogelarten (ausgenommen dem Regenbrachvogel) aus

Männchen tragen einen kürzeren und stärker abwärts gebogenen Schnabel als Weibchen. Bei Jungvögeln ist er noch kürzer und oft dem des Regenbrachvogels ähnlich

(× 1/5)

Großer Brachvogel in verschiedenen Stellungen: Schlafend, aufmerksam und ruhend. Das Gefieder bietet im Grasland eine vorzügliche Tarnung

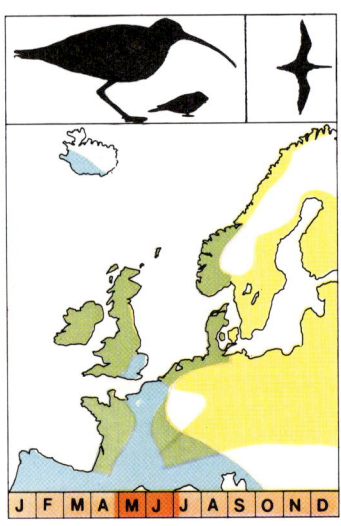

Wenn er gemessenen Schrittes über die Schlammzonen einer Flußmündung schreitet, bietet der Brachvogel *Numenius arquata* einen interessanten Gegensatz zu den rastlosen Bewegungen der kleineren Watvögel. Er jagt mit dem Tast- und Gesichtssinn, macht häufig flache Probestiche, bei denen die empfindliche Schnabelspitze unterirdische Tiere aufspürt, oder ortet die Beute nach äußeren Anzeichen wie Löchern in der Bodendecke und Spuren. Sie wird dann oft Stück für Stück unter tiefem, kraftvollem Eindringen in den Boden herausgezogen. Die leicht gebogene Schnabelform ist hilfreich bei der unterirdischen Suchbohrung. Wattwürmer und kleine Muscheln werden auf diese Art aus dem Küstenboden entnommen, Regenwürmer und Maden aus ungedüngten Feuchtwiesen oder Weiden. Oberflächenbeute wird ebenfalls gern aufgelesen.

Die Stimme des Großen Brachvogels hat etwas Spukhaftes an sich und beschwört die wilden Landstriche, die er bewohnt — Moore und Sümpfe zur Brutzeit, Wattlandschaften im Winter. Die meisten Brachvögel sind bereits vor ihrer Ankunft auf den Brutplätzen verpaart, und man nimmt an, daß sie im darauffolgenden Jahr an dieselbe Stelle zurückkehren. Das Revier wird durch Schauflüge und gelegentliches Kämpfen verteidigt. Der Nistplatz wird aus mehreren Mulden, die das Männchen gefertigt hat, ausgewählt und mit Halmen ausgestattet. Die 4 Eier bebrüten die beiden Partner 4 Wochen lang gemeinsam. Die Jungen können nach 5 Wochen fliegen. Der Schnabel der jungen Brachvögel erreicht seine volle Länge erst nach weiteren 12 Wochen.

J F M A M J J A S O N D

Regenbrachvogel

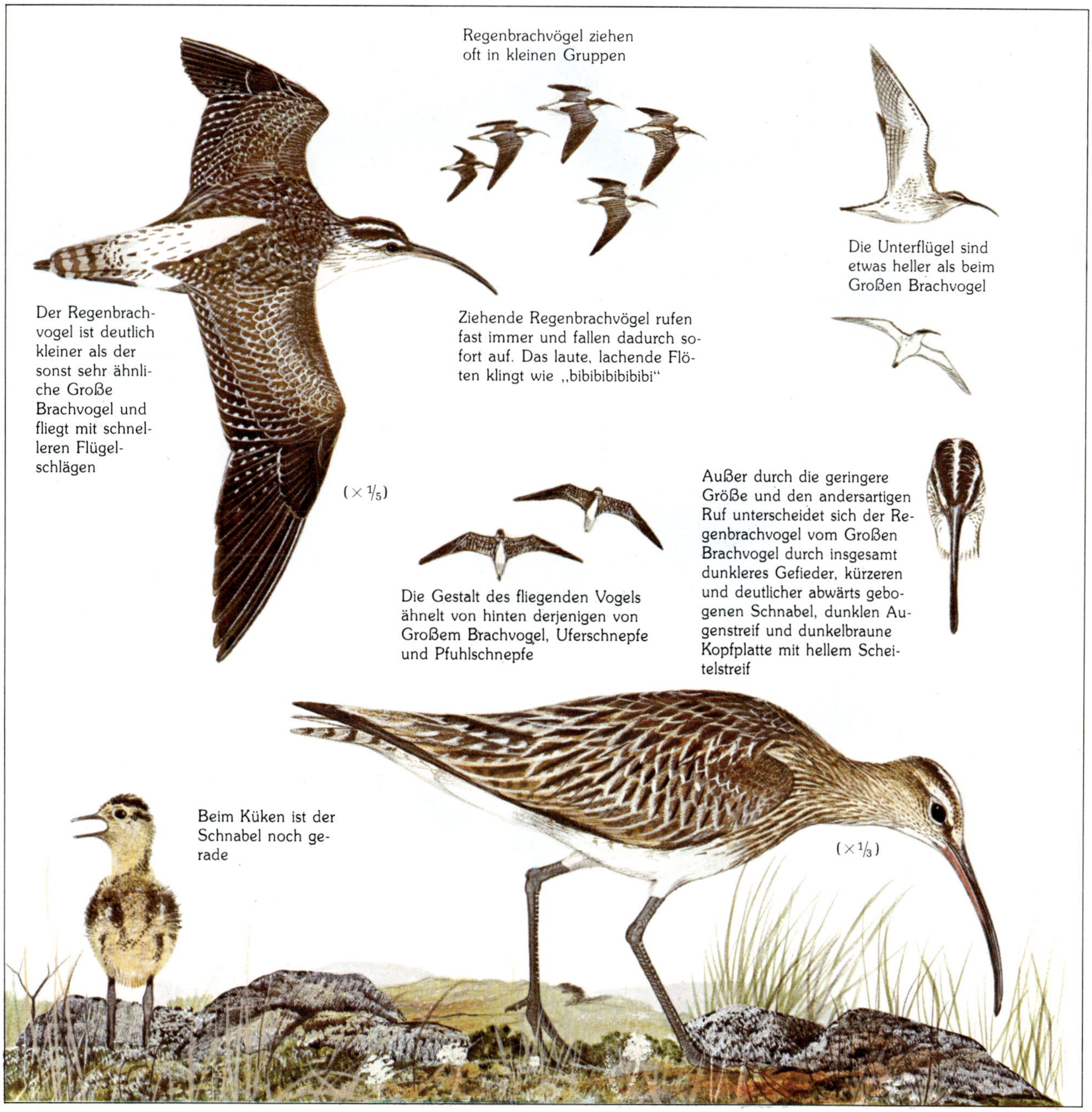

Regenbrachvögel ziehen oft in kleinen Gruppen

Die Unterflügel sind etwas heller als beim Großen Brachvogel

Der Regenbrachvogel ist deutlich kleiner als der sonst sehr ähnliche Große Brachvogel und fliegt mit schnelleren Flügelschlägen

Ziehende Regenbrachvögel rufen fast immer und fallen dadurch sofort auf. Das laute, lachende Flöten klingt wie „bibibibibibibi"

(×1/5)

Die Gestalt des fliegenden Vogels ähnelt von hinten derjenigen von Großem Brachvogel, Uferschnepfe und Pfuhlschnepfe

Außer durch die geringere Größe und den andersartigen Ruf unterscheidet sich der Regenbrachvogel vom Großen Brachvogel durch insgesamt dunkleres Gefieder, kürzeren und deutlicher abwärts gebogenen Schnabel, dunklen Augenstreif und dunkelbraune Kopfplatte mit hellem Scheitelstreif

Beim Küken ist der Schnabel noch gerade

(×1/3)

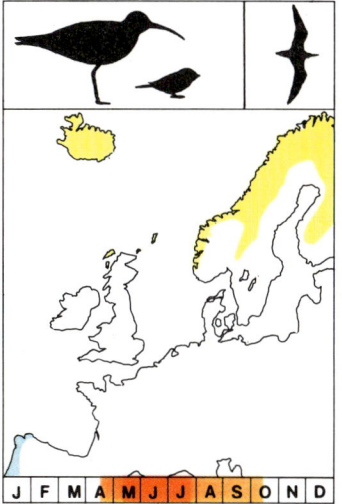

Winzige Flecken hoch am Himmel — eine Gesellschaft ziehender Regenbrachvögel würde oft unbemerkt vorbeiziehen, gäbe es nicht ihren Ruf: eine rasche Serie von wimmernden Pfiffen, absteigend in der Tonhöhe und meist siebenteilig, etwa „bibibi . . .". In Teilen von England nennt man die Regenbrachvögel die „Siebenpfeifer" und verbindet abergläubische Vorstellungen mit ihnen. Sein deutscher Name zeichnet ihn als vermeintlichen Schlechtwetterboten aus. Aus der Nähe betrachtet ist er eine kleinere Ausgabe des Großen Brachvogels, sein gleichfalls abwärtsgebogener Schnabel ist aber viel kürzer. Seine Freßgewohnheiten sind ähnlich, aber er ersetzt die vereinzelten Stichproben des Brachvogels durch dicht aufeinanderfolgende Teststöße, die an die Technik des Alpenstrandläufers erinnern. Auffällig ist bei der Biotopwahl eine gewisse Vorliebe für Felsenküsten. In einigen Winterquartieren bevorzugt er Korallenriffe. Die Beute des Regenbrachvogels Numenius phaeopus besteht aus Weichtieren, Würmern und Krabben.

Brutplätze liegen im nordischen Moorland und in der Tundra. Der Balzflug besteht aus einem langen, wendelförmigen Hochfliegen, gefolgt von einer Gleitphase. Der Gesang ist ein sprudelnder Triller.

In ähnlichen, spärlichst bewachsenen Landschaften, nur weiter südlich, kommt der taubengroße **Triel** Burhinus oedicnemus vor. Er repräsentiert eine eigene Vogelfamilie. Das große gelbe Auge kennzeichnet ihn als Dämmerungsvogel. Der Triel konnte sich nicht auf das flurbereinigte Kulturland bei uns einstellen und ist verschollen.

171

Stelzenläufer

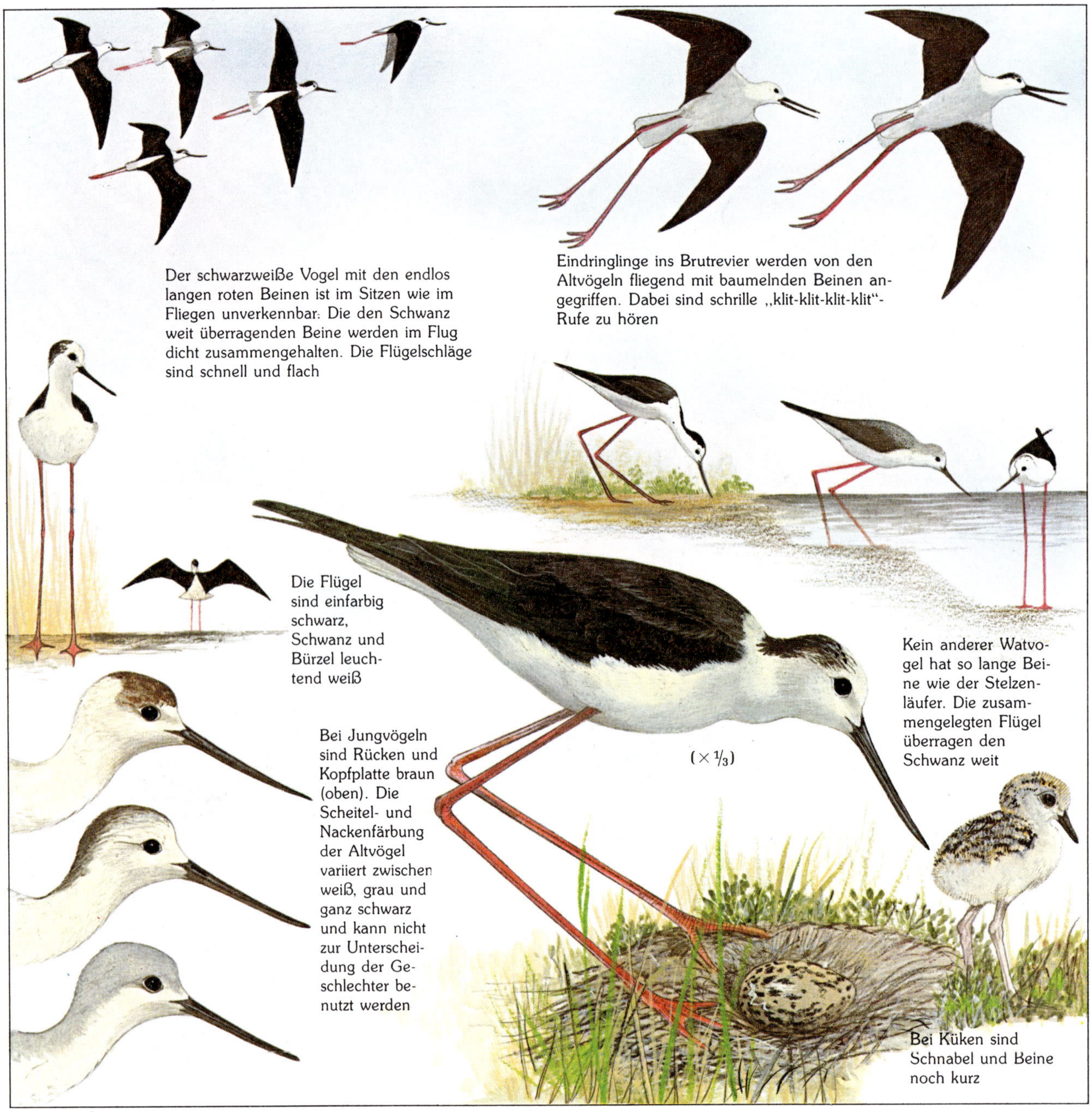

Der schwarzweiße Vogel mit den endlos langen roten Beinen ist im Sitzen wie im Fliegen unverkennbar. Die den Schwanz weit überragenden Beine werden im Flug dicht zusammengehalten. Die Flügelschläge sind schnell und flach

Eindringlinge ins Brutrevier werden von den Altvögeln fliegend mit baumelnden Beinen angegriffen. Dabei sind schrille „klit-klit-klit-klit"-Rufe zu hören

Die Flügel sind einfarbig schwarz, Schwanz und Bürzel leuchtend weiß

Bei Jungvögeln sind Rücken und Kopfplatte braun (oben). Die Scheitel- und Nackenfärbung der Altvögel variiert zwischen weiß, grau und ganz schwarz und kann nicht zur Unterscheidung der Geschlechter benutzt werden

(× ⅓)

Kein anderer Watvogel hat so lange Beine wie der Stelzenläufer. Die zusammengelegten Flügel überragen den Schwanz weit

Bei Küken sind Schnabel und Beine noch kurz

J F M A M J J A S O N D

Der Stelzenläufer *Himantopus himantopus* erscheint in Mitteleuropa, etwa in den Niederlanden, meist nur als seltener Brutgast; nur dort, wo der Kernraum Europas an die pannonische Tiefebene stößt, am Neusiedler See, tauchen die Vögel regelmäßiger auf. Sonst ist der Stelzenläufer ein Watvogel, der den Mittelmeerraum bevorzugt. Dort erscheint er in mittleren Individuenzahlen und nistet auf Inselchen oder Sandbänken zwischen den Lagunen. Einzelne Paare verhalten sich recht aggressiv und machen sich bei Störung mit einer Schimpfkanonade schriller Schreie Luft.

Rosarote Beine von ganz ungewöhnlicher Länge und auffällig schwarz-weißes Gefieder machen ihn zu allen Jahreszeiten zu einem der am leichtesten erkennbaren Vögel. Wenn er auf dem Schlamm steht, wirken die Beine unpraktisch, weil der Stelzenläufer halb in die Hocke gehen muß, um ein Insekt oder Krebstier aufzupicken; doch die Evolution hat ihn dazu befähigt, in tieferem Wasser nach Nahrung suchen zu können als alle anderen Watvögel. Stelzenläufer können bis zum Bauch in ihrem Element schreiten, nur einige Seeschwalben sind Nahrungskonkurrenten für Insekten, die von der Wasseroberfläche aufgelesen werden. Der Schnabel wird nur selten dazu gebraucht, im Schlamm zu stochern.

Das Ei ist in seiner Größe und Form für einen Watvogel typisch. Einem frisch geschlüpften Küken sieht man seine hochbeinigen Eltern nicht an. Während des Wachstums entwickeln sich Schnabel und Beine besonders schnell. Nach rund 4 Wochen sind die jungen Stelzenläufer selbständig.

Säbelschnäbler

Im Flug sind Säbelschnäbler rundflügeliger als die meisten anderen Limikolen. Von unten sind sie überwiegend weiß mit schwarzen Flügelspitzen, von oben sind die schwarzen Balken auf dem Rücken und den Armdecken kennzeichnend

Säbelschnäbler schwimmen oft (links). Die Begattung wird durch gegenseitige Gefiederpflege eingeleitet (Mitte), bis das Weibchen durch leichtes Abspreizen der Flügel (rechts) seine Paarungsbereitschaft anzeigt

(× 1/3)

Feinden am Nest rennen die Säbelschnäbler mit gestrecktem Kopf und gespreizten Flügeln entgegen, bis sie sie schließlich fliegend unter lauten „kluit-kluit-kluit"-Rufen attackieren. Das Weibchen (unten) spreizt sein Bauchgefieder ab, damit die Eier einen besseren Kontakt zur wärmenden Haut bekommen

Da Säbelschnäbler meist auf sehr schlickigem Untergrund nach Nahrung suchen, tragen sie zwischen den Zehen Schwimmhäute

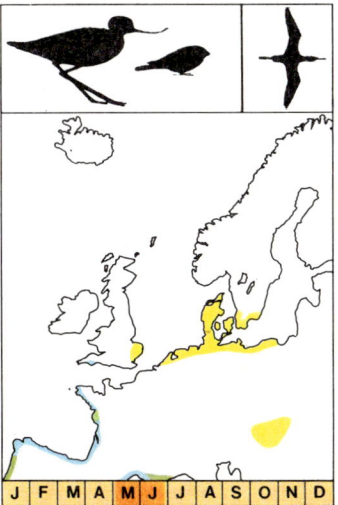

JFMAMJJASOND

Säbelschnäbler, die in der Himmelsbläue dahinfliegen und melodische Rufe über das Sumpfland klingen lassen, sind voller Liebreiz. Sie sind die schönsten Watvögel. Der wissenschaftliche Artname *Recurvirostra avosetta* kommt von italienisch „avocetta" und bedeutet „Vögelchen" oder „kleine Advokatin". Sollte die zweite Deutung richtig sein, nähme sie Bezug auf die schwarze Kopfbedeckung des Juristen.

Der elegant aufwärtsgebogene Schnabel ist sehr spezialisiert: Kleine Wirbellose werden gefangen, während der Vogel mit mähenden Kopfbewegungen durch die oberen Wasserschichten streicht. Er rührt auch den Schlammgrund auf und schwimmt oder gründelt dabei wie eine Ente.

Säbelschnäbler sind Koloniebrüter. Als Standort wählen sie Sand- oder Schlammflächen mit freier Sicht und Wassernähe. Das kleine Nistterritorium wird mit einem reichhaltigen Repertoire von Balzhandlungen und ritualisierten Abwehrhaltungen markiert. Meist läuft der Verteidiger längsseits zum Eindringling und rückt auf ihn vor. Paare, die ihr Brutrevier gegen Nachbarn verteidigen, kehren dies mit gebeugten Beinen und nach unten gesenktem Kopf hervor. Zum Vorspiel der Paarung gehört Sichverneigen und Schnabelkreuzen.

Die Nester variieren von Mulden ohne Rand bis zu festen Plattformen: letztere sind oft die Antwort auf drohende Überflutung.

Im gemäßigten Europa werden Ende April/Anfang Mai 4 Eier gelegt. Säblerküken fangen sogleich zu fressen an – zuerst pickend, dann sogar mähend, selbst wenn der Schnabel noch ganz kurz und fast gerade ist.

Austernfischer

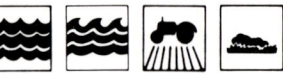

Stocherschnabel

Im Flug sind die helle Unterseite und die schwarz-weiße Zeichnung der Oberseite des taubengroßen Vogels untrügliche Kennzeichen

Im Schlichtkleid haben Austernfischer ein weißes Halsband

Hammerschnabel

Ein Paar balzt unter lauten „kliep . . . kliep"-Rufen

Scheinbar schlafend überwacht der Austernfischer aufmerksam seine Umgebung

Um Feinde vom Nest fortzulocken, stellt sich das Weibchen flügellahm

In dichten Trupps rasten die Austernfischer mit dem Kopf gegen den Wind am Strand

Auffliegend

Nachdem eine Muschel aufgebrochen ist, wird der sandig gewordene Inhalt kurz im Wasser gewaschen, bevor er verschluckt wird

Das Dunenkleid bietet dem Jungvogel eine hervorragende Tarnung

$(\times \frac{1}{3})$

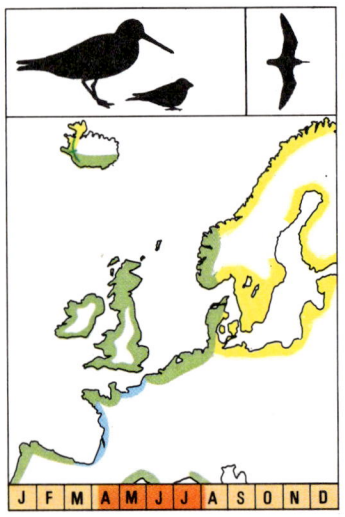

Der Austernfischer *Haematopus ostralegus*, schwarz und weiß wie eine Elster, verhält sich recht lautstark. Seine durchdringenden „kliep, kliep"-Rufe beleben eine Vielzahl von Stränden. Der lebhaft orangerote Schnabel des Vogels ist daran angepaßt, Schalentiere wie Mies- und Herzmuscheln durch Hämmern oder Aufstemmen des schließenden Muskels zu öffnen. Jungvögel lernen entweder die eine oder die andere Methode von ihren Eltern. Die „Hämmerer" erleiden jedoch früher oder später Schnabeldefekte, was sie vermutlich bei einer weiteren wichtigen Methode der Nahrungssuche, dem Bohren nach Würmern an der Küste oder auf einer Weide letztendlich behindert.

Das Nest ist eine einfache Mulde, oft neben etwas schützender Vegetation. Im umgebenden Brutterritorium wird durch aufwärts gestreckten Hals, abwärtszeigenden Schnabel und viel Lärm signalisiert, daß andere Austernfischer hier Distanz zu halten haben. Das Gelege besteht aus 3 — 4 Eiern, die von beiden Eltern bebrütet werden. Die nach 24 — 27 Tagen schlüpfenden Küken gehören zu den wenigen Watvögeln, die von den Eltern gefüttert werden, weil die Hauptnahrung der Art den Jungvögeln mit noch nicht voll entwickelten Schnäbeln nicht zugänglich ist. Sie lernen die Methode des Futtererwerbs nach und nach von ihren Eltern, mit denen sie zusammen bleiben, auch wenn sie nach 5 Wochen schon fliegen. Männliche Austernfischer sind erst mit 5 Jahren geschlechtsreif, Weibchen mit 4. Es wird von Vögeln berichtet, die über 35 Jahre alt wurden. In Norddeutschland brüten Austernfischer noch weit im Binnenland.

J F M A M J J A S O N D

Löffler

Schnabel eines Altvogels

Flache Flügelschläge und häufige Gleitstrecken unterscheiden den Löffler auch dann von den ihre Flügel tief durchschlagenden Reihern, wenn man nur die Silhouette von hinten sieht

Sie brüten im Schilf oder auf Bäumen, oft in Reiherkolonien

Im Gegensatz zu Reihern fliegen die zu den Ibissen gehörenden Löffler mit ausgestrecktem Hals und steifen Flügelschlägen

Bei Jungvögeln sind die Flügelspitze und der Hinterrand der Armschwingen schwarz

Nur im Prachtkleid tragen die Löffler am Hinterkopf herabhängende Schmuckfedern, einen gelben Kinnfleck und ein gelbes Brustband

$(\times \frac{1}{12})$

$(\times \frac{1}{6})$

Unten ein schon flügger Jungvogel mit noch nicht ganz ausgewachsenem Schnabel

Das Wasser wird mit dem breiten Löffelschnabel durchseiht

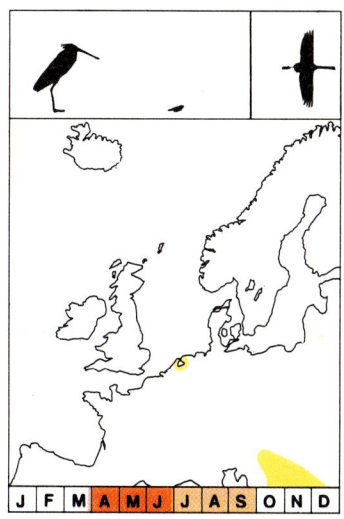

J F M A M J J A S O N D

Obwohl der riesige Schnabel des Löfflers *Platalea leucorodia* fehlgebildet erscheint, ist er als Werkzeug zur Futtersuche sehr zweckmäßig, wenn er im flachen Wasser hin- und herfegt und viele Krebstierchen, Kleinfische, Egel und Wasserschnecken heraushebt. Zahlreiche Nervenenden im Schnabel machen ihn tast- und vibrationsempfindlich; wahrscheinlich wird die meiste Beute auf diese Weise und nicht durch den Gesichtssinn aufgespürt.

Die Brutplätze liegen häufig in der Nähe sehr flacher Stillgewässer. Mit der andauernden Trockenlegung von Feuchtgebieten werden auch solche brackigen Haffe und Lacken rar. Dennoch zeigt der Löffler eine leichte Neigung, sein Verbreitungsgebiet auszudehnen, und es besteht die Hoffnung, daß er endlich in Südfrankreich oder sogar im Osten Englands brüten wird. Die nächsten Kolonien dieses Ibisvogels liegen jetzt am Neusiedler See im Burgenland und südöstlich vor den Toren Amsterdams in einem Feuchtgebiet namens Naardermeer.

Die für Europa typische Nistlage ist eine Plattform in dichten Schilfbeständen, es kommen auch Zweignester in Büschen vor, und in Afrika können Löfflerkolonien selbst in Bäumen angelegt sein. Das Nest enthält in der Regel 4 Eier, die im Zeitabstand von 2 Tagen gelegt werden. Die Eltern teilen sich das Brutgeschäft und die Jungenfürsorge. Nach 3 Wochen schlüpfen spärlich weiß bedunte Junge mit „normalen" Schnäbeln. Sie können das Nest nach 4 Wochen verlassen. Im ersten Jahr ist die Farbe des Schnabels rosa und nimmt erst mit den Jahren die schwärzliche Färbung des Altvogels an.

Graureiher

Begrüßungszeremonie am Nest

Die Unterflügel sind dunkelgrau

Reiher fliegen mit eingezogenem Hals und den Schwanz überragenden Füßen. Der Flug auf breiten Schwingen ist langsam und kraftvoll. Oft ist ein rauhes „kraak" zu hören

Von hinten sind die durchgebogenen Flügel und der herabhängende eingezogene Hals zu erkennen

(× 1/12)

Reiher ruhen oft mit eingezogenem Hals auf einem Bein stehend, keineswegs nur am Wasser, sondern auch auf Feldern und Wiesen

(× 1/6)

Diesem fischenden Jungvogel fehlt noch die schwarze Kopfstreifung

Im Prachtkleid erscheinen schwarze Schopffedern und weiße Schmuckfedern auf dem Rücken

Zu Beginn der Brutzeit färbt sich der sonst gelbliche Schnabel leuchtend orangerot

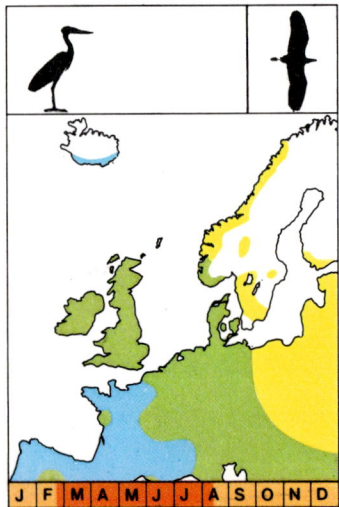

J F M A M J J A S O N D

Der Graureiher *Ardea cinerea* steht hager wirkend und starr im Flachwasser. Man könnte ihn für einen abgestorbenen Ast oder einen Pfosten halten. Sogar dann, wenn er läuft, sind seine Bewegungen so langsam und heimlich, daß er sich leicht jeder Wahrnehmung entzieht. Man wird erst aufmerksam, wenn der eingezogene Hals des Reihers überraschend schnell nach vorne schießt und der scharfe Schnabel sein Opfer aufspießt. Frösche, Kleinsäuger und junge Wasservögel werden ergriffen, aber Fische sind die Hauptnahrung; gerade deshalb wird der Graureiher manchmal als Fischereischädling bekämpft. Trotz beträchtlicher Nachstellung und seiner Lebensraumverluste durch Trockenlegungen gibt es noch ansehnliche Populationen in den meisten europäischen Ländern. Weil die Baumhorste ko-

loniebrütender Reiher auffällige Gebilde sind, können ziemlich genaue Bestandszählungen vorgenommen werden. Leider wird der Graureiher bei uns von einigen Interessengruppen immer noch als „schädliche Art" angesehen, die es zu bekämpfen gilt. In den meisten europäischen Ländern sind die Bestände durch direkte Verfolgung und durch Lebensraumzerstörung bedroht. Strenge Winter bringen ebenfalls erhebliche Verluste, aber der normale Durchschnitt ist in zwei oder drei Jahren wieder erreicht. Die meisten Reiherkolonien bestehen aus weniger als 200 belegten Nestern (eine ehemalige holländische Kolonie barg 1025 Nester). Auch Einzelbruten kommen vor. Das erste Ei wird normalerweise im März gelegt. Beide Eltern brüten und füttern, wenn die Jungen nach 25 Tagen geschlüpft sind.

Purpurreiher

Die Oberseite des Altvogels ist silbergrau, im Prachtkleid mit weißen Schulterfedern

Die Flugweise gleicht der des Graureihers — tiefe, langsame Schläge auf durchgebogenen Schwingen —, aber der Kontrast zwischen den grauen Schwungfedern und den kastanienbraunen Deckfedern des Unterflügels ist ein gutes Unterscheidungsmerkmal zum Graureiher

Allein anhand der Silhouette läßt sich der Purpurreiher durch den tiefer herabhängenden eingezogenen Hals und die viel längeren Zehen mit etwas Erfahrung vom Graureiher im Flug unterscheiden

Der Purpurreiher ist viel schlanker und langhalsiger als der deutlich größere Graureiher. Das eigentlich sehr bunte Gefieder wirkt auf größere Entfernung düster. Unten ist ein zweijähriger Vogel abgebildet, der noch nicht so kontrastreich gezeichnet ist wie ein Altvogel

(× 1/12)

Beim Altvogel ziehen sich am braun und weiß gezeichneten Hals schwarze Längsstreifen hinab. Die Unterseite ist dunkel rostbraun

(× 1/6)

Jungvogel mit hellbraunen Unterflügeln

Jungvögel sind auf Rücken und Flügeldecken lehmfarben und daher im Flug recht einfach vom Graureiher zu unterscheiden. Sie streifen nach dem Flüggewerden weit umher

Fast flügger Jungvogel am Nest

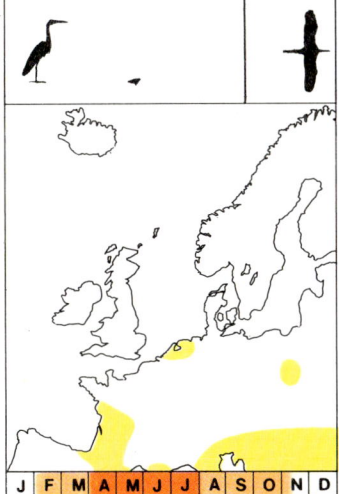

Der Purpurreiher *Ardea purpurea* ist schmaler und eckiger gebaut als sein größerer Verwandter, der Graureiher. Ein Purpurreiher kann verläßlich an seiner Gestalt erkannt werden — auch bei schlechtem Licht, wenn seine Farben nicht wahrnehmbar sind. Er unterscheidet sich auch in der Wahl seines Lebensraumes vom Graureiher, denn er nistet normalerweise in dichten Schilfbeständen. In der Brutzeit jedoch suchen Purpurreiher an kleinen Teichen und Gräben, die auch der Graureiher bevorzugt, nach Nahrung. Purpurreiher sind eher südwärts verbreitet und brüten bei uns nur ausnahmsweise. Der Purpurreiher hält sich weniger oft als der Graureiher in Trupps auf; er ist stiller, obwohl sein heiserer Schrei ähnlich ist. Seine Aktivitäten ziehen sich oft bis in die Dunkelheit hinein.

Abgestorbene Schilfhalme sind sein wichtigstes Nistmaterial. Das Nest liegt meist auf Höhe des Wasserspiegels, gelegentlich auch höher im Buschwerk. Obwohl Purpurreiher, wie die anderen Reiher, Koloniebrüter sind, bauen sie ihre Nester in ziemlich weit verstreuter Anordnung; die Zeit des Nestbaus liegt gemeinhin später als beim Graureiher. Beide Geschlechter bebrüten die 4 — 5 Eier normalerweise vom ersten Ei an, und die Jungen schlüpfen nach 24 — 28 Tagen. Die Jungen sind nach 6 Wochen flügge und nach 2 Monaten selbständig.

Der **Silberreiher** *Casmerodius albus* ist nur geringfügig kleiner als der Graureiher, reinweiß mit schwarzgrünen Beinen. Am Neusiedler See brüten Purpur- und Silberreiher gemeinsam in den Schilfbereichen; letztere überwintern im Mittelmeergebiet.

J F M A M J J A S O N D

Weißstorch

Störche fliegen mit ausgestrecktem Hals, der Schnabel wird meist etwas nach unten gesenkt. Das weiße Gefieder mit den schwarzen Schwungfedern macht diesen bekannten Vogel unverwechselbar

Sie lassen sich von thermischen Aufwinden in weiten Spiralen in die Höhe tragen und ziehen in großen, oft ungeordneten Trupps, dabei mehr segelnd als aktiv mit den Flügeln schlagend. Die ähnlichen Kraniche ziehen dagegen in Keilformation

Während des Landens werden die Beine zum Bremsen ausgefahren

Mit Schnabelklappern begrüßen sich die Störche am Nest. Echte Rufe sind von ihnen nicht zu hören

Drohstellung auf dem Nest

Wenn ein fremder Storch in Nestnähe erscheint, werden die Küken mit dem Flügel schützend bedeckt

Als Untermieter siedeln sich oft Sperlinge im Nest an

Auf der Suche nach Mäusen, Fröschen und Insekten durchschreitet der Weißstorch feuchte Wiesen. Bei Jungvögeln sind Schnabel und Beine noch bräunlich

(× 1/12)

Die Alula, die kleinen schwarzen Federn am Flügelbug, wird beim Landen abgespreizt

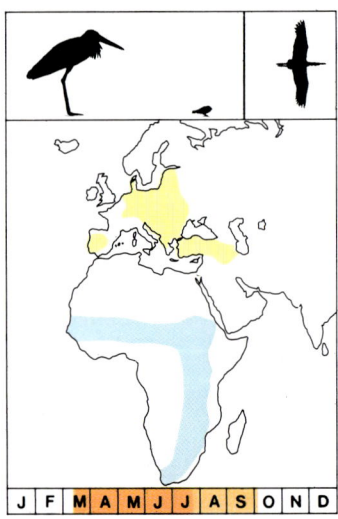

Weißstörche sind sicherlich die bekanntesten Vögel Europas. Da sie auf Hausdächern brüten, ist es wenig verwunderlich, daß ihre Ankunft als bedeutsames Ereignis im Jahr angesehen wird. Die Gedankenverknüpfung mit der Wiedergeburt der Natur liegt der Rolle des Storches als Kinderbringer zugrunde. Trotz aller Zuneigung, die ihm zuteil wird, schwinden die Storchenbestände im westlichen Europa dahin. In den meisten Ländern ist der Weißstorch *Ciconia ciconia* streng geschützt, und in manchen Städten werden spezielle Nistplattformen für ihn errichtet. Direkte Verfolgung scheidet deshalb als Hauptursache des langsamen Niedergangs aus. Gründe mögen die Verdrahtung der Landschaft, das geringe Nahrungsangebot und der Einsatz von Pestiziden in den Überwinterungsgebieten sein. Der Storch nimmt die Insektenvernichtungsmittel über die Heuschrecken, die er in Afrika gern verzehrt, als Endkonsument zu sich.

In der Umgebung ihrer Brutplätze durchschreiten Weißstörche hauptsächlich Feuchtwiesen, um Regenwürmer, Frösche, Kleinsäuger und Großinsekten zu fressen. Ihr riesiges Zweignest wird Jahr für Jahr genutzt. Zuerst kommen die Männchen an, die mit Schnabelklappern die später eintreffende Störchin umwerben. Diese legt 3—5 Eier, die 33—34 Tage bebrütet werden.

Der noch seltenere **Schwarzstorch** *Ciconia nigra* ist im Gegensatz zu seinem Vetter ein Bewohner urwüchsiger Auwälder oder Nadelwälder im Bereich von Teichrevieren. In der Bundesrepublik gibt es nur noch wenige Standorte für sein Nest, so zum Beispiel in der Oberpfalz und an der Unterelbe.

Wasserralle

Von allen Rallen besitzt die Wasserralle den längsten Schnabel (×3/4)

Die Oberseite des fliegenden Vogels ist graubraun ohne besondere Kennzeichen. Die langen Beine hängen im Flug locker herab (×1/6)

Meist sieht man eine aufgescheuchte Wasserralle nur kurz fliegen, bevor sie wieder in der Deckung landet. In der Regel versuchen die Vögel jedoch bei Gefahr, zu Fuß zu entkommen und verschwinden schnell in der dichten Vegetation

Die Bänderung der Unterflügeldecken ist selten zu sehen, da Wasserrallen meist sehr niedrig abfliegen

Ein aufmerksamer Vogel reckt den langen Hals

Nahrungssuche im Schilf

(×1/3)

Das Jugendkleid, das nur ganz kurz getragen wird, ist auf der Unterseite heller, der Schnabel zeigt kaum Rot

Die Küken der Wasserralle tragen ein ganz schwarzes Dunenkleid und sind Nestflüchter. Die schlanke Gestalt ermöglicht es den Rallen, problemlos durch das dichte Schilf zu laufen

Wenn der Vogel den Schwanz stelzt, sind die gelblichen Unterschwanzdecken zu sehen

Wenn man eine Wasserralle sieht, ist sie an der Gestalt, dem langen Schnabel, der gestreiften braunen Oberseite, der grauen Unterseite und den gebänderten Flanken leicht zu bestimmen. Oft bewegt sie sich wenig scheu am Schilfrand, wenn man sich ruhig verhält. Meist verrät sie ihre Anwesenheit jedoch nur durch die quiekenden und grunzenden Rufe

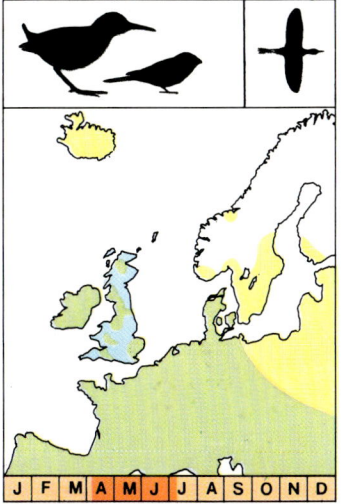

Die Wasserralle *Rallus aquaticus* sieht man fast ebenso häufig tot wie lebendig. In ihrem Brutgebiet in der Ufervegetation verhalten sich diese Vögel scheu und heimlich, auf dem Zuge besitzen sie ein bemerkenswertes „Geschick", an Leuchttürmen, Hochspannungsleitungen und anderen Hindernissen ihr Leben zu lassen. Dennoch bewältigen sie als Kurzstreckenzieher bemerkenswerte Strecken quer durch Europa.

Die Brutzeit beginnt Anfang April, aber die Gegenwart nistender Wasserrallen in einem Schilfbestand oder Weidenröhricht bliebe oft unbemerkt, wären nicht da ihre eigenartigen grunzenden und quiekenden Rufe in der Abenddämmerung oder im Morgengrauen. Sie ähneln dem Schreien eines Schweines, das geschlachtet wird. Dürre Schilfhalme sind das Hauptbaumaterial für das napfförmige Nest, das in Seggenbeständen oder Schilfparzellen angelegt wird. Das Gelege aus 6 – 11 Eiern wird von beiden Geschlechtern 19 – 20 Tage bebrütet. Die samtschwarz bedunten Jungen sind Nestflüchter und nach etwa 7 Wochen flügge. Nahrung sind Sämereien, Beeren, Kerfe, Fische, selbst kleine Vögel.

Kaum jemals zu Gesicht bekommt man das **Tüpfelsumpfhuhn** *Porzana porzana* und das **Kleinsumpfhuhn** *Porzana parva*. Die erstgenannte Art bewohnt praktisch ganz Mitteleuropa, ist aber auf verlandende Schilfufer angewiesen und damit in seinem Lebensraum stark eingeschränkt. Das bräunliche Tüpfelsumpfhuhn mit seiner feinen hellen Tupfenzeichnung ist ein wenig kleiner als eine Amsel, noch kleiner ist das nur kernbeißergroße Kleinsumpfhuhn.

179

Sterntaucher

Sterntaucher im Schlichtkleid. Die graue Oberseite ist mit weißen Flecken übersät, der Vogel wirkt sehr hell und schlank

Fliegende Seetaucher sind an der dunklen Ober- und hellen Unterseite, dem lang ausgestreckten Hals, den Schwanz überragenden Füßen und den langen, schlanken Flügeln leicht zu erkennen. Um die Arten zu unterscheiden, braucht man dagegen viel Erfahrung

Fliegende Sterntaucher zeichnen sich durch die sehr schlanke Gestalt und besonders helle Unterseite aus

(× 1/7)

Bei schlechtem Licht wirkt auch der Sterntaucher auf große Entfernung dunkel

Der Prachttaucher im Schlichtkleid ist dunkler, größer und massiger als der Sterntaucher

Im Sonnenschein blitzt die Unterseite leuchtend weiß auf

Seetaucher fliegen niedrig über das Wasser. Meist liegen sie breit und flach im Wasser. Ganz unten ein Prachttaucher im Jugendkleid

Beim Sterntaucher erstreckt sich das Weiß der Kopfseiten bis über das Auge, beim Prachttaucher dagegen zieht sich die dunkle Kopfkappe bis unter das Auge. Im hier abgebildeten Jugendkleid sind die weißen Flecken der Oberseite nicht so ausgeprägt wie bei Altvögeln im Schlichtkleid

(× 1/5)

Der Schnabel des Sterntauchers wirkt leicht aufwärts gebogen, der des Prachttauchers dagegen gerade. Zudem halten Sterntaucher Kopf und Schnabel meist etwas nach oben, Pracht- und Eistaucher dagegen waagerecht

Das Prachtkleid mit dem ziegelroten Vorderhals ist zwischen April und September zu sehen und unverwechselbar

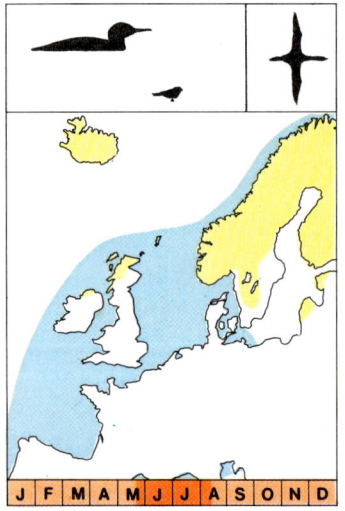

J F M A M J J A S O N D

Seetaucher und Lappentaucher sind nicht miteinander verwandt — trotzdem teilen sie eine ganze Reihe von Anpassungsmerkmalen an das Schwimmen über und unter Wasser. Besonders auffällig ist bei beiden Gruppen die Stellung der Beine: sie sind weit hinten am Körperende („Steißfüße") angesetzt. Das ermöglicht den Vögeln einen wirksamen Unterwasserantrieb, macht sie aber an Land hoffnungslos ungeschickt und tolpatschig.

In Mitteleuropa sieht man den Sterntaucher *Gavia stellata* regelmäßig als Wintergast. Er ist der kleinste der drei bei uns überwindernden Seetaucherarten. Während der Brutzeit lebt er auf tiefen Seen in der Tundra und der nördlichen Nadelwaldzone. Wenn auch Uferränder ganz kleiner Wasseransammlungen für einen Nistplatz gewählt werden, so

liegen sie doch stets in der Nähe des Meeres oder eines Sees, wo der Vogel fischen kann. Sterntaucher sind in ihren Brutgebieten sehr stimmbegabt. Im Flug lassen sie laute, gänseartige Rufe wie „gak-gak-gak" hören. Auf dem Wasser hört man öfter ein etwas jammerndes „chaauk". Die Balzspiele bestehen aus Untertauchen, Einanderhaschen und Impositurwerfen. Das Nest enthält 2 Eier. Es variiert von einer einfachen Mulde am Ufer bis zu einem im flachen Wasser aufgehäuften Halmnest. Wie bei allen Seetauchern ist das Ei ungewöhnlich langgestreckt. Nestbau, Brüten und Aufzucht der Jungen werden von beiden Elternteilen ausgeführt. Die Brutdauer beträgt 24 — 29 Tage.

Sterntaucher ernähren sich hauptsächlich von kleinen Fischen, Schalentieren und Wasserinsekten.

Eistaucher – Prachttaucher

Eistaucher

Winter   Sommer

Die Flanken sind auch im Winter sehr dunkel gefärbt

Pracht-taucher

Winter   Sommer

Prachttaucher sind im Jugend- und Schlichtkleid oberseits dunkler als Sterntaucher

Eistaucher sind grö-ßer, sehr dunkel und zeigen auch im Flug einen dickeren Hals

Pracht- und Sterntaucher sind im Winterhalbjahr häufig auf dem Meer und einzeln auch im Binnenland zu beobachten

Fliegende Eistaucher wirken sehr dunkel, massig und dickhalsig. Die Unterscheidung der Arten ist auf große Entfernung sehr schwierig!

Im Sommer trägt der Prachttaucher ein sehr schönes und unverwechselbares Kleid mit weißem Muster auf schwarzem Grund und einem weise erscheinenden grauen Kopf. Einzelne weiße Rückenfedern durchsetzen manchmal das Schlichtkleid

$(\times \frac{1}{7})$

Im Schlichtkleid ist die Oberseite des Prachttauchers einfarbig dunkel, im Jugendkleid dagegen mit schmalen, hellen Querbändern auf dunklem Grund versehen

Eistaucher im Prachtkleid

Eistaucher im Schlichtkleid

Eistaucher im Jugendkleid mit kräftigem Schnabel, steiler Stirn und geschuppter Oberseite

$(\times \frac{1}{5})$

$(\times \frac{1}{5})$

Seetaucher bauen ihr Nest immer direkt ans Ufer von Seen

Dem Prachttaucher (oben) fehlt das angedeutete, halb geschlossene Brustband des Eistauchers (links)

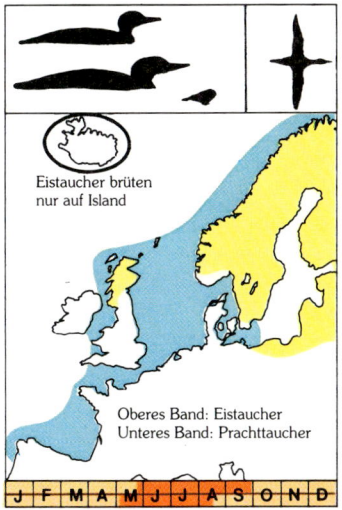

Eistaucher brüten nur auf Island

Oberes Band: Eistaucher
Unteres Band: Prachttaucher

J F M A M J J A S O N D

In Schottland und Skandinavien brütet der Prachttaucher *Gavia arctica* recht häufig, der Eistaucher *Gavia immer* wurde jedoch innerhalb Europas bis vor kurzem nur in Island bei der Brut beobachtet. 1970 stellten Ornithologen fest, daß sich ein Eistaucherpaar mit 2 Jungen an einem schottischen Loch aufhielt; im darauffolgenden Jahr wurde an derselben Stelle ein Prachttaucher mit einem Eistaucher-Prachttaucher-Hybriden und einem „gesunden" Küken gesehen.
Beide Arten sind bei uns regelmäßige Durchzügler und Wintergäste. Der Eistaucher geht nicht so weit südlich, ist aber in der Deutschen Bucht und auch in der Ostsee jedes Jahr in der kalten Jahreszeit anwesend. Der Prachttaucher zieht bis zum Bodensee und den großen Seen im Voralpenland. Im Schlichtkleid ähnelt er sehr dem Sterntau-

cher, ist aber unter anderem am geraden, nicht aufgeworfenen Schnabel zu unterscheiden.
Gelegentlich geraten Seetaucher bei der Unterwasserjagd in die tiefen Stellnetze der Felchen- und Renkenfischer, wo sie sich verheddern und ertrinken müssen. In der Nord- und Ostsee kommt für sie die Gefahr der Ölpest hinzu, und schließlich verletzen sich einige immer wieder auf nassen Asphaltflächen tödlich — sie halten die Flugplätze und Autobahnen im Dunkeln für ruhige Gewässer. In Schottland und Norwegen, wo Lachse gezüchtet werden, kommt es auch vor, daß Fischer ihre Nester zerstören. Das Brutverhalten von Stern-, Eis- und Prachttaucher ist ähnlich. Alle Seetaucher haben eigentümlich schaurig klingende Stimmen; ihre Nahrung besteht aus Fischen.

Singschwan – Zwergschwan

Der Singschwan hat längere, schmalere Flügel und einen kürzeren Schwanz als der Höckerschwan (× 1/25)

Alte Singschwäne in aufmerksamer Haltung

Kopfprofil und Schnabelfärbung von Zwerg- und Singschwan. Der Gelbanteil erlaubt ein individuelles Erkennen

Alle Schwäne grasen auf Wiesen und Feldern und gründeln im Flachwasser

Junger Zwergschwan

Junger Singschwan

Singschwäne sind etwa so groß wie Höckerschwäne, wirken aber eleganter, mit schlankerem Hals und Körper und längeren Flügeln. Sie erzeugen mit den Schwingen ein leises, pfeifendes Fluggeräusch

(× 1/25)

Der Zwergschwan ist kleiner, kurzhalsiger, hat einen dickeren Körper, spitzere Flügel, einen längeren Schwanz als der Singschwan und insgesamt ein mehr gänseähnliches Flugbild

Alter Zwergschwan

Alter Singschwan

Beide Arten haben wohlklingende, laute Rufe

Zwergschwäne heben den Schwanz oft mehr aus dem Wasser als Singschwäne

Junger Zwergschwan

Alter Singschwan

Junger Singschwan

Beide Arten halten den Hals im Schwimmen gerade

Alter Zwergschwan

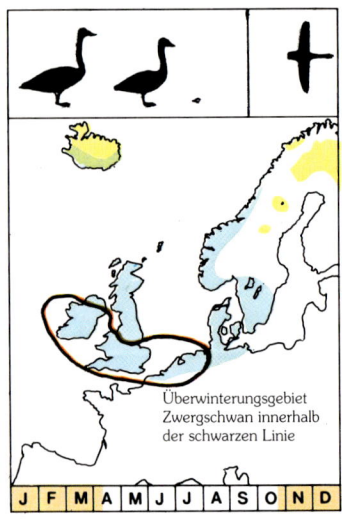

Überwinterungsgebiet Zwergschwan innerhalb der schwarzen Linie

J F M A M J J A S O N D

Singschwan *Cygnus cygnus* und Zwergschwan *Cygnus bewickii* werden in ihren Brutgebieten stärker bejagt, als es beim Höckerschwan je vorgekommen ist. Deshalb sind sie scheu geblieben und zeigen keinerlei Domestikationserscheinungen. Erregende Rufe, die an Signalhörner erinnern, scheinen ihr Freiheitsbedürfnis kundzutun. Ihre Flügelschläge erzeugen ein leises, pfeifendes Fluggeräusch. Aufgrund einer besonders langen Luftröhre können diese beiden Schwanenarten weit hörbare Laute hervorbringen: Der Singschwan trompetet, der Zwergschwan ruft tiefer und dumpfer, etwa „kruuh".

Der Singschwan brütet in Island und Teilen Skandinaviens, die kleinere Art kommt in Europa nur an der sowjetischen Murmanküste im Nordosten der Halbinsel Kola vor.

Beide überwintern bei uns. Sie bleiben meist im Küstenland. In der Wümmeniederung, unweit von Bremen, liegt ein wichtiger Winterrastplatz der Zwergschwäne. In einem Vogelschutzgebiet in Gloucestershire im Westen Englands, wo zahlreiche Zwergschwäne überwintern, konnte eine Studie über die mannigfaltige Abwandlung des Schnabelmusters erstellt werden. Durch den Nachweis übereinstimmender Farbbezirke bei Vögeln aus dem gleichen Nest konnte man zeigen, daß die in aufeinanderfolgenden Jahren aufgezogenen Bruten dazu neigen, in Familienverbänden von bis zu 15 Vögeln zusammenzugehen.

Sing- und Zwergschwan fertigen sehr große Nester an, die denen des Höckerschwans ähneln — beide umlegen die Nistmulde aber mit mehr Daunen.

Höckerschwan

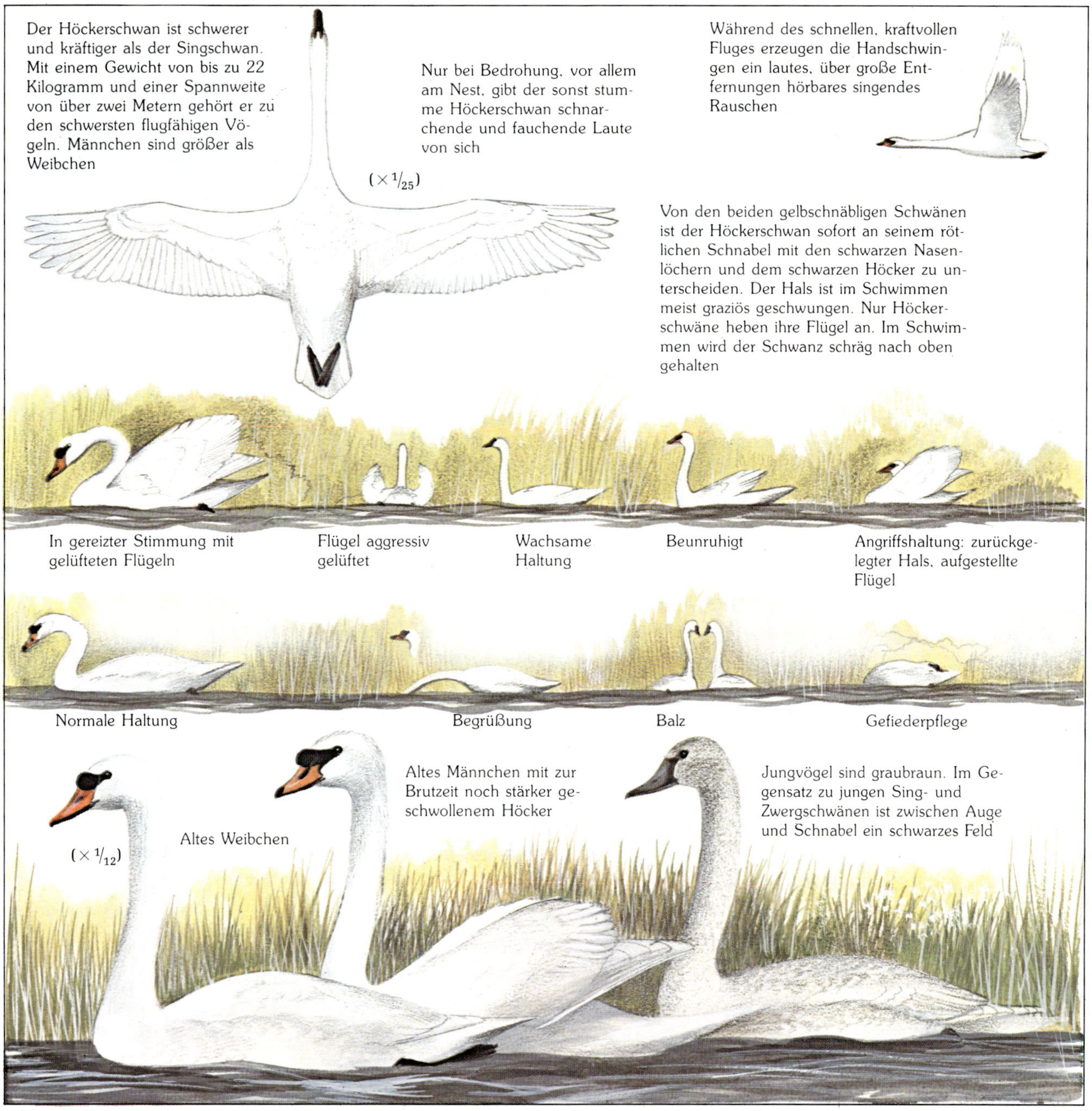

Der Höckerschwan ist schwerer und kräftiger als der Singschwan. Mit einem Gewicht von bis zu 22 Kilogramm und einer Spannweite von über zwei Metern gehört er zu den schwersten flugfähigen Vögeln. Männchen sind größer als Weibchen

Nur bei Bedrohung, vor allem am Nest, gibt der sonst stumme Höckerschwan schnarchende und fauchende Laute von sich

$(\times \frac{1}{25})$

Während des schnellen, kraftvollen Fluges erzeugen die Handschwingen ein lautes, über große Entfernungen hörbares singendes Rauschen

Von den beiden gelbschnäbligen Schwänen ist der Höckerschwan sofort an seinem rötlichen Schnabel mit den schwarzen Nasenlöchern und dem schwarzen Höcker zu unterscheiden. Der Hals ist im Schwimmen meist graziös geschwungen. Nur Höckerschwäne heben ihre Flügel an. Im Schwimmen wird der Schwanz schräg nach oben gehalten

In gereizter Stimmung mit gelüfteten Flügeln

Flügel aggressiv gelüftet

Wachsame Haltung

Beunruhigt

Angriffshaltung: zurückgelegter Hals, aufgestellte Flügel

Normale Haltung

Begrüßung

Balz

Gefiederpflege

Altes Weibchen

$(\times \frac{1}{12})$

Altes Männchen mit zur Brutzeit noch stärker geschwollenem Höcker

Jungvögel sind graubraun. Im Gegensatz zu jungen Sing- und Zwergschwänen ist zwischen Auge und Schnabel ein schwarzes Feld

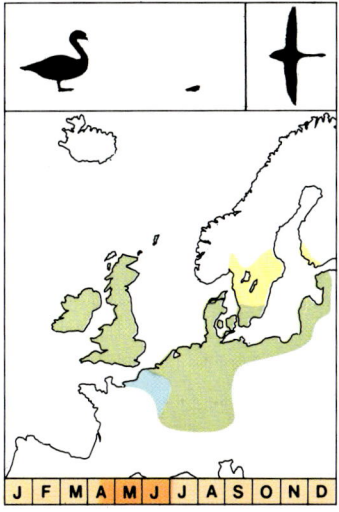

J F M A M J J A S O N D

Verglichen mit anderen Schwänen hat der Höckerschwan *Cygnus olor* in der Tat eine „armselig Stimme". Sein Stimmrepertoire besteht lediglich aus Grunzen und einem Abwehrzischen. Beim Fliegen jedoch gleicht er diesen Mangel aus und bringt mit kräftigen, weit ausgreifenden Flügelschlägen gleichzeitig ein sausendes Schwingengeräusch hervor. Es heißt, dieser Rhythmus habe RICHARD WAGNER inspiriert, als er den Walkürenritt komponierte.

Höckerschwäne sind heute in Mitteleuropa sehr weit verbreitet. Schon lange haben romantisch veranlagte Besitzer von Parkanlagen versucht, den Schwan auf ihren Teichen zu halten. Unter den halbzahmen Schwänen kommen jetzt auch sogenannte Immutabilis-Vögel vor, bei denen bereits die (normalerweise grauen) Jungschwäne ein weißes Gefieder tragen. Ihre Beinfarbe wird jedoch nicht schwarz, sondern bleibt hellgrau bis graurosa.

Viele verschiedene Unterwasser- und Uferpflanzen bilden die Nahrung des Höckerschwans. In manchen großen Flußmündungen sammeln sich gewaltige Scharen an, die in geradezu bedrohlicher Weise den ohnehin abnehmenden Beständen des Seegrases zu Leibe rücken. Um zu brüten, kehren sie zu Seen und langsam fließenden Gewässern im Landesinneren zurück. Dort bauen sie ihr großes, auffälliges Nest in Wassernähe. Im Gegensatz zu Enten und Gänsen umlegen sie die Nistmulde nur mit wenigen Daunen. Das Abwehrverhalten des Männchens schreckt die meisten Störenfriede ab, obwohl die Auswirkungen eines Schwanenangriffs übertrieben worden sind.

Nonnengans

Große Trupps mischen sich meist nicht mit anderen Gänsen, kleine Gruppen und Einzelvögel durchaus

Sie fliegen oft in ungeordneten Trupps

Die Nonnengans ist ein regelmäßiger Durchzügler und Wintergast an der Küste, erscheint jedoch nur ausnahmsweise im Binnenland

Altvogel

(× ⅑)

Nonnengänse können auch auf große Entfernung an der Kombination von Schwarz, Weiß und Grau erkannt werden. Im Flug sind neben dem hellen Gesicht auch die weißen Oberschwanzdecken auffallend

Sie rasten nur bei ruhigem Wetter und weniger häufig auf dem Meer als die verwandten Ringelgänse

In nahrungssuchenden Trupps kommt es oft zu Streitigkeiten. Dann und im Flug hört man ein nasales „gank", nicht so melodisch wie die Stimmen anderer Gänse

Jungvögel sind oberseits brauner und haben ein mehr cremefarbenes Gesicht

Der Schnabel ist im Vergleich mit den grauen Gänsen sehr kurz und, wie auch die Beine, ganz schwarz

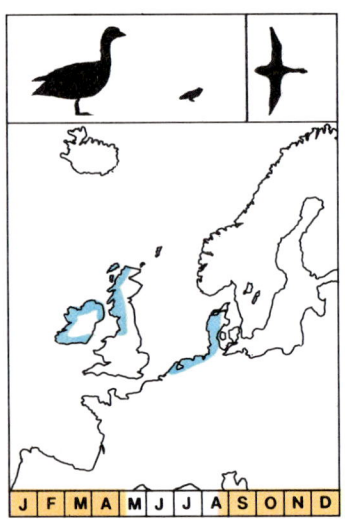

J F M A M J J A S O N D

Die Eindeichung von Wattflächen ist nicht immer verhängnisvoll für Watvögel und Wildgeflügel. Die ausgedehnten, neuangelegten Polder, in den Niederlanden zum Beispiel, haben der küstenbewohnenden Ringelgans wertvolle Nahrungsräume genommen, während sie ihrer Verwandten, der Nonnen- oder Weißwangengans *Branta leucopsis*, viel zusätzliches Weideland brachten. Nonnengänse fressen kurze, dichtrasig wachsende Niederkräuter auf den Marschwiesen und außerdem bestimmte Arten von Salzpflanzen, zum Beispiel Queller. Neueste Untersuchungen haben gezeigt, daß sie auch zahlreiche Samenkörner aufnehmen — ein ziemlich ungewöhnliches Verhalten für Gänse. In der Hauptsache sind dies Samen von Binsengewächsen, wahrscheinlich streifen sie die reifen Früchte direkt von den manchmal stachelspitzigen Stengeln.

Nonnengänse fliegen viel in der Dämmerung: von ihren nächtlichen Ruheplätzen auf dem Watt zu den Weideplätzen, wo sie bei Tageslicht grasen. Bei Vollmond kann die Nahrungsaufnahme auch in der Nacht fortgesetzt werden. Bei ihren Streifzügen gehen sie auch auf Wintergetreidefelder oder abgemähte Kleeäcker. Vögel, die in Holland und auf den Wattflächen von Niedersachsen und Schleswig-Holstein überwintern, brüten in Nordrußland; Gäste in Irland haben ihre Gelege in Grönland.

Noch bevor der Schnee gänzlich abgetaut ist, beginnt die Brut auf steilen Klippen oder Felsblöcken — beides Nistlagen, die Schutz vor dem Eisfuchs gewähren. Während das Weibchen die 3 — 5 Eier 24 — 25 Tage lang bebrütet, hält das Männchen Wache.

Kanadagans

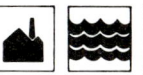

Das weiße V der Oberschwanz-decken ist weiter von der schwarzen Schwanzspitze entfernt als bei anderen Gänsen

Als größte aller Gänse kann man die Kanadagans sofort am schwarzen Hals und Kopf mit dem weißen Wangenfleck, dem braunen Rücken und der hellen Unterseite erkennen

$(\times 1/10)$

Nach der Vertreibung eines Eindringlings aus dem Brutrevier brechen die Gänse in ein Triumphgeschrei aus

Kanadagänse wurden als Ziergeflügel in England, Schweden und Deutschland eingeführt und sind inzwischen weit verbreitet

Die Nester befinden sich in Gewässernähe am Boden, oft in lockeren Kolonien

Fliegende Kanadagänse rufen „ga-honk", sitzende nur „honk"

Männchen und Weibchen können, wie bei allen Gänsen, an der Färbung nicht unterschieden werden

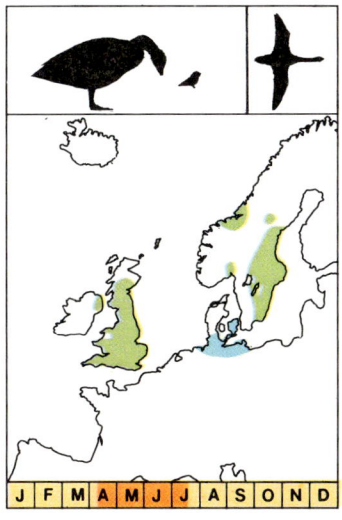

Die Kanadagans *Branta canadensis* ist in Nordamerika die bekannteste Wildgans; auf dem Frühjahrszug oder im Herbst ist sie über den ganzen Kontinent hinweg ein vertrauter Anblick. In Nordamerika brütet sie von Alaska bis Kansas in verschiedenen Rassen, die nahezu schwanengroß und hell gefärbt oder nur stockentengroß und dunkel getönt sind. Diejenigen, die nach Europa eingeführt wurden, gehören zur blassen Unterart der Atlantikküste jenes Kontinents. Vögel anderer Rassen, wahrscheinlich wirklich wilde Irrgäste aus Nordamerika, sind gelegentlich in Schottland und Irland inmitten von Nonnengans- und Bläßgansschwärmen aufgetaucht. Die eigentümliche Nene der Hawaii-Inseln leitet sich ab von Kanadagänsen, die sich vor langer Zeit auf die Vulkaninseln verflogen hatten.

In Schweden brütet inzwischen eine Population von über 50000 Kanadagänsen, die nächstgrößte in Großbritannien umfaßt einige tausend. In der Bundesrepublik brüten sie im Umfeld von Großstädten, zum Beispiel in und vor München; häufig bilden sie mit ebenfalls halbwilden Graugänsen Mischehen. Wiesen- und Parklandschaften in der Nähe von Teichen und Seen oder Kiesgruben sind ihr typischer Lebensraum in Europa, dort brüten sie auch ihre 5 – 6 Eier aus. Das Nest, eine flache mit Pflanzenresten ausgelegte Mulde, wird mit großen, grauen Daunen umrandet; es liegt, geschützt von Strauchwerk oder Büschen, in Gewässernähe. Oft wählen Kanadagänse zum Nisten ein Inselchen.

Die Jungen werden von beiden Eltern gefüttert; sie sind mit rund 9 Wochen zugfähig.

J F M A M J J A S O N D

185

Bläßgans

Fliegende Bläß-
gänse sind heller
als Saatgänse,
vor allem auf
den Flügel-
decken

Von unten betrachtet zei-
gen alte Bläßgänse eine
mehr oder weniger starke
schwarze Streifung auf
der Unterseite, die den
Jungen noch fehlt

($\times \frac{1}{10}$)

Altvogel   Altvogel   Jungvogel

Alte Bläßgänse haben eine ausgedehnte weiße
Stirn, die bei Jungen erst im Laufe des Winters
entsteht

Wie alle grauen Gänse ziehen
Bläßgänse in Keilformation.
Dabei rufen sie sehr hoch
„kau-liau"

Die Familien bleiben auch im Winterquartier zusammen, so daß die Bestimmung der leicht verwechselbaren
Jungvögel erleichtert wird

Die in Irland und
Schottland über-
winternde grön-
ländische Unter-
art mit orangefar-
benem Schnabel

Bei uns erscheint
die sowjetische
Unterart mit
fleischfarbenem
Schnabel

Jungvögel haben ei-
ne schwarze Schna-
belspitze („Nagel")
und dunkle Federn
am Schnabelgrund

Die Beine der Bläßgans
sind orangefarben. Sie
zieht vor allem in Nord-
deutschland durch, selte-
ner im Süden

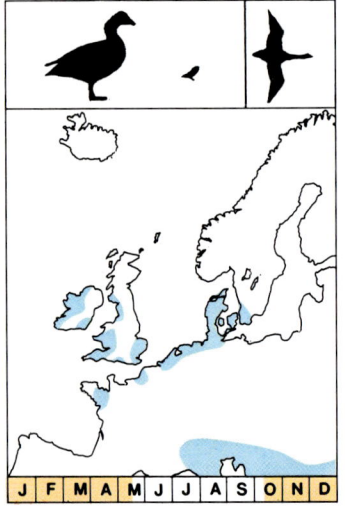

J F M A M J J A S O N D

Kaum einer kann sich der Anziehungskraft von fliegenden Wildgänsen entziehen. Viele wesentlich kleinere Vögel unternehmen längere Züge, aber ihre Wanderungen gehen zum großen Teil unbemerkt vor sich. Ziehende Gänse sind ein besonderes Schauspiel. Entweder kommen sie in einer langen Kette oder sie bilden eine V-Formation, die am Himmel aufgespannt zu sein scheint. Der Chor einer solchen Wanderschar ruft auf ganz charakteristische Weise, und unter den Gänsen ist die Bläßgans *Anser albifrons* wohl die musikalischste — ihr melodischer zweisilbiger Kontakthalteruf klingt „kauliau" und wird in Sopranstimmlage vorgetragen. Zwei unterschiedliche Rassen treten in Europa auf: Am zahlreichsten ist die rosaschnäblige Nominatform, die in Sibirien brütet und in Mittel- und Nordeuropa sowie in England überwintert. Die in Grönland brütende Rasse *A. a. flavirostris* ist dunkler gefärbt mit orangefarbenem Schnabel; sie verbringt den Winter in Schottland, Irland und Wales. Neue Zählungen ergaben eine fortschreitende Westverschiebung der überwinternden Scharen in Mitteleuropa. In den Niederlanden zählt man manchmal mehr als 70 000 Gänse — etwa die Hälfte der europäischen Winterpopulation. Wichtige Überwinterungsplätze in der Bundesrepublik liegen an der Unterelbe, im Dollart sowie am Niederrhein. Feuchtes Weideland, wie etwa Uferwiesen, sind ihr bevorzugter Nahrungsraum, und Gras ist auch ihre Vorzugsnahrung. Bläßgänse brüten in der Tundra, auf kleinen Inseln in Flüssen, oder in Moorgebieten; häufig nisten mehrere Paare in enger Nachbarschaft.

Ringelgans

Vorne ein Altvogel, hinten ein Jungvogel

Hellbäuchige Ringelgänse überwintern im Norden der Britischen Inseln, dunkelbäuchige im Wattenmeer

$(\times \frac{1}{9})$

Dunkler sibirischer Altvogel

Heller grönländischer Altvogel

Bei Flut gründeln Ringelgänse im Wattenmeer und zeigen dabei ihr weißes Heck

Ringelgänse fliegen in dichten Trupps niedrig über das Wasser und rufen dabei „rott-rott"

Bei Ebbe fressen Ringelgänse bevorzugt Seegras. Da sie sehr klein sind, erinnern sie auf den ersten Blick an Enten. Der weiße Halsfleck ist oft unauffällig

Ringelgänse sind an das Leben am Meer angepaßt und rasten auf dem Wasser

Jungvögel bekommen während des Winters den weißen Halsfleck, zeigen oberseits aber bis März weiße Federränder

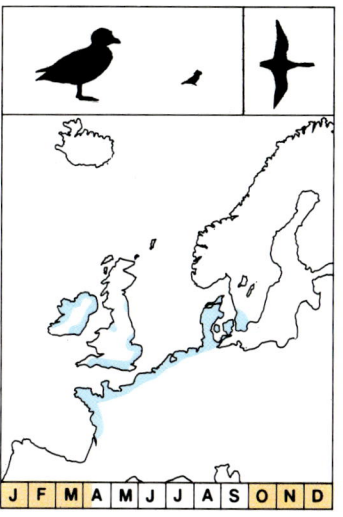

Breite Wattflächen in Buchten und an Flußmündungen sind der ausschließliche Überwinterungsraum von Ringelgänsen. Nur in Perioden großen Nahrungsmangels überqueren sie die Dämme zum Land hin, um wie die grauen Gänse auf den Feldern zu weiden. Hauptnahrung sind Seegras oder Grünalgen der Gattung *Enteromorpha*, beides Pflanzen, die den Schlick bis zur mittleren Gezeitenlinie wie einen Teppich bedecken. Einst war eine große Art des Seegrases, die in niedrigeren Bereichen der Küste vorkam, eine wichtige Futterquelle. Aber während der 30er Jahre brachte eine geheimnisvolle Krankheit beiderseits des Nordatlantiks die Pflanzen an den Rand des Erlöschens. Die Bestände der Ringelgans *Branta bernicla*, plötzlich dieser Nahrungsquelle beraubt, schwanden in alarmierender Weise.

Zusätzlich war die Ringelgans seit langem traditionelles Jagdwild, und in den 50er Jahren war bereits klar, daß die Vogelart eine weitere Bejagung nicht überstehen würde. Von einigen Ländern wurden Schutzmaßnahmen eingeführt, seither haben die Individuenzahlen nach und nach wieder zugenommen. Gegenwärtig sind Eindeichungsvorhaben eine Bedrohung für die Zukunft der Art.

Ringelgänse nisten weit nördlich in der Arktis. Die hellbäuchige Rasse aus Kanada, Grönland und Spitzbergen überwintert an der Ostküste der USA, in Irland, Nordwestengland und in Dänemark. Die östliche, dunkelbäuchige Rasse aus der sowjetischen Arktis hat ihre Winterquartiere vor allem im deutschen und niederländischen Wattenmeer.

Kurzschnabelgans — Saatgans

Die Kurzschnabelgans hat leuchtend helle Flügel, die Saatgans dunkelbraune

Kurzschnabelgans

Der Schnabel der Saatgans ist schwarz mit je nach Unterart mehr oder weniger breiter orangegefarbener Binde

Saatgans

Der kürzere Schnabel der Kurzschnabelgans trägt eine schmale rosa Binde

Die arktische Kurzschnabelgans brütet zum Schutz vor Eisfüchsen auf Klippen. Auf dieser Zeichnung ist der helle Rücken gut zu sehen

$(\times \frac{1}{67})$

Die stimmfreudige Kurzschnabelgans ruft hoch „uink-uink", die schweigsamere Saatgans tiefer „ang-ang"

Kurzschnabelgänse haben rosa-, Saatgänse orangefarbene Beine

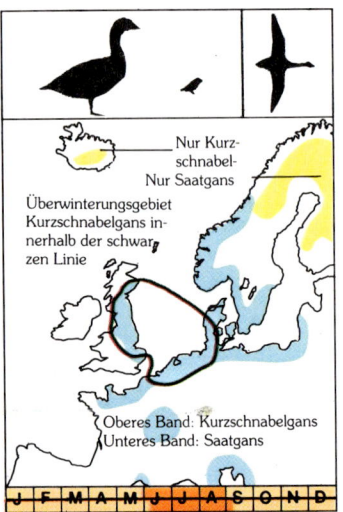

Nur Kurzschnabel-
Nur Saatgans

Überwinterungsgebiet Kurzschnabelgans innerhalb der schwarzen Linie

Oberes Band: Kurzschnabelgans
Unteres Band: Saatgans

J F M A M J J A S O N D

Saatgans *Anser fabalis* und Kurzschnabelgans *Anser brachyrhynchus* sind nahe miteinander verwandt, unterscheiden sich aber in ihrem Verhalten. Saatgänse suchen gern auf Weiden nach Nahrung und verbringen die Nacht im Landesinnern. Aus der Gruppe der grauen Gänse sind sie die ruhigsten. Kurzschnabelgänse fressen hauptsächlich auf Stoppelfeldern, Kartoffeläckern und anderen Landwirtschaftsflächen. Da sie auf Wattflächen nächtigen, fliegen sie in der Abend- und Morgendämmerung zwischen der Küste und den Feldern hin und her. Solche Nahrungszüge werden während der Vollmondphase unregelmäßig. Dann kann das Grasrupfen in der Nacht fortgesetzt werden. Kurzschnabelgänse sind auf solchen Streifzügen sehr lautfreudig; sie rufen dann meckernd „uink", dabei kann man die hohen Stimmen der Männchen deutlich von den um eine Oktave tieferen Stimmen der Weibchen unterscheiden.

Saatgänse sind viel weiter verbreitet als Kurzschnabelgänse, die nur in Island, Spitzbergen und Ostgrönland brüten. Sie kommen aus Skandinavien, Nordrußland und Sibirien, wobei sich verschiedene Rassen an der Form und Farbe der Schnäbel unterscheiden lassen. Saatgänse überwintern beispielsweise in der Norddeutschen Tiefebene und in den Niederungen des Donauraumes. Ein traditioneller Rastplatz ist etwa die Lange Lacke im österreichischen Burgenland. Kurzschnabelgänse überwintern bei uns nur vereinzelt. In ihrem isländischen Brutgebiet sind sie durch ein geplantes Wasserkraftwerk bedroht. Saatgänse brüten auf Mooren und Tundren.

Graugans

Die sehr massige Graugans hat auffallend helle Vorderflügel

(× 1/6)

Der Schnabel ist groß und klobig

Die plumpen, hängebäuchigen Hausgänse stammen von der Graugans ab

Die östliche Unterart hat einen fleischfarbenen Schnabel und oft dunkle Bauchflecken

An verschiedenen Stellen in Deutschland wurden Graugänse der östlichen Unterart ausgesetzt, die hier eigentlich nicht heimisch ist

Die Stimme der Graugans ist identisch mit dem von Hausgänsen bekannten nasalen „ga-ga-gack"

Die Graugans ist die größte und insgesamt hellste der grauen Gänse. Die Beine sind fleischfarben

Obwohl sie meist auf Grasland weiden, gründeln sie manchmal auch im Flachwasser

Alle Gänse sind auch außerhalb der Brutzeit sehr wachsam, da sie in einigen Ländern noch immer bejagt werden

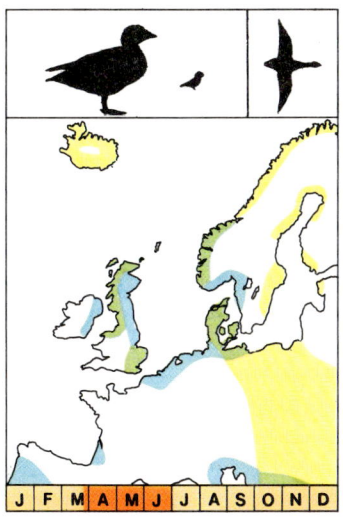

Graugänse sind die Vorfahren aller domestizierten Gänse mit Ausnahme der Höckergänse; diese werden mehr in Osteuropa gehalten und leiten sich von der Schwanengans aus Nordostasien her. In ihren Lautäußerungen und in den Grundzügen ihres Verhaltens haben Vögel vom Geflügelhof noch immer eine unverkennbare Ähnlichkeit mit den wilden Graugänsen. Als Wildgans schlechthin hat sie auch eine sehr weite Verbreitung und brütet südlicher als jede andere Art der grauen Gänse, die in Europa vorkommen. In der Bundesrepublik dehnt sie ihr Brutgebiet gegenwärtig noch ständig aus und hat sich beispielsweise am Chiemsee und Ammersee aus halbzahmen Beständen weitervermehrt. Wilde Graugänse leben etwa noch in Schleswig-Holstein. Durch OSKAR HEINROTH und KONRAD LORENZ sind die Verhaltensformen der Graugans *Anser anser* besser erforscht als bei irgendeinem anderen Wasservogel. Wie alle Gänse hat sie ein kompliziertes soziales Gefüge, das durch ein ausgeklügeltes System von Lautäußerungen und Körpergesten aufrechterhalten wird. Die Paare bleiben normalerweise lebenslang zusammen, und Familienverbände werden den Winter über beibehalten.

Ein erstaunliches Phänomen, das durch KONRAD LORENZ enthüllt wurde, ist die sogenannte Prägung — ein Lernvorgang, der auch bei vielen anderen Vögeln vorkommt, aber am intensivsten bei der Graugans studiert wurde: Frischgeschlüpfte Gössel folgen jedem bewegten Gegenstand, den sie zuerst nach der Geburt erblicken. Normalerweise ist dies die Mutter, doch im Experiment kann das auch ein Mensch sein.

Bläßhuhn

Das Bläßhuhn gehört zur Familie der Rallen und fliegt mit flachen, schnellen Flügelschlägen

Aus diesem Winkel sind die herabhängenden Beine zu sehen

Bläßhühner halten sich bevorzugt auf Rasenflächen am Wasser auf

(×1/5)

Um genügend Schwung zu bekommen, muß das Bläßhuhn beim Starten weit über das Wasser laufen

Das weiße Stirnschild ist das auffallendste Kennzeichen des schiefergrauen, aus der Entfernung schwarz wirkenden Vogels, der gut tauchen kann

Bläßhühner sind untereinander sehr streitsüchtig

(×3/10)

Jungvögel sind an Hals und Brust weißlich gefärbt und haben erst ein schmales fleischfarbenes Stirnschild

Im Schwimmen nicken Bläßhühner ständig mit dem Kopf und rufen schrill und durchdringend „picks". Als Anpassung an das Leben im Wasser haben sie Schwimmlappen an den Zehen

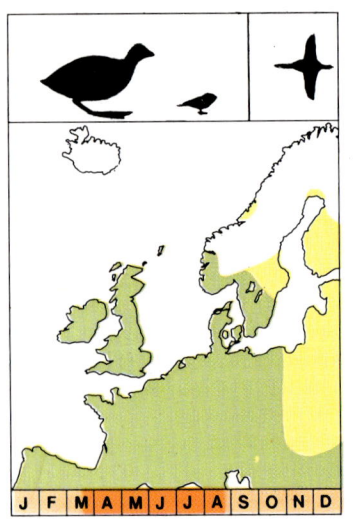

Bläßhühner verbringen einen Großteil ihres Lebens auf dem Wasser, denn sie beginnen schon früh mit ihren gelappten Füßen zu schwimmen. Sie tauchen häufig nach Nahrung, vor allem Pflanzenteilen, aber auch Fischen, Würmern und Weichtieren. Bläßhühner, die Parks bewohnen, können häufig auf den Rasenflächen grasend beobachtet werden — sie wirken dann tatsächlich wie Hühner —; im Gegensatz zum Teichhuhn meiden sie weitgehend dichte Ufervegetation.

Bläßhühner sind sehr territorial und zeigen ein heftiges Aggressionsverhalten gegenüber artgleichen Eindringlingen. Gelegentlich greifen sie sogar Enten und Lappentaucher an. Platzende, metallische „picks"-Rufe und viel Wassergespritze begleiten die Kämpfe an den Reviergrenzen. Das napfartige Nest des Bläßhuhns *Fulica atra* besteht aus Riedgräsern und abgestorbenen Halmen, es hat einen dickeren Unterbau als das Teichhuhnnest und ist üblicherweise zwischen Sumpfgräsern ein gutes Stück vom Ufer weg befestigt. Es wird vor allem vom Weibchen gebaut, während das Männchen die Baumaterialien sammelt. Beide Partner brüten, aber das Männchen bringt, auch nachdem das Legen begonnen hat, weiterhin Niststoffe. Die 4 — 8 Eier werden 21 — 24 Tage lang bebrütet. Die Küken bleiben 3 — 4 Tage im Nest und kehren noch einige Nächte lang dahin zurück, um sich hudern zu lassen.

Bläßhuhnnestlinge sehen sehr drollig aus mit ihren orangeroten, roten und gelben Dunenspitzen, die wie Stoppeln aus dem schwarz-weiß-grau gemischten Kleid herausragen.

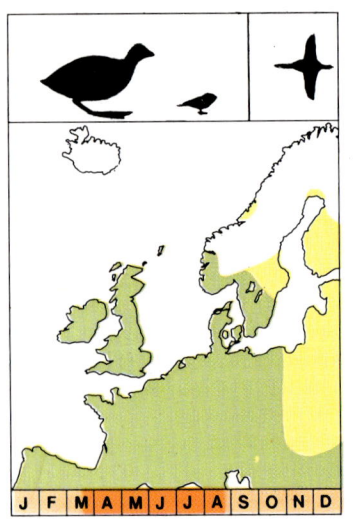

J F M A M J J A S O N D

Teichhuhn

Nachts umherfliegende Teichhühner rufen „kräck-kräck" oder nasal „käkäkä"

Schwimmende Teichhühner nicken ständig mit dem Kopf und zucken mit dem Schwanz. Sie halten sich vorwiegend am bewachsenen Gewässerrand auf

Im flatternden Flug hängen die Beine oft herab. Die Zehen haben keine Schwimmlappen

Auch das Teichhuhn gehört zur Familie der Rallen, ist aber bedeutend kleiner und zierlicher als das Bläßhuhn

(× ⅕)

Jungvögel sind brauner und blasser

Teichhühner grasen gerne am Gewässerrand, sind aber stets darauf bedacht, sich nicht zu weit von schützender Deckung zu entfernen

Die Signalwirkung der weißen Unterschwanzdecken wird auch bei der Balz eingesetzt

Auffällige Kennzeichen sind rotes Stirnschild und roter Schnabel mit gelber Spitze, bronzebraune Oberseite, weiße Flankenstreifen und Unterschwanzdecken, graue Unterseite und grüne Füße

(× ³⁄₁₀)

Das Küken hat wenig, beim Bläßhuhn dagegen viel rot am Kopf

Die sehr langen Zehen befähigen das Teichhuhn zum schnellen Laufen und Schwimmen

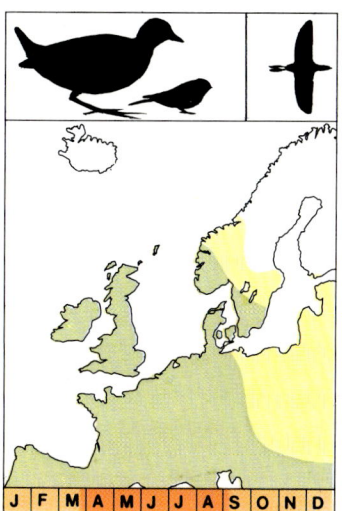

J F M A M J J A S O N D

Das Teichhuhn *Gallinula chloropus* bewohnt nahezu alle Weltregionen mit Ausnahme der Polargebiete — es ist somit ein ausgesprochen erfolgreicher Vogel, obwohl viele andere Arten der Rallenfamilie stark gefährdet oder gar ausgestorben sind. Ein Schlüssel zu diesem Erfolg ist seine Fähigkeit, sich an eine vom Menschen geänderte Umwelt anzupassen. Praktisch jedes Fleckchen Wasser, das von Pflanzenwuchs umgeben ist, sagt ihm zu — das schließt auch Teiche inmitten von Agrarflächen, Anlagen oder Gärten ein. In Teilen seines Verbreitungsgebietes ist das Teichhuhn ein scheuer Vogel; vergleichsweise vertraut dagegen verhält es sich in einigen Schloßparks, wo es auf offenen Rasenflächen nach Futter sucht. Nichtsdestoweniger bewegt es sich sehr rasch davon, wenn es beunruhigt wird, und verschwindet wie durch Zauberei, taucht geschickt in einer Uferböschung unter, oder es versteckt sich unter Schwimmpflanzen und streckt den Schnabel als Atmungsrohr heimlich über den Wasserspiegel.

Die Vögel bauen ihr Nest aus abgestorbenem Pflanzenmaterial knapp über der Wasseroberfläche auf einer Seggenbulte oder einer Schlickbank in einem Tümpel oder Fluß. Manchmal gehen Teichhühner auch in Büsche und benutzen selbst verlassene Nester anderer Vögel. Die Männchen sind sehr territorial und vertreiben Eindringlinge sofort aus dem Brutrevier.

Das Gelege aus 5 — 11 Eiern wird von beiden Partnern 18 — 21 Tage bebrütet. Die Jungen sind nach 5 Wochen flügge.

Auch im Winter kann man diese Rallen regelmäßig bei uns beobachten.

191

Schwarzhalstaucher — Ohrentaucher

Ohrentaucher

Schwarzhals-taucher

($\times \frac{1}{7}$)

($\times \frac{1}{7}$)

Ohrentaucher

Im Winter hat der Ohrentaucher mit geradem Schnabel ein nur schwach ansteigendes Kopfprofil und von der schwarzen Kopfplatte scharf abgegrenzte weiße Wangen, der Schwarzhalstaucher einen aufgeworfenen Schnabel und steile Stirn

Schwarzhals-taucher

Der Ohrentaucher ist oberseits schwarz mit weißen Armschwingen und einem weißen Dreieck am Vorderrand des Innenflügels, der Schwarzhalstaucher mehr schwarzbraun mit einem sich bis auf die Handschwingen erstreckenden weißen Flügelhinterrand

Schwarzhals-taucher

Ohrentaucher

Der Ohrentaucher (links) zeigt im Nacken mehr Weiß als der Schwarzhalstaucher (rechts)

Schwarzhals-taucher

Die dunkle Kopfkappe zieht sich tiefer, die Trennung ist verwaschener, die Wangen dunkler als auf der Abbildung

($\times \frac{1}{5}$)

Ohrentaucher

($\times \frac{1}{5}$)

Im Prachtkleid ist der Hals des Ohrentauchers rot, der schwarze Kopf trägt lange, goldgelbe Ohrbüschel, die am Hinterkopf überstehen

Schwarzhalstaucher mit fächerförmigen goldenen Ohrbüscheln

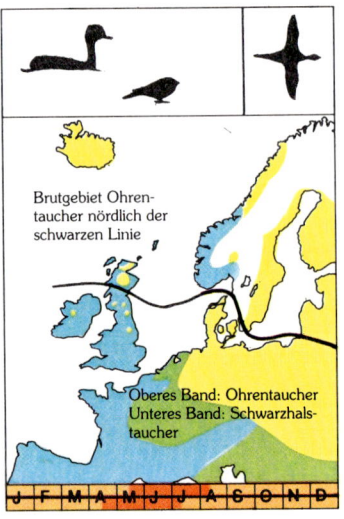

Brutgebiet Ohrentaucher nördlich der schwarzen Linie

Oberes Band: Ohrentaucher
Unteres Band: Schwarzhalstaucher

J F M A M J J A S O N D

Beide Arten dieser kleinen Lappentaucher sind in der Alten und Neuen Welt weit verbreitet. In großen Teilen ihres Verbreitungsgebietes kommen sie gemeinsam vor. In Mitteleuropa brütet jedoch nur der Schwarzhalstaucher *Podiceps nigricollis*; das Brutgebiet des Ohrentauchers *Podiceps auritus* schließt sich im Nordosten an. Die Bestände des Schwarzhalstauchers unterliegen bei uns jährlichen Schwankungen; der Vogel ist überhaupt mehr östlich verbreitet. Ein bekanntes Brutvorkommen liegt im Ismaninger Teichgebiet bei München.

Der Schwarzhalstaucher hält sich gern auf buchtenreichen Seen und träge fließenden Gewässern mit dichtem Unterwasserpflanzenbewuchs auf. Der Ohrentaucher bewohnt ähnliche Lebensräume, auf Island trifft man ihn auch auf fast unbewachsenen

Seen an. Im Herbst können beide nebeneinander gesehen werden; der Ohrentaucher überwintert aber eher in Flußmündungen des Küstengebiets, während der Schwarzhalstaucher mehr im Binnenland, so beispielsweise auf Stauseen, bleibt. In Schottland überlappen sich Brut- und Winterquartiere des Ohrentauchers, in Süd- und Mittelengland die des Schwarzhalstauchers.

Beide Taucher erbeuten bei der Nahrungssuche Fischchen, Flohkrebse, Schnecken und andere Kleintiere. Der Ohrentaucher nimmt daneben regelmäßig Wasserpflanzen und Sämereien zu sich, was bei der anderen Art eher zufällig vorkommt. In ihrer Brutbiologie zeigen beide eine ausgeprägtere Unterscheidung zwischen männlichem und weiblichem Rollenverhalten, als dies beim Zwerg- und Haubentaucher der Fall ist.

Haubentaucher

Jungvogel mit Streifen am Kopf und Halsseiten

Im Schlichtkleid sind helle Erscheinung, flaches Kopfprofil und schlanke Gestalt gute Kennzeichen

Die Haube wird im Schlichtkleid zurückgebildet. Der am Schnabel beginnende weiße Überaugenstreif ist ein wichtiges Kennzeichen

Fliegende Haubentaucher sehen lang und dürr aus, mit einer auffälligen Zeichnung auf den schmalen Flügeln. Zum Auffliegen müssen sie Anlauf nehmen, die Flügelschläge sind flach und schnell

Unten verschiedene Balzphasen des Haubentauchers

1. Kopfschütteln beider Partner

2. Männchen taucht vor dem mit gewinkeltem Hals schwimmenden Weibchen

(× 1/7)

3. Weibchen spreizt Flügel, Männchen taucht senkrecht vor ihr auf

Die aus verlängerten Scheitelfedern und einer Halskrause bestehende Haube kann gespreizt werden

(× 1/5)

4. Erneutes Kopfschütteln, manchmal scheinbare Gefiederpflege

5. Beide tauchen nach Nistmaterial

6. Der sogenannte Pinguintanz

Die Zehen sind mit breiten Schwimmlappen ausgestattet, weshalb die ganze Familie Lappentaucher genannt wird

Die Beine setzen weit hinten an

Das schwimmende Nest wird aus Wasserpflanzen gebaut

Lappentaucher tragen ihre Küken oft im Rückengefieder

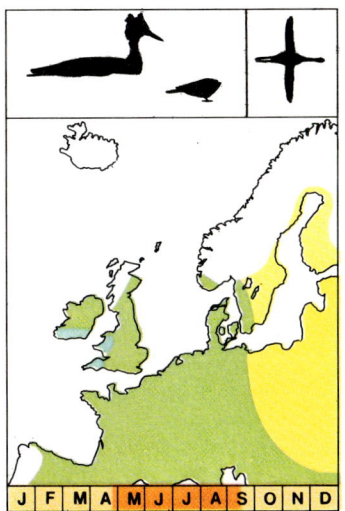

Zu einer Zeit, in der die Natur Druck von allen Seiten ausgesetzt ist, kann man ein wenig Hoffnung schöpfen, wenn man die veränderte Einstellung zu ihr während der letzten hundert Jahre in den meisten europäischen Ländern betrachtet. So ist der Haubentaucher *Podiceps cristatus* heute wegen seiner reizenden und zugleich komplizierten Balzzeremonien populär. Während des 19. Jahrhunderts hingegen wurde er nur als Federquelle für die Putzmacherei betrachtet. Intensive Bejagung ließ die Individuenzahlen bedrohlich absinken, aber diese Art wurde gerade noch rechtzeitig durch Jagdschutzgesetze und eine sich ändernde Mode gerettet. Heutzutage, da ihm der Kiesbau neue Seeflächen in aufgelassenen Gruben schafft, ist der Haubentaucher wieder auf dem Vormarsch. Die Hochzeitsrituale sind im wesentlichen auf die frühen Stadien des Balz- und Brutzyklus beschränkt, bevor die Legetätigkeit das Weibchen in Anspruch nimmt. In milden Klimabereichen beginnen einige Vögel bereits Ende Februar mit dem Brutgeschäft, dort ist das Balzverhalten dann bereits im Hochwinter zu beobachten. Bei uns haben Haubentaucher einige Mühe, den Winter überhaupt zu überleben; und viele, die nicht südwärts ausweichen, büßen ihr Leben ein. Etwa Mitte April zeigen die Haubentaucher ihre ausdrucksvolle und vielfältige Balz; dabei gilt der Grundsatz: Jede Phase des Vorspiels soll möglichst vollständig abgeschlossen sein, bevor zu einer nächsten intensiveren Phase übergegangen wird. Beide Geschlechter zeigen praktisch die gleichen Ausdrucksbewegungen. Die Eiablage beginnt meist erst im Mai.

Zwergtaucher

Links im Prachtkleid mit rötlicher Kehle und grünlichem Fleck am Schnabelgrund, rechts ausgewachsener Jungvogel

(× 1/7)

Das Gefieder ist rötlich braun, im Schlicht- und Jugendkleid blasser. Von hinten ist immer das weiße „Heck" sehr auffallend. Die Steuerfedern sind bei allen Lappentauchern stark reduziert

Als einziger Lappentaucher besitzt der Zwergtaucher keine weißen Markierungen auf der Oberseite

Im Winter ist das Gefieder des nur faustgroßen Vogels blasser und brauner

Kopfzeichnung des Schlichtkleides, fast in Lebensgröße

Ein Küken, links, beginnt wenige Stunden nach dem Schlüpfen zu schwimmen. Alle Lappentaucher-Küken sind auffallend gestreift. Von oben betrachtet ist ein Zwergtaucher fast rund

Das schwimmende Nest aus verrottenden Pflanzen wird an einem Stengel befestigt. Vor dem Verlassen des Nests werden die ursprünglich weißen Eier mit feuchtem Nistmaterial bedeckt, so daß sie nach einiger Zeit eine braungrüne Tarnfärbung annehmen

(× 1/5)

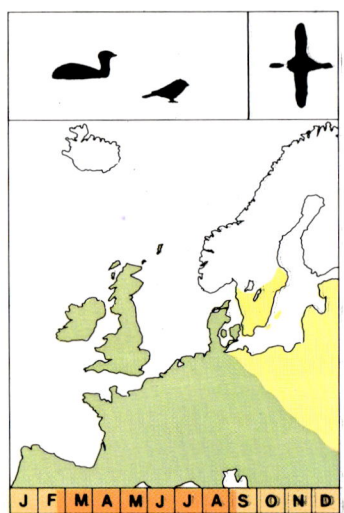

Der Zwergtaucher *Tachybaptus ruficollis* ist noch weiter verbreitet als der Haubentaucher. Auf Flüssen, die durch Städte fließen, sieht man in der Regel im Winter nur den Zwergtaucher. Erst wenn alle Stillgewässer zugefroren sind, lassen sich dort auch Haubentaucher blicken. Von Brücken aus ist das Tauchverhalten des Zwergtauchers gut zu beobachten. Die possierlichen Vögel mit dem flauschigen „Heck" nehmen viele Luftblasen im Gefieder mit nach unten; wenn sie mit angezogenen Flügeln und mit den Beinen rudernd unter Wasser dahinschwimmen, sehen sie wie geperlt aus.

Im Frühjahr hört man von Zwergtauchern eine lange abfallende Trillerrufreihe, etwa „bi bi bi . . .", die an ein wieherndes Gelächter erinnert. Dieser Ruf spielt eine Rolle im Paarbindungsverhalten und wird oft von beiden Partnern im Duett vorgetragen; dabei posieren sie schwimmend mit hochgereckten Schnäbeln gegenüber. Da ihr Balzverhalten sonst weniger spektakulär ist als bei anderen Lappentauchern und sie auch keine Federbüschel oder -kragen am Kopf tragen, scheint es, daß bei ihnen die Schaubalz durch eine auffällige Stimme bei den Hochzeitsaktivitäten ersetzt wird.

Das Nest ist ein treibender Haufen verrottender Pflanzen, ähnlich dem des Haubentauchers, aber kleiner. Beide Geschlechter brüten, bei der Ablösung bringt der jeweils ankommende Vogel frisches Grünmaterial für das Nest. Zwergtaucher sind äußerst territorial, und beide Partner verteidigen ihr Revier nachdrücklich mit halb hochgestellten Flügeln. Dabei hört man häufig harte kurze Trillerfolgen wie „dütütütü".

Krickente

Unten ein Krickenten-Männchen. Keine andere Ente hat einen rotbraunen Kopf mit cremefarben begrenzten, metallisch grün schimmernden Kopfseiten

Beim Auffliegen werden die Flügel tief durchgeschlagen

(×⅙)

Männchen im vollen Prachtkleid. Zwischen Juli und September trägt es das weibchenfarbene Schlichtkleid

Im Unterschied zur sehr ähnlichen und gleichfalls kleinen weiblichen Knäkente hat das Krickenten-Weibchen einen einfarbigeren Kopf, weiße Außenkanten an der Schwanzbasis, einen dunkleren Bauch und leuchtend grünen Flügelspiegel

Weibchen im Flug

Krickenten können fast senkrecht vom Wasser auffliegen. Der Flügelspiegel ist vorne durch ein breites weißes Band begrenzt

Krickenten fliegen schnell und reißend, fast wie Watvögel. Oft sieht man sie in dichen Trupps, die wendige Flugmanöver ausführen

Männchen im Schlichtkleid

Die aufmerksamen Vögel heben vor dem Auffliegen sichernd den Kopf und rufen hell „krick krück"

Aus der Nähe erkennt man, daß die hellen Körperpartien des Männchens im Prachtkleid fein grau meliert sind

Auch auf große Entfernung sind die schwarz eingefaßten cremefarbenen Unterschwanzdecken ein sicheres Kennzeichen

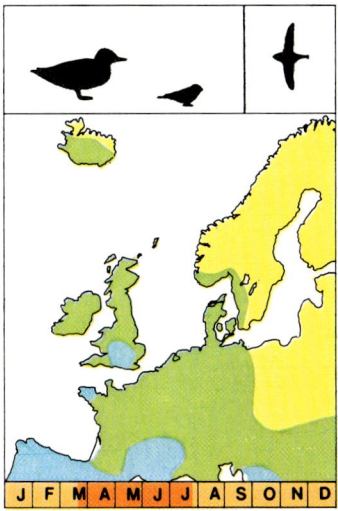

Enten können anhand ihres Freßverhaltens in zwei Gruppen eingeteilt werden: in gründelnde und tauchende Arten. Die Krickente *Anas crecca* gehört zu den Schwimmenten genauso wie die Knäk-, Spieß-, Pfeif-, Schnatter-, Stock- und Löffelente. Diese Vögel — sie werden auch Gründelenten genannt — tauchen kaum einmal nach Futter. Den Großteil der Nahrung suchen sie im flachen Wasser, häufig mit der „Schwänzchen-in-die-Höh"-Methode, oder an Land. Schwimmenten haben die Beine mehr in der Körpermitte als die Tauchenten. Wie die Krickente zeigen die meisten ein leuchtend farbiges Flügelfeld, das Spiegel genannt wird.

Krickenten bewohnen Küsten- und Binnenlebensräume. In den Marschen und am Brackwasser sind die Samen salzliebender Gräser und winzige Schnecken, die von der Schlickoberfläche aufgelesen werden, ihre Hauptnahrung. Im Binnenland nehmen sie die Samen von Binsen- und Hahnenfußgewächsen zusammen mit kleinen Mückenlarven.

Wie viele andere Entenarten vollführen Krickenten komplizierte Balzrituale während des Paarungsvorspiels. Dann klingt der Ruf des Erpels noch inbrünstiger, aber auch das übrige Jahr über läßt er gern sein „krück" vernehmen, das der Art auch zum Erstbestandteil ihres Namens verholfen hat. Im Vorfrühling sammeln sich viele Krickerpel auf dem Wasser um eine Ente herum; sie beginnen gemeinsam Wasser in Richtung auf das Weibchen zu spritzen und werfen sich in Pose, um den grünen Spiegel und die kennzeichnenden Farbmuster am Kopf zu zeigen.

195

Knäkente

(×⅙)

Der dunkelbrau-
ne Kopf mit dem
breiten weißen
Seitenstreifen
macht die männ-
liche Knäkente
im Prachtkleid
unverwechselbar.
Brust und Heck
sind braun, die
Flanken grau

Die weibliche Knäk-
ente zeigt eine kon-
trastreichere Kopf-
zeichnung und einen
deutlicher hellen
Bauch als die
Krickente

Das fliegende Männchen
ist an den leuchtend hellgrauen Armdecken sofort
zu erkennen. Der grüne
Flügelspiegel ist an den
Längsseiten breit weiß
begrenzt

Aufmerksames
Recken vor dem
Abflug

Das balzende Männchen, rechts, präsentiert seinen Flügelspiegel. Links läßt
es seine gelegentlich auch im Flug zu
vernehmende Stimme hören, ein höl-
zernes „knärrrk"

Beim fliegenden Weibchen
ist der kaum leuchtende
grüne Flügelspiegel vorne
schmal und hinten breit
weiß begrenzt, bei der
Krickente umgekehrt

Während der Mauser ist das
Männchen stark flugbehindert und
legt, um besser getarnt zu sein,
ein Schlichtkleid an, das dem des
Weibchens sehr ähnlich ist

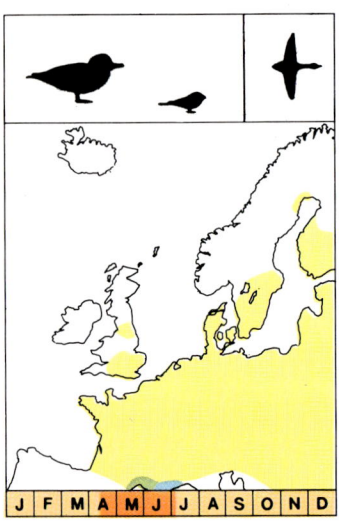

JFMAMJJASOND

Die Knäkente *Anas querquedula* ist eine
schmucke, elegante Kleinente, kaum größer
als die Krickente, aber nur entfernt verwandt
mit ihr. Unter den europäischen Enten ist die
Löffelente ihre nächste Verwandte. Neben
dem blauen Vorderflügel teilen die beiden
Arten viele Eigenarten im Verhalten: so zeigen beide beispielsweise ihre Absicht aufzu-
fliegen durch senkrechte Pumpbewegungen
mit dem Kopf an, bei anderen Schwimmenten wird der Kopf zur Seite hin geschüttelt.
Knäkenten sind im Winter mehr südwärts
verbreitet und werden in den meisten Teilen
Europas nur zur Brutzeit gesehen. Flache
Süßgewässer verschiedener Beschaffenheit
werden zum Brüten ausgewählt. Knäkenten
sieht man nur paarweise oder in kleinen
Gruppen, während in den Winterquartieren
große Schwärme auftreten. Während ihres
Werbens stoßen die Erpel einen außerge-
wöhnlichen prasselnden Ruf hervor, der wie
„rrrb" klingt. Sie bringen ihn mittels eines
vergrößerten Stimmapparates hervor; dabei
legen sie normalerweise den Kopf zurück
und zeigen mit dem Schnabel nach oben.
Diese Haltung wird auch vom Weibchen ein-
genommen, die einen leiseren, quakenden
Laut hervorbringt. Abfliegende Weibchen
äußern deutlich: „knäk".
Die Nester liegen meist im Sauergras in der
Nähe eines Teichs oder einer überschwemmten Wiese. Wie die meisten Entenvogelne-
ster sind sie mit dicken Daunen, die sich das
Weibchen aus der Brust zupft, umrandet.
Die Jungen sind nach 5 — 6 Wochen flügge.
Knäkenten ernähren sich ähnlich wie andere
Schwimmenten von Insektenlarven, Klein-
krebsen, Samen und Wasserpflanzen.

Spießente

Das Männchen ist im Prachtkleid an den spießartig verlängerten mittleren Steuerfedern, dem braunen Kopf und der bis auf die Halsseiten ausgedehnten weißen Brust leicht bestimmbar. Auch beim Weibchen sind die mittleren Steuerfedern etwas verlängert

Der auffallend lange und schlanke Schnabel ist beim Weibchen grau, beim Männchen mit blauem Längsband

Besonders im Flug fällt bei beiden Geschlechtern die schlanke Gestalt auf

$(\times \frac{1}{6})$

Beim Gründeln sind die grauen Füße, ein weiteres wichtiges Kennzeichen der Weibchen, zu sehen. Das schwimmende Weibchen (unten) fällt durch den langen Hals und den einfarbigen, blaß rötlichbraunen Kopf auf

Spießenten sind sehr schnelle Flieger

Während der Balz wird das Gefieder auffällig präsentiert

Zwischen Juli und September ähnelt das mausernde Männchen (oben, links) dem Weibchen (rechts)

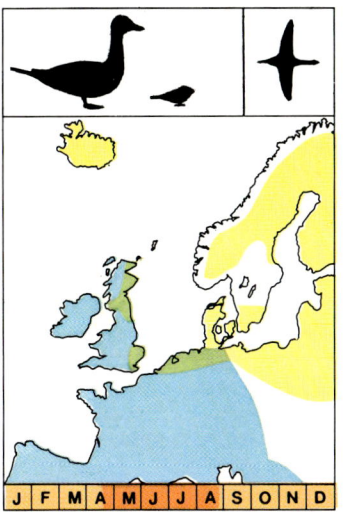

Mit ihrer schlanken, anmutigen Gestalt und dem langen, ziemlich schmalen Schnabel kann die Spießente *Anas acuta* in jedem Gefiederkleid leicht erkannt werden. Ihr Brutgebiet ist eher das nördliche Europa, in der Bundesrepublik ist sie seltener und unregelmäßiger Brutvogel. Die Winterpopulation ist vor allem durch Vögel aus der Sowjetunion so hoch, und mittelgroße Individuenansammlungen kann man an den meisten Flußmündungen der Nord- und Ostsee sehen. Der Hauptanteil überwinternder Vögel geht jedoch ins Binnenland.

Spießenten gründeln viel bei der Nahrungssuche. Sie fressen Sämereien, Wurzeln und Blätter zahlreicher Süßwasserpflanzen. In manchen Gebieten nehmen sie auch Körner, Reis und sogar Eicheln. Die tierische Nahrung besteht aus Insekten, Weichtieren,

Fischen und Kaulquappen. Spießenten gehen bevorzugt bei Nacht auf Nahrungssuche. Die Balzspiele des Erpels sind reichhaltig: Seine Gesten kehren die weißen Kopfstreif, die langen Schwanzspieße und den Flügelspiegel wirkungsvoll hervor. Brutgebiete sind Niederungslandschaften; im allgemeinen liegt das Nest an offeneren Stellen als bei anderen Enten. Spießenten neigen zu Koloniebruten auf Inseln in Seen. Der Erpel bleibt recht nahe beim Nest, während das Weibchen die 7–9 Eier bebrütet — eine Aufgabe, die 23–24 Tage in Anspruch nimmt. Er begleitet sie manchmal sogar, was bei anderen Entenarten sehr ungewöhnlich ist, während sie die Jungen führt. Eindringlinge vertreibt das Weibchen, oder es mimt einen verletzten Vogel, um sie vom Nest wegzulocken.

Pfeifente

Pfeifenten sind durch den kurzen Schnabel, die hohe Stirn und den runden Kopf gut zu erkennen

Beim fliegenden Männchen bilden die Armdecken ein leuchtend weißes Feld. Von unten ist der scharf dunkel begrenzte weiße Bauch beim Männchen und Weibchen ein gutes Kennzeichen

(× ⅙)

Mehr als andere Entenarten sieht man Pfeifenten an Land grasen, wie man es sonst von Gänsen kennt, mit denen sie oft auch vergesellschaftet sind

Pfeifenten ziehen in langgezogenen Trupps oft niedrig über das Wasser. Bei Gefahr steigen sie schnell in mittlere Höhen auf

Bei jungen Männchen ähnelt das Flügelmuster dem der Weibchen

Männchen mit gelbem Scheitel, braunem Kopf, grauem Körper und rosenholzfarbener Brust

Sie rasten meist in großen Trupps, aus denen das hell pfeifende „wijuu" der Männchen auch aus großer Entfernung zu hören ist

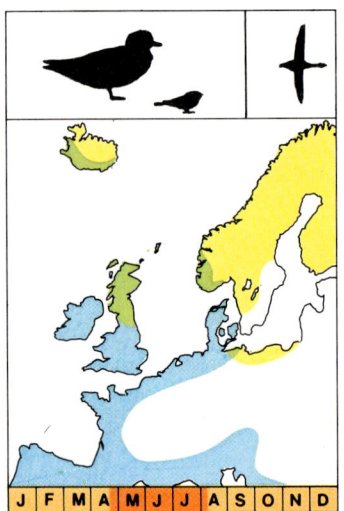

Das Kopfprofil der Pfeifente *Anas penelope* hat eine andere Form als bei den übrigen Schwimmenten: kurz- und stummelschnäblig mit hoher Stirn. Dieser Unterschied hängt mit den Nahrungsgewohnheiten zusammen. Pfeifenten sind vor allem Grasrupfer und gründeln wenig; daher besitzen sie nicht den langen, breiten Schnabel, den ihre Verwandten benötigen, um verwertbare Partikel aus dem Wasser zu seihen. In Mitteleuropa brüten Pfeifenten regelmäßig nur in Mecklenburg; bei uns ist die Art derzeit nur am Altmühlsee im nördlichen Bayern Brutvogel. Das Watt und die Salzwiesen der Marschen sind ihr Hauptüberwinterungsgebiet, dort fressen sie Seegras, Tange und Salzgräser; die Zusammensetzung ihrer Nahrung ähnelt damit derjenigen der Ringelgans, mit der man sie häufig vergesellschaftet sieht.

Überwinternde Pfeifenten im Binnenland bevorzugen große Seen und Stauseen, in deren Umgebung sie gleichfalls grasen. Die Erpel rufen mit einem weittragenden zweisilbigen Pfiff „wijuu", die Weibchen schnarren mit einem ungewöhnlichen ratternden „errr". Die Paare finden noch vor der Rückkehr in die Brutgebiete zusammen. Das Balzverhalten ist bei dieser Art nicht sehr ausgeprägt, denn sie ist stärker monogam als die meisten anderen Schwimmenten. Im wesentlichen beschränkt sich der Erpel darauf, seine gelblichen Stirnfedern und die verlängerten Rückenfedern vorzuzeigen. Pfeifentennester liegen in der Nähe oft recht kleiner, flacher Seen mit reichem Uferpflanzenbewuchs. In den nördlichen Verbreitungsgebieten werden meistens 9 Eier gelegt, südwärts sind es 7 — 8.

Schnatterente

Weibchen, vorne, und mauserndes Männchen, hinten, sind sehr unscheinbar

(×¹/₇)

Auffallendstes Merkmal des fliegenden Vogels ist der weiße Flügelspiegel, sonst wirken die Vögel eher graubraun

Da sie mehr an Land laufen, besitzen Gründelenten im Gegensatz zu Tauchenten kleinere Füße und keine Schwimmhaut an der Hinterzehe

Aus der Nähe ist beim Männchen das graumelierte Gefieder sichtbar, auf größere Entfernungen eher das schwarze Heck. Männchen mit grauem, Weibchen mit seitlich orange gestreiftem Schnabel

Beim Landen wird der Kopf vorgestreckt, die Füße werden zum Bremsen benutzt

Schnatterenten sind etwas kleiner als Stockenten und von deren Weibchen im Schwimmen oft nur schwer zu unterscheiden

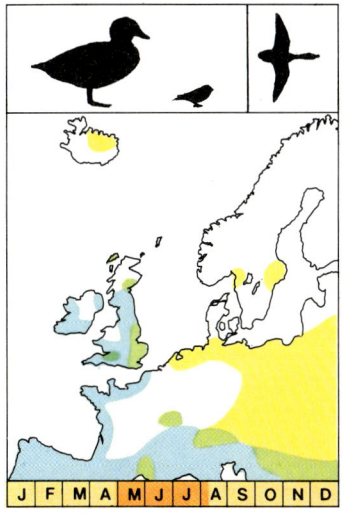

Der Erpel der Schnatterente *Anas strepera* wirkt farblos im Vergleich mit den anderen Schwimmentenmännchen. Trotzdem ist sein fein gezeichnetes Gefieder aus der Nähe sehr attraktiv. Obwohl sich Stock- und Schnatterenten ähnlich in Größe und Gestalt sind, nimmt man an, daß sie nicht besonders nahe verwandt sind. Verhaltensstudien stellen die Schnatterenten vielmehr in die Nähe der Pfeifente. Beide teilen zum Beispiel eine charakteristische Schnabelhebegeste, die von einem Paar nach einem Zusammenstoß mit Rivalen vorgeführt wird. Schnatterenten brüten sowohl in Nordamerika als auch in Eurasien, sind aber in den meisten Teilen ihres Verbreitungsgebietes eher spärlich vertreten. Die Brutplätze einzelner Populationen sind oft lückenhaft über das Gesamtareal zerstreut, so daß sie in der Bundesrepublik zu den bedrohten Arten gerechnet wird. In der Alten Welt wird die höchste Dichte an Brutpaaren zwischen dem Kaukasus und dem Kaspischen Meer erreicht, und in Europa sind Schnatterenten generell in den östlicheren Ländern häufiger. Als stark ans Süßwasser angepaßter Vogel sieht man sie nur selten in brackigen Flußmündungen.

Sie nimmt Wasserpflanzen und, besonders während des Legens, tierische Nahrung. Wenn sie sich von Pflanzen ernähren, zeigen Schnatterenten eine Vorliebe für die fleischig-saftigen Teile. Sie fressen viel weniger Samen als andere Enten. Die Nester liegen meist gut versteckt in der Vegetation, manchmal jedoch offen zwischen Möwen- und Seeschwalbengelegen. Die 8 — 12 Jungen werden nur vom Weibchen geführt.

Stockente

Durch Züchter zu Karikaturen verformte Tiere

Der violette Flügelspiegel ist durch zwei auf größere Entfernung sichtbare weiße Binden begrenzt, der helle Rücken ist in der Mitte dunkel

$(\times \frac{1}{6})$

Zwischen Juni und September unterscheidet sich das mausernde Männchen durch den gelben Schnabel vom Weibchen

Stockenten nisten nicht nur in Gras und Schilf, sondern auch in Baumhöhlen und Kopfweiden, oft weitab vom Wasser

Links verschiedene Phasen der Stockenten-Balz, die vor allem im Winter auch auf Parkteichen gut zu beobachten ist. *Konrad Lorenz* und andere Verhaltensforscher haben den einzelnen Stellungen besondere Namen gegeben

Beim Männchen sind die mittleren Steuerfedern schwarz und nach innen gerollt

Auffallendstes Kennzeichen des Weibchens, unten mit eintägigen Küken, ist der violette Flügelspiegel

Männchen im Prachtkleid. Durch Einkreuzungen fremder Formen weichen viele Vögel von diesem Idealbild ab

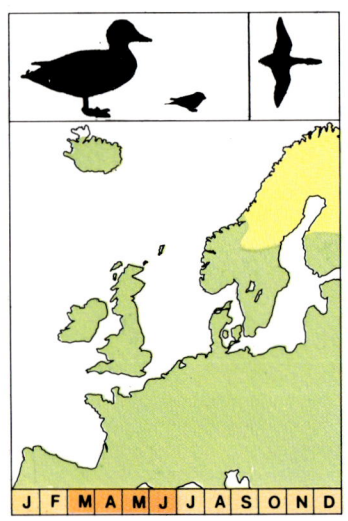

Als anpassungsfähige und deshalb erfolgreiche Art ist die Stockente *Anas platyrhynchos* in ganz Europa und in vielen anderen Teilen der Welt bekannt. Ihre hohe Bereitschaft, fast jeden Lebensraum in Wassernähe, einschließlich der von Menschen geschaffenen, anzunehmen, war sicherlich eine Voraussetzung für ihre Domestikation. Vielseitigkeit ist auch ein Merkmal ihres Freßverhaltens, wie sich durch Untersuchungen des Mageninhaltes von geschossenen Stockenten zeigte. Pflanzenkost überwiegt, mitunter vertilgen sie selbst Fische. Das laute Quaken ist nur dem Weibchen eigen, die Männchen geben ein heiseres, gedämpftes „rärb" von sich. Die stimmfreudigen Vögel haben daneben noch weitere Laute: Bei der Gemeinschaftsbalz hört man zum Beispiel den Grunzpfiff, den der Erpel ausstößt, während er mit dem Schnabel eine Wasserfontäne hochreißt. Statt des hellen Grunzpfiffs kann als Balzgeste auch das sogenannte „Kurzhochwerden" erfolgen, eine Bezeichnung dafür, wie sich der Erpel bewegt. Weitere Bestandteile sind das „einleitende Schütteln" und Scheinputzen zu Beginn, das Nickschwimmen und die Gattenwahl durch die Ente. Bei der Begattung liegt das Weibchen beinahe untergetaucht, flach ausgestreckt auf dem Wasser und streckt nur das Bürzelende heraus, während der Erpel auf ihrem Rücken turnt. Stockentennester können an den verschiedensten Orten angelegt sein, auch weit weg vom Wasser und sogar in Baumhöhlen. Die meist 7—11 Eier werden vom Weibchen 26—29 Tage lang bebrütet. Im Gegensatz zu ausgewachsenen Stockenten tauchen die Küken häufig.

Reiherente — Bergente

Weibliche Reiherente

Das Männchen der Reiherente hat im Schlichtkleid dunklere Flanken, der Schopf ist oft nur angedeutet

Reiherentenmännchen im Schlichtkleid

Bergenten sind deutlich größer als Reiherenten. Beide haben einen deutlichen, weißen Flügelstreifen, die Bergente jedoch einen hellgrauen Rücken

(× ⅙)

Das fliegende Reiherenten-Männchen sieht aus größerer Entfernung ganz schwarz mit weißem Flügelstreif und Bauch aus

Reiherenten-Männchen im Prachtkleid

Ein tauchendes Bergenten-Paar. Sie tauchen länger und tiefer als Reiherenten

(× ⅙)

Die großen Füße werden beim Landen als Steuer benutzt

Bergenten-Weibchen mit viel Weiß am Schnabelgrund

Oft brüten mehrere Reiherenten dicht beieinander

Bergenten haben größere Schnäbel mit weniger Schwarz an der Spitze und zeigen keinen Schopf

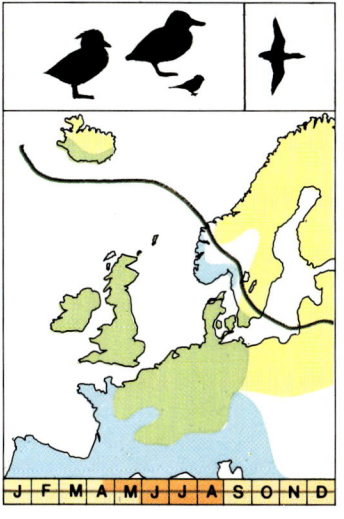

Die Reiherente *Aythya fuligula* hat ähnliche Lebensraumansprüche wie die Tafelente, ist aber noch stärker an Süßwasser gebunden. Es ist jedoch eine ökologische Grundregel, daß zwei Arten mit identischen Ansprüchen nicht zusammenleben können; darum ist es nicht erstaunlich, daß die Nahrung beider Enten sehr verschieden ist. Reiherenten nehmen viel mehr tierische Nahrung während ihrer Tauchvorstöße zum schlammigen Grund der Seen und Stauspeicher auf. Im einzelnen handelt es sich um Insektenlarven, Weich- und Krebstiere und nur wenige Wasserpflanzen und deren Samen. Die Nistgewohnheiten unterscheiden sich ebenfalls von denen der Tafelente. Reiherenten bauen ihr Nest an trockenen Plätzen, geschützt von einem Grasbüschel; um das Gelege vor Feinden, beispielsweise vor Füchsen, zu sichern, wird das Nest auch auf Inseln angelegt. Dort können mehrere Enten nebeneinander nisten. Das Nest ist immer gut mit Daunen umlegt und enthält 7 — 12 Eier, die nach 23 — 27 Tagen ausgebrütet sind. Die Jungen sind nach etwa 6 Wochen flügge. Die Bergente *Aythya marila* ist in Mitteleuropa nur Wintergast. Bei uns ist sie vor allem an den Nord- und Ostseeküsten anzutreffen. Außerhalb der Brutzeit sammeln sich diese Meeresenten oft in Scharen in Buchten und bei Flußmündungen, wo es ausgedehnte Muschelbänke gibt. Nördliche Seen im Moorland, auf den Fjälls und in Wäldern sind ihre Brutheimat. Wie Reiherenten gruppieren sie ihre Nester manchmal auf Inseln. Gelegentlich auftretende Hybriden zwischen Reiher- und Tafelente sehen aus wie Bergenten, sind aber deutlich kleiner.

Kolbenente

Das Männchen ist durch den roten Schnabel und den leuchtend rotbraunen, großen Kopf gekennzeichnet

Von allen Enten besitzt die Kolbenente die breiteste und auffallendste weiße Flügelbinde. Hals und Brust sind beim Männchen schwarz

(× 1/7)

Obwohl Kolbenenten Tauchenten sind, sieht man sie im Flachwasser auch gründeln. Bei schwimmenden Männchen sind die hellen Flanken auffallend

Weibchen auf dem Nest

Weibchen

Auch im Schlichtkleid behält das Männchen den roten Schnabel

Das Weibchen bedeckt die Eier, bevor es das Gelege verläßt

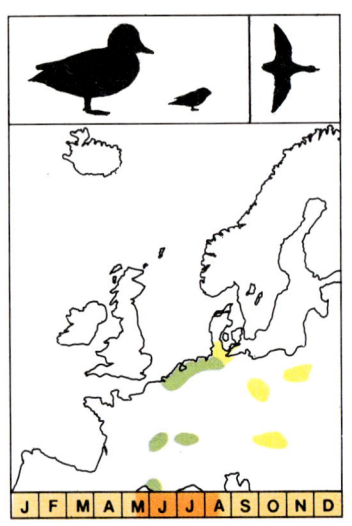

Tauchenten wie die Kolbenente *Netta rufina* unterscheiden sich durch eine Reihe von Merkmalen von den Schwimmenten. Ihre Beine liegen weiter hinten am Körperende; das läßt sie an Land plumper erscheinen, außerdem müssen sie ihren Körper aufrechter halten als Schwimmenten. Durch ihre untersetztere Gestalt unterscheiden sie sich auch im Flug: Sie sind dickhalsiger und haben schmälere, anders gestaltete Flügel. Bevor sie zum Flug ansetzen, laufen sie ein Stück über die Wasseroberfläche, bis sie abheben und dann mit sehr raschen Schlägen fortfliegen.

Tauchenten verhalten sich im allgemeinen ziemlich still und zeigen gedeckte Farben. Der Kolbenerpel mit seinem dicken, fuchsroten Kopf und dem karminroten Schnabel ist eine Ausnahme. Überhaupt verhält sich die Kolbenente von allen Tauchentenarten am meisten schwimmentenähnlich.

In Mitteleuropa hat die Kolbenente ihr Verbreitungsgebiet in den letzten Jahrzehnten etwas erweitert — einige Paare brüten zum Beispiel regelmäßig am Zellersee, einer Zunge des Bodensees.

Der Bodensee ist auch ein traditioneller Mauserplatz. Dorthin ziehen im Hochsommer sogar Vögel aus den südwärts gelegenen Brutgebieten. Ein Teil der Kolbenenten verbringt den Winter in der Camargue.

Die Nester liegen gut versteckt im dichten Pflanzenwuchs in Wassernähe. Das Normalgelege besteht aus 6 — 12 Eiern. Das Weibchen brütet 26 — 28 Tage lang, sobald das letzte Ei gelegt wurde. Der Erpel bleibt oft bis zum Schlüpfen der Jungen in Nestnähe, eher eine Ausnahme unter den Entenmännchen.

J F M A M J J A S O N D

Tafelente — Moorente

Tafelenten in verschiedenen Kleidern: Hinten mauserndes Männchen, Mitte Männchen im Prachtkleid, vorne Weibchen mit Küken

Das Männchen ist am kastanienbraunen Kopf und der einschließlich der Flügel silbergrauen Oberseite leicht zu erkennen

Im Flug hebt sich der weiße Flügelstreif der Moorente deutlicher ab als beim sonst ähnlichen Reiherenten-Weibchen

$(\times \frac{1}{6})$

Die Unterschwanzdecken der sonst mahagonibraunen Moorente leuchten als weißes Dreieck

$(\times \frac{1}{6})$

Oben: Tafelenten bei der Balz

Weibliche Moorente

Das Männchen der Moorente hat ein weißes, das Weibchen ein rotbraunes Auge

Moorenten-Männchen

Der weiße Bauchfleck ist scharf abgegrenzt

Tafelenten tauchen meist mit einem kurzen Sprung ins Wasser ein, wie fast alle Tauchenten

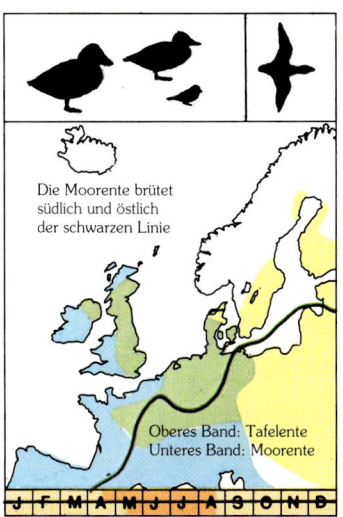

Die Moorente brütet südlich und östlich der schwarzen Linie

Oberes Band: Tafelente
Unteres Band: Moorente

J F M A M J J A S O N D

Tafelenten vergesellschaften sich oft mit Reiherenten, sind aber auf den meisten Gewässern weniger zahlreich und verhalten sich scheu. Sie ziehen es vor, dem Ufer fern zu bleiben. Ihre Ansprüche an den Brutplatz sind spezieller — ein dichter Schilf- oder Binsengürtel ist eine Grundvoraussetzung, ohne die kein See zum Nisten auserwählt wird.

Die Tafelente *Aythya ferina* sucht ihre Nahrung in erster Linie im Süßwasser und erreicht ihre Futterstellen vor allem durch Tauchen; einige gründeln auch im Flachen. Armleuchteralgen oder das Hornblatt sind wichtige Nahrungspflanzen, daneben nimmt sie auch geringe Mengen von kleinen Wassertieren.

Während der Balz kann man mehrere Tafelerpel um eine Ente herumschwimmen sehen. Ihre Hauptgeste ist ein flaches Hinstrecken des Kopfes über das Wasser, dabei sträuben sie die Halsfedern, was ihnen ein stiernackiges Aussehen verleiht.

Zur Begleitung wird ein eigentümlicher, schnarrender Laut ausgestoßen, der wie „charr charr" klingt. Das Nest wird üblicherweise in den Binsen angelegt und hat nur eine spärliche Daunenumrandung.

Die helläugige, mahagonibraune Moorente *Aythya nyroca* ist eine südöstlich verbreitete Art. In Mitteleuropa ist sie noch am ehesten am Neusiedler See anzutreffen, bei uns ist sie jüngst ausgestorben. Bereits in Ungarn kommt sie häufiger vor. Sie bevorzugt kleine, nahezu zugewachsene Tümpel und geht auch ins Brack- und Salzwasser. Die Geschlechter ähneln einander sehr und werden oft mit weiblichen Reiherenten verwechselt.

Schellente

Das dreieckige Profil des metallisch grün schimmernden Kopfes mit dem weißen Fleck am Schnabelgrund machen die männliche Schellente unverkennbar

Auch das Weibchen zeigt das eigentümliche Kopfprofil

Im Flug erzeugen die Schwingen ein klingendes Geräusch, dem die Schellente ihren Namen verdankt

(× 1/6)

Wie fast alle tauchenden Enten müssen sie vor dem Auffliegen Anlauf nehmen

Weibchen haben einen grauen Körper, einen weißen Halsring und einen rotbraunen Kopf. Schellenten tauchen länger als die meisten anderen Tauchenten-Arten

Links Jungvogel, vorne Männchen im Prachtkleid

Während der Balz im Winter werfen die Männchen ihre Köpfe zurück und lassen dabei ein lautes Schnarren hören

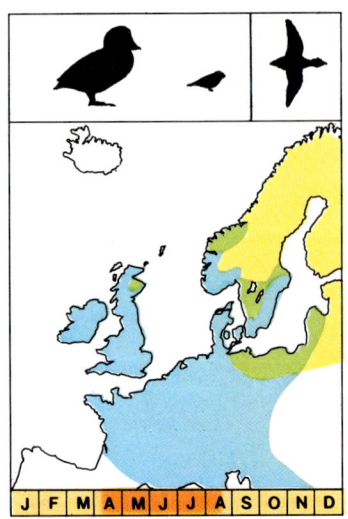

Fliegende oder schwimmende Schellenten sind leicht zu bestimmen. Beim Fliegen erzeugen sie ein lautes, „schellendes" Schwingengeräusch, das dem Ton eines geworfenen, schnell über eine Eisfläche hüpfenden Steines ähnelt. Auf dem Wasser erkennt man die Schellente *Bucephala clangula* an ihrer Kopfsilhouette mit hoher Stirn und kurzem Schnabel. Schellenten tauchen tief und finden einen Großteil ihrer tierischen Nahrung durch Umdrehen von Steinen auf dem Gewässergrund. Für diesen Zweck ist auch der kurze, kräftige Schnabel eingerichtet. In die Nisthöhle wird kein Pflanzenmaterial eingetragen, sie wird nur mit vielen Dunenfedern, die sich das Weibchen auszupft, sorgsam gepolstert.

Die 6 — 11 Jungen springen gleich nach dem Schlüpfen aus oft schwindelnder Höhe hinab und folgen der Mutter zum Wasser. Erst nach etwa 8 — 9 Wochen können sie dann fliegen.

In Mitteleuropa kommen die Vögel vornehmlich im Nordosten vor. Bei den einzelnen Vorstößen bis zu den Alpen — in jüngster Zeit, mehrere Brutnachweise in Bayern und Norddeutschland — nimmt man an, daß die Schellente versucht, ihr Verbreitungsgebiet zu erweitern. Im Winter sind Schellenten recht häufig.

Während der Balz, die oft schon im Winter beginnt, werfen die Erpel den Kopf in den Nacken und bringen einen schnirksenden Laut hervor. Im Brutgebiet bewohnt die Schellente Nadelwälder mit eingesprengten Seen. Als Nistplatz wählt sie häufig alte Schwarzspechthöhlen, gerne auch Nistkästen.

Löffelente

Löffelenten durchseihen das Oberflächenwasser

Der Schnabel der Löffelente ist sehr lang und an der Spitze löffelartig verbreitert. Schwimmende Weibchen lassen sich von der ähnlichen Stockente am besten durch den gewaltigen Schnabel und den eingezogenen Hals unterscheiden

Auffallendstes Merkmal des fliegenden Löffelenten-Weibchens sind die hellen Armdecken und der weiße Flügelstreif vor dem unauffälligen grünen Spiegel

Weibchen

Männchen

Bei fliegenden Männchen leuchten die weiße Brust und der rotbraune Bauch

Die eigentümliche Schnabelform entsteht erst im Laufe der Jugendentwicklung

(× 1/7)

Durch den langen Schnabel entsteht der Eindruck, daß die Flügel weit hinten am Körper ansetzen

Männchen

Weibchen

Weibchen

Die weiße Brust und die rotbraunen Flanken sind wichtige Kennzeichen des Männchens

Männchen

Junges Männchen. Alte Männchen haben immer ein helles, Weibchen ein dunkles Auge

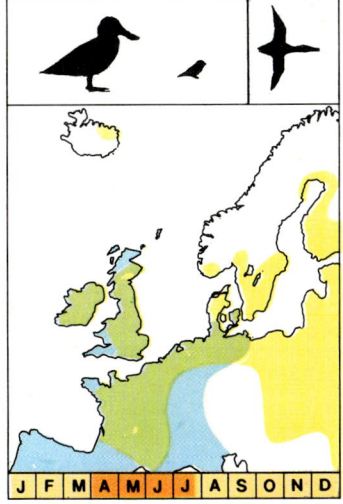

J F M A M J J A S O N D

Ein riesiger Schnabel und ein im Flug blauer Vorderflügel bei beiden Geschlechtern machen die Löffelente *Anas clypeata* zur am leichtesten erkennbaren Schwimmente. Die ungewöhnliche Schnabelform deutet auf ein besonderes Verhalten beim Nahrungserwerb.

Zarte Vorsprünge, ähnlich den Zähnchen eines feinen Haarkamms, säumen die Schnabelränder und bilden ein wirksames Sieb. Im wesentlichen ist diese Einrichtung die verfeinerte Form einer Grundstruktur, die allen Entenschnäbeln zugrunde liegt. Mittels dieses Hilfswerkzeugs kann der Vogel Kleinlebewesen aus dem Wasser filtern. Die Löffelente schwimmt mit eingetauchtem Schnabel und benutzt ihre Zunge, um Wasser ein- und auszupumpen. Indem das Wasser durch die „Siebmaschen" gedrückt wird, bleiben winzige Nahrungspartikel in ausreichender Menge haften. Löffelenten fressen oft gruppenweise zusammen. Man nimmt an, daß das Wasser auf diese Weise aufgerührt wird und folglich mehr Nahrungsteilchen in die Oberflächenschicht gelangen. Am erfolgreichsten sind sie damit an flachen, verwachsenen Binnengewässern.

Löffelenten kommen bei uns als Brutvögel nur spärlich vor, und noch weniger Individuen versuchen in Mitteleuropa zu überwintern. Löffelenten verhalten sich in der Regel ruhig. Die Stimme des Erpels ist nur selten zu hören, er ruft ein dumpfes „tuck". Das Weibchen quakt ähnlich einer Stockente. Löffelentengelege liegen oft überraschend offen da. Acht bis 12 Eier werden gelegt und 22 bis 23 Tage bebrütet. Manchmal hilft der Erpel bei der Aufzucht.

Eisente

Die langschwänzigen männlichen Eisenten sind im hellen Winter- und dunklen Sommerkleid unverkennbar. Durch den komplizierten Mauserzyklus können Weibchen und Junge in verschiedenen Kleidern auftreten

Die Flügel sind in jedem Kleid einfarbig dunkel. Links Männchen, unten Weibchen im Winter

Fliegende Eisenten werfen sich von einer Seite auf die andere. Der Flügelschlag ist sehr flach. Sie überwintern vorwiegend auf der Ostsee und erscheinen seltener an der Nordseeküste oder im Binnenland

(× 1/7)

Unten ein junges Weibchen

Weibchen im Winter

Oben ein Männchen im Sommer, rechts im Winter

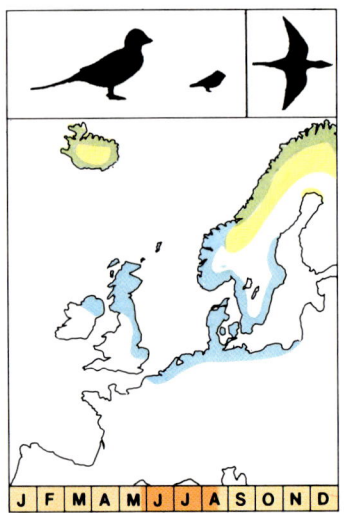

J F M A M J J A S O N D

Eine Hundemeute in der Ferne oder der Klang von Dudelsäcken: Beides wurde schon als Vergleich für die Rufe der Eisente *Clangula hyemalis* herangezogen, aber keines von beidem trifft die spukhafte Klangfarbe. Man hört die Rufe gelegentlich im Frühjahr, weil die Erpel häufig noch im Winterquartier mit der Balz beginnen: Dabei sammeln sich Erpelgruppen um eine Ente, heben zuerst ihre Schwanzfedern und dann ihre Körper an, immer heftiger rufend, bis die ganze Schar Hals über Kopf einander jagend davonstiebt. Die Ostsee ist der bevorzugte Winteraufenthalt der Eisente, dort sind Stückzahlen bis zu mehreren tausend keine Seltenheit; kleine Scharen bleiben im Schelfmeer der Nordsee, selten fliegen einige Eisenten bis an die Seen im süddeutschen Alpenvorland.

Die eigentliche Brutumgebung sind kleine Teiche in der hochnordischen Tundra. Die nistenden Paare sind ziemlich verstreut, halten sich aber regelmäßig in der Gesellschaft brütender Küstenseeschwalben auf. Die Vögel kommen in Island, Nordskandinavien und Sibirien kurz vor dem Abschmelzen des Schnees an. Sie harren an der Küste aus, bis sich die äußeren Bedingungen gebessert haben. In der kargen Umgebung gibt es wenig Deckung für das Nest, eine einfache Vertiefung mit Gras und Daunen ausgelegt. Die 5—9 Eier werden, wie bei allen Enten, allein vom Weibchen ausgebrütet; das Männchen bleibt aber in Nestnähe. Weibchen und unausgefärbte Vögel fallen im Schwimmen durch ihre geringe Größe und die hellen Abzeichen am Kopf auf. Schon junge Männchen zeigen eine rosa Schnabelbinde.

Zwergsäger

Im Prachtkleid ist das Männchen durch das blendend weiße Gefieder und die schwarze Banditenmaske mit keinem anderen Wasservogel verwechselbar

Altes Männchen

Im reißenden Flug zeigen Zwergsäger in allen Kleidern ein weißes Feld auf den Armdecken

(× 1/7)

Kopf des Männchens. Der kurze, bleigraue Schnabel ist an den Schneidekanten mit Zähnchen besetzt

Fliegendes Weibchen. Zwergsäger wirken auch im Flug sehr klein

Männchen im Schlichtkleid, Weibchen und Jungvögel sind kaum voneinander zu unterscheiden

Balzende Vögel bieten im Spätwinter einen hübschen Anblick

Weibchen   Mauserndes Männchen

An traditionellen Rastplätzen sieht man oft größere Trupps

Zwei Männchen im Prachtkleid und ein Weibchen. Ihr Körper ist graubraun, aber ihre leuchtend rotbraune Kopfkappe mit den scharf abgegrenzten weißen Wangen und dem weißen Vorderhals macht sie unverkennbar

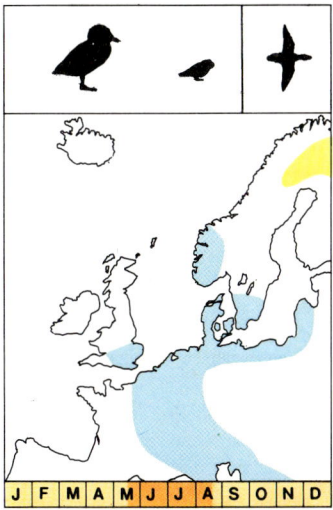

In seinem fast rein weißen Gefieder sieht der Zwergsägererpel *Mergus albellus* bezaubernd aus. Er könnte für ein Bruchstück von einer Eisscholle gehalten werden, mit denen sein Wintergebiet oft übersät ist. Das Weibchen erinnert an eine weibliche Schellente, und, obwohl beide Arten verschiedenen Gattungen angehören, sind schon Mischehen vorgekommen. Bei schlechten Sichtverhältnissen könnte man Säger-Weibchen und Jungvögel auch mit Schwarzhals- oder Ohrentauchern im Schlichtkleid verwechseln.

Zwerg-, Mittel- und Gänsesäger gehören zur Sägergruppe innerhalb der Entenvögel. Ihre Schnabelränder sind mit sägezahnähnlichen Gebilden ausgestattet, mit deren Hilfe die Vögel leichter schlüpfrige Fische festhalten können. Verglichen mit den beiden anderen Arten ist der Zwergsäger klein- und kurzschnäbliger; das zeigt, daß er sich neben Fisch im Sommer auch von Wasserinsekten ernährt. Im Winter sind seine Tage mit intensiven Fischfangzügen von je 25 — 30 Minuten Schichtdauer angefüllt; danach folgt eine fünfminütige Pause zur Rast und Gefiederpflege.

Verpaarte Zwergsäger tauchen zusammen, manchmal fischen große Trupps im Einklang miteinander — eine Gewohnheit, die auch bei der übrigen Sägerverwandtschaft beobachtet werden kann. Nur wenige Zwergsäger überwintern in Mitteleuropa, einige besser besuchte Rastplätze liegen in Nordwestdeutschland und an der mecklenburgischen Ostseeküste. Das Weibchen sitzt frühestens Mitte Mai auf dem Gelege in einer alten Baumhöhle.

J F M A M J J A S O N D

Gänsesäger

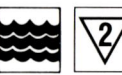

Brust und Flanken des Männchens sind lachsrosa überhaucht. Im Flug zeigt es viel Weiß

Der männliche Gänsesäger ist durch den schlanken roten Schnabel, grün schillernden Kopf, dunklen Rücken und sonst leuchtend weißen Körper gekennzeichnet

(×⅙)

Schwimmende Säger, oben, zeigen einen langgestreckten Körper. Größere Trupps tauchen oft gleichzeitig nach Nahrung, wie links dargestellt

Weibchen und Jungvögel unterscheiden sich vom etwas kleineren Mittelsäger durch graueren Rücken und eine scharfabgegrenzte weiße Kehle und Halsvorderseite

Die Weibchen brüten in Baumhöhlen oder Nistkästen nahe am Wasser

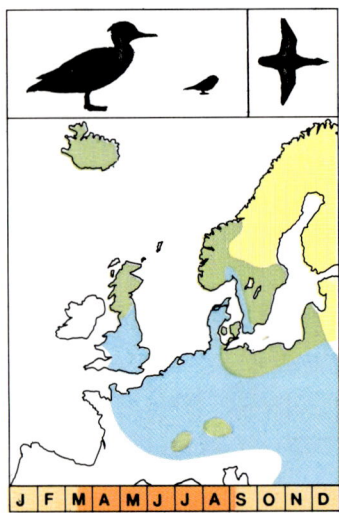

Der schöne Gänsesäger *Mergus merganser* zeigt seit einigen Jahren eine willkommene Arealausweitung. Er brütet seit den Vierzigerjahren auch in England, und seine Bestände in Mitteleuropa nehmen leicht zu. Das mag damit zusammenhängen, daß ihm seit ein paar Jahren Nistkästen angeboten werden. Im Nordosten der Norddeutschen Tiefebene und an den Alpenflüssen liegen seine traditionellen Brutgebiete. In den Bergregionen geht er bis in über 1000 m Höhe. Er bevorzugt Waldland, nimmt aber im waldlosen Island auch mit offenerem Gelände Vorlieb. Seine Winterquartiere liegen im Binnenland auf tiefen Flüssen und größeren Seen.

Gänsesäger ernähren sich fast ausschließlich von Fisch. Angler und Berufsfischer betrachten seine Zunahme deshalb mit Skepsis. Er fängt vor allem Fische, die kürzer als 10 cm sind. Wie der Zwergsäger ist auch diese Art ein Baumhöhlenbrüter. Er geht zum Nisten in hohle Bäume; die Nestöffnung kann bis zu zehn Meter über dem Boden liegen. Manchmal brütet er sogar in Kirchtürmen. In Island müssen Felshöhlungen oder auch offenes Gelände herhalten. Zum Fischen bleibt das Weibchen lange Zeit dem Nest fern — ein allgemeines Wesensmerkmal in der Brutbiologie der Säger.

Die Eier werden unter einer Schicht von Daunen und Holzspänen warmgehalten. Solange sie noch sehr klein sind, steigen Gänsesägerküken gern auf den Rücken der schwimmenden Mutter. Mehr als fünf auf einmal scheint sie aber nicht befördern zu können. Mit 5 Wochen sind die Jungen flügge.

Mittelsäger

Im Sommer trägt das Männchen ein Schlichtkleid, das dem der Weibchen und Jungvögel sehr ähnlich ist

Mittelsäger sind kleiner und schlanker als Gänsesäger

Das Männchen ist am grünen Kopf, weißen Halsring und rotbrauner Brust leichter bestimmbar. Beim Weibchen geht die rotbraune Kopfzeichnung, anders als beim Gänsesäger, fließend in die verwaschen hellere Kehle über, der Rücken ist bräunlicher

Männchen

Weibchen

Säger liegen meist flacher im Wasser als Enten

$(\times \frac{1}{7})$

Mit den Zähnchen an den Schnabelkanten, denen die Säger ihren Namen verdanken, können die glitschigen Fische besser festgehalten werden

Oben eine Gruppe Mittelsäger bei der Balz

Weibchen trägt Küken im Rückengefieder

Beim Schwimmen oft Kopfnicken

Männchen im Prachtkleid mit zerzaustem Schopf

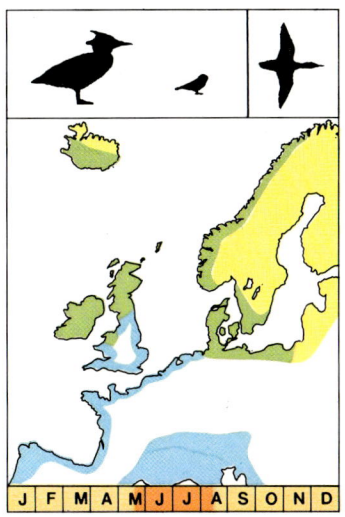

Alle Säger haben stark gezähnte Schnäbel. Der Schnabel des Mittelsägers *Mergus serrator* ist um einiges schlanker als der des Gänsesägers, er wirkt beinahe pinzettenartig. Auch an seinem doppelten Federschopf am Hinterkopf kann man ihn einigermaßen gut erkennen. Anders als der Gänsesäger und der Zwergsäger kommt er jedoch nur selten zum Überwintern ins Binnenland, sondern bleibt vielmehr auf den Wattenmeerflächen am Rande der Deutschen Bucht. Auch während des Sommers bevorzugt er die Meeressäume. Bei uns brüten Mittelsäger nur in Schleswig-Holstein und Niedersachsen, dort liegen sehr weit südwärts vorgeschobene Brutplätze an den aufgelassenen, mit Wasser gefüllten Seen, die der erlöschende Eisenerzabbau schafft.

Beim Fischfang schwimmt der Vogel zuerst nur den Kopf unter Wasser haltend umher („Wasserlugen"); hat er einen Fisch erspäht, taucht er ab. Junge Vögel fischen in seichterem Wasser als die erwachsenen Tiere. Das Balzverhalten kann wie bei den anderen Sägerarten in den Winterquartieren beobachtet werden. Gruppen männlicher Tiere sammeln sich um ein Weibchen, nehmen zuerst eine gebückte Haltung ein und stellen die verlängerten Federn am Hinterkopf auf, dann werden Kopf und Hals plötzlich starr nach vorne und oben gestreckt; anschließend wird die Holle rasch herabgesträubt. Zum Schluß macht der Vogel eine Verbeugung und nähert seinen Kopf der Wasseroberfläche. Während der Balz sind von den sonst wenig stimmfreudigen Männchen leise, heisere Rufe zu hören; ein aufgeschrecktes Weibchen ruft im Abflug „wark".

Brandgans

Der Flug ist langsamer als bei typischen Enten, die Flügelschläge aber schneller als bei Gänsen

Am schwarzweißen Gefieder und dem rostbraunen Band um Brust und Schultern ist die Brandgans auch aus großer Entfernung erkennbar

Brandgänse ziehen manchmal in Keil- oder Linienformation

Brandgänse kommen hauptsächlich im Wattenmeer und an der Küste vor. An verschiedenen Stellen brüten sie inzwischen auch, eventuell als Gefangenschaftsflüchtlinge, im Binnenland

Die Jungvögel schließen sich, von wenigen Altvögeln betreut, manchmal zu Kindergärten zusammen

$(\times \frac{1}{8})$

Männchen

Jungvogel

Männchen tragen im Prachtkleid einen roten Höcker auf dem Schnabel, der den Weibchen fehlt. Jungvögel haben noch kein Brustband, ihr Gefieder ist überwiegend verwaschen graubraun. Mausernde Altvögel sehen ähnlich aus

Weibchen

Das Weibchen nistet in Erdhöhlen, die meist von Kaninchen, manchmal aber auch vom Fuchs stammen. Oft sind die Brutplätze über einen Kilometer vom Wasser entfernt

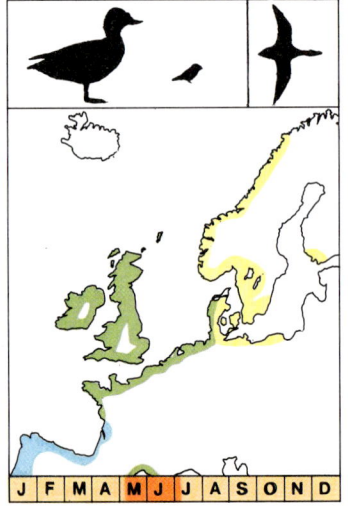

Die Brandgans *Tadorna tadorna* nimmt in systematischer Hinsicht eine Zwischenstellung zwischen den „typischen" Gänsen und den „typischen" Enten ein. In vielfacher Weise ist sie ganz anders als die übrigen europäischen Entenvögel. Weichtiere sind ihre Hauptnahrung, und am wichtigsten unter ihnen ist die winzige Wattschnecke *(Hydrobia)*; ganze 3000 sind schon auf einmal in einem Brandgansmagen gefunden worden. Diese Wattbewohnerin ist auch für viele Watvögel ein wichtiges Nahrungstier. Ganz anders als Strandläufer, Schnepfen und Wasserläufer kann die Brandgans die Mollusken durch Gründeln im Flachwasser aufnehmen. Häufig sieht man sie mit pendelnden Kopfbewegungen Wasser und Schlamm durchpflügen. Aber auch Ringelwürmer, Kleinkrebse und Insektenlarven werden verzehrt.

Brandgänse nisten gern in Höhlungen aller Art, meist in Kaninchenbauen. Sind keine Höhlen vorhanden, werden auch offene Nester angelegt, dann aber meist unter Bewuchs als Sichtschutz. Das Weibchen brütet allein, aber das Männchen ist nie allzu weit weg. Wie viele Höhlenbrüter zischt sie Eindringlinge an. Oftmals verlassen beide Eltern ihre hübschen schwarz-weißen Küken, noch bevor sie nach rund 7 Wochen fliegen können. Derart alleingelassene Jungbrandgänse schließen sich zu einem Trupp zusammen, der unter der Obhut einiger Altvögel steht („Kindergarten"). Die Altvögel sind inzwische zu einem der großen Mauserplätze gezogen: Die bekanntesten sind der Große Knechtsand in der Deutschen Bucht und die Bridgwater Bay an der Mündung des Severn in England.

Eiderente

Das überwiegend weiße Männchen ist auf dem Scheitel und an Bauch, Flanken und Schwanz schwarz. Die Brust ist zart lachsrosa überhaucht, der Nacken lindgrün

Junge ähneln Weibchen, junge Männchen werden erst nach drei Jahren weiß

Eiderenten tauchen lange und tief und fressen vorwiegend Muscheln

$(\times\frac{1}{7})$

Eiderenten kommen fast ausschließlich auf dem Meer vor. Typisch ist das Kopfprofil: Der dreieckige Schnabel und die Stirn bilden eine Linie

Das Nest wird mit Daunenfedern der Weibchen ausgepolstert, die als Eiderdaunen auch den Weg in unsere Betten finden (und auch das schlechte Gewissen sanft ruhen lassen)

Die Weibchen brüten gern in lockeren Kolonien und verlassen die Nester nur ausnahmsweise

Weibchen sind braun mit dunkler Bänderung und haben außer dem Kopfprofil und dem massigen Körper keine auffallenden Kennzeichen

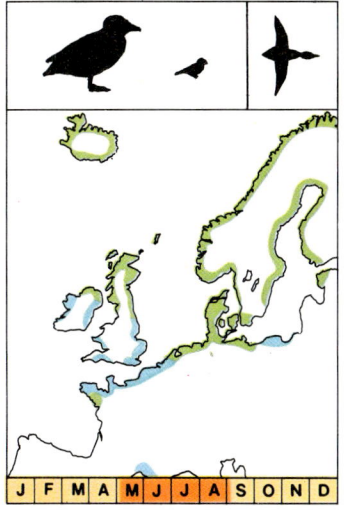

Daunenbetten gelten als wunderbar warm. Eiderdaunen werden schon seit langem als wärmeisolierendes Material genutzt und sind in wirtschaftlicher Hinsicht immer noch wichtig. Obwohl sie sich nicht wesentlich von den Flaumfedern unterscheiden, mit denen andere Enten ihr Nest auspolstern, sind die Daunen der Eiderente *Somateria mollissima* doch reichlicher vorhanden und leichter einzusammeln. In Eiderfarmen auf Island und in Skandinavien werden mehrere tausend halbdomestizierte Brutpaare zum Brüten veranlaßt — wirksam geschützt und mit künstlichen Nistmöglichkeiten versorgt, ist dies eine abgemilderte Form menschlicher Ausbeutung der Natur. Trotz zahlreicher Ölpest-Opfer auf der Hochsee nimmt der Eiderentenbestand zu. Eine Individuenzählung ergab 1973 fast 600 000 Vögel allein in

der Ostsee, inzwischen sind es sicher mehr. Eiderenten suchen im Flachwasser des Meeres nach Nahrung, egal ob über Fels- oder Schlickgrund, und neigen mehr als die meisten Tauchenten zum Gründeln. Eine eingehende Studie zum Nahrungsverhalten in einer schottischen Flußmündung enthüllte eine weitere Freßtechnik. Eiderenten gebrauchen ihre Füße, um im kaum von Wasser bedeckten Schlamm eine Grube auszuheben; diese wird dann mit dem Schnabel untersucht. Sie tauchen mit halbgeöffneten Schwingen nach Muscheln von 2 — 24 mm Länge; die Schalentiere werden entweder geknackt oder, noch häufiger, im Ganzen verzehrt. Auch Krabben und Seesterne sind Beutetiere. Das Nest wird meist auf Torfboden, Felsen oder in verfallenen Gebäuden angelegt.

Trauerente — Samtente

Der dunkle Körper der Trauerenten ist — auch auf dem Flügel — ohne helle Abzeichen

Das Trauerenten-Männchen ist ganz schwarz, das Weibchen düster braun mit scharf abgegrenzten hellen Wangen. Der Schnabel des Männchens trägt einen Höcker und einen gelben Fleck

Trauerenten-Weibchen

Trauerenten-Männchen im Prachtkleid

Auf dem Wasser rastende Meeresenten schlagen oft mit den Flügeln. Wird ein großer weißer Flügelspiegel sichtbar, handelt es sich um eine Samtente

(× 1/7)

Trauerenten (oben), aber auch Samt- und Eiderenten fliegen in langen Ketten parallel zur Küste niedrig über das Wasser

Über reichen Nahrungsgründen sammeln sie sich in großen und dichten Trupps (unten)

Samtenten-Männchen

Samtenten-Weibchen

Verschiedene Trauerenten-Kleider; schwimmend Männchen und dahinter junges Weibchen, stehend junges Männchen

Junge und weibliche Samtenten haben zwei helle Wangenflecken, Männchen sind weiß am Auge und gelb am Schnabel

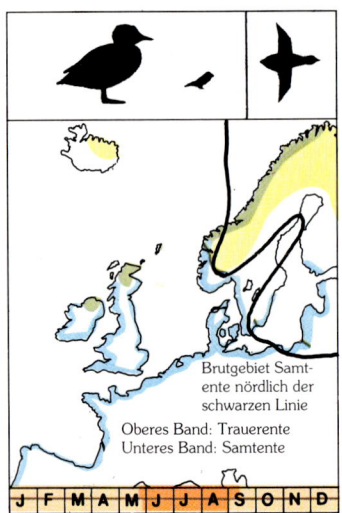

Brutgebiet Samtente nördlich der schwarzen Linie

Oberes Band: Trauerente
Unteres Band: Samtente

J F M A M J J A S O N D

Ein trostloser, öldurchtränkter Balg, der nach einem Sturm an den Strand getrieben wurde, ist oft für die meisten Europäer die einzige Möglichkeit, eine Trauerente *Melanitta nigra* zu Gesicht zu bekommen. Normalerweise fliegen die Vögel weitab von der Küste in langgestreckter Linienformation, zur Hälfte von der Dünung verborgen. Diese Gewohnheit macht sie zum Opfer von Vogelfängern, die sie mit Netzen auf ihrer Ostsee-Zugroute fangen. Am besten sieht man Trauerenten auf einer Bootsexkursion in ihre Nahrungsgründe — flache Meeresbereiche, wo molluskenreiche Sandbänke fast übers Wasser hinausragen. Hier kann der Vogel in dichten Verbänden von hunderten oder gar tausenden angetroffen werden.

Die größere Samtente *Melanitta fusca* hält sich mehr in Küstennähe auf. Selten schart sie sich zu Trupps von mehr als hundert Vögeln. Im außergewöhnlich strengen Winter 1985/86 kamen über hundert Samtenten bis südlich der Donau, im Regelfall überwintern hier nur eine Handvoll Gäste.

Beim Schwimmen unter Wasser öffnen beide Arten ihre Flügel, vielleicht um leichter manövrieren zu können. In klarem Wasser fallen die zinnoberroten Beine der Samtente auf. Der typische Brutbiotop beider Arten liegt inmitten nordischer Wälder. Die Trauerente bewohnt auch baumloses Gelände und die Tundra. Die Samtente geht mehr landeinwärts in bergige Regionen. Beide Arten bauen ihr Bodennest im Schutze der Pflanzendecke. Sie legen 6 — 10 Eier und brüten etwa 28 Tage. Die Jungen sind nach 7 Wochen flügge, werden von der Mutter aber schon kurz vorher verlassen.

Papageitaucher

Fliegende Papageitaucher sind durch den großen, hellen Kopf und den hohen Schnabel gekennzeichnet

Der Papageitaucher hat ganz schwarze Oberflügel und dunklere Unterflügel als andere Alken

Die besondere Konstruktion des Schnabels und der dehnbare Schnabelwinkel erlauben es dem Papageitaucher, mehrere Sandaale gleichzeitig zu transportieren, um den Jungvogel damit zu füttern. Daher sehen die Vögel zur Brutzeit oft bärtig aus

Der bunte, dreieckige Schnabel verleiht dem Papageitaucher im Prachtkleid das Aussehen eines Clowns. Im Herbst fallen die Hornscheiden ab, der Vogel mausert also nicht nur das Gefieder, sondern auch den Schnabel!

Im Winter ist der Schnabel kleiner, die Kopfseiten sind grauer

$(\times \frac{1}{3})$

Altvögel vor ihren Höhlen

Bei Jungvögeln, die oft mit Tordalken verwechselt werden, ist der Schnabel noch kleiner, die Kopfseiten sind düster

Bei schwimmenden Vögeln ragt die Brust weiter aus dem Wasser als bei anderen Alken

Außerhalb der Brutzeit leben die Vögel auf hoher See, weit von der Küste entfernt. Dort suchen sie tauchend nach tierischer Nahrung

Der Schnabel ist zwar hoch, aber sehr schmal

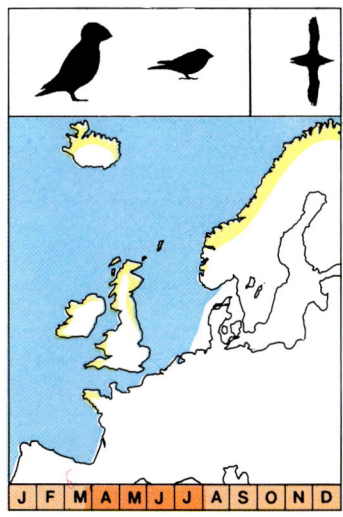

Papageitaucher haben unter allen europäischen Vögeln den buntesten Schnabel; ihr wissenschaftlicher Name bedeutet übersetzt „arktisches Brüderchen" und ihr clowneskes Aussehen hat ihnen zu einiger Popularität verholfen. Dennoch werden ihre Bestandszahlen geringer. Auf Helgoland beispielsweise ist der Papageitaucher *Fratercula arctica* schon um das Jahr 1830 herum verschwunden. Er fällt damit in die Kategorie 0 der Roten Liste für die Bundesrepublik, was nichts anderes besagt als: ausgestorben. Als gelegentlicher Gast ist diese außergewöhnliche Vogelgestalt auch an der mitteleuropäischen Küste im Winter noch zu erwarten.

Papageitaucher nisten sehr gesellig in selbstgegrabenen Gängen auf Hochflächen und Hängen von Vogelfelsen, die eine Grasnarbe aufweisen. Die Vögel verlassen das offene Meer im zeitigen Frühjahr und sammeln sich vor der Küste einer erwählten Insel oder Klippe, bevor sie im Gemeinschaftszug an Land fliegen. Bei der Balz schlagen sie häufig mit dem grotesk wirkenden Schnabel aufeinander ein, und gelegentlich gibt es wilde Kämpfe. Ihr Ruf ist ein tiefklingendes „arr", das auch aus der Bruthöhle heraus zu hören ist. Die Elterntiere bebrüten 6 Wochen lang wechselweise das eine Ei. Das Junge wird bis zu elfmal am Tag mit Sandaalen, Wittlingen und Sprotten gefüttert. Wie viele Seevögel fastet der Jungvogel vor dem ersten Flug. Viele fallen in dieser kritischen Lebensphase den Skuas und Mantelmöwen zum Opfer. Damit allein ist aber der Niedergang der Art nicht zu erklären. Vergiftung der Meere, Ölpest und abnehmende Fischbestände sind weitere Ursachen.

Silbermöwe

Alte Silbermöwe von unten

Fast alle Möwenarten folgen gerne Schiffen und lassen sich füttern

Jungvogel

Meist sieht man Vögel aller Altersstufen in einem Trupp

Im Winter ist der Kopf der Silbermöwe dunkel gestrichelt

Kräftiger gelber Schnabel mit rotem Fleck vor der Spitze

Die Silbermöwe ist viel größer und kräftiger als die ähnliche Sturmmöwe. Erst nach vier Jahren ist sie voll ausgefärbt

(× ¹/₇)

Silbermöwe im dritten Winterkleid

Silbermöwe im Jugendkleid

Silbermöwe im Jugendkleid

Unausgefärbte Vögel zeigen noch viel Braun im Gefieder und ähneln anderen jungen Großmöwen

Die ähnliche **Weißkopf-möwe** *L. cachinnans* aus dem Mittelmeer-Raum und Osteuropa wird immer häufiger auch bei uns gesehen. . Ihre Beine sind gelb bis orange, die Oberseite ist dunkler grau, die Flügel sind etwas länger mit ausgedehnteren schwarzen Spitzen und der weiße Kopf ist im Winter kaum gestrichelt. Auch die braunen Jungvögel sind am Kopf heller als Silbermöwen

Vom zweiten Jahr ab ist das Auge hell

Silbermöwen haben keine gelben, sondern fleischfarbene Beine

(× ¹/₅)

Die sichere Unterscheidung der Möwen, vor allem wenn sie noch nicht voll ausgefärbt sind, erfordert viel Erfahrung und besondere Bestimmungsbücher

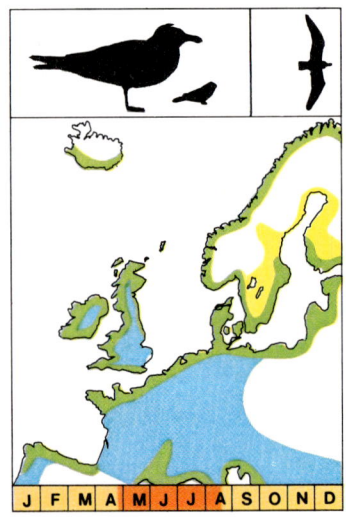

J F M A M J J A S O N D

Die Silbermöwe *Larus argentatus* ist die Seemöwe schlechthin. Sie stochert im Abfall von Müllkippen und Häfen, folgt den Schiffen für ein paar über Bord geworfene Bissen und baut auf Dockgebäuden und Fabrikschloten ihre Nester. Für küstennahe Landebahnen ist sie eine Gefahrenquelle, denn nicht selten verstopft ihr Körper die Düsentriebwerke der Flugzeuge; die Möwe hat auf diese Weise schon etliche Unfälle verursacht. Sie ist häufig und dringt immer weiter ins Binnenland ein. Dennoch: Silbermöwen sind prachtvolle, faszinierende Vögel. Ethologische Studien in ihren Kolonien haben viel zum Verständnis tierischen Verhaltens beigetragen.

Traditionelle Nistplätze sind Küstenvorsprünge, Kliffs und Dünen. Häuser, Dächer, Seeufer und Kaolingruben stellen jüngere Ge-bietsgewinne dar. Das Nest ist ein dicker Haufen aus Gras, Tang und Strandgut, der von beiden Altvögeln zusammengetragen wird. Die 2 – 3 Eier werden in Zwei- oder Dreitagesabständen gelegt. Noch bevor das Gelege vollständig ist, brüten beide Elterntiere gelegentlich. Nach 28 – 30 Tagen schlüpfen die Jungen. Sie verlassen das Nest schon nach ein paar Tagen, bleiben aber immer innerhalb des elterlichen Territoriums. Die wenigen, die frühzeitig umherzustreunen beginnen, werden oftmals von den erwachsenen Nachbarn getötet und verzehrt.

Silbermöwen knacken regelmäßig hartschalige Beutetiere, wie Taschenkrebse oder große Muscheln, indem sie die Tiere auf harten Untergrund fallen lassen.

Für den gelegentlich geforderten Abschuß von Möwen gibt es keine Begründung.

Sturmmöwe

Auch im zweiten Winter sind die Flügel noch nicht voll ausgefärbt

Im ersten Winter zeigt die Sturmmöwe noch viel braun, der Schwanz hat eine dunkle Endbinde

Oberseite im ersten Winterkleid: Die Schwanzbinde, der dunkle Handflügel, die Binden auf dem grauen Armflügel und der graue Mantel sind typisch

Die äußeren Handschwingen sind schwarz mit weißen Spitzen, die beiden äußersten zusätzlich mit weißen Fenstern. Hier ist ein Altvogel im Winter abgebildet

Sturmmöwen sind kleiner und schlanker als Silbermöwen und wirken langflügeliger

Der Kopf ist im Sommer weiß, im Winter gestrichelt

$(\times \frac{1}{7})$

Außerhalb der Brutzeit kommen Sturmmöwen auch in Städte, Parkanlagen und an Müllplätze

Im Gegensatz zur viel größeren Silbermöwe ist der Schnabel zierlicher und ohne roten Fleck (im Winter aber oft mit dunkler Binde) und das Auge immer dunkel

Durch Abnutzung verschwinden die weißen Spitzen der Handschwingen im Sommer oft

$(\times \frac{1}{5})$

Bei Altvögeln sind die Beine schmutzig gelblich oder grünlich, bei Jungvögeln oft gräulich oder blaß fleischfarben. Der Kopf ist runder als bei Silbermöwen

Im ersten Winter hat der fleischfarbene Schnabel eine schwarze Spitze. Der graue Rücken hebt sich von den braunen Flügeldecken ab

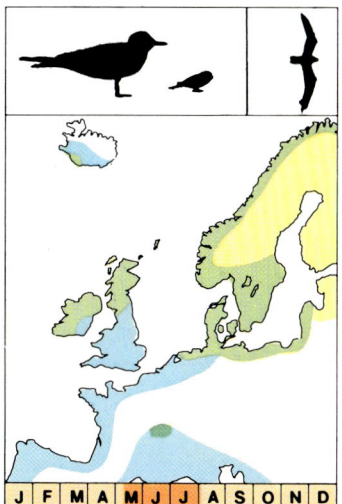

Die Sturmmöwe *Larus canus* wird oft übersehen, denn sie ist nur geringfügig größer als die Lachmöwe und ähnelt in der Färbung einer Silbermöwe. Dennoch ist sie, zum Beispiel an der Ostseeküste, weit verbreitet. Ihr Brutgebiet reicht vom nördlichen Eurasien bis in Teile Alaskas und Kanadas. Wie die Silbermöwe dringt auch die Sturmmöwe allmählich landeinwärts vor; selbst in der meeresfernen Schweiz sind schon Brutpaare gesichtet worden. Als Wintergast ist sie regelmäßig an den Gewässern des Binnenlandes anzutreffen. An der Küste ist sie ein Vogel des Moor- und Heidelandes sowie der Strandwiesen und Dünen. Sie meidet jedoch zu dichte und hohe Vegetation.

Zur Nahrungssuche fliegt sie nicht weit aufs offene Wasser hinaus; Wattflächen und Ackerland in der Marsch versorgen sie mit einem Großteil ihres Nahrungsbedarfs. In den Vorortbereichen Englands sagt man ihr eine besondere Vorliebe für Spielplätze nach. Beim Nahrungserwerb ist die Sturmmöwe nicht nur ein Strandgutstocherer, sondern jagt anderen Möwen das Futter ab. Besonders die Lachmöwe hat darunter zu leiden. Sturmmöwen brüten in Einzelpaaren, kleinen Kolonien oder mit anderen Möwen und Seeschwalben in enger Nachbarschaft. Sturmmöwennester können spärlich ausgepolsterte Mulden oder umfangreiche Gebilde aus Gras und Tang sein. Sie liegen in Ufernähe auf Felsen oder im Pflanzenbewuchs, können aber gelegentlich auch auf Bäumen plaziert sein — ein Bericht über ein altes Saatkrähennest als Brutunterlage liegt vor. Die 2 — 3 Eier werden 22 — 25 Tage bebrütet.

Mantelmöwe

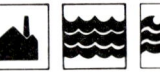

Die Mantelmöwe ist unsere größte und massigste Möwe, die mit kraftvollen Schlägen auf breiten Flügeln fliegt. Rücken und Flügel sind düster schwarzgrau. Der gewaltige Schnabel am vorgestreckten Kopf gibt ihr fast ein greifvogelartiges Aussehen

Mantelmöwen sind vor allem an der Küste zu sehen, besonders im Winterhalbjahr. Altvögel können nur mit der viel kleineren, aber auf dem Rücken gleichfalls dunklen Heringsmöwe verwechselt werden

Oft fliegen sie in kleinen Gruppen auf's Meer hinaus. Erst nach vier Jahren sind sie ausgefärbt

Durchgehender weißer Flügelhinterrand, davor dunkles Band

Dritter Sommer

Zweiter Sommer

Erster Sommer

Jungvogel im zweiten Winter. Der anfangs ganz schwarze Schnabel wird allmählich heller

(×1/7)

(×1/5)

Die Spitzen der äußeren Handschwingen bilden ein recht großes weißes Feld. Bei der Heringsmöwe sind sie dagegen überwiegend schwarz mit einem kleinen weißen Fenster vor der Spitze der äußeren Handschwinge

Die Füße sind in jedem Kleid blaß fleischfarben und nicht gelb

Mantelmöwen sind in der Lage, andere Seevögel, kleine Säugetiere und Jungvögel zu erbeuten, ernähren sich aber auch gerne von Abfällen

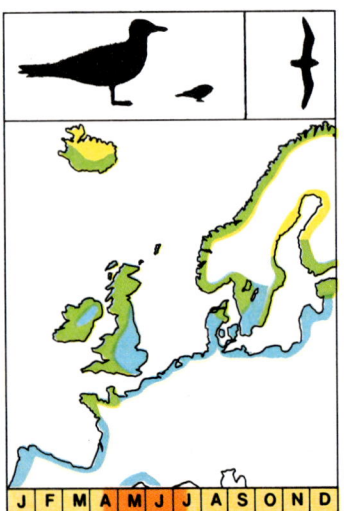

Die Mantelmöwe *Larus marinus* ist die räuberischste unter den Großmöwenarten. Viele wehrhafte Möwen ernähren sich teils durch den Fang lebender Beute, aber dieser gewaltige Vogel ergreift häufig andere Seevögel und ihre Jungen, selbst Kaninchen und Nagetiere sind unter seinen Opfern. Relativ kleine Brocken, wie Möwenküken, können ganz verschlungen werden. Bei diesem Vorgang hilft ihr die Fähigkeit, den Abstand zwischen den unteren Schlundknochenhälften vergrößern zu können — eine bei vielen Vögel angelegte Eigenschaft, aber besonders gut entwickelt bei den Möwen. Mantelmöwen sind nur während der Brutzeit regelrechte Beutegreifer. Zu anderen Zeiten gehen sie auch an Aas, Schlacht-, Fischerei- und Küchenabfälle und andere verwertbare Reste. Häufig besuchen sie Müllkippen; dort kann man sie auch regelrecht nach Freßbarem graben sehen. Die vermehrten Aktivitäten der Fischereiwirtschaft könnten ein Grund für ihre Zunahme in den letzten Jahrzehnten sein. Dieser Trend irritiert diejenigen, die sich mit dem Schutz der Seevogelkolonien befassen, und es sind schon Gegenmaßnahmen ergriffen worden. Durch Schütteln des Eiinhalts lassen sich nämlich die Embryonen abtöten, und die Möwen bleiben auf einem tauben Gelege sitzen. Auf Skokholm vor der Südküste von Wales hatte der Schwarzschnabel-Sturmtaucher nach Reduzierung des Mantelmöwenbestands wesentlich bessere Bruterfolge. Mantelmöwen nisten oft einzeln. Die für uns nächsten Brutgebiete liegen im Süden Dänemarks und in Mecklenburg. 1987 hat sie erstmals in Schleswig-Holstein gebrütet.

216

Heringsmöwe

Eine alte Heringsmöwe der britischen Rasse im Winter. Skandinavische Vögel sind dunkler, baltische fast schwarz auf der Oberseite. An der Nordseeküste kann man alle Formen sehen

In der Färbung ähnelt die zierliche Heringsmöwe der viel massigeren und größeren Mantelmöwe. Die Spitze des längeren und schlankeren Flügels ist jedoch überwiegend schwarz mit einem weißen Fenster auf der äußersten Handschwinge. Der Unterschied ist viel deutlicher als hier abgebildet

Im Frühjahr und Herbst ziehen dunkle Vögel von der Ostsee durch das Binnenland

Sie überwintern im Mittelmeer und an Afrikas Küsten

Zweiter Sommer

Dritter Winter

Erster Sommer

Jugendkleid dunkler als Silbermöwe

Bei Jungvögeln sind Rücken und Flügel einfarbig dunkelbraun, während junge Silbermöwen hellere Deckfedern haben. Dunkle Schwanzendbinde deutlicher

(× ¹⁄₇)

Britische Rasse mit hellerem Rücken als Mantelmöwe

Ostsee-Rasse mit fast schwarzer Oberseite

(× ¹⁄₅)

Die Beine sind bei Altvögeln leuchtend gelb bis orange

Heringsmöwen sind noch kleiner als Silbermöwen und viel kleiner als Mantelmöwen. Im Stehen und Schwimmen überragen die extrem langen Flügel den Schwanz sehr weit. Schwimmende Vögel liegen hoch im Wasser

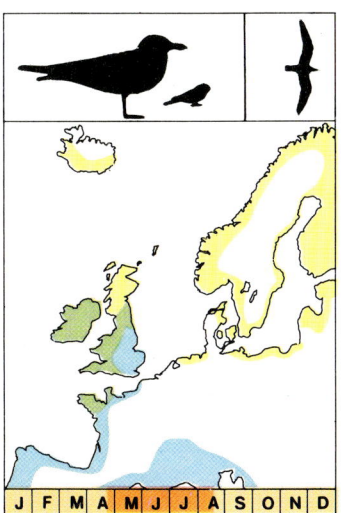

J F M A M J J A S O N D

Heringsmöwe *Larus fuscus* und Silbermöwe sind nahe verwandt. Folgt man der Verbreitung der Silbermöwe rund um den Polarkreis, so scheint sie in einer Reihe immer dunkler werdender Rassen mit der Heringsmöwe zu einer identischen Form zu verschmelzen. Beide könnten deshalb als die Endglieder einer sehr variablen Möwenart betrachtet werden, die sich im Überlappungsbereich wie Angehörige verschiedener Arten verhalten.

In Europa nisten Herings- und Silbermöwe manchmal Seite an Seite ohne sich zu vermischen. Trotzdem ist auch hier die Trennlinie brüchig, denn Bastarde kommen vor. Sie können auch künstlich erzeugt werden, indem man einfach die Eier in ihren Gelegen auswechselt. Die Austauschnestlinge nehmen die Eigenheiten der Pflegeelternart an und verpaaren sich als Erwachsene mit der „falschen" Art.

Es überrascht daher nicht, daß Silber- und Heringsmöwen in vielen ihrer Gewohnheiten gleich sind. Heringsmöwen sind jedoch nicht so häufig auf Müllkippen zu sehen, und wo beide zusammen brüten, bleibt die Silbermöwe auf flachem Untergrund, während die Schwesternart auf Klippenbänder abgedrängt wird. In Mitteleuropa, wo Heringsmöwen ein dunkel schiefergraues Rückengefieder tragen, sind sie im Felde, trotz der Größenunterschiede, am ehesten mit Mantelmöwen zu verwechseln. Mantelmöwen brüten nicht bei uns, überwintern aber in großer Zahl an der Küste. Heringsmöwen leben zu dieser Zeit eher auf dem offenen Meer, deshalb sieht man beide Arten selten nebeneinander.

Lachmöwe

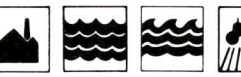

Mausernder Altvogel:
Kapuze kaum erkennbar

Prachtkleid: Dunkelbraune
Kapuze

Altvogel im Schlichtkleid

Jugendkleid: Scheitel und
Nacken braun

Jungvogel im ersten Winterkleid. Auf den Flügeln sind braune Bänder erkennbar, der Schwanz hat eine dunkle Endbinde. Wie bei Altvögeln befindet sich auf dem Handflügel ein großes weißes Dreieck

Suchflug über dem Wasser

Auch von unten zeigt der Handflügel eine weiße Vorderkante. Schnabel und Beine sind leuchtend kirschrot, bei Jungen oft noch orange

(× 1/7)

Der weiße Keil auf den Handschwingen, die schwarzen Flügelspitzen, die hellgraue Oberseite und die geringe Größe schließen Verwechslungen mit anderen Möwenarten aus

Vogel im ersten Winter mit dunkler Endbinde des Schwanzes

Manchmal ist die weiße Unterseite leicht rosa überhaucht

Jungvogel im ersten Winterkleid. Im Jugendkleid ist die gesamte Oberseite bräunlich

Lachmöwen rufen heiser kreischend „krriääh", bei Gefahr auch tief „ga-ga"

(× 1/5)

Schlichtkleid ohne Kapuze, aber mit dunklem Ohrfleck

Lachmöwen kommen an der Küste und tief im Binnenland vor, wo sie sogar brüten. Im Winter sind sie häufig an Parkteichen zu sehen

Die Kapuze ist nicht schwarz, sondern dunkelbraun und zieht sich nicht in den Nacken hinab wie bei der Zwergmöwe

Mit flach gestrecktem Hals wird ein Eindringling vom Nest vertrieben. Lachmöwen brüten in großen Kolonien

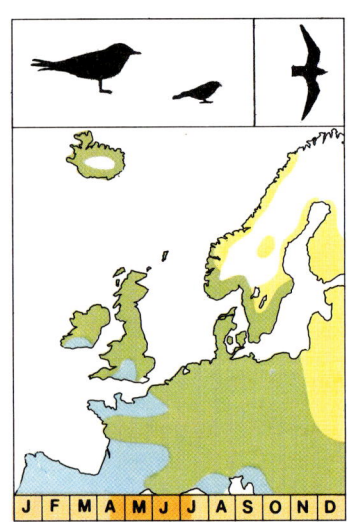

Viele nordamerikanische Vögel kommen als Ausnahmegäste nach Westeuropa. Weit weniger europäische Vögel verirren sich jedoch entgegen der Hauptwindrichtung West über den Atlantik in die Neue Welt. Bei der Lachmöwe *Larus ridibundus* kommt es regelmäßig vor. Es ist denkbar, daß sie zusammen mit der Zwergmöwe, einem anderen „Irrgast" aus Europa, schließlich dort brüten wird. Das wäre die logische Konsequenz aus der aufsehenerregenden Zunahme und Arealausweitung nach Nordwesten, die bei der Lachmöwe seit dem vorigen Jahrhundert zu beobachten ist. Seit 1900 ist sie in Schweden und Finnland um das Hundertfache häufiger; eine Untersuchung in England und Wales zeigte 1958, daß die Lachmöwe in 20 Jahren um 27 Prozent zugenommen hatte. In Mitteleuropa spricht man gelegentlich davon, daß die Bestände der Lachmöwe reguliert werden müßten.

Der Erfolg der Lachmöwe hierzulande beruht auf ihrem Anpassungsvermögen an Umweltveränderungen, die der neuzeitliche Mensch bewirkt hat. Lachmöwen sind vielseitig in der Futterwahl. Sie folgen den von Traktoren gezogenen Pflügen oder jagen in der Luft, zum Beispiel dann, wenn die Steinfliegen schwärmen. Die meisten Vögel jedoch, die sich im Winter an Dampferstegen, an Parkgewässern und in Innenstädten aus der Hand füttern lassen, sind Gäste aus Osteuropa. Lachmöwen brüten kolonieweise, manchmal bis zu 1000 Paaren. Ihre Nester liegen zwischen und auf den Bülten im Seichtwasser. Gewöhnlich werden 3 Eier gelegt; die Bebrütung dauert 23 – 24 Tage. Die Jungen sind nach 5 – 6 Wochen flügge.

Eismöwe – Polarmöwe

Die große Eismöwe hat einen kraftvollen, langsamen Flug

Eismöwen, regelmäßige Wintergäste an der Küste, und Polarmöwen, sehr seltene Gäste, sind einander in allen Kleidern sehr ähnlich. Eismöwen sind fast so groß wie Mantelmöwen, Polarmöwen nur silbermöwengroß. Schnabel und Schwanz sind bei ihnen kürzer, der Kopf runder, die Flügel schmaler, länger und spitzer. Sie brüten in Grönland

Alte Polarmöwe im Winter

Alte Eismöwe im Winter

Beide Arten haben in allen Kleidern ein ähnliches Gefieder ohne schwarze Flügelspitzen

Alte Eismöwe, Sommer

Eismöwe im zweiten Winter

(× ⅟₇)

Eismöwe Weibchen

Vergleich der Schnabelgrößen bei unausgefärbten Vögeln. Bei der jungen Polarmöwe ist die schwarze Schnabelspitze selten so scharf abgegrenzt wie bei der Eismöwe

Silbermöwe

Polarmöwe

Eismöwe in ersten Winter

Die Flügelspitzen der Eismöwe überragen den Schwanz nur wenig

Eismöwe Männchen

Die Jungen werden von Jahr zu Jahr heller. Hier eine Polarmöwe im zweiten Sommer

(× ⅟₆)

Polarmöwe im ersten Winter. Die Flügelspitzen überragen den Schwanz sehr weit, der Gesichtsausdruck wirkt freundlicher als bei Eismöwen

Alte Polarmöwe

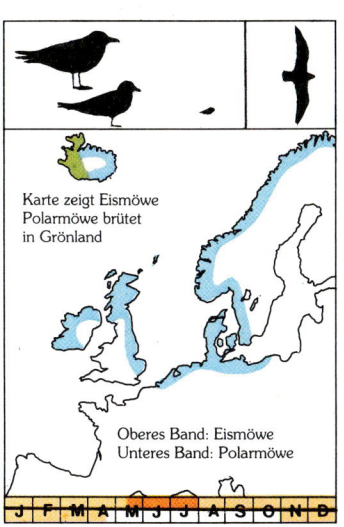

Karte zeigt Eismöwe Polarmöwe brütet in Grönland

Oberes Band: Eismöwe
Unteres Band: Polarmöwe

J F M A M J J A S O N D

Die Verwandtschaftsbeziehungen unter einigen nordatlantischen Möwen haben manchem Forscher Kopfzerbrechen bereitet. So sieht die Polarmöwe *Larus glaucoides* wie eine kleinere Ausgabe der Eismöwe *Larus hyperboreus* aus, ähnelt aber im Verhalten der Silbermöwe, mit der sie wahrscheinlich nahe verwandt ist. Die Eismöwen, in mancher Hinsicht blaßfarbige Ausgaben der Mantelmöwen, sind aber noch ein wenig größer. Auch in ihren Verhaltensweisen — Strandgutplünderei und Raubjagd — ähneln sie dieser dunklen Möwe. Der Krabbentaucher ist vermutlich das häufigste Opfer der Eismöwe. Sie schnappt ihn häufig von den Treibgutflößen am Rande einer Brutkolonie, oder von einer Scholle am Saum des Packeises weg. Es wäre schwierig für die Möwe, den kleinen Alk im Flug zu zerlegen, so schluckt sie ihn meist als Ganzes. Küstenseeschwalbenküken sind ebenfalls beliebt, obwohl es der Eismöwe schwerfällt, tief in eine Kolonie einzudringen, denn Elternvögel attackieren sie vehement. Als Alternative nimmt sie auch marine Wirbellose und eßbaren Unrat in der Nähe von Siedlungen.

Die Polarmöwe brütet nicht in Europa. Ihre Nester liegen auf Klippen in grönländischen und kanadischen Fjorden. Sie überwintert in kleinen Individuenzahlen in Island und im Norden Großbritanniens. Im Gegensatz zur Eismöwe verzehrt sie überwiegend Fisch, dem sie manchmal sogar tauchend nachstellt. An den mitteleuropäischen Küsten wird die Polarmöwe nur sehr selten beobachtet. Oft gibt es Verwechslungen mit Silbermöwen, denen manchmal die dunklen Farbpigmente fehlen.

Skua – Spatelraubmöwe

Junge Skua mit großen weißen Flecken auf den Handschwingen

Skua belästigt Baßtölpel, indem sie ihn am Schwanz zieht, um ihn zum Auswürgen der Nahrung zu bringen

Ziehende Raubmöwen fliegen meist niedriger über dem Wasser

Junge Spatelraubmöwe der dunklen Form

Alte Skua

Junge Spatelraubmöwe der dunklen Form

Alte Spatelraubmöwe, helle Form

Spatelraubmöwen treten in einer hell- und einer dunkelbäuchigen Form auf. Altvögel haben breite umeinandergedrehte mittlere Steuerfedern

Skua verfolgt eine Möwe

Die Unterscheidung der Raubmöwen ist sehr schwierig und verlangt viel Erfahrung. Die Skua als größte Art ist am einfarbig dunkelbraunen Gefieder mit den großen weißen Flecken auf der Ober- und Unterseite der Handschwingen zu erkennen. Die Spatelraubmöwe ist kleiner und hat weniger Weiß auf den Flügeln sowie verlängerte Schwanzspieße

Die weißen Flügelflecken der Skua leuchten auch auf große Entfernung

(× 1/7)

(× 1/7)

Der Brutplatz wird aggressiv verteidigt

Eindringlinge werden im Flug angegriffen

Das mittlere Steuerfederpaar ist bei der Skua kaum verlängert

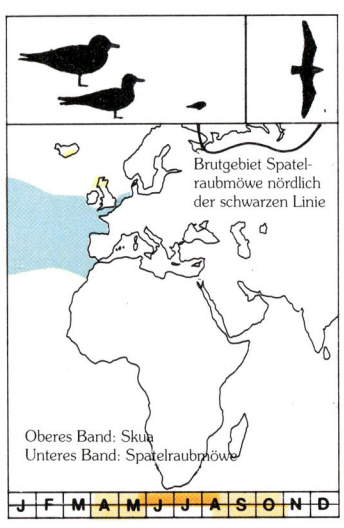

Brutgebiet Spatelraubmöwe nördlich der schwarzen Linie

Oberes Band: Skua
Unteres Band: Spatelraubmöwe

| J | F | M | A | M | J | J | A | S | O | N | D |

Die Raubmöwen haben eine Nahrungsstrategie entwickelt, die von Biologen als Kleptoparasitismus bezeichnet wird; der Laie würde vielleicht eher von Mundraub sprechen. Ihre Technik besteht einfach darin, daß sie andere Seevögel in der Luft so sehr bedrängen, daß diese ihr Futter loslassen oder ausspeien. Vögel bis zur Größe eines Baßtölpels werden auf diese Weise heimgesucht. Die Skua *Stercorarius skua* macht nicht nur von dieser Methode Gebrauch; sie ist zweifellos auch ein großer Beutegreifer, der Eier, Küken und Altvögel vieler Vogelarten sowie Landtiere fängt. Selbst Graureiher und Mantelmöwen soll sie getötet haben. Wird die Skua selbst im Kampf verletzt, kann sie den kannibalischen Gelüsten von Artgenossen anheimfallen. Besonders gern überwältigt sie aus der Brutröhre kommende Papageitaucher und junge Dreizehenmöwen. Etwas kleiner ist die Spatelraubmöwe *Stercorarius pomarinus*, ein noch wendigerer fliegender Freibeuter. In ihren Brutgebieten in den Tundren Nordrußlands erbeutet sie daneben zahlreiche Lemminge.

Beide Arten sind im Winter gelegentlich an mitteleuropäischen Küsten zu beobachten. Die Skua brütet auf Island, den Shetlands, den Orkneyinseln und den Hebriden, in unterschiedlichen Rassen kommt sie auch vor der Südspitze Feuerlands und auf den subantarktischen Inseln vor. Offenes Moorland ist das Nistgebiet von Skua und Spatelraubmöwe. Die Territorien werden angriffslustig verteidigt; selbst Menschen werden im Tiefflug attackiert, wobei die Vögel in sehr unsanfter Weise versuchen, den Scheitel nachzuziehen.

Schmarotzerraubmöwe – Falkenraubmöwe

Die Falkenraubmöwe ist die kleinste, eleganteste Art und wirkt fast seeschwalbenartig. Jungvögel haben durch die hellen Federränder oft ein eisiges Aussehen. Die mittleren Steuerfedern des Jungvogels sind leicht verlängert und rund

Junge Schmarotzerraubmöwen sind etwas größer und breitflügeliger als Falkenraubmöwen, das Gefieder ist wärmer braun getönt, die mittleren Steuerfedern sind spitz, die äußeren Handschwingen zeigen mehr Weiß

(× 1/7)

Junge Schmarotzerraubmöwe

Junge Schmarotzerraubmöwe von unten

Unten eine junge Falkenraubmöwe. Sie ist etwa lachmöwengroß, die Schmarotzerraubmöwe sturmmöwengroß und die Spatelraubmöwe so groß wie eine kleine Silbermöwe. Der Schnabel ist hell und mit scharf abgesetzter dunkler Spitze, bei der Schmarotzerraubmöwe dagegen meist einfarbig düster

Junge Falkenraubmöwe

(× 1/7)

Alte Falkenraubmöwen haben von allen Arten die längsten Schwanzspieße. Im Gegensatz zu den anderen Arten gibt es bei Altvögeln nur die helle Form, keine dunkle

Alte Schmarotzerraubmöwen der hellen Form von oben und unten betrachtet. Auch sie haben recht lange, spitze Schwanzspieße

Schmarotzerraubmöwen verfolgen eine Seeschwalbe. Hier sind verschiedene Färbungsformen, Altersstufen und Flugphasen zu sehen. Schmarotzerraubmöwen ziehen an unseren Küsten am häufigsten durch

Alte Falkenraubmöwe

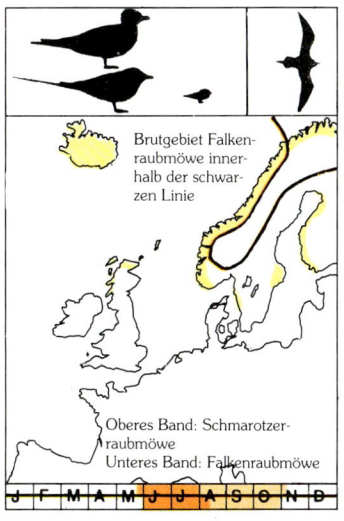

Brutgebiet Falkenraubmöwe innerhalb der schwarzen Linie

Oberes Band: Schmarotzerraubmöwe
Unteres Band: Falkenraubmöwe

J F M A M J J A S O N D

Bei Schmarotzer- und Spatelmöwen gibt es Vögel, die unterseits hell mit einem dunklen Brustband gefärbt sind und solche, deren gesamte Unterseite dunkel ist. Korrekt spricht man von einer hellen und einer dunklen Morphe, die auch bei unausgefärbten Vögeln schon erkennbar ist, beide Spielarten variieren geografisch. Bei der Schmarotzerraubmöwe *Stercorarius parasiticus* sind die Vögel aus Südnorwegen und im Ostseebereich dunkel. Der Prozentsatz an hellen Tieren nimmt nach Norden hin zu und erreicht im nördlichen Norwegen rund 90%. Die helle Variante ist zahlreicher in den schottischen Brutkolonien, besonders auf den Äußeren Hebriden. Schmarotzerraubmöwen sind in noch höherem Maße Beuteparasiten als Skuas und suchen sich Seeschwalben sowie Dreizehenmöwen als Hauptopfer aus. In der Tundra fressen sie vor allem Nagetiere und Vögel. Wie die Skua nisten sie normalerweise in lockeren Kolonien im offenen Gelände und machen gefährliche Flugattacken auf alle Eindringlinge. Nicht brütende oder im Brutgeschäft abgelöste Vögel frönen spektakulären Luftjagden. Die Vögel brüten erstmals im Alter von 4 Jahren. Die zwei Eier entwickeln sich in 26 Tagen, und die Jungen werden nach 4 – 5 Wochen flügge. Falkenraubmöwen sind die kleinsten und grazilsten ihrer Familie, und sie kommen ausschließlich in der hellen Morphe vor. Da sie eher auf dem Atlantik als an der Küste fliegen, sind sie auch im Winter kaum einmal bei uns zu beobachten. Die Falkenraubmöwe *Stercorarius longicaudus* brütet in Grönland, Spitzbergen, Jan Mayen, auf der Bäreninsel und südwärts bis Südnorwegen.

Dreizehenmöwe

Altvogel im Sommer

Unausgefärbte Vögel tragen ein Zickzack-Band auf den Flügeln, das sonst nur die kleinere Zwergmöwe besitzt

Alte Dreizehenmöwen wirken sehr hell und unterscheiden sich ...

... von allen anderen Möwenarten durch die schwarzen Flügelspitzen ohne weiße Flecken

(× 1/7)

Altvögel scheinen zu niedrig über ein Tintenfaß geflogen zu sein und haben daher die kennzeichnenden tiefschwarzen Flügelspitzen. Oft ziehen sie in langen Ketten dicht über die Wellen. Die Jungvögel können nur mit der Zwergmöwe (siehe dort) verwechselt werden

Sie brüten in gewaltigen Kolonien an steilen Felsklippen, an die sie ihre Nester aus Seetang kleben. Die einzige deutsche Kolonie ist auf Helgoland. In skandinavischen und britischen Hafenstädten nisten sie häufig auch an Simsen von Gebäuden

Dreizehenmöwen nehmen die Nahrung entweder schwimmend oder aus dem niedrigen Suchflug heraus pickend von der Wasseroberfläche auf

Dreizehenmöwen verbringen ihr Leben auf hoher See, wo sie häufig ein Opfer der Ölpest werden. Nach Herbststürmen werden einige manchmal tief ins Binnenland verschlagen

(× 1/5)

Im Winter bekommen sie graue Partien an Kopf und Nacken. Die schwarzen Beine unterscheiden sie von anderen Möwen, der Schnabel der Alten ist gelb

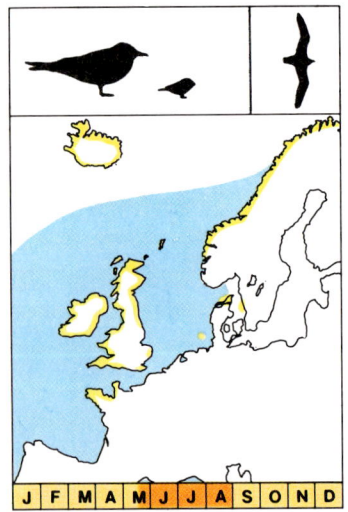

Ihre Anpassung an eine Lebensweise fern der Küste und ihre Nistweise auf Felsbändern machen die Dreizehenmöwe *Rissa tridactyla* zu einer ganz besonderen Art. Sie verbringt nur kurze Zeit an Land. Ihre Beine sind verhältnismäßig kurz, und es fehlt ihnen die Hinterzehe. Während der Brutzeit besteht ihre Nahrung aus Fisch, auf den winterlichen Ozeanwanderungen nimmt sie auch wirbellose Tiere von der Oberfläche auf.

In Mitteleuropa brütet die Dreizehenmöwe nur auf den Buntsandsteinfelsen von Helgoland. Mit ihrer kleinen Population auf dieser Insel ist sie dort stets potentiell bedroht. Anderswo, zum Beispiel in Norwegen und Großbritannien, kommt sie in Kolonien von hunderttausend Individuen vor. An den britischen Küsten brüten jetzt etwa eine halbe Million Paare, und die Bestandszunahme scheint hier noch anzuhalten. Die Bevölkerungsexplosion bei der Dreizehenmöwe blieb lange unbemerkt. Andere Möwenarten nehmen zu, weil sie verstädtern; die Dreizehenmöwe profitiert davon, daß kaum noch gewerbliche Eiersammler ihre Nester ausnehmen.

Am Nistplatz hört man ihren dreisilbigen Ruf: „kittiwäk". Ihr tiefes Napfnest liegt auf dem simsartigen Vorsprung eines Vogelfelsens. Es besteht aus Tang, Gras und Schlamm und anderen Materialien, die die Vögel oft mehrere Kilometer weit heranschaffen müssen. Diese Nester halten sehr lange. Auf der „Langen Anna" von Helgoland ist der Stein über und über mit ihnen bedeckt, auch wenn die Vögel schon fortgezogen sind.

JFMAMJJASOND

Zwergmöwe

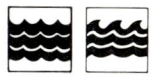

Altvögel zeigen im Pracht- und Schlichtkleid kein Schwarz in der Flügelspitze, woran sie leicht bestimmt werden können. Der Scheitel ist im Winter grau, in der Ohrgegend ist ein dunkler Fleck

Die Zwergmöwe im ersten Winterkleid ähnelt durch das Zick-zack-Muster auf den Flügeln der viel größeren und sich wie eine typische Möwe verhaltenden jungen Dreizehenmöwe, die aber nur ausnahmsweise im Binnenland erscheint. Im Jugendkleid und ersten Herbst besitzt sie wie diese ein Nackenband

(×1/7)

Zwergmöwen in verschiedenen Kleidern über einem Binnengewässer

Zwergmöwen verhalten sich wie Trauerseeschwalben, indem sie im niedrigen Flug Nahrung von der Wasseroberfläche aufpicken und manchmal auch rütteln

Altvögel zeigen im Flug einen deutlichen Kontrast zwischen den ganz hellen Oberflügeln und den einzigartigen düsteren Unterflügeln mit der deutlich abgesetzten weißen Hinterkante

Nach dem Landen werden die Flügel noch kurz hochgehalten und lassen die typische Unterflügelzeichnung erkennen

Allein an der geringen Größe und den runden Flügeln ist diese zierliche Möwe leicht zu erkennen. Die Brust der Altvögel schimmert im Frühjahr rosa, die Unterflügel der Jungvögel sind noch hell

(×1/5)

Zwei Jungvögel im ersten Winterkleid. Der Schnabel ist noch schwärzlich, die Beine sind fleischfarben. Der runde Kopf mit dem großen dunklen Auge gibt ihnen ein freundliches Aussehen

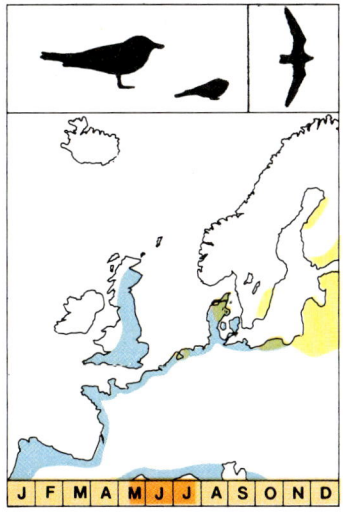

Die Zwergmöwe *Larus minutus* hat eine lückenhafte Verbreitung und ein verblüffendes Zugverhalten. Ein Großteil ihres Brutgebiets liegt in der Sowjetunion: im Baltikum, in Westsibirien und Transbaikalien. Im gemäßigten Europa hat sie ein paar verstreute Vorposten im Süden Dänemarks, in Schleswig-Holstein und in den Niederlanden. Die Winterrastgebiete liegen vor allem rund um das Schwarze Meer und das Mittelmeer; etliche Vögel tauchen auch an der Nordsee und im südlicheren Binnenland auf oder erscheinen mitten im Sommer an einem See in Süddeutschland. Am seltsamsten ist, daß die Zwergmöwe regelmäßig an die Ostküste Nordamerikas zieht und sich dort neuerdings sogar in kleinen Beständen angesiedelt hat. In ihrem Verhalten und in ihrer Flugweise ähnelt sie den Sumpfseeschwalben, wie etwa der Trauerseeschwalbe, in deren Nähe sie oft nistet. Überschwemmte Wiesen und verlandende Seen mit vielen Inselchen und Bülten sind ihr Brutgebiet. Über den erwärmten, seichten Wasserflächen jagt sie nach fliegenden Insekten. Nach der Nistzeit frißt sie gern Kleinfische und Schalentiere. Die meisten Kolonien bestehen aus weniger als 50 Paaren. Die Nester sind ziemlich große Anhäufungen von Gras und liegen in Binsenbeständen oder ähnlichen, halb untergetauchten Wasserpflanzen. 2 — 3 Eier bilden ein Normalgelege. Beide Gatten betreuen die Küken 5 — 6 Wochen. Nach dem Ausfliegen bleiben die Jungvögel noch einige Zeit mit den Eltern zusammen. Unausgefärbte Zwergmöwen sind durch ihr dunkles Flügelband auffällig. Erst im dritten Jahr sind sie ausgefärbt.

Flußseeschwalbe

Fluß- und Küstenseeschwalben sind sich in allen Kleidern sehr ähnlich. Die junge Flußseeschwalbe hat eine dunklere Flügelvorderkante und einen stärker gebänderten Rücken als die junge Küstenseeschwalbe, die Armschwingen sind grau mit weißen Spitzen, und der dunkle Schnabel hat eine helle Basis

Flußseeschwalbe hat einen längeren Hals und Schnabel und kürzeren Schwanz als Küstenseeschwalbe

Die Flügel sind breiter als bei der Küstenseeschwalbe

(× 1/5)

(× 1/5)

Nahrungssuchende Seeschwalben fliegen wenige Meter über dem Wasser, halten rüttelnd nach Beute Ausschau und stürzen sich kopfüber ins Wasser

Die äußeren Handschwingen sind dunkler als die inneren, so daß von unten ein helles Fenster sichtbar wird

Im Sitzen wird die Flügelspitze nur wenig von der Schwanzspitze überragt, der hellrote Schnabel hat eine schwarze Spitze

Zwischen den Zehen sind kleine Schwimmhäute

(× 1/3)

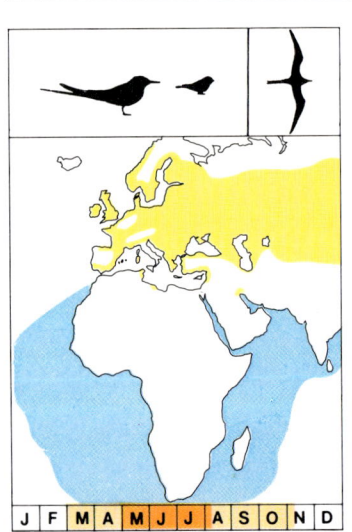

Flußseeschwalbe *Sterna hirundo* und Küstenseeschwalbe haben viel gemeinsam. Das Brutgebiet der Flußseeschwalbe endet an der südlichen Grenze des Areals der Küstenseeschwalbe. Es gibt einige gemischte Kolonien, aber die Überlappungszone ist schmal. Die Flußseeschwalbe kommt, wie schon ihr Name sagt, nicht nur an der Nordseeküste und am Mittelmeer vor; sie brütet ebenso an Flußufern und in der Nähe von Süßgewässern. Ihre Kolonien können selbst auf den Hochplateaus von Tibet in 4000 Meter Höhe auf Schotterbänken von Gebirgsbächen liegen. Die Kolonien im Binnenland sind oft recht klein. Manchmal nistet nur ein Paar auf einem von Naturschützern angebrachten Seeschwalbenfloß. Insgesamt ist in den küstenfernen Biotopen ein ständiger Bestandsrückgang zu verzeichnen.

Die Flußseeschwalbe verteidigt ihren Nistplatz weniger heftig als die Küstenseeschwalbe. Die Nahrungsgründe liegen an Süßgewässern oder in Küstennähe. Ihre Schwesternart fischt weiter draußen auf der offenen See. Flußseeschwalben nehmen daher mehr Insekten und kleine Schalentiere auf; die Brut von Weißfischen ist eine beliebte Beute. Der Insektenfang über der Wasseroberfläche gleicht dem der Trauerseeschwalbe. Während der Balz fliegt das Männchen mit einem Fisch im Schnabel umher, den es schließlich seiner Partnerin überreicht. Bei der Fluß- und Küstenseeschwalbe bleiben die Jungen in den ersten Tagen im Nest — ein Elternteil hält Wache. Danach verbergen sich die Küken in der Vegetation. Nach 4 Wochen können sie fliegen, bleiben aber noch weitere 6 Wochen bei den Eltern.

J F **M A M J J A S O** N D

Küstenseeschwalbe

Flußseeschwalbe im Sommer

Tiefroter Schnabel und sehr lange Schwanz-
spieße kennzeichnen die Küstenseeschwalbe im
Sommer. Die Unterseite ist grau, nicht weiß wie bei der
Flußseeschwalbe, ein weißer Wangenstreif hebt sich ab

Küstenseeschwalbe im Sommer

Junge Flußseeschwalbe

Junge Küsten-
seeschwalbe

Fluß- und Küstensee-
schwalbe bekommen im
Herbst eine helle Stirn.
Der Schnabel der Küsten-
seeschwalbe wird dann
fast schwarz, bei der
Flußseeschwalbe bleibt er
an der Basis rötlich.
Die Armschwingen
der Jungvögel sind
fast weiß, die Vorderkante
der Flügel ist nicht so dunkel wie bei jungen Flußseeschwalben, der Rücken ist
weniger deutlich gebändert.
Küstenseeschwalben tauchen
nicht so viel wie Flußseeschwalben, sondern nehmen
Nahrung eher von der
Oberfläche auf

(× 1/5)

Alle Hand-
schwingen sind
sehr hell und
von unten durch-
scheinend

Junge Kü-
stensee-
schwalbe

Alte Küsten-
seeschwalbe
im Winter

(× 1/3)

Die Küstensee-
schwalbe (rechts)
hat bedeutend
kürzere Beine als
die Flußsee-
schwalbe (links)

Die Schwanzspieße überragen weit die Flügelspitzen

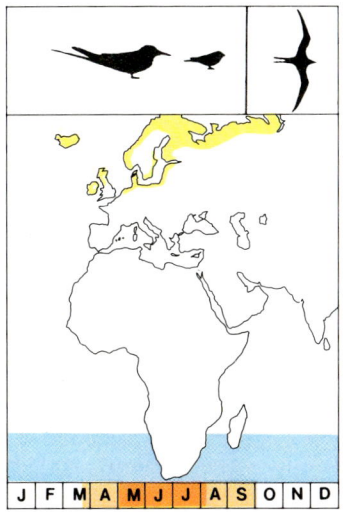

J F M A M J J A S O N D

Eine Kolonie der Küstenseeschwalbe *Sterna
paradisaea* zu betreten, ist reine Nervensa-
che. Die Vögel zielen im Sturzflug auf den
Schädel des Störenfrieds und können sogar
Verletzungen verursachen. Ihre Nistgesell-
schaften, manchmal mehr als tausend Köpfe
stark, werden von anderen Vögeln gern mit-
benutzt. So ziehen zum Beispiel Eiderenten
ihren Vorteil aus dem wirksamen Angriffs-
verhalten der Seeschwalben, die in der Lage
sind, Füchse und Möwen zu vertreiben. Das
Geschrei der Vögel wird von Zeit zu Zeit von
Phasen völliger Stille unterbrochen — die
ganze Seeschwalbenschar stiebt gemeinsam
auf die See hinaus.
Die Kolonien liegen auf Felsinselchen, am
Strand oder auf kurzrasigem Boden, sind
aber immer in Wassernähe. Küstenseeschwalben sind wie die meisten Seeschwal-

ben äußerst geschickte Stoßtaucher; sie ernähren sich hauptsächlich von kleinen Fischen, im Binnenland brütende Vögel erbeuten überwiegend Insekten.
Man schätzt, daß die Küstenseeschwalben
von allen Tieren am meisten Tageslicht abbe-
kommen. Von ihren Brutgebieten in der
Arktis, im Nordatlantik und Nordpazifik fliegen sie als extreme Weitstreckenzieher in
den antarktischen Sommer und verbleiben
so das ganze Jahr über in den Bereichen der
größten Tageslängen. In einem einzigen
Jahr legen Küstenseeschwalben über 20000
Kilometer im Durchschnitt zurück. Vögel,
die 27 Jahre alt wurden, haben also mehr als
einen Hin- und Rückflug zum Mond zurückgelegt. An den nahrungsreichen Gewässern
der Antarktis findet eine rasche Gefieder-
mauser statt.

Zwergseeschwalbe

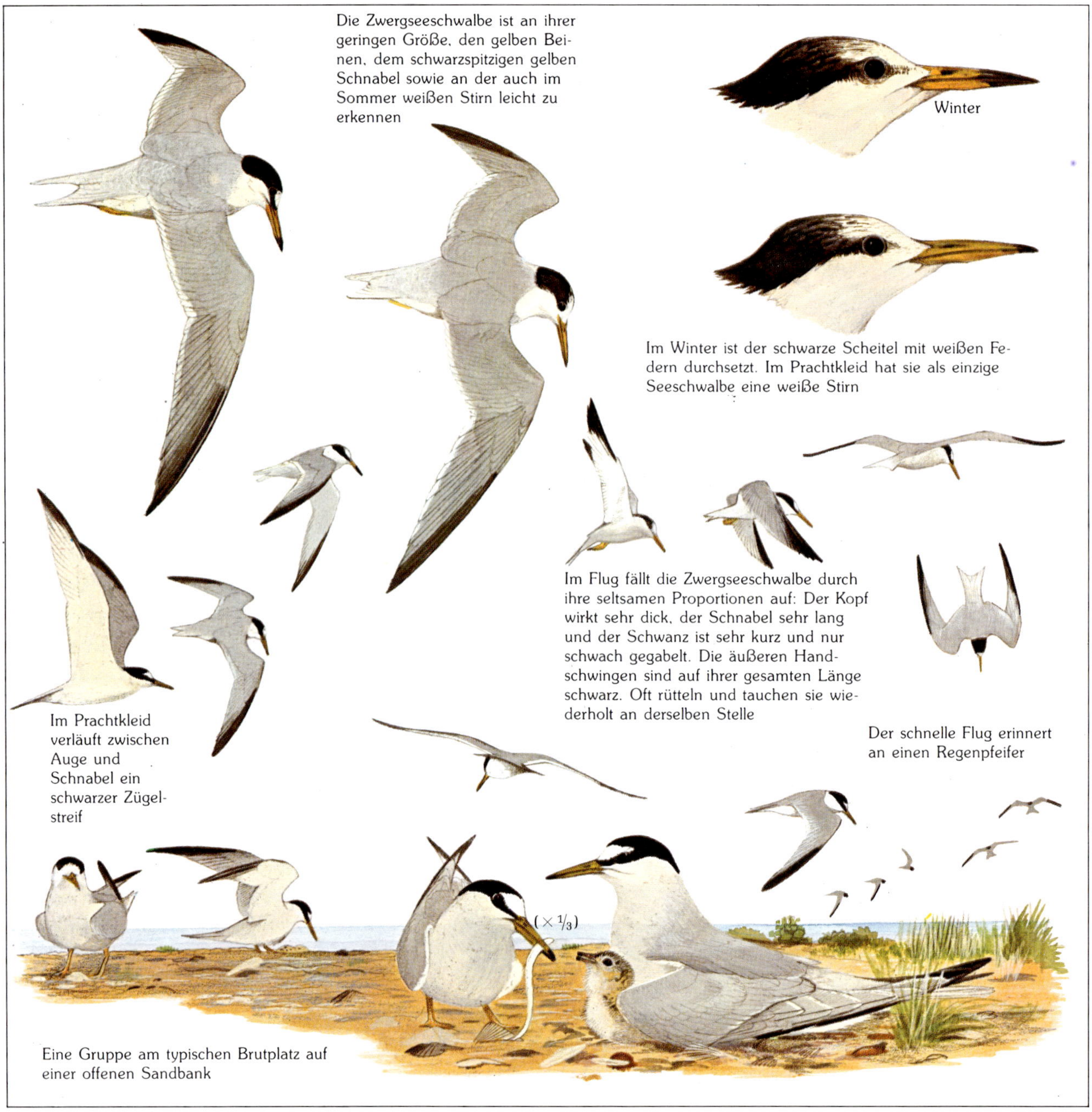

Die Zwergseeschwalbe ist an ihrer geringen Größe, den gelben Beinen, dem schwarzspitzigen gelben Schnabel sowie an der auch im Sommer weißen Stirn leicht zu erkennen

Winter

Im Winter ist der schwarze Scheitel mit weißen Federn durchsetzt. Im Prachtkleid hat sie als einzige Seeschwalbe eine weiße Stirn

Im Flug fällt die Zwergseeschwalbe durch ihre seltsamen Proportionen auf: Der Kopf wirkt sehr dick, der Schnabel sehr lang und der Schwanz ist sehr kurz und nur schwach gegabelt. Die äußeren Handschwingen sind auf ihrer gesamten Länge schwarz. Oft rütteln und tauchen sie wiederholt an derselben Stelle

Der schnelle Flug erinnert an einen Regenpfeifer

Im Prachtkleid verläuft zwischen Auge und Schnabel ein schwarzer Zügelstreif

$(\times 1/3)$

Eine Gruppe am typischen Brutplatz auf einer offenen Sandbank

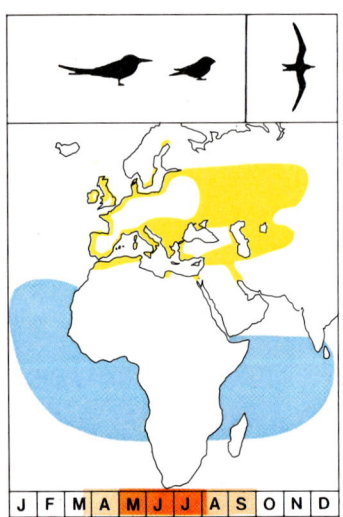

J F M A M J J A S O N D

Als kleinste europäische Seeschwalbenart hat die Zwergseeschwalbe *Sterna albifrons* zugleich die weiteste Verbreitung. Sie nistet in jedem Kontinent. Bei uns hat sie aber nur ganz wenige Brutplätze, zum Beispiel auf der kleinen Watteninsel Trischen.

Die Zwergseeschwalbe ist nahezu ausschließlich Küstenbewohnerin. Sie brütet in lockeren Kolonien auf Sandstränden und Sänden oder im groben Kies. Die amerikanische Population litt im letzten Jahrhundert stark unter den Sammlern für die Putzmacherei, die nicht viel Federlesens machten, sondern gleich zur Flinte griffen. Eine „moderne" Gefahr ist der zunehmende Freizeit- und Badebetrieb, der genau dieselben offenen Strände bevorzugt. Die 2 — 3 Eier in der kahlen Bodenvertiefung heben sich so wenig vom Untergrund ab, daß sie oft zertreten

werden. Strandwanderer verursachen erhebliche Störungen, denn die Zwergseeschwalbe ist nicht so kühn in der Verteidigung ihres Nestes wie die Küsten- und Flußseeschwalbe. Ihr Ruf bei Beunruhigung, ein kurzes, heiseres „wäd", wird ohnehin leicht überhört. Zwergseeschwalben suchen in Prielen und Gezeitentümpeln nach Nahrung. Sie rütteln mehr und schlagen schneller mit den Flügeln als andere Seeschwalben.

Ein ausgesprochen seltener Brutvogel Mitteleuropas ist die **Weißbartseeschwalbe** *Chlidonias hybridus*. Nur in Ungarn nistet die Art regelmäßig, sonst nur sporadisch. Ihr Hauptverbreitungsgebiet liegt in wärmeren Gebieten. Die Vögel brüten in kleineren Kolonien an verlandenden Kleingewässern des Binnenlandes.

Brandseeschwalbe – Lachseeschwalbe

Die Brandseeschwalbe, hier im Schlichtkleid, winkelt ihre sehr schmalen, spitzen Flügel im Flug stark an. Der Schwanz ist relativ kurz, der lange Schnabel hat eine gelbe Spitze

Lachseeschwalbe

Brandseeschwalbe

Beide Arten rufen viel, die Brandseeschwalbe rebhuhnartig rauh „kirräck". Lachseeschwalben nasal „kau-weg" und lachend „kiwii-kiwii-kiwii"

(×⅕)

Lachseeschwalben unterscheiden sich von Brandseeschwalben durch den kräftigen, möwenartigen und ganz schwarzen Schnabel sowie die fehlende Haube. Beide Arten haben schwarze Beine

Rechts Lachseeschwalbe mit grauem Schwanz

Lachseeschwalbe im Schlichtkleid

Lachseeschwalbe im Prachtkleid

Lachseeschwalben am Brutplatz

Brandseeschwalben haben einen Federschopf am Hinterkopf. Schon während der Brutzeit erscheinen erste weiße Federn in der schwarzen Kappe

Balzende Brandseeschwalbe

Durch die spitzen Dunen wirkt die junge Brandseeschwalbe etwas stachelig

(×⅓)

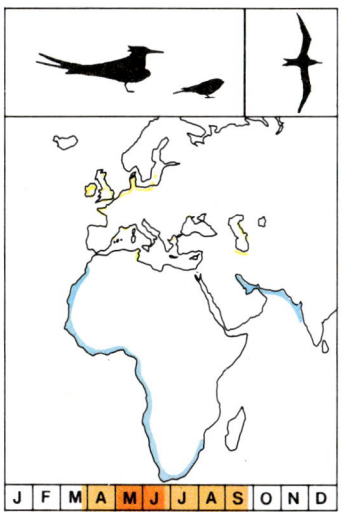

Die Brandseeschwalbe *Sterna sandvicensis* nistet in dichtgedrängten Kolonien, in denen ständig ein tumultartiges Stimmengewirr herrscht. Sie ist ein stattlicher Vogel, nur geringfügig kleiner als eine Lachmöwe. Ihr häufig im Flug geäußerter Ruf klingt laut und hart, etwa wie „kirräck". Brandseeschwalben brüten in mehreren geschützten Kolonien an der deutschen Nordseeküste, an der Ostsee ist sie weniger stark vertreten. Zu Beginn der Brutperiode, Ende April, wählen die zuerst ankommenden Vögel geeignete Standorte für die Kolonie. Dies sind locker bewachsene Strandwiesen, Sand- und Kiesflächen entlang der Küste. Da Brandseeschwalben weniger aggressiv als Küsten- und Flußseeschwalben sind, nisten sie oft in deren Nähe. Sie profitieren auch von der Anwesenheit brütender Lachmöwen und von deren Eifer, Eindringlinge aus der Kolonie zu jagen.

Im Frühjahr gibt es Flugspiele: Kleine Gruppen steigen in große Höhen, bevor sie rufend herabgleiten. Brandseeschwalben tauchen bei der Nahrungssuche tiefer als die anderen Arten, oft rütteln sie über dem Wasser.

Die Lachseeschwalbe *Gelochelidon nilotica* ist seit der Jahrhundertwende nur noch seltener Brutgast in Mitteleuropa. Bei uns ist sie vom Aussterben bedroht und steht deshalb in der Roten Liste, Kategorie 1. Zuvor gab es eine berühmte Kolonie an den Ufern des Lech. Vermutlich hat sie ihr Brutgebiet auch wegen des Wechsels vom kontinentalen zum mehr atlantischen Klima in Richtung Südosten verlegt. Nur an der Westküste Schleswig-Holsteins hält sich seit Jahren eine kleine Kolonie.

J F M A M J J A S O N D

Trauerseeschwalbe

Trauerseeschwalbe im Prachtkleid

Kopf und Unterseite sind schwarz, das übrige Gefieder dunkelgrau

Alte Trauerseeschwalbe im Schlichtkleid

Trauerseeschwalbe mit einfarbig grauen Unterflügeln

Weißflügel-Seeschwalbe im Prachtkleid

Von oben betrachtet

Schwarze Unterflügeldecken, hellerer Oberflügel, schwarzer Rücken und weißer Schwanz

$(\times \frac{1}{5})$

Junge Trauerseeschwalbe mit graubraunem Gefieder, schwarzer Kappe und schwarzen Halsseitenflecken

$(\times \frac{1}{5})$

Junge Weißflügel-Seeschwalbe (links) mit helleren Flügeln und dunklerem Rücken als junge Trauerseeschwalbe

Der dunkle Fleck an den Halsseiten unterscheidet Trauerseeschwalben im Jugend- und Schlichtkleid von allen anderen Arten

Beide Arten picken im niedrigen Suchflug Insekten von der Wasseroberfläche auf

$(\times \frac{1}{3})$

Weißflügel-Seeschwalben sind seltene Gäste aus dem Südosten, Trauerseeschwalben dagegen häufige Durchzügler, die an wenigen Stellen sogar noch brüten

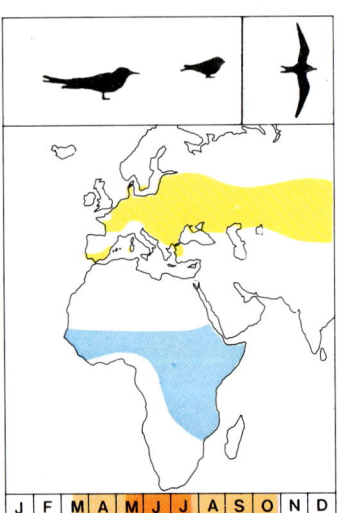

Die Trauerseeschwalbe *Chlidonias niger* ist weit verbreitet in Eurasien und Nordamerika, im Winter zieht sie südwärts bis nach Afrika. Sie brütet in überschwemmten Niederungen, wo ihr ein Mosaik von offenen Wasserflächen und Vegetationsinselchen zur Verfügung steht. Hier findet sie ausreichend schwimmende und ins Wasser gefallene Insekten, die sie fliegend von der Oberfläche aufpickt. Anders als die Meeresseeschwalben stoßtauchen Trauerseeschwalben nur ungern und nehmen kaum einmal einen Fisch — gelegentlich fallen ihnen unaufmerksame Kaulquappen und kleine Frösche zum Opfer. Die Vögel patrouillieren in Gruppen über geeigneten Gewässern und rufen häufig „kri-ä-rick". Während der Balz machen sie einen Schauflug. Ihre Nester sind treibende Haufen von Wasserpflanzen und Binsen. Beide Geschlechter bebrüten die 2 — 3 Eier, und auch am Nest kommen Balzspiele vor. Eine davon ist die „Vornüberbeuge"-Geste des Männchens, bei der es mit dem Schnabel nach unten zeigt und Flügel und Schwanz gestreckt in einer Linie hält. Die Jungen sind nach 3 Wochen geschlüpft und gehen noch vor dem Flüggewerden in die umliegende Vegetation. Die Trauerseeschwalbe hat nur wenige Brutplätze in der Norddeutschen Tiefebene. Die ähnliche **Weißflügel-Seeschwalbe** *Chlidonias leucopterus* hat ihre nächsten regelmäßigen Brutplätze in Nordwestpolen und in der Donauniederung. Im Brutkleid wirkt ihre Unterseite zweifarbig, schwarz und weiß. Im Ruhekleid ist sie nur schwer von Trauer- und Weißbartseeschwalbe zu unterscheiden.

Schwarzschnabel-Sturmtaucher

Sturmtaucher gleiten mit steifen Flügeln über die Meereswellen und zeigen bei ihren schnittigen Wendungen abwechselnd ihre schwarze Ober- und weiße Unterseite. Dabei nutzen sie den Wind geschickt aus und nur selten sieht man sie mit den Flügeln schlagen. Die Mittelmeer-Unterarten des Schwarzschnabel-Sturmtauchers haben eine braunere Oberseite

(×1/9)

Schwarzschnabel-Sturmtaucher brüten an der britischen Westküste sowie auf Inseln im Mittelmeer. Nach Stürmen erscheinen einzelne Vögel auch in der Deutschen Bucht. Die Kolonien, in denen die Vögel in Erdhöhlen nisten, werden nur nachts aufgesucht. Dabei sind seltsame jaulende und kreischende Töne zu hören

Auf dem Schnabel sind die für die gesamte Ordnung typischen Röhrennasen zu sehen

(×1/3)

An Land sind die Vögel sehr unbeholfen und müssen erst einen erhöhten Punkt erklimmen, um überhaupt starten zu können

Obwohl Sturmtaucher befremdlich riechen, wurden die fetten Jungvögel früher gerne gesammelt und gegessen

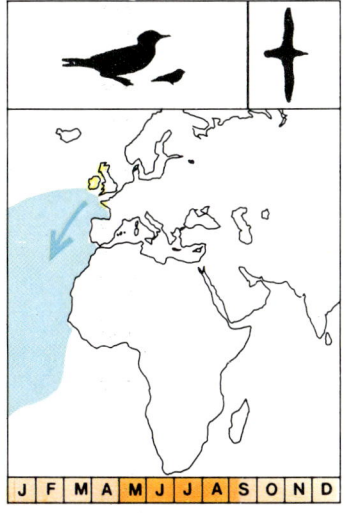

J F M A M J J A S O N D

Der Schwarzschnabel-Sturmtaucher *Puffinus puffinus* ist einer der am intensivsten erforschten Seevögel. Er nistet in selbstgegrabenen Höhlen auf küstennahen Inseln. Ankunft und Balz finden bei Nacht statt, sie werden von geradezu unheimlichem Gekreisch und Geschnatter begleitet.

Schwarzschnabel-Sturmtaucher fressen kleine Fische, die sie von der Meeresoberfläche ablesen, etliche suchen auch weitab von der Kolonie nach Futter. Ihr Heimfindevermögen ist hoch entwickelt: Vögel, die von Skokholm vor der Südküste von Wales nach Boston in den USA transportiert wurden, waren nach zwölfeinhalb Tagen zurückgekehrt.

Adulte Sturmtaucher verlassen die Kolonie zur Nahrungssuche für etwa 10 Tage vor dem Beginn der Eiablage Anfang Mai. Danach wechseln sich die Elterntiere in Schichten von jeweils einer ganzen Woche beim Brüten ab. Aus dem einzigen rein weißen Ei schlüpft nach 7 — 8 Wochen ein Küken, das von beiden Eltern aus dem Schlund gefüttert wird. Nach 8 — 9 Wochen fliegen die Altvögel wieder auf das Meer und überlassen den Jungvogel seinem Schicksal. Er bleibt noch zirka 2 Wochen in der Höhle, klettert dann an den Rand der Klippe und fliegt auf das Meer hinaus.

Schwarzschnabel-Sturmtaucher brüten erst im Alter von 6 Jahren. Sie leben 20 Jahre und länger. Auf dem Mittelmeer kommt neben dieser Art auch der **Gelbschnabel-Sturmtaucher** *Calonectris diomedea* vor. Er ist bedeutend größer und heller mit einem kräftigen gelben Schnabel.

Eissturmvogel

Eissturmvögel verfügen über eine erstaunliche Flugkraft, und erinnern an einen kleinen Albatros. Je stärker der Wind ist, desto besser segeln sie und nutzen dabei den Aufwind in den Wellentälern oder vor ihren Brutfelsen. Während des Fluges werden die Füße im Gefieder verborgen, um die Stromlinienform des Körpers zu steigern. Die Flügelschläge sind flach, meist gleiten die Vögel auf steifen Schwingen

(× ⅑)

Das graue Gefieder erinnert oberflächlich an eine Möwe, die fehlenden schwarzen Flügelspitzen, der graue Schwanz und der dicke Kopf auf kurzem Hals, der den Vogel „stiernackig" erscheinen läßt, sowie die typische Flugweise machen die Bestimmung einfach

(× ⅓)

Auf dem kräftigen gelben Schnabel befinden sich röhrenförmige Nasenlöcher, die der Salzausscheidung dienen

Wie viele typische Hochseevögel sind sie an Land sehr unbeholfen und können kaum stehen. Die Jungen spucken bei Gefahr ein übelriechendes öliges Sekret aus. Einziger deutscher Brutplatz ist Helgoland

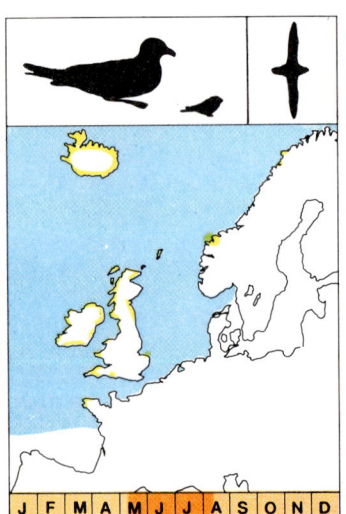

J F M A M J J A S O N D

Der Eissturmvogel *Fulmarus glacialis* ist ein Meisterflieger und ein außergewöhnlich erfolgreicher Seevogel. Im Jahre 1972 hat er sich die Nordseeinsel Helgoland erstmals als Brutplatz erobert. In Großbritannien, wo heute rund 300 000 Brutpaare vorkommen, war er bis 1878 nur von der entlegenen Insel St. Kilda bekannt. Sein Vordringen begann noch in einer Zeit, als viele Inselgemeinden im Norden Eissturmvögel als Fleischmahlzeit, zur Ölgewinnung und wegen ihrer Federn regelrecht „ernteten".

Wahrscheinlich hängt der Erfolg des Vogels mit menschlichem Tun zusammen. Der Walfang und später dann die Handelsfischerei bescherten ihm vermehrte Fleisch- und Fischabfälle im Meer. Seine Zunahme überrascht um so mehr, da er nur ein Ei pro Jahr legt und erst im Alter von sieben oder acht

Jahren zu brüten beginnt. Dies wird durch eine Lebensspanne von 25 Jahren ausgeglichen. Eissturmvögel kehren im November oder Dezember von ausgedehnten Wanderungen im Nordatlantik zu den Brutklippen zurück. Sie nisten nicht vor Mai. Während der Balz erzeugen sie einen unglaublichen Gacker-Schnarr-Chor. Die Jungen werden mit dem Kropfinhalt und Magenöl gefüttert. Ein eigentümlicher Modergeruch haftet allen Eissturmvögeln an. Dieser bleibt an alten Stopfpräparaten selbst noch nach 100 Jahren erhalten. Gelegentlich wird der Eissturmvogel deshalb auch Fulmar genannt, ein nordischer Name, der „faulige Möwe" bedeutet. In den Mägen toter Eissturmvögel fand man viele Plastikteile, denn er pickt alles auf, was auf dem Meer treibt. Die Meeresverschmutzung kann ihm so zum Verhängnis werden.

Tordalk

Alle Alken fliegen geradlinig mit schnellen Flügelschlägen, die Füße werden beim Landen zum Bremsen und Lenken benutzt

Die Unterflügeldecken sind beim Tordalk weiß, während sie bei der Trottellumme eine düstere Streifung zeigen

Jungvogel

Der Schnabel ist hoch und schmal mit einer weißen Querbinde vor der Spitze, zwischen Auge und Schnabel verläuft ein weißer Streifen. Im Winter ist der Schnabel kleiner

Altvogel im Schlichtkleid

Sie brüten an den nordischen Seevogelfelsen. Der einzige Jungvogel springt, lange bevor er fliegen kann, von den Altvögeln gelockt, aus großer Höhe ins Wasser hinunter

Altvogel im Prachtkleid

Der Schnabel ist im Flug nicht sehr auffallend

(× ⅓)

Kopf und Schwanz sind im Flug leicht angehoben, daher wirken sie nicht so bucklig wie Trottellummen. Die Füße sind an den Körper angelegt und im Gegensatz zur Trottellumme nicht sichtbar

Flanken und Bürzelseiten sind leuchtend weiß, während sie bei der Trottellumme weniger auffallend und grau sind

Nach Nahrung tauchend bewegen sie sich mit den Flügeln und Füßen vorwärts

Seit einigen Jahren brüten wieder weniger Paare des Tordalken in der Helgoländer Lummenkolonie. Im Winter erscheinen auch nördliche Vögel in der Deutschen Bucht und werden, wie die meisten Hochseevögel, oft ein Opfer der Ölpest

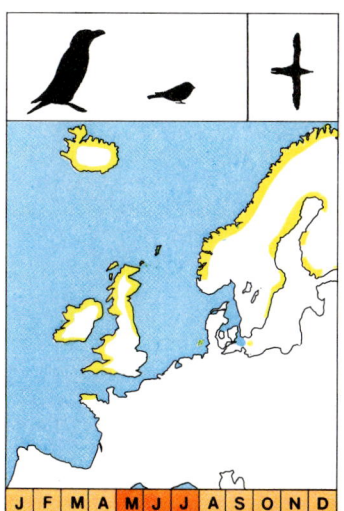

J F M A M J J A S O N D

Der Tordalk *Alca torda* erinnert mit seinem scharfen, seitlich zusammengedrückten Schnabel an eine kleinere Ausgabe seines ausgestorbenen flugunfähigen Verwandten, den Riesenalk. Er nistet in kleinen Höhlungen und Nischen in Klippen oder zwischen Geröll auf unbewohnten Inseln. Nester auf Gesimsen sind selten. Das Ei ist ziemlich groß und ähnlich gefärbt wie das der Trottellumme, aber rundlicher. Obwohl ihre Nester nicht so ungeschützt liegen, bringen sie ihre Jungen in der Abenddämmerung zur See. Das halbwüchsige Küken ist dann 18 Tage alt. Es wird immer mit einem Schnabel voller Fischchen gefüttert — Trottellummen geben ihren Jungen dagegen längere Einzelfische. Sandaale, Sprotten, Schalen- und Weichtiere bilden die Nahrung des Tordalken. Ab Januar kehren sie an ihre Brutplätze zurück. Vor dem Nisten finden Balzspiele auf dem Meer statt. Dabei schwimmen viele Vögel in Linienformation, tauchen zusammen und kreisen paarweise auf dem Wasser. An Land beginnen sie zu „schnäbeln" und mit dem Kopf zu schütteln — dabei wird die gelbe Schnabelinnenseite gezeigt. Oftmals verlassen sie die Klippen in einem Schmetterlingsflug in Zeitlupe. Tordalken lassen häufig kehlige „arr"-Rufe hören, die wiederum denen der Trottellummen ähneln. An Land watschelnd erinnern sie an Pinguine und werden immer wieder mit diesen verwechselt. Gelegentlich erscheinen Tordalken als Brutvögel auf dem Helgoländer Lummenfelsen. In der Ostsee liegt ein südlich vorgeschobener Brutplatz auf Bornholm.

In der Deutschen Bucht erscheinen im Winter manchmal nordische Tordalken.

Trottellumme – Gryllteiste

Im Gegensatz zum Tordalk sind bei der Trottellumme (links) die Unterflügel dunkel markiert, die Flanken weniger weiß und die Füße meist sichtbar. Die Gryllteiste (links unten), deren Name vom hoch zirpenden Balzruf abgeleitet ist, besitzt als einziger Alk ein großes weißes Feld auf der Flügeloberseite und lackrot leuchtende Beine. Im Prachtkleid ist sie durch das überwiegend schwarze Gefieder unverkennbar

Varietät „Ringellumme"

Trottellumme im Schlichtkleid

Trottellummen mit Augenring sind im Norden häufiger als im Süden. Im Schlichtkleid erstreckt sich die dunkle Kopfkappe nicht so weit unter das Auge wie beim Tordalk

(× 1/3)

Im Schlicht- und Jugendkleid ist die Unterseite der Gryllteiste weiß

Gryllteiste im Prachtkleid

Altvögel im Prachtkleid

Gryllteiste im Schlichtkleid

Im Schlichtkleid wird die Oberseite grau, so daß der sonst fast schwarze Vogel nun hell leuchtet. Jungvögel sind oberseits hell bräunlich

Fliegende Trottellummen erscheinen buckliger als Tordalken

Alken sammeln sich in lockeren Trupps auf hoher See, wo sie von der Wasseroberfläche aus nach Nahrung tauchen. Links eine Trottellumme im Prachtkleid

Trottellumme im Schlichtkleid

Eine sitzende Trottellumme unterscheidet sich vom Tordalk durch den pfriemförmigen Schnabel ohne weiße Abzeichen sowie die eher bräunliche und nicht tief schwarze Oberseite. Ihren Namen verdankt sie ihrer unbeholfenen Bewegungsweise an Land. Die etwas an Pinguine erinnernden Vögel nisten in Deutschland nur am Helgoländer Vogelfelsen

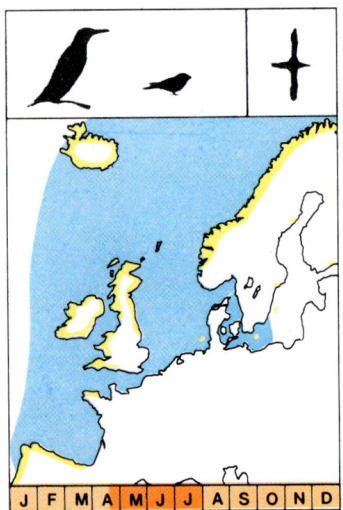

Trottellummen nisten in dichtgedrängten Kolonien an den mittleren Etagen von Vogelfelsen. Hier nehmen sie die schmalen Gesimse ein. Aus der Nähe betrachtet scheinen sie sich ständig zu verneigen, und ihre Balzspiele ähneln manchmal denen des Tordalks. Ein trompetender Mißklang durcheinanderrufender Vögel erhebt sich ständig über dem Lummenvolk. Sie geraten leicht in Panik, und viele Küken gehen bei den Rempeleien, die einer Störung folgen, verloren. Die Eier der Trottellumme *Uria aalge* sind sicherer: Ihre birnenförmige Gestalt läßt sie eher hin- und herrollen, als daß sie über den Rand des Felsbandes fallen. Durch eine Ummantelung aus Kot werden sie zusätzlich gesichert. Während des weiteren Bebrütens werden sie noch stabiler, denn das Schwerkraftzentrum wechselt zum spitzen Pol hin. Dennoch warten räuberische Möwen auf jedes unbewachte Ei oder Küken. Das Leben auf den Klippen ist so gefährlich, daß die halbwüchsigen Jungvögel mit gespreizten Beinen und flatternden Stummelflügeln zum „Lummensprung" ansetzen. Auf Helgoland wird dieses Ereignis von vielen Ornithologen beobachtet. Trottellummen sind die Alkenvögel mit der südlichsten Verbreitung; sie halten sich auch an der portugiesischen Algarve auf.

Die kleine Gryllteiste *Cepphus grylle* brütet einzeln oder in Kleingruppen. Gryllteisten sind die einzigen europäischen Alken, die zwei Eier legen. Sie bewohnen die Küsten und Inseln der Arktis und des Nordatlantiks auf beiden Seiten des Ozeans. Im Winterhalbjahr erscheinen einzelne Vögel auch schon einmal in der Deutschen Bucht.

Baßtölpel

Am zigarren-
förmigen Körper
sitzen lange
Flügel

Bei alten Baßtölpeln sind Kopf
und Hals gelb. Der dolchförmige
Schnabel weist sie als Fischjäger
aus

Altvögel

Altvogel

Altvogel

(× 1/15)

Die Augen sitzen beim
Baßtölpel sehr weit vorne
und gestatten den Blick
nach vorne und unten.
Der kräftige Schädel ist
äußerst widerstandsfähig.
Eine dicke Fettschicht und
Luftsäcke schützen den
Körper beim harten Auf-
prall auf das Wasser

Ganz junge Baßtölpel
sind düster braun.
Der Anteil weißer Fe-
dern wächst von Jahr
zu Jahr, bis sie nach
5 Jahren das Alters-
kleid anlegen. Die er-
sten weißen Arm-
schwingen erscheinen
im dritten Herbst

Einjährig

Vierjährig

Kopf des Jungvogels

Die schlanken Flügel haben eine Spannweite
von 175 cm und im Alterskleid tiefschwarze
Spitzen. Sie erlauben den energiesparenden
Gleitflug

Auf Fischjagd

Altvogel

Zweijährig

(× 1/8)

Aus bis zu 40 Metern Höhe stürzen sich
die Baßtölpel kopfüber mit angelegten Flügeln ins Meer und verschwinden dabei
ganz unter der Wasseroberfläche. Verhalten
und Flügelmuster erlauben eine Bestimmung über mehrere Kilometer

Einjährig

Auch die Hinterzehe ist mit
den vorderen durch eine
Schwimmhaut verbunden

J F M A M J J A S O N D

Der Baßtölpel *Sula bassana* ist eine Vogelart, deren Bestand zunimmt. Bedenkt man,
daß nur ein Ei pro Jahr gelegt wird und daß
der Vogel bis zu 5 Jahre benötigt, um zur
Brutreife zu gelangen, ist dieser Erfolg stau-
nenswert. Die Gründe sind wohl dieselben
wie beim Eissturmvogel: verbessertes Nahrungsangebot durch Fischereiabfälle und
Eiersammelverbot.
Das Nest ist ein rundlicher Hügel aus Tang
und Schwemmgut, festgebacken mit Guano.
Beide Elterntiere brüten. Sie bedecken das
Ei mit den Füßen, weil sie keinen Brutfleck
besitzen. Die Jungtölpel sind etwa 15 Wochen im Nest und werden mit herausge-
würgtem Fisch gefüttert. Wenn sie flugfähig
geworden sind, wiegen sie mehr als die Altvögel. Die Fettreserven helfen ihnen zwar in
den ersten Wochen ihrer Unabhängigkeit,
machten sie allerdings auch zu einem begehrten Jagdgeflügel für Bewohner einsa-
mer Inseln. Im Gegensatz dazu bleiben tropi-
sche Tölpel weniger lang im Nest und werden von ihren Eltern zum Fischen angeleitet.
Die Brutkolonien können gewaltig sein: Bo-
reray vor der Küste der Äußeren Hebriden
beherbergt über 70 000 Brutpaare. Sind die
Jungen herangewachsen, verbraucht eine
solche Kolonie 100 Tonnen Fisch pro Tag.
Im ersten Jahr wandern die Baßtölpel am
weitesten und erreichen westafrikanische
Gewässer. An der deutschen Nordseeküste
sind auch Altvögel regelmäßige Gäste. Der
Baßtölpel ist nach seinem Vorkommen auf
dem Bass Rock im schottischen Firth of
Forth benannt. Tölpel schimpften sie die
Seefahrer, weil sie so unbeholfen wirken,
wenn sie einmal an Deck landen.

233

Kormoran

Kormorane brüten gerne auf Bäumen, die durch den ätzenden Kot bald absterben

Im Flug wirkt ihre Gestalt kreuzförmig

Jungvogel mit hellem Bauch

Altvogel im Schlichtkleid

Die südliche Unterart bekommt im Prachtkleid einen graumelierten Kopf

Das Prachtkleid ist an den weißen Flecken im Gesicht und am Beinansatz zu erkennen

(× ⅙)

Jungvögel

Jungvogel

Die nördliche Unterart brütet auch auf Felsen am Meer

Zur Temperaturregelung hecheln die Jungvögel an heißen Tagen

Die Flügel müssen zum Trocknen ausgebreitet werden

Kleine Kormorane werden oft mit der schlankschnäbeligen Krähenscharbe (unten) verwechselt

Schwimmende Kormorane halten Kopf und Schnabel gerne schräg aufwärts gerichtet

Oft fliegen sie in Reihen und Keilen

Große Fische werden erst an der Oberfläche verschluckt

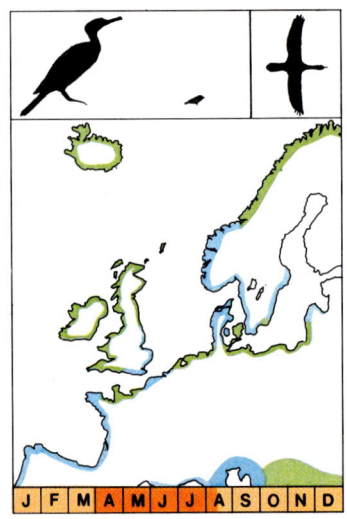

In Zeitungsmeldungen wird alljährlich von exotischen Vögeln auf den Seen und Flüssen der Bundesrepublik berichtet. Gemeint sind Kormorane, die selbstverständlich seit jeher mitteleuropäische Brutvögel sind; allerdings stehen sie bei uns in der „Roten Liste" der gefährdeten Arten, weil das reiche Kernland Europas ihnen die Nahrungsfische nicht gönnen will. Kormorane sind in einigen Unterarten vom nordöstlichen Nordamerika über Nord-, Mittel- und Südosteuropa bis Japan und Neuseeland verbreitet. Binnenländische Kormorane benutzen meist Bäume für ihre Brutkolonien; diese verlieren durch das ätzende Geschmeiß der Vögel bald ihre Blätter und sterben ab. Das Zweignest des Kormorans *Phalacrocorax carbo* ist mit feinerem Material ausgelegt und enthält 3 — 4 blaßblaue Eier. Im Laufe der Bebrütung werden sie mit einem kalkweißen Überzug versehen. Nach einmonatiger Brutzeit schlüpfen nackte Jungvögel, die nach einer Woche ein dunkelbraunes Dunenkleid anlegen. Nach 2 Monaten können sie fliegen. An der Küste liegen Kormorankolonien auf flachen, felsigen Inselchen, und die Nester werden aus Tang gefertigt. Vereinzelt beziehen sie auch ausgediente Leuchttürme. Kormorane sind geschickte Fischer. Sie tauchen etwa eine halbe Minute und bleiben dabei entweder nahe der Oberfläche oder gehen bis in 16 m Tiefe hinab. An der Meeresküste jagen sie besonders gern Schollen und Flundern, und man schätzt, daß sie bis zu einem Kilo Fisch pro Tag verschlingen. In China werden Kormorane zum Fischfang abgerichtet, ein Ring um den Hals verhindert, daß sie die Beute selber fresssen.

Krähenscharbe

Junger Kormoran

Der Kormoran hat einen kräftigeren Schnabel und ausgedehntere nackte Hautpartien im Gesicht

Die Krähenscharbe (links) besitzt zwölf, der Kormoran (rechts) 14 Steuerfedern

Die Unterseite junger und unausgefärbter Krähenscharben ist nie so hell wie beim jungen Kormoran. Die Stirn ist steiler, der Hals und die gesamte Gestalt schlanker als beim größeren Kormoran. Als Meeresvögel kommen sie nicht ins Binnenland

Junge Krähenscharbe

Ein Paar bei der Begrüßung am Nest

Die Haube ist nur zu Beginn der Brutzeit vorhanden

Das Gefieder der Altvögel schimmert metallisch grün, der Schnabelwinkel ist leuchtend gelb

$(\times \frac{1}{6})$

Junge Krähenscharben zeigen ein kennzeichnendes helles Feld auf den Flügeldecken

Beide Arten zeigen das „Sprungtauchen"

Balzende Männchen auf einem skandinavischen Vogelfelsen

Bevorzugt niedrigen Flug

Im Schlicht- und Jugendkleid ist das Kinn hell

Die Krähenscharbe hat schnelleren Flügelschlag als der Kormoran

Beide Arten liegen tief im Wasser

Manchmal schaut nur der Kopf heraus

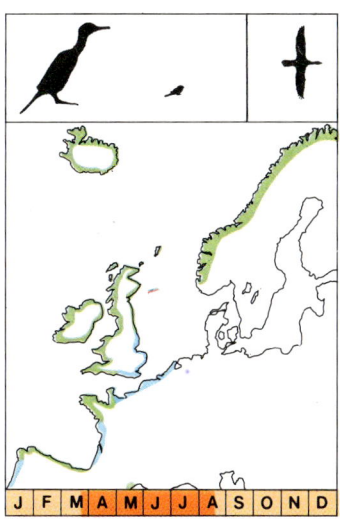

J F M A M J J A S O N D

Kleiner und schlanker als der Kormoran, wirkt die ausgefärbte Krähenscharbe *Phalacrocorax aristotelis* bis auf den orangegelben nackten Gesichtsfleck im Schnabelwinkel ganz dunkel. Aus der Nähe erkennt man einen grünlich-kupfrigen Metallschimmer. Wie der Kormoran ist auch die Krähenscharbe in der Regel ruhig, nur an den Schlaf- und Brutplätzen stößt sie rauhe, knarrende Laute aus. Krähenscharben sind stärker ans Meer gebunden als Kormorane. In Mitteleuropa brüten sie nicht und werden auch als Wintergäste nur vereinzelt bis an die deutsche Nordseeküste verschlagen. Auf Vogelfelsen nehmen Krähenscharben das untere Stockwerk ein.

Das Nest ist ein ausgesprochen überriechender Haufen aus verrottetem Tang in einer Felsnische oder einer Höhlung zwischen Geröll. Um die Jungen warm zu halten, ist es wichtig, daß der Platz sicher vor der Gischt ist. Der Wettbewerb um geeignete Plätze ist heftig; unerfahrenen Vögeln wird das Nest häufig von der Brandung davongewaschen. Der Nestbau beginnt etwa Ende Februar. Das Gelege enthält 3 Eier. Die Brutzeit fällt in eine Periode, die die Jungen in einem Zeitraum des Futterüberflusses heranwachsen läßt. Krähenscharben fliegen nicht so weit wie Kormorane zur Nahrungssuche auf das Meer. Ihre Bestände haben sich in vielen Gebieten gut entwickelt. Eine lokal begrenzte Katastrophe war 1968 die „Rote Tide" in Nordostengland, bei der ein abnormes Dinoflagellatenwachstum viele Vögel vergiftete. In Südosteuropa lebt die kleine **Zwergscharbe** *Phalacrocorax pygmeus*; mit kurzem Schnabel aber relativ langem Schwanz.

235

Vögel der Feuchtgebiete

Von allen europäischen Lebensräumen sind die Feuchtgebiete sicher am stärksten bedroht. Viele Vogelarten sind jedoch auf Schilf, Auwälder, Feuchtwiesen und Flachwasserzonen angewiesen. Reiher sind typische Vögel der Feuchtgebiete. Auf dieser Seite sind einige Arten abgebildet, deren Heimat eigentlich in Südeuropa liegt. Alljährlich verfliegen sich jedoch einzelne Vögel bis nach Deutschland. Rohrdommel und Zwergdommel, die auch zu den Reihern gehören, brüten sogar noch bei uns, ihre Zahl nimmt jedoch stetig ab.

Rothalstaucher brüten vorwiegend in Osteuropa, an wenigen Stellen jedoch auch in Deutschland. Im Winterhalbjahr sind sie regelmäßige Gäste auf unseren Gewässern.

Vom einstmals weit verbreiteten Kranich sind nur wenige Paare in Norddeutschland verblieben. Alljährlich ziehen viele Tausend Vögel aus Skandinavien und Osteuropa auf ihrem Weg in das spanische und nordafrikanische Winterquartier über Mitteleuropa. Dabei fliegen sie in Keilformation und machen durch trompetende Rufe auf sich aufmerksam.

Kuhreiher: Kleiner, untersetzter Reiher aus Süwesteuropa und Afrika, hält sich gerne bei Viehherden auf

$(\times \frac{1}{1})$

Seidenreiher: Zierlicher, ganz weißer Reiher mit schwarzem Schnabel, schwarzen Beinen und gelben Zehen, im Prachtkleid mit langen Schmuckfedern. Brütet in Südeuropa

$(\times \frac{1}{6})$

$(\times \frac{1}{15})$

Kranich: Großer grauer Vogel mit schwarzweißer Kopf- und Halszeichnung und rotem Scheitelfleck. Fliegt im Gegensatz zu Reihern mit ausgestrecktem Hals

$(\times \frac{1}{5})$

Jugendkleid im Vordergrund

Rothalstaucher: Kleiner als Haubentaucher, mit gelbem Schnabel, im Prachtkleid rotem Hals und weißen Wangen; auch im Schlichtkleid kein weißer Überaugenstreif

Rallenreiher: Im Sitzen rotbraun, im Flug leuchtend weiße Flügel. Sitzt gern versteckt und brütet in Südeuropa

(× 1/15)

Flamingo: Ein unverkennbarer, rosa, schwarz und weiß gefärbter Stelzvogel, der in Südfrankreich (Camargue), Spanien und der Türkei in großen Kolonien an Salzseen brütet. Bei uns sieht man vereinzelt entflogene Zoovögel

Nachtreiher: Nachtaktiver, heimlich lebender Bewohner von Auwäldern und Sumpfgebieten in Südeuropa und den Niederlanden. Jungvögel braun wie Rohrdommeln, Altvögel schwarz, weiß und grau gefärbt

(× 1/4)

(× 1/8)

Zwergdommel: Kleinster Reiher, im Flug durch helle Vorderflügel unverkennbar. Meist nur Balzruf zu hören, ein tropfendes „kruk ... kruk ... kruk ..." aus dichten Schilfbeständen

(× 1/9)

Große Rohrdommel: Großer und plumper, brauner Reiher, der heimlich in dichten Schilfbeständen lebt. Verharrt bei Gefahr in Pfahlstellung. Nachts ist der dumpfe Balzruf des Männchens zu hören: „u-hump, u-hump"

Weitere Watvögel

Von den Watvögeln oder Limikolen gibt es zahlreiche weitere Arten, die mehr oder weniger regelmäßig bei uns zu sehen sind. Einige davon sind auf dieser Seite abgebildet. Sie alle sind Durchzügler aus dem nördlichen Skandinavien, der Sichelstrandläufer sogar aus Nordsibirien. Lediglich die Rotflügel-Brachschwalbe ist ein südeuropäischer Brutvogel.

(× 1/3)

(× 1/4)

Rotflügel-Brachschwalbe: Brütet in trockenem, offenem Gelände der Mittelmeer-Länder und ernährt sich, für einen Watvogel untypisch, indem sie im Flug Insekten fängt; oft in kleinen Gruppen

(× 1/3)

Mornellregenpfeifer: Nur das Männchen (vorne) brütet. Dahinter Weibchen im Prachtkleid und Altvogel im Schlichtkleid. Bewohnt offene Tundra, stellenweise auch die Alpen

Sichelstrandläufer: Leuchtend weiße Oberschwanzdecken, Gefieder im Prachtkleid rostrot, im Schlichtkleid grau; Jungvögel oberseits geschuppt, unterseits ungefleckt

Thorshühnchen: brütet auf Island, selten

(× 1/3)

(× 1/2)

Temminckstrandläufer: Sieht wie ein sehr kleiner Flußuferläufer aus

(× 1/3)

Thorshühnchen im Prachtkleid

Temminckstrandläufer: Helle Beine und weiße Schwanzkanten; vergleiche mit Zwergstrandläufer

Odinshühnchen: Weibchen, schwimmend, und Männchen, vorne, im Prachtkleid, hinten Jungvogel. Schwimmt gerne auf kleinen Teichen

Gebirgsvögel

Hier sind einige Arten dargestellt, die in den Alpen und den Gebirgen Südeuropas brüten und nie im deutschen Flachland auftauchen. Nur Schneefink, Alpenschneehuhn und Alpendohle brüten auch in den deutschen Alpen, die anderen Arten kommen erst im Mittelmeer-Raum vor. Mönchs- und Bartgeier sind in Europa fast ausgerottet. Die Alpenkrähe brütet auch an der britischen Westküste, das Alpenschneehuhn in der skandinavischen Tundra

Gänsegeier: Kreist mit V-förmig nach oben gehaltenen, breiten Flügeln auf der Suche nach Aas. Kopf und Hals sind kaum befiedert

$(\times ^1/_{22})$

$(\times ^1/_{12})$

Mönchsgeier: Gewaltiger, ganz dunkler Vogel. Kreist mit horizontal gehaltenen Flügeln. Spanien, Mallorca, Balkan

Bartgeier: Rostbrauner Körper, lange schlanke Flügel und keilförmiger Schwanz

Adlerbussard: Größer und kräftiger als Mäusebussard, Schwanz einfarbig zimtbraun, ohne Bänderung. Brütet auf dem Balkan

$(\times ^1/_{14})$

$(\times ^1/_{11})$

Alpendohle: Gelber Schnabel, rote Beine. Häufiger Gebirgsvogel, oft zahm

$(\times ^1/_5)$

$(\times ^1/_3)$

Schneefink: Ähnlich Schneeammer, aber mit grauem Kopf. Oft in kleinen Trupps bei Bergstationen in den Alpen

$(\times ^1/_{11})$

$(\times ^1/_6)$

$(\times ^1/_6)$

Alpenkrähe: Langer Schnabel und Beine rot, selten

Alpenschneehuhn: Gefieder im Sommer tarnfarbig braun, vorne Weibchen, hinten Männchen

Alpenschneehuhn: Gefieder im Winter weiß wie Schnee, Männchen mit schwarzem Zügel zwischen Schnabel und Auge

239

Mittelmeer-Vögel

Viele wärmeliebende Vogelarten kommen in Europa nur am Mittelmeer vor und verfliegen sich kaum einmal weiter nach Norden. Meist leben sie in trockenem oder felsigem Gelände. Der Eleonorenfalke brütet erst im Sommer auf kargen Inseln im Mittelmeer, um seine Jungvögel dann mit bereits nach Afrika ziehenden Singvögeln füttern zu können

Zwergadler: Kleiner Adler, der in einer häufigen hellen und seltenen dunklen Form auftritt

Schlangenadler: Großer, unterseits fast weißer Greifvogel, der sich nur von Reptilien ernährt. Steht häufig rüttelnd in der Luft. Schwanz mit drei dunklen Binden

(×1/5) **Kaiseradler:** Großer dunkler Adler mit gelbem Nacken und weißen Schulterfedern. Selten in Spanien und auf dem Balkan

(×1/11)

(×1/5)

Felsenschwalbe: Braun, ähnlich Uferschwalbe, aber ohne Brustband und mit weißen Schwanzflecken. Brütet im Gebirge und an Klippen

(×1/3) **Rötelschwalbe:** Ähnlich Rauchschwalbe, aber mit rotbraunem Nacken und rostfarbenem Bürzel

Eleonorenfalke: Sehr langflügelig, tritt in heller und dunkler Form auf

(×2/5)

(×1/5)

Trauersteinschmätzer: Ganz schwarz, Bürzel und Schwanzkanten weiß, bewohnt felsiges Bergland in Südwesteuropa

Schmutzgeier: Häufigster Geier, klein und hell, Jungvögel dunkelbraun. Schwanz im Flug keilförmig

(×1/2)

(×1/8)

Mittelmeer-Steinschmätzer: Kommt in einer schwarz- und einer weißkehligen Morphe in offenem Gelände rund um das Mittelmeer vor

Das Leben
der Vögel

Was ist ein Vogel?

Nur wenige Vogelfreunde wissen, daß die Tiere, die sie mit Hingabe beobachten, wahrscheinlich die Nachkommen von kleinen, warmblütigen Dinosauriern sind, die sich vor mehr als 100 Millionen Jahren entwickelten. Der älteste bekannte Vogel ist der Urvogel *Archaeopteryx*; von dieser frühen Form sind mehrere Exemplare bekannt, die man als Abdrücke in den Plattenkalken des bayerischen Solnhofen gefunden hat. Der elstergroße Urvogel lebte vor rund 140 Millionen Jahren im Jura. Viele Merkmale des Urvogels erinnern noch an die Reptilien, doch die in den Abdrücken deutlich zu sehenden Federn weisen den *Archaeopteryx* eindeutig als einen Vogel aus.

Die Evolution der Vögel begann bereits zu einer Zeit, in der noch flugfähige Saurier lebten. Diese als *Pterosauria* bezeichneten Reptilien benutzten im Gegensatz zu den Vögeln Hautmembranen als Flügelfläche. Einige dieser Tiere waren zum Ruderflug fähig, doch die größeren Formen konnten wohl nur gleiten oder schweben. Der größte von ihnen — *Pteranodon* — war ein Meeresvogel, der sich von Fischen ernährte; von seinem Verhalten her ähnelt er den heutigen Albatrossen. Diese interessanten Saurier sind jedoch nicht die Vorfahren unserer heute lebenden Vögel, denn diese leiten sich von Tieren mit Schuppen ab und sind damit beispielsweise mit den Krokodilen verwandt. Der heutige Vogel hat nur noch an den Beinen Schuppen, das einzige sichtbare Merkmal, das auf seine Reptil-Vorfahren deutet.

Die Umwandlung der Reptilienschuppe zur Feder war sicher der wichtigste Schritt in der Evolution der Vögel. Einige Flugsaurier waren wohl zum aktiven Flug befähigt, doch hatte diese Flugweise einen entscheidenden Nachteil: Die wie bei den heutigen Fledermäusen zwischen Armen und Beinen aufgespannte Flughaut behinderte die rasche Fortbewegung am Boden. Die Federn versetzten die Vögel jedoch in die Lage, nicht nur den Luftraum zu erobern, sondern auch den Boden und das Wasser. Auf diese Weise hat sich die Klasse der Vögel über die ganze Welt ausgebreitet. Doch es gibt eine wichtige Anpassung an den Flug, die Vögel und Flugsaurier gemeinsam haben: die Hohlräume in den größeren Knochen. Das macht den Körper leichter und spart beträchtliche Energie beim Fliegen.

Ebenfalls aus Gründen der Gewichtsersparnis verloren die Vögel schon vor langer Zeit ihre Zähne. Um das Futter dennoch effektiv zerkleinern zu können, entwickelten sie starke Kopf- und Halsmuskeln und nahmen Steinchen auf. Sogar der Schnabel enthält Lufteinschlüsse und wird dadurch sehr leicht.

Im Vogelkörper müssen natürlich alle die Organe Platz haben, über die auch die anderen Wirbeltiere verfügen. Die Schnittzeichnung des Kiebitzes (unten rechts) zeigt, wie die größeren Organe Lunge, Herz, Leber und Nieren in der relativ kleinen Körperhöhle angeordnet sind; aus Gründen der Flugstabilität liegen sie alle in der Nähe des Schwerpunktes. Mehr als die Hälfte des Vogelgewichtes entfällt auf die schwere Flugmuskulatur. Der Wirkungsgrad dieses Muskels ist der begrenzende Faktor für die Größe der flugfähigen Vögel; das heißt, daß der Größenentwicklung der Vögel natürliche Grenzen gesetzt sind. Im allgemeinen sind 20 kg die Obergrenze für einen Vogel, der sich über längere Zeit im Ruderflug fortbewegen will.

Möglicherweise war die Erdatmosphäre in vorgeschichtlicher Zeit dichter als heute, so daß auch die damaligen Vögel und Flugsaurier mit weit mehr als 20 kg Gewicht im Ruderflug fliegen konnten.

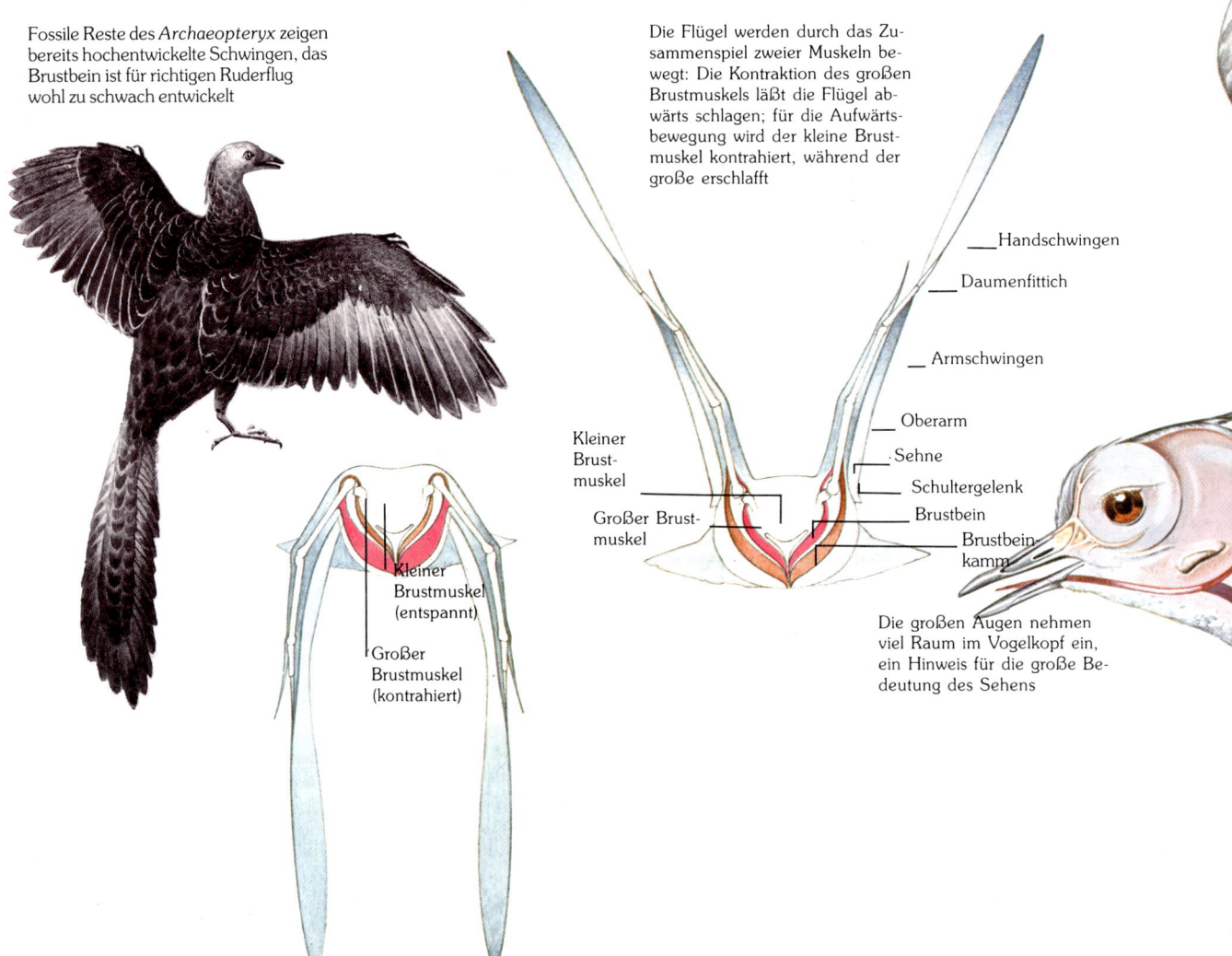

Fossile Reste des *Archaeopteryx* zeigen bereits hochentwickelte Schwingen, das Brustbein ist für richtigen Ruderflug wohl zu schwach entwickelt

Die Flügel werden durch das Zusammenspiel zweier Muskeln bewegt: Die Kontraktion des großen Brustmuskels läßt die Flügel abwärts schlagen; für die Aufwärtsbewegung wird der kleine Brustmuskel kontrahiert, während der große erschlafft

Kleiner
Brustmuskel

Großer Brustmuskel

Kleiner Brustmuskel (entspannt)

Großer Brustmuskel (kontrahiert)

Handschwingen

Daumenfittich

Armschwingen

Oberarm

Sehne

Schultergelenk

Brustbein

Brustbeinkamm

Die großen Augen nehmen viel Raum im Vogelkopf ein, ein Hinweis für die große Bedeutung des Sehens

242

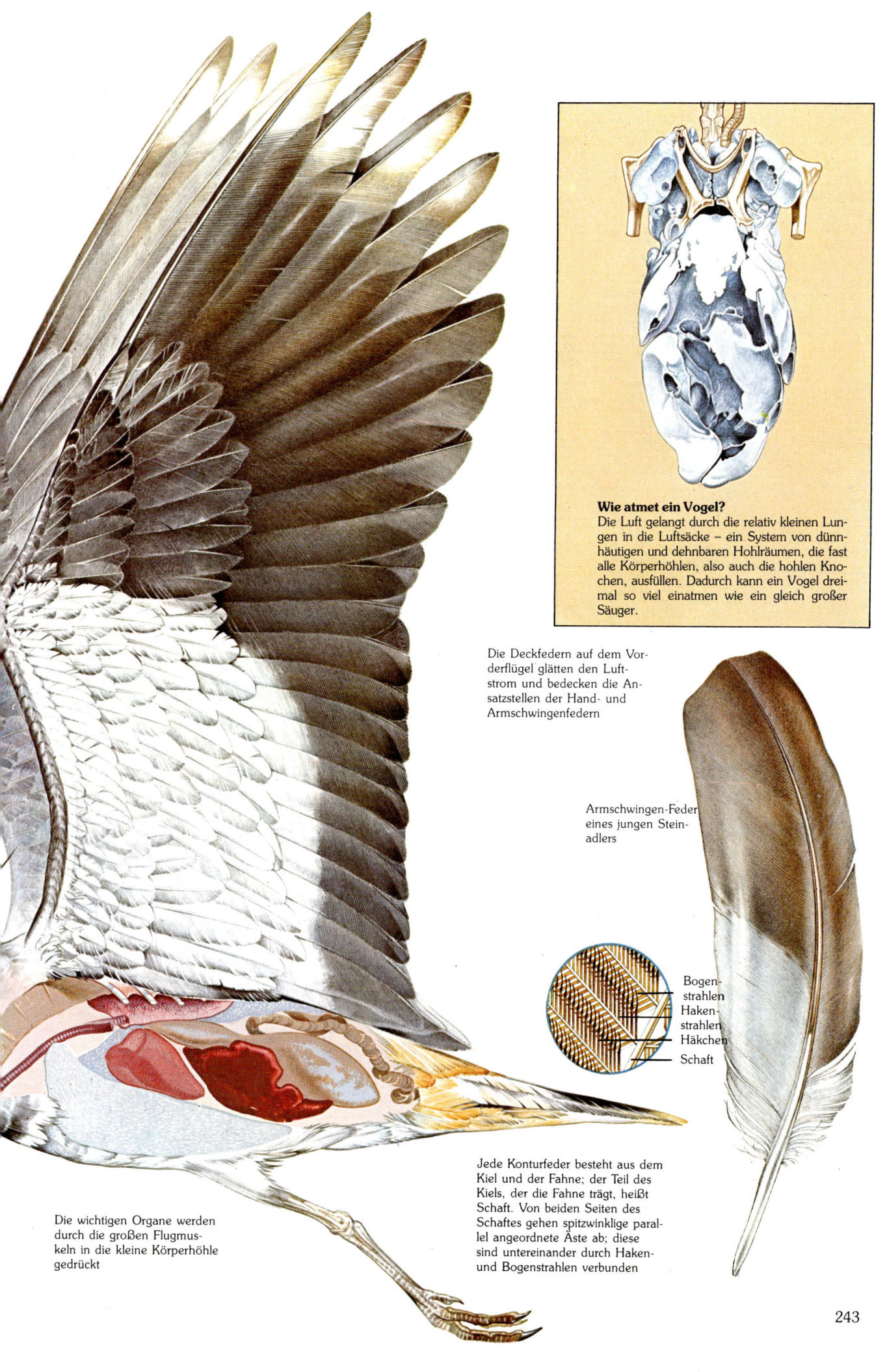

Wie atmet ein Vogel?

Die Luft gelangt durch die relativ kleinen Lungen in die Luftsäcke – ein System von dünnhäutigen und dehnbaren Hohlräumen, die fast alle Körperhöhlen, also auch die hohlen Knochen, ausfüllen. Dadurch kann ein Vogel dreimal so viel einatmen wie ein gleich großer Säuger.

Die Deckfedern auf dem Vorderflügel glätten den Luftstrom und bedecken die Ansatzstellen der Hand- und Armschwingenfedern

Armschwingen-Feder eines jungen Steinadlers

Bogenstrahlen
Hakenstrahlen
Häkchen
Schaft

Die wichtigen Organe werden durch die großen Flugmuskeln in die kleine Körperhöhle gedrückt

Jede Konturfeder besteht aus dem Kiel und der Fahne; der Teil des Kiels, der die Fahne trägt, heißt Schaft. Von beiden Seiten des Schaftes gehen spitzwinklige parallel angeordnete Äste ab; diese sind untereinander durch Haken- und Bogenstrahlen verbunden

243

Anpassungen der Arten

Die rund 9000 verschiedenen Vogelarten, die es auf der Erde gibt, sind entstanden, um die ganze Skala der unterschiedlichen Lebensbedingungen zu nutzen. Die Größenanpassung reicht von den winzigen, nur knapp 2 g schweren Kolibris bis zu den über 100 kg schweren Straußen. In ganz Europa gibt es keine einzige flugunfähige Vogelart; den Größenrekord hält der männliche Höckerschwan mit bis zu 22 kg Gewicht, während das weibliche Goldhähnchen mit knapp 5 g der leichteste Vogel Europas ist. Innerhalb dieser Extremwerte gibt es rund 400 verschiedene Vogelarten, die regelmäßig in Europa beobachtet werden können.

Obwohl die Vögel so verschieden sein können, ist es doch nicht schwierig, sie alle als Vögel zu erkennen. Jede Art hat spezielle Anpassungen entwickelt, die ihr eine für sie typische Lebensweise erlauben. Die Anpassung an bestimmte Nahrungsquellen hat das Aussehen der Vögel entscheidend geprägt und die Bestimmungsmerkmale geliefert, die für das Erkennen eines Vogels im Feld wichtig sind. Zunächst einmal gibt es die große Gruppe der Fleischfresser. Sie jagen und töten andere Vögel oder kleinere Säugetiere; auch die Aasfresser gehören in diese Gruppe. Die andere Großgruppe ist die der Pflanzenfresser; diese Vögel ernähren sich vor allem von nahrhaften Früchten und Samen. Natürlich gibt es auch sog. Allesfresser, die sowohl pflanzliche als auch tierische Nahrung zu sich nehmen. Das Prinzip der körperlichen Anpassungen an eine Nahrungsquelle wird vor allem aus der Größe und Form des Schnabels, der Füße, Fügel und des Schwanzes ersichtlich.

Die leicht erkennbaren „Nahrungsgruppen" sind durch bestimmte Merkmale an die Aufnahme der gleichen Nahrung angepaßt. So haben die nicht näher miteinander verwandten Segler und Schwalben kleine, bei der Jagd offenstehende Schnäbel und lange schmale Flügel, womit sie eine hohe Geschwindigkeit und große Wendigkeit erreichen; diese Merkmale befähigen sie, mit großer Effektivität fliegende Insekten zu erjagen. Es gibt aber noch weitere Arten, die weder mit den Seglern noch mit den Schwalben verwandt sind und trotzdem ähnliche Anpassungen entwickelt haben. Ein Beispiel hierfür sind die Ziegenmelker, die sich die nachts fliegenden Insekten als reichliche Nahrungsquelle erschlossen haben. Derartige Anpassungen an eine bestimmte Nahrungsquelle sind in der Vogelwelt vielfältig: Tagaktive Greifvögel wie Adler, Bussarde oder Falken haben sicher gemeinsame Vorfahren, während sich Eulen und Würger, ebenfalls beutegreifende Vögel, unabhängig voneinander entwickelt haben. Diesen drei Vogelgruppen

ist der gebogene Schnabel gemeinsam, denn damit ergreifen und zerteilen sie ihre Beute, um sie dann verzehren zu können. Diese als Konvergenz bezeichnete Anpassungsähnlichkeit geht bei den Greifvögeln und Eulen noch weiter, denn beide haben auch kräftige Füße und Krallen, mit denen sie die Beutetiere festhalten bzw. töten können. Auch die Würger haben recht kräftige Füße, die aber mit den Tötungswerkzeugen der Adler und Habichte nicht vergleichbar sind.

Sogar innerhalb einer Vogelfamilie lassen die Schnäbel verwandter Arten auf unterschiedliche Nahrungsgewohnheiten schließen. Innerhalb der Enten hat die Stockente als Allesfresser einen mittelgroßen Schnabel, mit dem sie Nahrung aufpicken, abgrasen oder aus dem Wasser filtrieren kann. Der kleinere Schnabel der Pfeifente ist vor allem zum Grasen geeignet, während der große breite Schnabel der Löffelente ein Filtrierungswerkzeug darstellt. Andere Enten wie die Trauerenten, die sich vor allem von Schalentieren ernähren, haben kurze kräftige Schnäbel, mit denen sie ihre Beutetiere vom Meeresboden heraufholen.

Die wenigen reinen Fischfresser unter den Entenvögeln, wie beispielsweise die Gänsesäger, haben Schnäbel mit „Zähnen" entwickelt: Die Schneidekanten des

Schnabels sind fein gesägt, um die glitschigen Fische festhalten zu können.

Es gibt aber auch Abweichungen im Nahrungsverhalten bei verschiedenen Arten einer Familie, die alle die gleiche Nahrung nutzen. Unterschiedliche Strategien bei der Insektenjagd sind von den Meisen bekannt. Die Tannenmeise als kleinste der Familie holt mit ihrem relativ langen und dünnen Schnabel winzige Insekten zwischen den Nadeln der Nadelbäume hervor. Nur ein bißchen größer ist die Blaumeise; ihr Schnabel ist kürzer und kräftiger. Sie sucht an den Zweigen der Laubbäume nach Nahrung. Mit rund 10 g ist sie wesentlich leichter als die ca. 19 g schwere Kohlmeise und kann daher auch an äußerst dünnen Zweigen klettern, wofür die Kohlmeise zu schwer ist. Letztere hat einen starken Schnabel und kann damit härtere Samen aufbrechen als die Blaumeise.

Weitere interessante Anpassungen gibt es von den Geiern zu berichten: Der Bartgeier, der neuerdings wieder in den Alpen vorkommt, ernährt sich vor allem von Knochen, die oft vorher von anderen Aasfressern abgenagt wurden. Während er mittelgroße Röhrenknochen ganz verschlingt, fliegt er mit großen Knochen in die Höhe und läßt sie mehrmals auf Felsen fallen, damit sie zersplittern.

Beutegreifer

Enten

Sperber

Waldkauz

Neuntöter

Stockente

Pfeifente

Löffelente

Trauerente

Gänsesäger

Die Vögel der Wälder

Der Buntspecht hat kurze Beine mit kräftigen Zehen, von denen 2 nach vorne und 2 nach hinten gerichtet sind; damit kann er sich an der Rinde festklammern. Mit seinem starken, meißelförmigen Schnabel hämmert er tiefe Löcher in das Holz; um keine Kopfverletzungen davonzutragen, haben Spechte eine federnde Verbindung zwischen Schnabel und Hirnschädel. Mit der langen Zunge holen sie die freigehämmerten Insekten aus ihren Bohrlöchern heraus. Der Schnabel des Baumläufers ist dünn und gebogen; er eignet sich vor allem dazu, kleine Insekten und deren Larven aus Rindenspalten hervorzuholen; in das Holz kann er damit jedoch nicht vordringen. Zwei waldbewohnende Finkenarten zeigen sehr spezielle Schnabelanpassungen: Der Kreuzschnabel ist mit seinen gekreuzten Schnabelhälften in der Lage, die Nadelbaumzapfen zu öffnen, um an die Samen zu gelangen. Seine kräftigen Füße befähigen ihn, an Zweigen und Zapfen zu hangeln. Der Kernbeißer hat einen extrem klobigen Schnabel und sehr kraftvolle Kiefermuskeln; damit kann er sogar die harten Kerne von Kirschen und Oliven aufknacken. Da er bei der Nahrungssuche nur selten klettern muß, sind seine Beine und Füße schwach ausgebildet.

Vögel an Teichen und Seen

In der weichen, schlammigen Uferzone der Süßwasserseen und -teiche verbergen sich viele Kleintiere. Eine Reihe von Vogelarten sucht hauptsächlich dort nach Nahrung. Die Bekassine stochert mit ihrem langen dünnen Schnabel nach Würmern; an der Schnabelspitze befinden sich Sinneszellen, mit deren Hilfe der Vogel seine Beutetiere tief im Schlamm ortet. Im flachen Wasser watet der Graureiher auf der Suche nach Fischen und Fröschen; er pirscht im Zeitlupentempo, um im richtigen Augenblick blitzschnell zuzustoßen. Über der Wasserfläche eines Teiches oder Flusses rüttelt der buntschillernde Eisvogel mit seinen kurzen runden Flügeln; dann stürzt er kopfüber ins Wasser und packt mit seinem langen dolchartigen Schnabel ein Fischchen. Im Gegensatz zum Graureiher, der gefangene Fische mit seinem Schnabel durchbohrt, hält der Eisvogel das Beutetier mit den scharfen Schnabelrändern fest. Auch der Fischadler muß bei der Jagd tauchen; dieser Greifvogel stößt jedoch mit den Füßen zuerst ins Wasser und ergreift die Beute mit den Krallen; die Zehenballen sind mit rauhen, hornigen Gebilden besetzt, damit sich die gefangenen Fische nicht entwinden können. Mit der Beute fliegt er zu einem Kröpfplatz.

Vögel der Meeresküste

Eine Vielzahl von Watvogelarten nutzt die unterschiedlichen Lebensräume an der Küste. Langbeinige Vögel suchen in tiefem Wasser nach Nahrung, während langschnäblige in Schlamm und Schlick herumstochern. Die kurzbeinigen (und gewöhnlich auch kurzschnäbligen) Arten laufen auf dem Strand oder Fels herum und picken ihre Nahrung von der Oberfläche auf. Ein besonders auffälliger Watvogel ist der Säbelschnäbler: Er hat einen langen, dünnen, aufwärts gebogenen Schnabel und lange Beine. Der Vogel watet in ziemlich tiefem Wasser und schwenkt seinen Kopf mit dem leicht geöffneten Schnabel hin und her; dabei filtert er winzige Partikel aus dem Wasser. Auf dem offenen Meer wenden fischfressende Vögel verschiedene Strategien beim Nahrungserwerb an: Die Krähenscharbe schwimmt auf der Wasseroberfläche und hält ihren Kopf mit den Augen unter Wasser; hat sie einen Fisch erspäht, taucht sie unter und verfolgt die Beute; dabei gebraucht sie ihre großen Füße zum schnellen Vorwärtskommen (Fußtaucher). Der Baßtölpel stürzt sich aus großer Höhe ins Wasser. Krähenscharben und Baßtölpel können jeweils nur einen Fisch im Schnabel halten, der Papageitaucher dagegen mehrere.

Familie Meisen　　**Vögel des Waldes**　　**Vögel am Süßwasser**　　**Vögel am Meer**

Tannenmeise

Buntspecht

Bekassine

Säbelschnäbler

Blaumeise

Baumläufer

Graureiher

Krähenscharbe

Kreuzschnabel

Eisvogel

Baßtölpel

Kohlmeise

Kernbeißer

Fischadler

Papageitaucher

Wie die Arten überleben

Der Bruterfolg ist die wichtigste Voraussetzung für das Weiterbestehen einer jeden Vogelart. Um dieses Ziel zu erreichen, haben die Vögel viele verschiedene Strategien entwickelt. Im einfachsten Fall arbeiten Männchen und Weibchen eines Paares während der ganzen Brutsaison zusammen. Bei manchen Arten sorgt jedoch nur das Weibchen oder nur das Männchen für das Gelege, nachdem die Eier vollzählig gelegt sind. Auch Polygamie kommt bei einigen Vogelarten vor. Das Weibchen des Rothuhns kann beispielsweise zwei Gelege in verschiedenen Nestern zeitigen, so daß jeder Partner eines zum Bebrüten hat. Bei manchen Arten helfen Verwandte dem Brutpaar bei der Aufzucht der Jungen. An einem Schwanzmeisennest zählt man oft vier oder mehr verschiedene Altvögel.

Der wichtigste Einzelfaktor für den Erfolg des Brutgeschäftes ist das Ei. Auch hier gibt es von Art zu Art erhebliche Unterschiede. Manche Arten legen viele Eier, wobei das einzelne Ei im Verhältnis zum Körpergewicht des Weibchens klein ist; die Blaumeise beispielsweise legt 12–15 Eier, die jeweils 7–8% des Körpergewichtes ausmachen. Die Sturmschwalbe, ein Hochseevogel, legt ein einziges Ei, das rund 25% des Körpergewichtes eines Altvogels wiegt.

Werbung

Viele unserer Gartenvogelarten verpaaren sich, bevor sie ein Nest bauen, und verteidigen ihr Brutrevier mehrere Wochen, manchmal sogar Monate lang. Diese Zeit vor der eigentlichen Brut ist sehr wichtig, denn eine Partnerschaft muß von Bestand sein, soll die Brut erfolgreich verlaufen. Das kann sich auf die Wahl des Neststandortes, den Nestbau, die Bebrütung der Eier und die Fütterung der Jungen beziehen. Bereits vor der Eiablage versorgt das Männchen seine Partnerin mit Futter; das sind oft 30–50% der Nahrung, die sie benötigt. Das Weibchen kann diese Periode auch für Testzwecke nutzen und feststellen, ob das Männchen in der Lage ist, genügend Futter für die Brut heranzuschaffen. Genügt er ihren Ansprüchen nicht, so kann sie ihn jederzeit wieder verlassen.

Nest und Neststandort

Viele Vogelnester sind in unseren Augen wahre Meisterwerke, andere dagegen erscheinen uns als einfach oder gar schlampig. Die Auswahl eines geeigneten Standortes ist von großer Bedeutung, einmal für die Stabilität der Nestkonstruktion, zum anderen muß das Nest vor Räubern gut geschützt sein. Die Männchen einiger Vogelarten bauen mehrere Nester (Spielnester), von denen das Weibchen eines

für die Brut auswählt; auch kann der Standort von der Jahreszeit abhängen. Im zeitigen Frühjahr werden die Nester oft in immergrüne Büsche oder Nadelbäume gebaut, während später im Jahr dann voll belaubte Büsche vorgezogen werden. Innerhalb einer Art unterscheiden sich die Nester im Aussehen nur wenig voneinander. Nester verschiedener Arten sind auch oft ähnlich, beispielsweise Amsel- und Singdrosselnester, die beide innen mit Lehm verstärkt werden. Die Amsel polstert jedoch die Nestmulde mit weichem Gras aus, während die Singdrossel ihre Eier direkt auf den gehärteten Lehm legt. Das typische Gimpelnest ist ein lockerer Bau aus feinen Zweigen mit einer sorgfältig geglätteten Mulde aus Würzelchen und Haaren.

Mehl- und Rauchschwalben polstern ihre Lehmnester mit Federn aus. Wie viele andere Vögel auch, benutzen sie häufig alte Nester oder traditionelle Standorte. Der Horst des Steinadlers ist oft so umfangreich, daß ein Mensch darin mühelos sitzen kann; und jedes Jahr wird weiter daran gebaut.

Die Wahl des Neststandortes zeigt, wie geschickt die einzelnen Arten an den Lebensraum, an Wetterbedingungen und Freßfeinde angepaßt sind. Seetaucher wählen häufig kleine Inseln auf einsamen Seen, Greifvögel unerreichbare Felssimse, und Arten wie die Uferschwalbe oder der Eisvogel graben Höhlen an Steilufern, Spechte und Weidenmeisen schließlich

hacken ihre Bruthöhlen in mehr oder weniger morsche Bäume. Gerade Spechthöhlen werden häufig von anderen Vogelarten übernommen, manchmal wird sogar der rechtmäßige Besitzer kurzerhand hinausgeworfen. In den eintönigen Forsten haben viele höhlenbrütende Vögel große Probleme, geeignete Nistplätze zu finden. Häufig hängt die Bestandsdichte dieser Vögel vor allem vom Angebot an geeigneten Baumhöhlen ab. Um dieser Wohnungsnot abzuhelfen, hängen viele Vogelfreunde Nistkästen auf — oft mit großem Erfolg. Gerade Meisen und Trauerschnäpper werden von den kleineren Nisthöhlen magisch angezogen, größere Kästen werden oft von Waldkäuzen oder Turmfalken belegt.

Nicht alle Vögel ziehen ihre Jungen selbst auf. Eine Art überläßt die Brutpflege anderen Vogelarten: der Kuckuck, unser einziger Brutparasit. Obwohl der Kuckuck etwas größer ist als eine Amsel, legt das Weibchen relativ kleine Eier; auch die Brutzeit ist in Anpassung an die kurzen Singvogel-Brutzeiten relativ kurz. Ein Kuckucks-Weibchen produziert im Verlauf eines Sommers rund 8–20 Eier; für jedes wählt es ein anderes Nest aus. Jedes Weibchen legt zeitlebens Eier desselben Färbungstyps und ist somit auf eine bestimmte Singvogelart als Wirt angewiesen. Obwohl die Kuckuckseier denen der Wirtsvögel oft ähneln, werden viele von ihnen von den Wirtsvögeln entfernt, oder die Brut wird ganz aufgegeben.

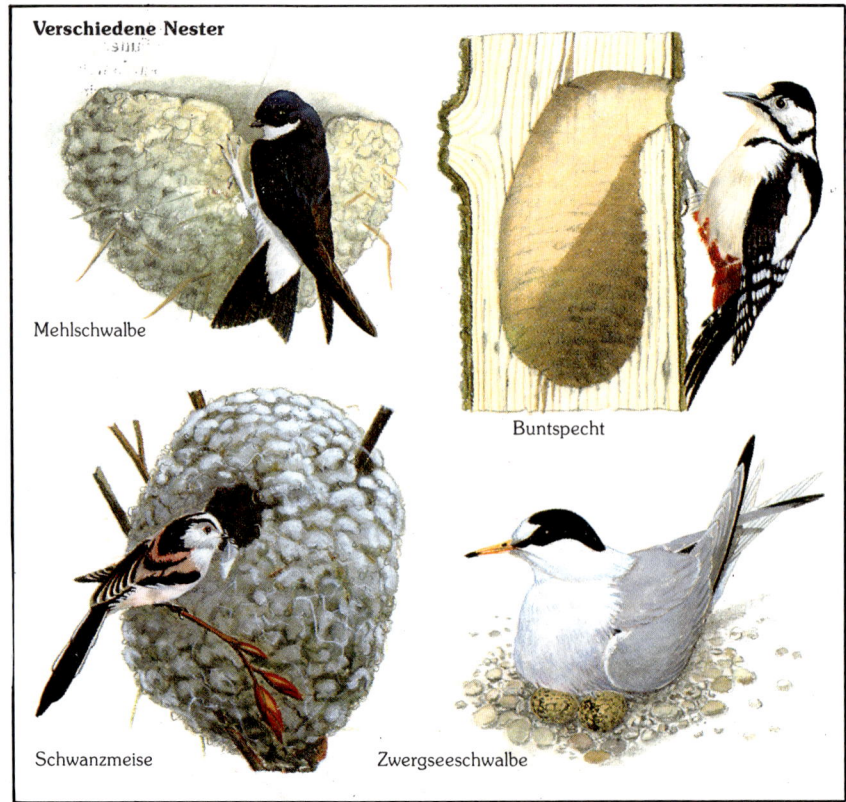

Verschiedene Nester

Mehlschwalbe

Buntspecht

Schwanzmeise

Zwergseeschwalbe

Eier

Vogeleier sind wunderschöne Gebilde, die schon seit langem die Sammellust des Menschen geweckt haben. Diese Leidenschaft stirbt jedoch aus Naturschutzgründen endlich aus. Die Formen und Muster der Eier haben sich in Millionen von Jahren entwickelt, denn sie sind für das Überleben der Vogelarten von großer Bedeutung. Besondere Musterungen helfen den Vogeleltern, ihre Eier wiederzuerkennen; im Falle des Kuckucks kann dies — wie oben erwähnt — den Hinauswurf des unerwünschten Eies durch die Wirtsvögel bedeuten. Andere Vogeleier sind in ihrer Färbung so hervorragend an den Untergrund angepaßt, daß man sie oft erst dann entdeckt, wenn man schon fast darauf getreten ist.

Auch die Eiform kann für das Überleben einer Art von großer Bedeutung sein. Das Ei der Trottellumme beispielsweise ist birnenförmig; dadurch wird sichergestellt, daß es auch dann nicht von der Felskante rollt, wenn es aus Versehen vom abfliegenden Altvogel angestupst wird. Die Eischale ist nicht nur einfach die äußere Verpackung eines wertvollen Inhalts. Sie muß so stabil sein, daß sie nicht gleich bricht, wenn der Vogel beim Brüten auf ihr sitzt; andererseits wiederum muß sie jedoch so weich sein, daß sich der schlüpfende Jungvogel daraus befreien kann. Für den Schlüpfvorgang besitzt der Vogelembryo einen kleinen Dorn auf der Spitze des Oberschnabels, den sogenannten Eizahn. Diesen verliert er sofort nach dem Schlüpfen.

Bebrütung

Während der Brutzeit verlieren die Vögel auf der Bauchseite Federn. Die so entstandenen nackten Hautstellen (Brutflecken) ermöglichen den direkten Kontakt des Eies auf der Haut. Die Ausdehnung des Brutfleckes variiert von Art zu Art. Bei Vögeln mit großen Gelegen kommen auch 2 oder 3 Brutflecken vor, bei anderen Arten erstreckt sich die nackte Hautstelle über den ganzen Bauch. Durch den Reiz, den die Eischale auslöst, wird im Hautbereich des Brutfleckes ein stärkerer Blutstrom ausgelöst und somit eine höhere Wärmeabgabe eingeleitet. Manche Seevögel brüten ihre Eier auf ihren großen Füßen aus.

Nahrung

Der Zeitpunkt für den Beginn der Brut ist von großer Bedeutung, denn die Jungvögel benötigen nach dem Schlüpfen sofort ausreichend Nahrung, damit sie in der relativ kurzen Zeit wachsen und Federn ausbilden. Da Jungvögel von Höhlenbrütern wesentlich sicherer vor Nestfeinden sind, können sie sich eine längere Nestlingszeit erlauben als die Jungvögel freibrütender Arten. Doch auch Blaumeisen, deren Junge in einem sicheren Nistkasten heranwachsen, müssen genug Futter heranschaffen, damit ihre 10 oder mehr Jungen in weniger als 3 Wochen flügge sind. In dieser Zeit steigt das Gewicht der Jungvögel von knapp 1 g zum Zeitpunkt des Schlüpfens auf 11 — 12 g beim Ausfliegen. Die Jungenaufzucht findet in der Regel zu der Zeit statt, wenn das größte Futterangebot in Form von Raupen auf den benachbarten Bäumen besteht. Bei Arten mit mehreren Bruten pro Jahr ist die Gelegegröße häufig dann am größten, wenn die Nahrungsbedingungen am besten sind; am Anfang und Ende der Brutsaison betragen die durchschnittlichen Gelegegrößen jedoch oft nur $^2/_3$ dieses Wertes.

Die meisten Vögel legen die Eier für das Vollgelege in eintägigen Abständen. Bei großen Arten können die Abstände auch länger ausfallen. Während Schwäne nur jeden zweiten Tag ein Ei legen, vergehen beim Steinadler, der ein Vollgelege von 2 Eiern hat, oft 3 — 4 Tage zwischen der Ablage des ersten und des zweiten Eies. Je weiter die Brut fortgeschritten ist, desto weniger sind die Vogeleltern bereit, das Nest bei Störungen aufzugeben. Zum Zeitpunkt des Nestbaues oder kurz nach Fertigstellung desselben genügt oft schon eine geringfügige Störung, um das Nest endgültig zu verlassen; auch das unvollständige Gelege wird noch relativ leicht aufgegeben. Sind die Jungen jedoch erst einmal geschlüpft, bedarf es schon einer massiven Störung, damit die Eltern ihre Nestlinge im Stich lassen — haben sie zu diesem Zeitpunkt doch bereits sehr viel in ihre Brut investiert.

Balzfüttern
Das Rotkehlchen-Männchen bringt seinem Weibchen während der Balz Futter. Das Weibchen verhält sich dabei wie ein bettelnder Jungvogel. Dieses wichtige Ritual wird von feinen Lauten des Weibchens begleitet

Sinnvolle Eiform
Das Ei der Trottellumme ist so geformt, daß es nicht von der Felskante rollt, auch wenn es vom startenden Altvogel aus Versehen angestupst wird

Ein Kuckucksei
Eines der Eier in diesem Rohrsängernest stammt vom Kuckuck; da es jedoch ähnlich gefärbt ist wie die Rohrsängereier, fällt es kaum auf; trotzdem kann es von den Wirtsvögeln bemerkt und entfernt werden

Vogelflug

Jede Vogelart, die man fliegen sieht, zeigt eine besondere Neigung zu einer der Hauptflugarten — Gleitflug, Segelflug, Ruderflug und Rüttelflug; viele Vögel wenden jedoch Kombinationen dieser Flugtechniken an, entsprechend den physikalischen Umweltbedingungen und der Art und Weise der Nahrungssuche. Der Gleitflug ist die einfachste Methode zu fliegen, auch muß der Vogel für diese Technik am wenigsten Energie aufwenden. Der Vogel bleibt deshalb in der Luft, weil über und unter dem Flügel eine Druckdifferenz herrscht — hervorgerufen durch den Luftstrom, der über die konvex gewölbte Flügeloberseite schneller streicht als über den Unterflügel. Die Fluggeschwindigkeit des Vogels wird jedoch unausweichlich durch die Reibung reduziert, und so würde der horizontal gleitende Vogel, wenn er nichts dagegen täte, einfach abstürzen. Zur Aufrechterhaltung der Geschwindigkeit wird die Schwerkraft ausgenutzt: Der Vogel gleitet in einer leicht abwärts geneigten Flugbahn; vor Erreichen des Bodens muß er entweder aktiv wieder höher fliegen, oder er benutzt warme Aufwinde, um sich von ihnen hochtragen zu lassen.

Segelnde Vögel vertrauen gänzlich auf aufwärtssteigende Luftbewegungen. Meist sind dies thermische Winde, die durch unterschiedliche Aufheizung der Bodenoberfläche entstehen. Durch geschickte Flügel- und Schwanzbewegungen nutzt der Vogel die Aufwärtsströmung und kann so ohne Anstrengung fliegen.

Häufig kreisen die „Segelflieger" spiralförmig in der Thermik aufwärts; an der Spitze angelangt gleiten sie abwärts, um eine tiefere Stelle einer anderen Thermiksäule anzusteuern.

Der Schlag- oder Ruderflug ist sehr energieaufwendig. Da während längerer Flugstrecken keine Möglichkeit zur Nahrungsaufnahme besteht, müssen große Segelflieger wie Störche und Adler durch längere Gleit- und Segelflugphasen Energie einsparen. Es gibt zwei Hauptsituationen, bei denen Ruderflug angewendet wird: Beim Starten zur raschen Höhengewinnung und für den normalen Geradeausflug. Beim normalen Vorwärtsflug benützt der Vogel seine Flügel wie ein Ruder — kraftvolle Abschläge erzeugen genügend Druck und damit Auftrieb, um den Körper in der Luft zu halten.

Der Rüttelflug ist eine hoch spezialisierte Form des Fluges; seine Vollendung erreicht er bei den Kolibris. Unter den europäischen Vögeln kennen wir den Turmfalken als ausdauernden Rüttler; aber auch andere Arten, beispielsweise Seeschwalben, rütteln häufig, bevor sie sich auf ein Beutetier im Wasser stürzen. Die meisten rüttelnden Vögel fliegen so in den Wind, daß sich ihre Fluggeschwindigkeit und die Geschwindigkeit des Windes gegenseitig aufheben.

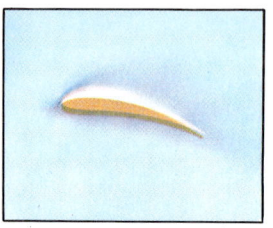

Normaler ungestörter, Luftstrom

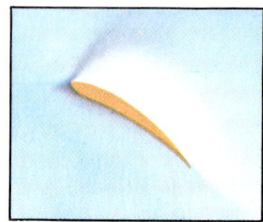
Abgerissener Luftstrom

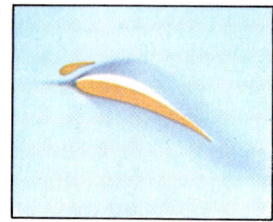
Stabilität wiederhergestellt

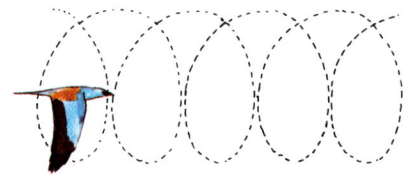

Das Flügelprofil aller Vögel ist konvex gewölbt. Daher fließt der Luftstrom über die Oberseite des Flügels schneller als über die Unterseite, um den Weg von der Flügelvorderkante zum Flügelhinterrand in der gleichen Zeit zurückzulegen. Der entstehende Druckunterschied — auf der Oberseite geringerer, auf der Unterseite höherer Druck — ist für den Auftrieb verantwortlich und hält letztlich den Vogel in der Luft. Um langsam fliegen zu können, muß der Vogel den Anstellwinkel des Flügels vergrößern, d. h. er muß den Flügel steiler gegen den Wind halten. Bei zu steilem Anstellwinkel (über 15°) reißt der Luftstrom ab, oder es bilden sich Turbulenzen; das hat zur Folge, daß der Druckunterschied und damit der Auftrieb verlorengeht.

Bei niedriger Geschwindigkeit wird daher der Daumenfittich (Alula) angehoben, um den Luftstrom, der abzureißen droht, wieder zu glätten und so die Flugstabilität des Vogels aufrechtzuerhalten. Im horizontalen Ruderflug (siehe oben) beschreiben die Flügel fast eine Kreisbahn; nach vorne und abwärts im Abschlag und nach hinten und aufwärts im Aufschlag

Die Techniken des Fliegens

Viele segelfliegende Vögel nutzen die aufwärtsgerichteten Luftströmungen, die über Waldstücken, Gebäuden oder steilen Klippen entstehen. Thermiken sind lokale Aufwinde warmer Luft, die sich dann über dem Land bilden, wenn die Oberfläche für unterschiedliche Aufheizung geeignet ist. Aufsteigende Warmluft entsteht gleichermaßen über Kulturland und über Städten; kalte Luft sinkt über kalter, wärmeabsorbierender Oberfläche ab, besonders über Wald und Gewässern. Zugvögel versuchen während ihrer jährlichen Wanderungen, die vorhandenen Thermiken möglichst gut auszunützen und dementsprechend längere Strecken über das offene Wasser zu vermeiden. Gleit- und Segelflug spart den Seevögeln in den Weiten des Ozeans lebenswichtige Energie. Der Vogel nutzt den in rund 15 m Höhe stark blasenden Wind, um sich von dieser Höhe aus rasch abwärtstreiben zu lassen. Dabei kommt er in zunehmend langsamer bewegte Luftschichten; kurz über dem Wasser dreht er scharf um und läßt sich ohne einen Flügelschlag wieder in rund 15 m Höhe tragen. Segelnde Baßtölpel (rechts unten) sammeln sich an den oberen Punkten der wellenförmigen Luftströmung.

Abgelenkte Luftströmung

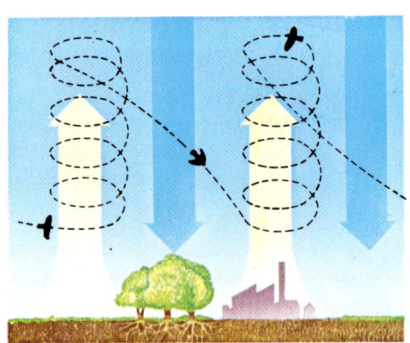
Aufsteigende Warmluft (Thermik)

Unterschiedlich schnelle Luftströmungen

Luftströmung in Form von stehenden Wellen

Gipfelpunkt
nach dem Start

Hauptabschlag

Tiefpunkt
beim Ab-
schlag

Schwanz-
steuern

Abschlag beim Start

Der **Start** (links) verlangt besonders viel Schubkraft.
Diese wird durch einen nach hinten gerichteten Flü-
gelabschlag erzeugt. Für den notwendigen Auftrieb
muß zunächst ein Luftstrom auf den Flügeln entstehen. Der **Flügelschlag**, der diesen Luftstrom auf-
rechterhält, ist eine recht komplizierte Bewegungsab-
folge: Um beim Schlagen nicht nur Auftrieb, sondern auch Vortrieb zu erzeugen, müssen die Flügel
ständig ihre Form verändern. Dabei gibt es aktive
Verformungen, die der Vogel selbst steuert, und
passive Formveränderungen, die infolge der Flügelbewegungen im Wind entstehen. Vortrieb wird vor
allem am Tiefpunkt des Abschlages produziert
(oben rechts), wenn die Flügel nach hinten „rudern". Beim Aufschlag (Mitte rechts) drehen sich die
Handschwingen in eine nahezu vertikale Position,
um der Luft möglichst wenig Widerstand zu bieten.
Um die **Flugrichtung** zu ändern (ganz rechts),
wird der Schwanz etwas gefächert und gedreht.

Landung

Abbremsen vor dem
Landen

Bei der Landung müssen Auf- und Vortrieb so-
weit abgebaut werden, daß der Vogel fast ste-
henbleibt; das heißt, der Vogel sollte im Augenblick der Landung mit der geringst möglichen
Geschwindigkeit fliegen. Dadurch wird vermieden, daß er sich beim Landen verletzt. Es gibt
zwei einfache „Tricks", die Geschwindigkeit beim
Landeanflug zu verringern: Der Vogel kann einmal gegen den Wind landen, so daß er die Flügel wegen der erhöhten Anströmung steiler gegen den Wind anstellen kann. Einige Vogelarten,
deren Niststätten hoch gelegen sind (z. B. Mauersegler), fliegen dagegen den Zielpunkt tief an
und schießen kurz vor der Landung fast senkrecht aufwärts, um ihre Geschwindigkeit durch
die eigene Schwerkraft abzubremsen.

Ein sicherer und automatisch
funktionierender Griff ist wichtig,
damit ein Vogel nicht vom Ast
fällt, während er schläft. Dies wird
durch eine Sehne ermöglicht, die
vom Knie über die Rückseite des
Fersengelenkes zu den Zehen verläuft. Sinkt der Vogel auf dem Ast
etwas zusammen, so wird die
Sehne automatisch gespannt, und
die Zehen greifen ohne Energie-
aufwand fest um den Ast. Um
wieder loszulassen, muß der
Vogel das Bein strecken.

Die Landung mag eine perfekt
koordinierte Aktion sein, ein
mehr oder weniger starker Aufprall läßt sich jedoch meist nicht
vermeiden. Um diesen Stoß auf-
zufangen, sind Becken und Hin-
terextremitäten speziell ausgestal-
tet: Das Becken ist langgezogen
und verhältnismäßig groß, alle
Knochen, die das Becken bilden,
sind miteinander verschmolzen.
Dies erlaubt eine große Ansatz-
fläche für die schwere Schenkel-
muskulatur, die nahe dem
Schwerpunkt des Vogels sitzt.

Verständigung und Sozialverhalten

Vögel verständigen sich untereinander vor allem mit Hilfe des Gesichts- und Gehörsinnes. Der Geruchssinn ist dagegen bei den meisten Vögeln nur schwach ausgebildet. Fast alle Vögel haben gute Augen, einige Greifvögel sehen viel schärfer als der Mensch. Ähnlich uns Menschen können alle Vögel Farben sehen. Auch das Hörvermögen der meisten Vögel ist gut ausgeprägt, und viele Vögel sind in der Lage, noch Frequenzen zu hören, die für das menschliche Ohr viel zu hoch sind.

Für einen Vogel ist es besonders wichtig, Mitglieder der eigenen Art zu erkennen, besonders während der Brutzeit.

Die meisten Arten unterscheiden sich zwar in Größe und Gefiederfarben, doch auch die Stimme und das typische Verhalten ist von Art zu Art verschieden. Eine Bindung zwischen Eltern und Jungvögeln ist bei den meisten Arten verbindlich; dadurch wird der heranwachsende Jungvogel auf die eigene Art geprägt, das heißt, er weiß, zu welcher Art er selbst gehört. Läßt man beispielsweise die Eier von Silbermöwen durch Heringsmöwen ausbrüten, so glauben die geschlüpften Silbermöwenküken, sie seien Heringsmöwen. Wenn sie das Brutalter erreicht haben, versuchen sie, sich mit Heringsmö-

wen zu verpaaren — in der Regel erfolglos. Junge Kuckucke dagegen müssen instinktiv „wissen", wie ein Artgenosse aussieht, denn diese Vögel kommen ja während der Nestlingszeit nie mit anderen Kuckucken zusammen.

Vogelarten, die sich sehr ähnlich sehen (Zwillingsarten), besitzen im allgemeinen sehr verschiedene Stimmen; außerdem bevorzugen die beiden Arten oft verschiedene Lebensräume. Garten- und Waldbaumläufer sehen einander zum Verwechseln ähnlich, doch ihre Gesänge sind leicht voneinander zu unterscheiden; außerdem leben sie bei uns in verschiedenen Waldtypen: Während sich der Gartenbaumläufer vor allem in Laubwäldern und Parks aufhält, bevorzugt der Waldbaumläufer geschlossene Nadelwälder. In Mischwäldern kommen die beiden Arten manchmal nebeneinander vor.

Viele Vögel, besonders die kleineren Arten, müssen ständig vor Feinden auf der Hut sein. Um die Beutegreifer rechtzeitig erkennen zu können, haben einige Arten ein gemeinsames (interspezifisches) Warnsystem entwickelt: Ein hohes „zieh" bedeutet, daß ein Luftfeind entdeckt wurde; dieser Ruf wird von vielen Kleinvogelarten geäußert und verstanden.

Viele Arten reagieren mit unterschiedli-

chen Rufen, wenn sie vor einem Sperber (Luftfeind) oder einem Wiesel (Bodenfeind) warnen wollen. Der Alarmempfänger kann sich dadurch wesentlich effektiver auf die zu erwartende Gefahr einstellen. Haben waldbewohnende Singvögel eine Eule entdeckt, so versammeln sie sich auf den benachbarten Bäumen und veranstalten ein Schimpfkonzert, so daß immer mehr Kleinvögel angelockt werden, um mitzuzetern. Häufig wird es der entdeckten Eule zu unangenehm, und sie streicht ab. Dies ist ebenfalls ein Beispiel für Kommunikation und Zusammenarbeit unterschiedlicher Vogelarten, um einer gemeinsamen Gefahr zu begegnen.

Es gibt auch nichtstimmliche Formen der zwischenartlichen Kommunikation: Manche Arten besitzen auf Flügeln oder Schwanz auffällige weiße Abzeichen, die beim Abflug deutlich zu sehen sind und andere Vögel in der Nähe vor drohenden Gefahren warnen können.

Für den Vogelbeobachter ist die Bedeutung des Gesanges als Kommunikationsmittel zwischen Vögeln leicht ersichtlich. Doch vor allem für die Vögel selbst spielt der Gesang eine sehr wichtige Rolle bei der innerartlichen Verständigung. Ein singendes Männchen möchte ein Weibchen anlocken und gleichzeitig sein Revier ge-

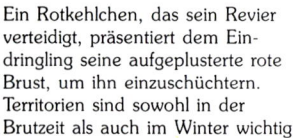

Ein Rotkehlchen, das sein Revier verteidigt, präsentiert dem Eindringling seine aufgeplusterte rote Brust, um ihn einzuschüchtern. Territorien sind sowohl in der Brutzeit als auch im Winter wichtig

In der Zeichnung rechts oben ist die Silbermöwe, die uns den Rücken zudreht, gerade in einem fremden Revier gelandet. Beide Vögel signalisieren mit ihrer aufgerichteten Körperhaltung Aggression. Doch bevor es zu einer Auseinandersetzung kommt, ergreift der Eindringling meistens die Flucht (rechts unten). Ein paarungsbereites Weibchen dagegen wird versuchen, das aggressive Männchen durch kindliches Bettelverhalten zu beruhigen

Verpaarte Dreizehenmöwen (oben) verbringen viel Zeit damit, auf dem Nest zu sitzen und sich gegenseitig das Gefieder zu kraulen. Diese Beschäftigung ist für ein erfolgreiches Brutgeschäft wichtig, da auf diese Weise der Paarzusammenhalt gestärkt wird. Der auffällig rote Rachen der Altvögel stellt ein wichtiges Signal während der Begrüßungszeremonie dar

gen andere Männchen akustisch abgrenzen. Die Größe des verteidigten Reviers ist von Art zu Art verschieden; sie reicht meistens vom unmittelbaren Nestbereich bis zu den Grenzen eines Gebietes, das groß genug ist, um das Brutpaar und seine Jungen ausreichend mit Nahrung zu versorgen. Das bloße Erscheinen des revierbesitzenden Männchens auf der Singwarte genügt oft schon, um die Männchen der benachbarten Reviere „vom Betreten des Grundstückes" abzuhalten. Ein singendes Vogelmännchen, das sein Revier akustisch verteidigt, muß manchmal weitergehende Maßnahmen ergreifen, wenn sich ein Eindringling nicht einschüchtern läßt. Als erstes wird der Vogel eine Drohhaltung einnehmen, die im allgemeinen ausreicht, den Herausforderer zu vertreiben. So wird häufig ein echter Kampf vermieden. Natürlich lassen sich Auseinandersetzungen nicht immer vermeiden, und manchmal wird einer der Kontrahenten auch verletzt, sehr selten sogar getötet.

Das aggressive Verhalten muß bei der Paarbildung unterdrückt werden. Das fällt bei Arten mit ausgeprägten Geschlechtsunterschieden nicht schwer. Sehen sich Männchen und Weibchen jedoch sehr ähnlich, ist es wichtig, daß das Weibchen

die Aggressivität des Männchens durch Beschwichtigungsverhalten hemmt. Ist die Paarbindung einmal vollzogen, muß sie immer wieder von neuem bestätigt werden. Geeignete Verhaltensweisen hierzu sind Balzfüttern und gegenseitige Gefiederpflege. Verborgene Feindseligkeiten können den Erfolg der Brut in Frage stellen.

Nicht alle Vogelarten leben in strenger Paarbindung (sind monogam). Bei einigen Arten, beispielsweise dem Birkhuhn, gibt es gemeinschaftliche Balzplätze, wo die Männchen ihre Schaubalz aufführen. Die Weibchen kommen zum Balzplatz und suchen sich ein bestimmtes Männchen für die Paarung aus. Danach findet kein Kontakt mehr zwischen den Geschlechtern statt; die Henne bestreitet von nun an das Brutgeschäft ohne die Hilfe des Männchens.

Bei vielen Arten ist die Paarbindung bis zu einem bestimmten Zeitpunkt sehr eng, um dann abrupt aufzuhören. Bei den Enten verlieren die Männchen vom Zeitpunkt der Eiablage an jegliches Interesse an ihrem Weibchen. In diesem Fall besteht der Sinn der engen Paarbindung für das Männchen darin zu verhindern, daß sich sein Weibchen mit einem anderen Männchen einläßt.

Sobald die Küken geschlüpft sind, muß die Verständigung zwischen ihnen und ihren Eltern funktionieren. Die allerersten Verhaltensweisen zur Nahrungsaufnahme sind jedoch angeboren. Junge Fasane beispielsweise picken ohne Anleitung nach kleinen Körnern am Boden, oder junge Singvögel sperren automatisch, wenn das Nest erschüttert wird.

Während der gesamten Nestlingszeit sind die Jungvögel durch Beutegreifer stark gefährdet. Um diese Gefahr zu vermindern, haben Nestflüchter Verhaltensweisen entwickelt, die sie dem Zugriff der Feinde entziehen sollen: Kiebitze haben zwei verschiedene Rufe, um den Jungen Gefahr zu signalisieren: auf den einen Ruf laufen die Küken schnell weg, beim anderen drücken sie sich reglos in die Vegetation.

Auch die Verständigung der Vögel innerhalb eines Vogelschwarms ist von großer Bedeutung. Dort sind aggressive Interaktionen auf ein Minimum beschränkt; dies wird durch die soziale Struktur (Hackordnung) gewährleistet, so daß jedes Mitglied seine soziale Stellung innerhalb der Gemeinschaft kennt. Der große Vorteil der Schwarmbildung liegt darin, daß Beutegreifer viel eher entdeckt werden als durch einen einzelnen Vogel.

Experimente haben gezeigt, daß frischgeschlüpfte Silbermöwen instinktiv auf eine rote Stelle an einer Schnabelattrappe picken. Dieses Picken wirkt auf die Altvögel stimulierend, Futter auszuwürgen

Die V-Formation ziehender Kraniche ist aerodynamisch sinnvoll und energiesparend

In einer futtersuchenden Gänseschar paßt immer ein Vogel auf, damit die Sicherheit der Herde gewährleistet ist

Mauser und Gefiederpflege

Die turnusmäßige Mauser der Vögel ist ein wichtiges Ereignis, das den meisten Vogelbeobachtern jedoch verborgen bleibt. In dieser Periode erneuert der Vogel sein Gefieder. Die Mauser kann zwischen 5 Wochen (bei ziehenden Kleinvögeln) und 3 — 4 Monaten (bei großen Standvogelarten) dauern. Bei sehr großen Arten, beispielsweise Adlern, findet keine Totalmauser statt, das Gefieder wird erst im Verlauf mehrerer Jahre vollständig erneuert.

Die Schwungfedern werden normalerweise in einer bestimmten Reihenfolge ausgewechselt, so daß der Vogel weiterhin flugfähig bleibt. Es gibt aber auch Vögel, die alle ihre Schwungfedern auf einmal verlieren und dadurch wochenlang flugunfähig werden — die Entenvögel gehören in diese Gruppe.

Das ganze Jahr über verwenden die Vögel viel Zeit für die Gefiederpflege. Sie putzen die Federn ständig und fetten sie mit dem Sekret der Bürzeldrüse ein; jede Feder wird durch den Schnabel gezogen, um „Brüche" in der Fahne zu beheben. Häufig sieht man Vögel, die in Pfützen baden, wie die Amsel (Bild Mitte). Dadurch werden die Federn von anhaftenden Parasiten gereinigt. Ein Sandbad hat eine ähnliche Wirkung.

Eine weitere Möglichkeit, das Federkleid intakt zu halten, ist das Sonnenbaden. Im unteren Bild genießt gerade eine Amsel die wärmenden Sonnenstrahlen, indem sie die Flügel ausbreitet und den Schwanz gefächert hält, so daß möglichst jede Feder der Sonne ausgesetzt wird.

Vogelzug/1

Der Vogelzug übt eine besondere Faszination auf uns aus — wahrscheinlich deshalb, weil wir als streng erdgebundene Lebewesen unfähig sind, uns aus eigener Kraft in die Luft zu erheben.

Jeden Herbst strömen große Mengen Schwalben vom nördlichen Europa, Asien und Nordamerika südwärts, um in Afrika, Indien oder Südamerika zu überwintern. Diese Reise ist sowohl für Alt- als auch für Jungvögel, die im gleichen Jahr erbrütet wurden, lebenswichtig.

In Europa gehört die Mehrzahl der Vogelarten zu Populationen, die regelmäßig Wanderungen durchführen — vor allem in den nördlichen und östlichen Bereichen, in denen der Winter besonders hart ist. Die Wanderungen ermöglichten erst die Besiedelung von Gebieten, die nur zu einer bestimmten Jahreszeit für die Vögel bewohnbar sind. Gegenden mit hervorragendem Nahrungsangebot sind im Winter oft zu kalt, um das Überleben der Vögel auch nach dem Sommer zu gewährleisten. Das Klima ist also der Grund für Wanderungen.

Obwohl natürlich extreme Kälte für die meisten Vögel tödlich ist, liegt doch das wirkliche Problem des Winters im Mangel an geeigneter Nahrung. Für einen insektenfressenden Vogel sind nicht nur die arktischen Eiswüsten lebensfeindlich; auch im mittleren und nördlichen Europa sieht es im Winter nicht viel besser aus. Nur wenige oder gar keine fliegenden Insekten für Schwalben und Segler überleben die eisigen Temperaturen, und die unbelaubten Zweige der Bäume und Büsche bieten auch kein Futter für Grasmücken und Laubsänger. Alle insektenfressenden Vögel, die den Winter bei uns verbringen, so beispielsweise die Meisen, haben sich darauf eingestellt, die überwinternden Insekten und deren Eier, Larven und Puppen zu verzehren. Oder sie haben gelernt, an den wenigen Stellen Nahrung zu suchen, wo es im Winter noch Insekten und andere Kleintiere zu finden gibt; Zaunkönige und Heckenbraunellen stöbern z. B. an verborgenen Stellen zwischen Baumwurzeln und in Reisighaufen nach Freßbarem.

Daß unsere Insektenfresser im Winter die Wärme und den Nahrungsreichtum Afrikas genießen, ist kein Zufall. Es ist vielmehr Ergebnis einer lebenswichtigen Strategie, die sich als Antwort auf veränderte Klimabedingungen entwickelt hat. Wandernde europäische Landvögel müssen zwei bedeutende Barrieren überwinden: das Mittelmeer und die Sahara. Um diese Gefahrenzonen zu vermeiden, ziehen viele Vögel über Spanien und Portugal nach Westafrika oder über Griechenland und die Türkei nach Ostafrika. Ein Teil der europäischen Vogelarten, die nach Afrika ziehen, haben zwei verschie-

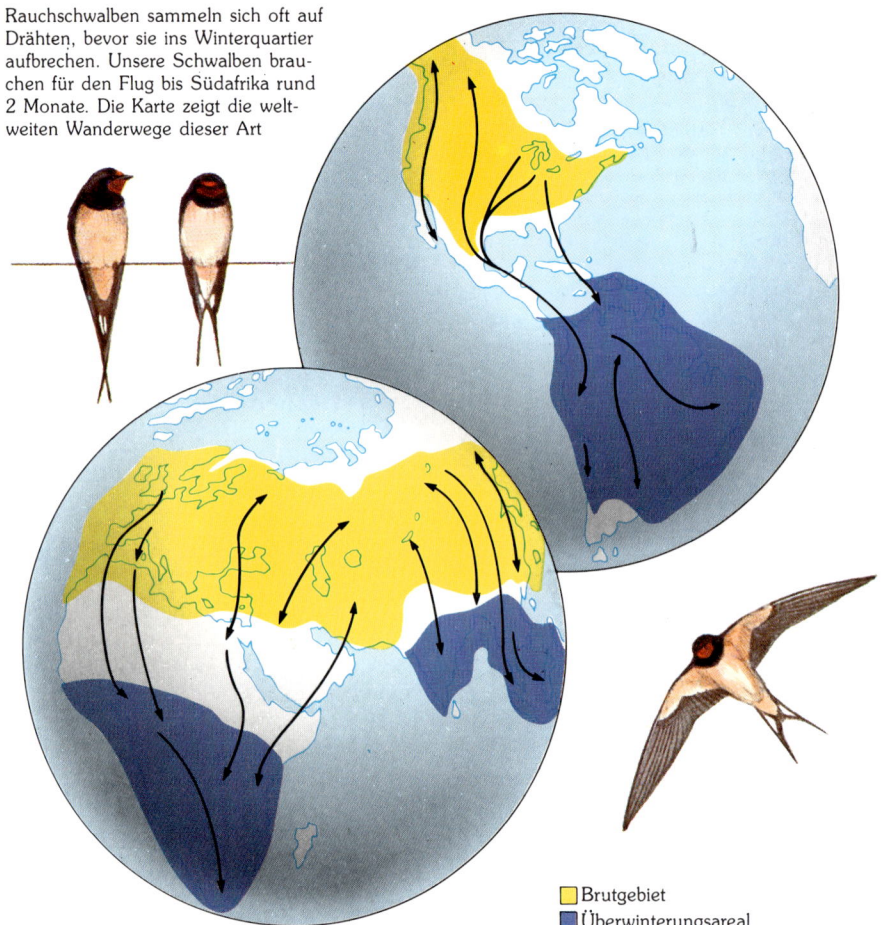

Rauchschwalben sammeln sich oft auf Drähten, bevor sie ins Winterquartier aufbrechen. Unsere Schwalben brauchen für den Flug bis Südafrika rund 2 Monate. Die Karte zeigt die weltweiten Wanderwege dieser Art

■ Brutgebiet
■ Überwinterungsareal

dene Brutpopulationen: Im Herbst ziehen diejenigen Vögel, die westlich einer Linie gebrütet haben, die ungefähr mit dem 15. Längengrad zusammenfällt, nach Westafrika, während die Vögel östlich dieser Linie südostwärts nach Ostafrika ziehen. Langstreckenwanderer müssen vor Beginn des Zuges Kraftstoff in Form von Fettreserven unter der Haut und in der Körperhöhle speichern. Bei manchen Vögeln wiegen diese Fettdepots zusammen ungefähr genausoviel wie der Vogel selbst ohne Fett. Man stelle sich Menschen vor, die ihr Körpergewicht verdoppeln müßten, um einen 4 Tage und 4 Nächte dauernden Flug von 3000 km durchzustehen — solche Flugleistungen sind bei kleinen Laubsängern nichts Außergewöhnliches. Noch größere Entfernungen werden von Seevögeln zurückgelegt, die die Luftströmung ausnutzen, um über den Wellen zu gleiten und zu segeln. Dabei müssen sie nicht wertvolle Energie für den Flug aufwenden, sondern nur für die Flugsteuerung.

Zu besonderen Flugleistungen sind Schwarzschnabel-Sturmtaucher, mit den Albatrossen verwandte Seevögel, fähig. Die Vögel brüten auf entlegenen Inseln vor Wales, Schottland und Irland. Im September verlassen die Jungen ihre

Bruthöhlen, in denen sie wochenlang von ihren Eltern gefüttert wurden, um ihre Flügel zu erproben. Zuerst bleiben sie noch an Land und suchen täglich wieder ihre Höhle auf, um sich vor Feinden zu verbergen. Nach ein paar Tagen starten die Jungvögel plötzlich ganz selbständig und fliegen in südwestlicher Richtung in ihr Winterquartier nach Südamerika. Diese riesige Entfernung von Tausenden von Kilometern überwinden sie ausschließlich mit Hilfe ihres von den Eltern angefütterten Fettdepots im Körper. Es ist unwahrscheinlich, daß die Jungen auf ihrer ersten Reise auch nur etwas Nahrung zu sich nehmen.

Lange Zeit waren die Orientierungsmethoden, derer sich Vögel auf dem Zug bedienen, ein Buch mit sieben Siegeln. Nur schrittweise wurden einige Teile davon enträtselt. Oft wurden Fähigkeiten, die man bei einer Vogelart entdeckt hat, bei anderen Arten getestet — häufig mit negativem Erfolg. Wahrscheinlich existiert eine große Bandbreite von Orientierungsmustern, die von Vögeln während ihres Zuges benutzt werden.

Sie hatten Millionen von Jahren „Zeit", um diejenige Orientierungsmöglichkeit herauszufinden, die für jede Art die am besten geeignete ist.

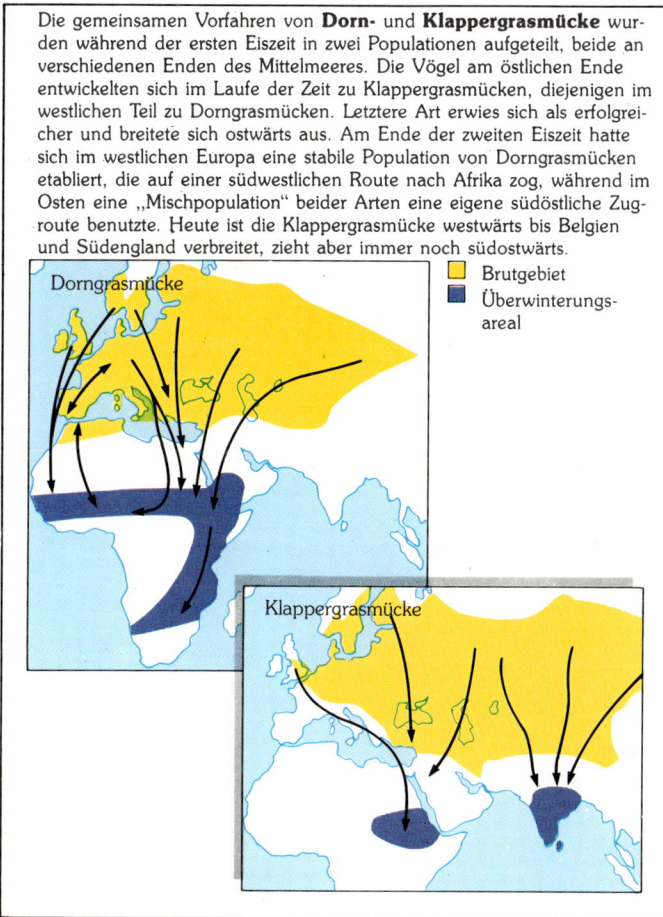

Die gemeinsamen Vorfahren von **Dorn-** und **Klappergrasmücke** wurden während der ersten Eiszeit in zwei Populationen aufgeteilt, beide an verschiedenen Enden des Mittelmeeres. Die Vögel am östlichen Ende entwickelten sich im Laufe der Zeit zu Klappergrasmücken, diejenigen im westlichen Teil zu Dorngrasmücken. Letztere Art erwies sich als erfolgreicher und breitete sich ostwärts aus. Am Ende der zweiten Eiszeit hatte sich im westlichen Europa eine stabile Population von Dorngrasmücken etabliert, die auf einer südwestlichen Route nach Afrika zog, während im Osten eine „Mischpopulation" beider Arten eine eigene südöstliche Zugroute benutzte. Heute ist die Klappergrasmücke westwärts bis Belgien und Südengland verbreitet, zieht aber immer noch südostwärts.

Dorngrasmücke

Klappergrasmücke

☐ Brutgebiet
☐ Überwinterungsareal

Der Schwarzschnabel-Sturmtaucher unternimmt bereits im Alter von wenigen Monaten sehr weite Wanderungen auf den Weltmeeren. Dabei nutzt er bestimmte Winde, um im Gleitflug Energie zu sparen.

☐ Brutgebiet
☐ Überwinterungsareal

Man nimmt an, daß junge Schwarzschnabel-Sturmtaucher den Sternenhimmel „studieren", während sie vor der Bruthöhle ihre Flügel trainieren. Folgt man den Ergebnissen von Versuchen, die mit Vögeln unter einem künstlichen Sternenhimmel angestellt wurden, so schlüpfen sie nicht mit einer eingebauten Sternenkarte aus dem Ei; wahrscheinlicher ist, daß sie den nächtlichen Sternenhimmel genau beobachten, um herauszufinden, wo Norden ist, das heißt, um welchen Punkt sich die anderen Sterne drehen (den Polarstern).

Andere Versuchsreihen haben ergeben, daß Vögel für das erdmagnetische Feld sensibel sind. Dies ist nicht so zu verstehen, daß ihnen eine innere Kompaßnadel die Nordrichtung anzeigt; vielmehr verrechnen sie die Neigung der Magnetfeldlinien (Inklination) mit der Richtung der Erdanziehung; dort, wo die Magnetfeldlinien den spitzesten Winkel mit der Schwerkraft bilden, ist Norden. Naheliegender wäre es jedoch, die Polarität der Feldlinien direkt für die Orientierung zu nutzen; allerdings polt sich das Erdmagnetfeld in regelmäßigen Zeitabständen — jeweils mehrere hunderttausend Jahre — um, während die Inklinationswerte der Feldlinien konstant bleiben.

Für am Tage ziehende Vogelarten ist die Sonne eine sehr gute Orientierungshilfe. Um die Sonne für die Richtungsorientierung nutzbar zu machen, bedarf es jedoch eines präzisen Zeitsinnes. Die Vögel besitzen daher (wie viele andere Tiere auch) eine innere Uhr, mit deren Hilfe sie den Stand der Sonne mit der Tageszeit verrechnen können.

Experimente zum Orientierungsverhalten, die im Labor stattfanden, haben auch ergeben, daß Tauben die Ebene des polarisierten Lichtes wahrnehmen können. Allerdings ist noch nicht klar, ob die Tauben diese Fähigkeit auch bei der Orientierung in freier Natur einsetzen.

In Südeuropa scheinen Tauben auch verstärkt den Geruchssinn als Orientierungshilfe einzusetzen — entsprechende Versuche mit Brieftauben, die in Italien durchgeführt wurden, machen dies wahrscheinlich. Schließlich ist es auch denkbar, daß sich Vögel Landmarken wie Flüsse, Berge und andere Geländeparameter genau einprägen, um mit dieser Kenntnis die Nistplätze oder andere Orte wiederzufinden.

Alle diese speziellen Orientierungsmethoden wären sinnlos, wenn die Vögel nicht den richtigen Zeitpunkt für ihre Wanderungen bestimmen könnten. Dieses „Ti-

ming" wird durch eine innere (endogene) Jahresrhythmik ermöglicht, die wiederum das Hormonsystem steuert. Die Periodenlänge dieses Rhythmus beträgt nur ungefähr ein Jahr und wird wie andere endogene Rhythmen durch einen exogenen (äußeren) „Zeitgeber" mit den Jahreszeiten synchronisiert. Bei der Jahresrhythmik ist die im Verlauf eines Jahres unterschiedliche Tageslänge der Zeitgeber. Dieser Rhythmus kontrolliert auch die Mauser, den Beginn der Brutzeit, die Depotfettbildung und die Zugunruhe.

Der Nachweis, daß Vögel sich mit Hilfe des Sonnenstandes orientieren, wurde dadurch erbracht, daß man ihre innere Uhr „verstellte": Man veränderte bei den unter künstlichen Lichtbedingungen gehaltenen Versuchstauben den Tag-Nachtwechsel um 12 Stunden, so daß für die Tiere um 6 Uhr morgens eigentlich 6 Uhr abends war. Dementsprechend mußten sie auch den Sonnenstand falsch errechnen. Um dies zu testen, wurden sie südlich ihres Heimatschlages freigelassen. Während eine Gruppe von Kontrolltauben, die unter normalen Bedingungen gehalten wurde, erwartungsgemäß die richtige Nordrichtung einschlug, flogen die Versuchstauben nahezu in der Gegenrichtung, also nach Süden, ab.

Vogelzug/2

Bevor man das Phänomen Vogelzug als Tatsache anerkannte, versuchte man den jahreszeitlichen Ortswechsel großer Vogelscharen mit oft abenteuerlichen Hypothesen zu erklären. Die Theorie der Transmutation besagte beispielsweise, daß die Sommervögel sich in Wintervögel verwandeln — ein Gartenrotschwanz in ein Rotkehlchen oder ein Sommergoldhähnchen in ein Wintergoldhähnchen. Einige Vogelforscher dachten damals auch, daß Schwalben im Schlamm von Seen und Sümpfen überwintern oder daß Sommervögel sich im Winter auf dem Mond aufhalten! Erst vor rund 200 Jahren begannen die Wissenschaftler zu begreifen, daß viele Vögel wirklich über weite Strecken wandern.

Damals wuchs das Interesse an der Taxonomie, der Wissenschaft also, die sich mit der Benennung der Arten beschäftigt. Dadurch wurden erstmalig viele Vogelarten aus entfernten Teilen der Welt gesammelt und verglichen, um sie verwandtschaftlich einzuordnen. So merkte man bald, daß einige Vogelarten, die im Laufe des Spätsommers plötzlich in Mitteleuropa verschwanden, im Frühjahr und Herbst häufig rund um das Mittelmeer vorkamen. Später, als Afrika durch die Europäer erforscht wurde, entdeckte man nach und nach die Gebiete, in denen europäische Vogelarten den Winter verbringen. Auch die Beobachtung von Vogelschwärmen am Tage, von Vogeltrupps, die nachts vom Licht der Leuchttürme angezogen wurden, und Masseneinfällen von Vögeln an Küsten und Inseln trugen entscheidend zum Verständnis des Vogelzugs bei.

In unserem Jahrhundert haben vor allem die Ergebnisse und Auswertungen von planmäßigen Vogelberingungen wichtige Informationen über die Routen des Vogelzuges erbracht. Doch viele Vogelarten wandern in entlegene Gebiete, wo sie nicht so leicht entdeckt und registriert werden können. Aus diesem Grund unternehmen heute Vogelforscher Reisen, um beringte Vögel wiederzufinden, oder sie beringen Vögel in deren Winterquartieren, dies in der Hoffnung, daß sie in ihren Brutgebieten wiedergefunden werden. Auch die Technik spielt eine bedeutende Rolle bei der Erforschung des Vogelzuges: Mit Radargeräten ist es möglich, einen einzelnen Vogel während seines Fluges zu verfolgen und sogar dessen Flügelschlagfrequenz aufzuzeichnen. In zunehmendem Maße stattet man heute auch Kleinvögel mit Minisendern aus, um ihren Ortsbewegungen mit Hilfe der ausgesendeten Signale zu folgen.

Die in den Karten dargestellten Zugrouten wurden mit Hilfe der vielen Informationen zusammengestellt, die auf unterschiedliche Art und Weise zusammengetragen wurden. Sie beschreiben die Wanderungen, die von einigen häufigen Arten jedes Jahr unternommen werden. Oft verlaufen die Routen von verschiedenen Populationen derselben Art ganz unterschiedlich.

Ein teilweise sehr gut erforschter Zugvogel ist die Uferschwalbe. Während des Sommers, bald nach dem Flüggewerden, fliegen junge Uferschwalben im Bereich der Brutkolonie umher und rufen aufgeregt. Dies ist ein wichtiges Verhalten, denn sie prägen sich dabei ihre Bruteheimat ein, in die sie nächstes Jahr aus dem Winterquartier zurückfliegen werden. Bereits Anfang August beginnt die weite Reise nach Süden; in großen Schwärmen

ziehen sie von England kommend über Frankreich und an der Biskayaküste entlang durch Spanien nach Nordafrika. Französische Vogelberinger haben britische Uferschwalben im Senegal angetroffen.

Der Rückflug der Uferschwalbe im Frühjahr verläuft östlicher als die Route im Herbst; der Grund für dieses Phänomen ist nicht genau bekannt. Die Altvögel treffen im Durchschnitt 3 Wochen früher in den Brutgebieten ein als die einjährigen Vögel und haben oft unter späten Wintereinbrüchen zu leiden. Die Einjährigen starten zeitlich später von ihren Winterquartieren aus und lassen sich auf der Reise mehr Zeit. Ihr späteres Eintreffen

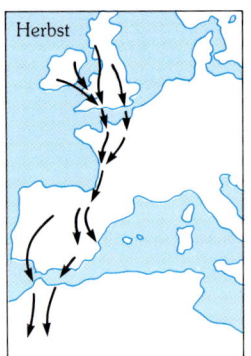
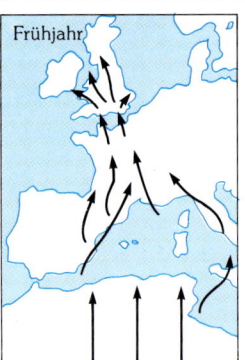

Uferschwalben sind weltweit verbreitet und ziehen alle in südlicher gelegene Überwinterungsgebiete. Die genauen Zugwege der britischen und mitteleuropäischen Brutvögel wurden durch die Auswertung von Tausenden von Ringfunden ermittelt. So führt die Route durch den Nordwestteil der Pyrenäen und dann entlang des Ebrotals. Im Frühjahr kehren sie auf einer weiter östlich verlaufenden Route zurück.

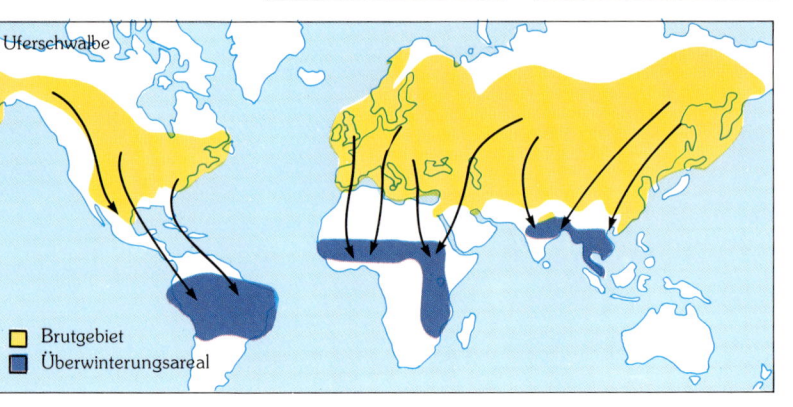

Uferschwalbe

☐ Brutgebiet
☐ Überwinterungsareal

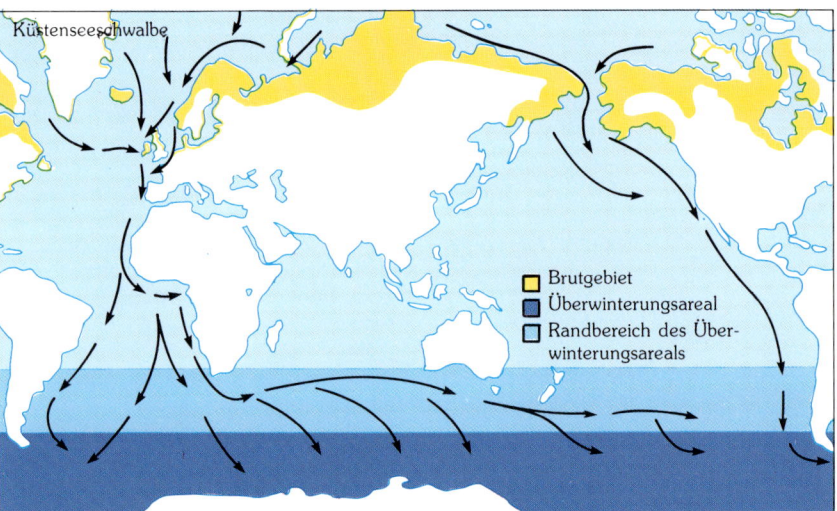

Küstenseeschwalbe

☐ Brutgebiet
☐ Überwinterungsareal
☐ Randbereich des Überwinterungsareals

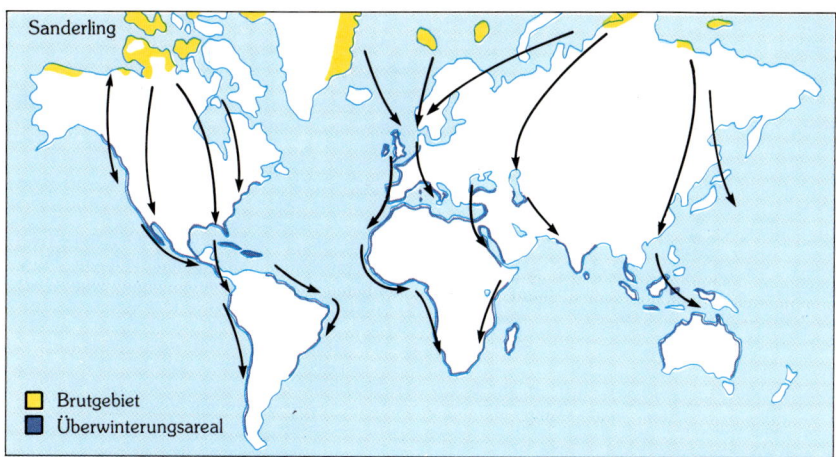

Sanderling
- 🟨 Brutgebiet
- 🟦 Überwinterungsareal

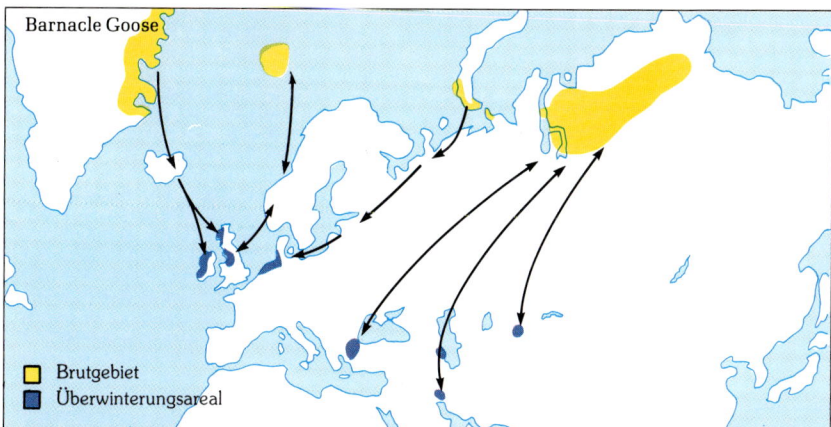

Barnacle Goose
- 🟨 Brutgebiet
- 🟦 Überwinterungsareal

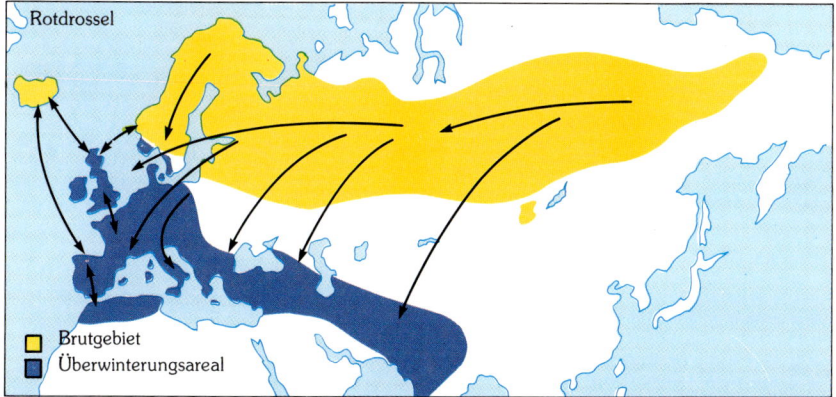

Rotdrossel
- 🟨 Brutgebiet
- 🟦 Überwinterungsareal

dern sehr weit nach Süden. So kann man beispielsweise Sanderlinge das ganze Jahr über an den Küsten Europas antreffen, weil viele Vögel in ihrem ersten Sommer noch nicht zu den arktischen Brutgebieten ziehen. Diese noch jungen Vögel stammen vielleicht von den Populationen, die nur einige hundert Kilometer vom Nordpol entfernt brüten, den Winter aber am Kap der Guten Hoffnung in Südafrika verbringen.

Auch Mitteleuropa und England spielen für einige Vogelarten eine wichtige Rolle als Überwinterungsgebiet. England ist jeden Winter Gastland für Millionen von Staren, Amseln und Lachmöwen aus nord- und osteuropäischen Brutgebieten. Die Rotdrosseln, die im Herbst in England und Mitteleuropa beobachtet werden, stammen aus Skandinavien und Island. Beringungsergebnisse haben gezeigt, daß Brutvögel aus der Sowjetunion jenseits des Urals nicht selten in England überwintern. Diese Vögel müssen in aufeinanderfolgenden Wintern nicht die gleiche westliche Route einschlagen, denn im britischen Winterquartier beringte Vögel wurden im nächsten Winter in der Türkei oder im Iran nachgewiesen.

Rotkehlchen sind bei uns Teilzieher; das bedeutet, daß ein Teil der Vögel im Herbst in ein Winterquartier abzieht, der andere Teil aber im Brutgebiet überwintert. Die skandinavischen Rotkehlchen sind jedoch echte Zugvögel, die jeden Herbst nach Frankreich, Spanien, Portugal und sogar Nordafrika ziehen. Das beweisen dort durchgeführte Beringungen. Manchmal sind jedoch auch einige Vögel aus Mitteleuropa und sogar England dabei, von denen weitaus die meisten im Brutgebiet überwintern. Der Zugmodus des Teilziehers ist für das Rotkehlchen von Vorteil, denn so wird vermieden, daß der gesamte Brutbestand eines Gebietes im Winter zugrunde geht. Einerseits verhungern in sehr kalten Wintern die meisten der im Brutgebiet ausharrenden Vögel, während bei sehr ungünstigen Bedingungen auf dem Zug oder im Winterquartier die meisten der wegziehenden Vögel der Population sterben. In beiden Fällen können die Vögel, die auf die eine oder die andere Weise überlebt haben, im nächsten Frühjahr die Verluste wieder ausgleichen.

In Nordeuropa scheint das Zugverhalten von Buchfinken davon abzuhängen, ob der vorherige Winter mild oder kalt gewesen ist. Waren die vergangenen Winter hart, ziehen die meisten Buchfinken nach Süden, während sie nach mehreren milden Wintern eher im Brutgebiet überwintern. Da in milden Wintern mehr überwinternde Buchfinken, in harten Wintern aber mehr ziehende überleben, kommt es auf längere Sicht zu einem Ausgleich.

am Brutplatz vermindert allerdings ihre Chance auf eine erfolgreiche Brut.

Der Uferschwalbenzug ist ein Beispiel für eine Wanderung in relativ kleinen Etappen. Andere Arten wie Grasmücken, Laubsänger und Fliegenschnäpper ziehen nachts und legen oft riesige Entfernungen „an einem Stück" zurück. Der Trauerschnäpper, der im nördlichen Europa in großer Zahl vorkommt, ist ein gutes Beispiel dafür. Die meisten von ihnen fliegen in den Nordwesten der Iberischen Halbinsel, wo sie eine Weile rasten. Wenn die Vögel in Nordportugal ankommen, müssen sie sich eine Fettschicht anfressen, um den dreitägigen Flug durch Spanien, über das Mittelmeer, Nordafrika

und die Sahara zu überstehen. Ihre Winterquartiere liegen an der westafrikanischen Guineaküste. Jeder Vogel verweilt in dem portugiesischen Rastgebiet ungefähr 3 — 6 Wochen und nimmt dabei rund 5 — 6 g zu.

Die Zugstrecken von Seevögeln sind oft viel länger als die von Singvögeln. Küstenseeschwalben, die in Nord- und Westeuropa brüten, überwintern im Bereich des antarktischen Packeises. Die Wanderung junger Küstenseeschwalben geht sehr rasch vor sich, so daß britische Seeschwalben bereits einen Monat nach dem Schlüpfen in Westafrika sein können.

Auch andere arktische Brutvögel wan-

Vogelberingung

Durch die wissenschaftliche Vogelberingung ist es möglich, einen einzelnen Vogel zweifelsfrei wiederzuerkennen. Auf dem Metallring, den der Vogel an seinem Fuß trägt, ist die Registriernummer und die Adresse der zuständigen Beringungszentrale angegeben. Damit der Vogel durch den Ring nicht behindert wird, muß dieser locker um den Lauf sitzen.

Die planmäßige Beringung von wandernden Vögeln wurde erstmalig im Jahre 1903 in der Vogelwarte Rossitten durchgeführt. Die Grundlagen für diese neue Methode hat der dänische Lehrer MORTENSEN entwickelt. Insgesamt wurden seit dieser Zeit über 50 Millionen Vögel beringt. Von dieser riesigen Zahl erhielt man lediglich rund eine halbe Million Wiederfunde. Natürlich waren das zumeist die häufigen Arten, so daß heute deren Zugwege und teilweise auch deren Überwinterungsgebiete ziemlich genau bekannt sind.

Abgesehen von den wichtigen Informationen, die man über die Zugrouten erhält, erlaubt die Beringung auch fundierte Aussagen über Alter und Sterblichkeit der Vögel. Das höchste Alter fand man bei Seevögeln und Watvögeln — für einen in Deutschland beringten Austernfischer wurden zum Beispiel 34 Lebensjahre nachgewiesen; Einzeltiere verschiedener Vogelarten brachten es immerhin auf mindestens 25 Jahre. Die große Mehrzahl der Singvögel lebt jedoch nur relativ kurz, auch wenn einige Rotkehlchen, Drosseln oder Meisen das „hohe" Alter von 10 Jahren erreicht haben.

Die Ergebnisse der Wiederfunde werden auch für die Beurteilung der Todesursachen bei den verschiedenen Arten verwendet. So fand man heraus, daß die verschiedenen Seevogelarten in unterschiedlichem Maße durch Öl geschädigt werden. Eissturmvögel findet man nur selten verölt, während Alken häufiger Ölopfer sind und Baßtölpel etwa dazwischen liegen. Die Beringungsergebnisse weisen auch darauf hin, daß Katzen und Autos teilweise wichtige Todesursachen für Kleinvögel sind. Vögel, die durch diese beiden Faktoren umgekommen sind, findet man allerdings weitaus häufiger als solche, die nachts im Dickicht auf andere Art und Weise ums Leben gekommen sind.

Ein Großteil der Beringungen wird an Nestlingen durchgeführt — was nicht bei allen Arten problemlos durchzuführen ist. Die Rauchschwalben beispielsweise sind in ihren offenen Nestern, die sie in Ställen bauen, für die Beringer leicht erreichbar, während Mehlschwalben ihre Nester schwer zugänglich außen am Haus unter der Dachrinne anbringen; außerdem sind Mehlschwalbennester bis auf einen kleinen Einschlupf so weit geschlossen, daß man die Jungen nur mühsam herausholen kann. Die Rauchschwalben übernachten im Herbst in oft großen Scharen im Schilf, so daß sie auch dort in großer Zahl gefangen werden können; Mehlschwalben hingegen tun dies nicht. So ist es kaum verwunderlich, daß man heute recht genau über die Wanderwege und die Winterquartiere der Rauchschwalben Bescheid weiß, aber vergleichsweise wenig Informationen über die entsprechenden Routen und Gebiete der Mehlschwalbe hat.

Für spezielle Fragestellungen werden die numerierten Metallringe durch Farbringe, Gefiedereinfärbung, Flügelmarken oder andere Kennzeichnung ergänzt. Das erlaubt die Identifizierung des einzelnen Vogels bereits aus der Ferne. Diese Art der Markierung wird vor allem bei langlebigen Vogelarten verwendet.

Jeder, der einen Vogelring findet, sollte diesen Ring zusammen mit einer möglichst genauen Schilderung der Fundumstände an eine Vogelwarte senden (siehe Abschnitt „Nützliche Informationen").

Die Vögel verfangen sich in Netzen aus nahezu unsichtbarem Material (Japannetze)

Unten: Helgoländer Reusen sind dauerhaft auf den Zugrouten aufgestellt. Die Beringer treiben die Vögel in einen Fangkäfig

Einen Kleinvogel hält man so in der Hand, daß Zeige- und Mittelfinger den Hals umschließen

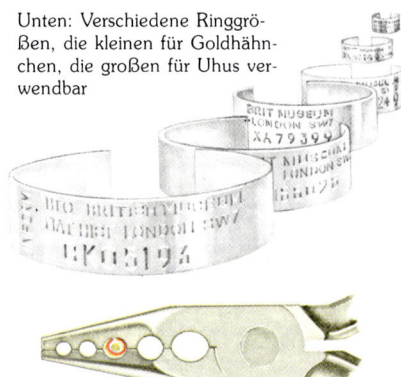

Unten: Verschiedene Ringgrößen, die kleinen für Goldhähnchen, die großen für Uhus verwendbar

Spezialzangen sind erforderlich, um den Ring vollständig um den Vogelfuß zu schließen, ohne den Vogel dabei zu verletzen

Der Ring wird locker und frei beweglich um den Lauf des Vogels befestigt

Invasionsvögel

Jeder Gärtner weiß, daß fruchttragende Bäume in manchen Jahren größere Ernten hervorbringen als in anderen Jahren; das ist auch bei den meisten Wildbäumen der Fall. Die Jahre mit besonders großen Ernten nennt man Mastjahre. Im Gegensatz dazu produzieren krautige Pflanzen jedes Jahr etwa die gleiche Menge Samen. Die große Zahl der Vögel, die sich vor allem von Kräutersamen ernähren, zeigt nur kleine Bestandsunterschiede in aufeinanderfolgenden Jahren. Die Bestände vom Hänfling beispielsweise nehmen um höchstens 50% von einem Jahr zum nächsten zu.

Für einige Vogelarten spielen Baumfrüchte eine entscheidende Rolle bei der Ernährung. Die Bestandsdichten dieser Arten zeigen große Fluktuationen, die mit dem Angebot an Baumsamen zusammenhängen. So können die Zeisigbestände von einem Jahr zum nächsten um das Vierfache anwachsen. Vogelarten mit diesem Verhalten unterscheiden sich von den meisten Arten dadurch, daß sie nur selten in einer festgelegten Richtung wandern. Sie sind vom Nahrungsangebot abhängig, wandern also so lange, bis sie ein geeignetes, das heißt nahrungsreiches Gebiet gefunden haben. Den Einflug von Vogelscharen, der auf diese Weise zustande gekommen ist, nennt man Invasion.

Neben Zeisigen unternehmen auch andere Vogelarten unregelmäßig Wanderungen, die invasionsartig verlaufen können: Bergfink, Seidenschwanz und Rotdrossel. Unter den Invasionsvögeln sind die Kreuzschnäbel am meisten spezialisiert und zeigen das eindrucksvollste Verhalten. Nur in außergewöhnlich mageren Jahren verlassen sie ihr Brutareal, und auch dann nur in einer Hauptwanderung.

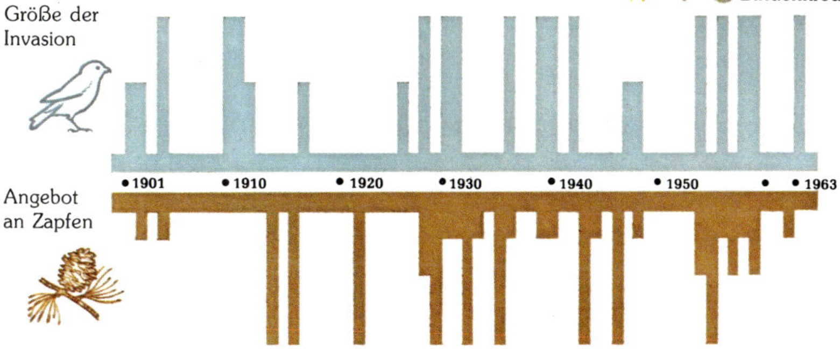

Ganz oben: Neben dem Fichtenkreuzschnabel, der vor allem Fichtensamen verzehrt, gibt es in Europa noch zwei weitere Kreuzschnabelarten, den Kiefernkreuzschnabel, spezialisiert auf Kiefernsamen, und den Bindenkreuzschnabel, der Lärchensamen bevorzugt. Alle drei Arten wandern bei Nahrungsmangel häufig auf derselben Route und in dieselben Gebiete — mit Ausnahme der skandinavischen Fichtenkreuzschnäbel, die nach England ziehen. **Oben:** Das Diagramm zeigt die geschätzten Größen von Fichtenkreuzschnabel-Invasionen in Schweden zwischen 1901 und 1963 sowie die ungefähre Menge der Zapfenernte in den entsprechenden Jahren. Die Abbildung macht deutlich, daß diese beiden Ereignisse nicht exakt zusammentreffen, obwohl viele große Wanderungen mit „mageren Jahren" zusammenfallen. Vielmehr beginnen die Wanderungen oft schon, bevor der Umfang der neuen Zapfenernte offensichtlich wird. Wahrscheinlich ist eine hohe Bestandsdichte für eine Abwanderung nötig; wenn dieser Wert einmal erreicht ist, löst die erste schlechte Ernte den Exodus aus. **Unten:** Beringungsexperimente, die in der Schweiz durchgeführt wurden, lassen vermuten, daß einige Kreuzschnäbel nach der Invasion in die ursprünglichen Brutgebiete zurückkehren, jedoch frühestens im zweiten Jahr nach der Invasion. Im Gegensatz zu anderen Vögeln können Kreuzschnäbel auch fern ihrer normalen Brutgebiete Junge aufziehen.

Fichten-
kreuz-
schnabel

Kiefern-
kreuz-
schnabel

Bindenkreuzschnabel

Größe der Invasion

Angebot an Zapfen

• 1901   • 1910   • 1920   • 1930   • 1940   • 1950   •   • 1963

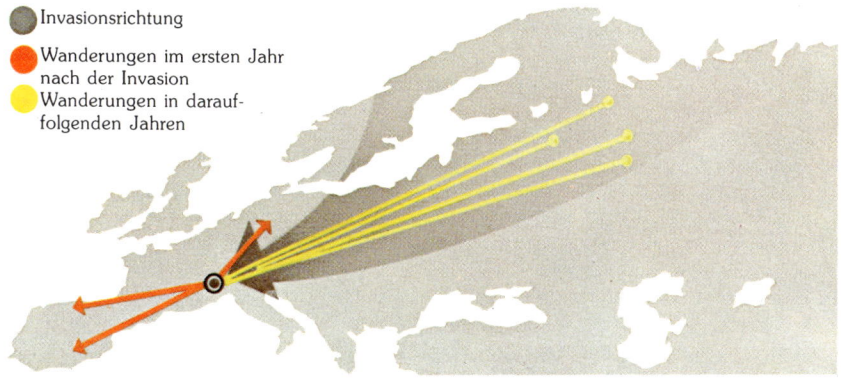

Invasionsrichtung

Wanderungen im ersten Jahr nach der Invasion

Wanderungen in darauffolgenden Jahren

Wegweiser zur Vogelbeobachtung

Vogelbeobachter oder Birder sind fasziniert und beinahe schon fast besessen von den Vögeln, die sie beobachten. Ihre Freude ist oft allein eine Folge der einfachen Tatsache, daß Vögel nicht gezwungen sind, in den zwei Dimensionen der Erdoberfläche zu existieren, sondern frei die Luft erobern und unliebsamen Ereignissen flugs entkommen können. Beobachter mit mehr Forschergeist werden darüber hinaus bemüht sein, neue Erkenntnisse über die Bestimmung, das Auftreten, das Verhalten und die Ökologie oder gar die Physiologie von Vögeln zu gewinnen.

Der erste Schritt für jeden, der sich für Vögel interessiert, ist, die vielen verschiedenen Arten unterscheiden zu lernen. In diesem Buch wurde nicht nur die Schönheit der meisten in Deutschland zu beobachtenden Vogelarten vorgestellt, sondern auch gezeigt, wie man die verschiedenen Kleider, das Alter und das Geschlecht innerhalb einer Vogelart unterscheiden kann. Am besten beginnt man mit dem Studium der Vögel im eigenen Garten, erforscht dann den Stadtpark und die Wälder der Umgebung sowie schließlich auch die Teiche und Feuchtgebiete. Mit der Zeit wird man seinen Aktionsradius immer weiter ausdehnen und schließlich sogar den Urlaub danach planen, ob es am Zielort interessante Vögel zu beobachten gibt. Wichtig ist dabei, daß man sich von Anfang an die Rufe und Gesänge der Vögel einprägt, da sie für die Bestimmung oft von großer Bedeutung sind. Ferner sollte man fliegende Vögel mit dem Fernglas solange verfolgen, bis man sie nicht mehr sehen kann, oder sie, falls sie sich in großer Entfernung wieder niederlassen, auch aus der Distanz weiter betrachten. Nur so lernt man es, auf Gestalt, Bewegungsweise und andere auffallende Merkmale zu achten, die auch später bei der Bestimmung über größere Entfernungen nützlich sind. Es ist gleichgültig, mit welchem Teilbereich der Vogelkunde man sich später beschäftigen möchte: Dieses Basiswissen ist in jedem Fall eine unabdingbare Voraussetzung. Zudem bereitet es einfach Freude und ist ein Erfolgserlebnis, einen Vogel auch unter schwierigen Bedingungen sicher bestimmen zu können. Dabei sollte man nicht vergessen, daß die meisten Menschen sich ausschließlich in ihrer Freizeit mit Vögeln beschäftigen. Sie tun dies nicht, um nobelpreisverdächtige Forschungsergebnisse zu erbringen, sondern um sich zu entspannen, an der Schönheit und Vielfalt der Vögel zu erfreuen und dabei gelegentlich etwas Besonderes oder Seltenes zu entdecken.

Da es sich um eine Freizeitbeschäftigung handelt, besitzt also niemand das Recht, einem Vogelbeobachter vorzuschreiben,

Vogelbeobachter mit kompletter Ausrüstung. Fernglas und Notizbuch sind unerläßliche Hilfsmittel. Die meisten Birder benutzen auch ein Fernrohr oder Spektiv, um mehr Details erkennen zu können. Ausländische Vogelbeobachter benutzen heute oft Sprechfunkgeräte, um ständig in Kontakt zu bleiben. In den Taschen sind Kamera und Teleobjektiv verstaut

Beobachtungen sollten sofort in einem Notizbuch festgehalten werden. Skizzen und genaue Beschreibungen sind eine wichtige Gedächtnisstütze

wie er sein Hobby zu gestalten hat. Wenn hier trotzdem einige Hinweise gegeben werden, so geschieht dies nur, weil es mit etwas Erfahrung und bei intensiver Beschäftigung mit der Vogelkunde jedem möglich ist, kleine Bausteine für das Gesamtgebäude der Ornithologie, der Wissenschaft von den Vögeln, zu liefern. Ob diese nun das Ergebnis schweißtreibender Arbeit oder eher ein Abfallprodukt entspannender Beobachtung sind, ist eigentlich nicht von Bedeutung. Wenn man sich jedoch der großen internationalen Gemeinschaft der Vogelbeobachter und Birder anschließen möchte, ist es wichtig, daß einige Spielregeln beachtet werden. Man kann das Beobachten von Vögeln also aus Freude, Neugierde, abgewandeltem Jagdinstinkt oder wissenschaftlichem Forscherdrang betreiben, man kann es alleine oder in Gruppen tun, man kann sich an lokalen, nationalen und sogar internationalen Projekten beteiligen und man kann sich aus dem breiten Spektrum der Vogelkunde die Aspekte aussuchen, die einem besonders interessant erscheinen. Die Vogelbeobachtung birgt zudem ein weiteres Phänomen in sich. Während viele andere Hobbys spätestens nach einigen Jahren langweilig werden, wird die Vogelbeobachtung immer fesselnder. Es

dauert viele Jahre, bis man in die Feinheiten der Vogelbestimmung vorgedrungen ist, und man kann sich ein Leben lang damit beschäftigen, Einblicke in das aufregende Treiben der Vögel zu gewinnen. Fast jeder beginnt seine vogelkundliche Laufbahn damit, daß er erst einmal versucht, möglichst viele Arten zu sehen und genau kennenzulernen. Diese werden in Listen eingetragen, im Bestimmungsbuch abgehakt und immer wieder gezählt. Nach einiger Zeit wird es immer schwerer, seiner Liste eine neue Art hinzuzufügen. Daher beginnen viele, Statistiken für ein bestimmtes Gebiet oder für das laufende Jahr anzulegen. Zwar kommt mancher aus diesem Stadium nie heraus, doch den meisten Vogelbeobachtern wird das viele Zählen mit der Zeit zu langweilig. Sie möchten zwar immer noch neue, schöne oder seltene Arten sehen, konzentrieren sich dabei aber weniger auf das Kreuzchen im Bestimmungsbuch, sondern mehr auf das eingehende Studium der Gefiedermerkmale und des Verhaltens und sammeln Daten über das zeitliche Muster des Auftretens seltener Vögel. Dafür unternehmen sie auch weite Reisen, geben viel Geld für Bücher, Zeitschriften und optische Hilfsmittel aus und stehen in ständigem Kontakt mit gleichge-

Hier sind einige Beispiele für die Zusammenarbeit britischer Vogelkundler dargestellt: Die Erfassung des Waldlaubsängers (rechts) im ganzen Land, die Sammlung von Daten zur Brutbiologie verschiedener Vogelarten und das Ergebnis einer Siedlungsdichtezählung. Ähnliche Programme gibt es auch bei uns

sinnten Kollegen, um ihre Erfahrungen und Ergebnisse auszutauschen. Diese hochqualifizierten und besonders begeisterten Vogelbeobachter werden überall auf der Welt und inzwischen auch in Deutschland als „Birder" bezeichnet.

Es ist nützlich, sich so bald wie möglich mit anderen Beobachtern in Verbindung zu setzen. Man bekommt von ihnen Hinweise auf lohnende Beobachtungsgebiete oder Fragestellungen, und sie helfen auch dann gerne weiter, wenn die Bestimmungsbücher versagen. Am besten lernt man Vögel und ihre Stimmen kennen, wenn man mit einem erfahrenen Birder hinausgeht. Fast überall in Deutschland gibt es Arbeitsgemeinschaften und Vereine, die dem Anfänger gerne weiterhelfen und Kontakte vermitteln. Einige Adressen finden sich im Abschnitt „Nützliche Informationen" auf Seite 266. Auch sollte man frühzeitig beginnen, sich mit weiterführenden Büchern zu beschäftigen und auch eine Zeitschrift zu abonnieren, die aktuelle Informationen liefert und Kenntnisse vermittelt, die über den Inhalt der Bestimmungsbücher hinausgehen.

Man wird schnell feststellen, daß die scheinbar so einfache Vogelbestimmung in Wirklichkeit doch viel komplizierter ist, als es auf den ersten Blick erscheint. Es

gibt viele Fallen und Verwechslungsmöglichkeiten, und leider präsentieren Vögel sich nicht immer so, wie sie im Bestimmungsbuch abgebildet sind. Watvögel mit einem typischen Flügelmuster werden meistens unerreichbar mitten im Teich auf einer kleinen Insel stehen — mit zusammengelegten Flügeln. Meisen, die sich einem Bestimmungsbuch zufolge an ihren deutlich verschiedenen Stimmen unterscheiden lassen, werden boshafterweise einen Ruf von sich geben, den beide möglichen Arten im Repertoire haben. Nahezu unausweichlich wird fast jeder Vogel, den man für eine Seltenheit hält, schnell auffliegen, im gleißenden Sonnenlicht als schwarzer Punkt verschwinden — und nie mehr gesehen werden. Ebenso unvermeidbar wird sich so mancher Rätselvogel schließlich als eine häufige Art in einem weniger bekannten Jugend- oder Schlichtkleid entpuppen. Damit muß man eine Weile leben, aber mit der Zeit und mit wachsender Erfahrung sortieren sich die Dinge und man wird immer sicherer.

Spätestens zu diesem Zeitpunkt wird man beginnen, seine Beobachtungen in einem Notizbuch festzuhalten. Bei jeder Exkursion sollte man selbstverständlich Datum, Ort und Wetter sowie die beobachteten

Vogelarten mit Angaben über Anzahl, Alter und Geschlecht notieren. Ferner ist es nützlich, auch Bruten, besondere Verhaltensweisen, Zugbewegungen u.s.w. festzuhalten. Wenn das Aufschreiben zur ungeliebten Last wird, empfiehlt es sich, Umfang und Ausführlichkeit der Aufzeichnungen einfach zu reduzieren.

Wenn man die Vogelbeobachtung ernst nimmt und viele Daten über das Auftreten, Brüten oder den Durchzug von Vögeln oder über die Vogelwelt eines bestimmten Gebietes im Jahresverlauf gesammelt hat, wird man den Wunsch haben, dieses Material auch anderen Vogelbeobachtern zugänglich zu machen. In vielen Gebieten werden von den regionalen Arbeitsgemeinschaften Jahresberichte herausgegeben, in denen die Daten vieler Vogelkundler zusammengefaßt sind. Ihnen sollte man seine Aufzeichnungen zur Auswertung überlassen. Solange die Daten nur in der eigenen Schublade liegen, sind sie lediglich von persönlichem Nutzen. In einer zusammenfassenden Auswertung können sie jedoch wichtige Beiträge zur vogelkundlichen Erforschung einer Region liefern. Leute, die sich mit dem Auftreten von Vögeln in einem bestimmten Gebiet beschäftigen, nennt man übrigens Avifaunisten.

Weitere Möglichkeiten einer eher wissenschaftlichen Ausrichtung des Hobbys sind die Beteiligung an Kartierungen, Zählungen und Bestandserfassungen. So kann man z. B. in jedem Jahr erneut die Zahl der Brutpaare in einem bestimmten Gebiet ermitteln. Solche sogenannten „Siedlungsdichtezählungen" erlauben Aussagen über die Reviergröße der Vogelarten, aber auch über Zu- oder Abnahme des Bestandes im Laufe der Jahre. Sie bilden daher auch eine wichtige Grundlage für die Naturschutzarbeit.

Die landes-, bundes- oder gar europaweite Verbreitung der Brutvögel wird seit einigen Jahren durch Kartierungen registriert. Dazu wird das ganze Land mit einem Gitternetz überzogen, so daß Raster von 10 x 10 oder 20 x 20 km Größe entstehen. Das Ergebnis ist dann ein Verbreitungsatlas, in dem die von einer bestimmten Vogelart bewohnten Rasterflächen markiert sind. Werden solche Kartierungen nach einigen Jahren wiederholt, läßt sich erkennen, ob eine Vogelart ihr Verbreitungsgebiet ausgedehnt hat oder ob das besiedelte Areal geschrumpft ist. Solche Angaben sind nicht nur für den Avifaunisten und Tiergeographen interessant, sondern auch für den Naturschutz wichtig. Hier kann sich jeder Vogelbeobachter beteiligen, indem er seine Daten zur Verfügung stellt oder gar die Erfassung einer ganzen Rasterfläche übernimmt.

Vogelschutz

Inhalte und Ziele des Vogelschutzes haben sich in den letzten Jahren stark verändert. Standen früher noch das Aufhängen von Meisenkästen und die winterliche Vogelfütterung im Vordergrund, so geht es heute vorwiegend um die Erhaltung von Lebensräumen, einen alle Tier- und Pflanzenarten umfassenden Naturschutz und sogar um Fragen des technischen Umweltschutzes. Wurde früher eher aus dem Gefühl heraus argumentiert, kommt man heute ohne wissenschaftliche Daten und belegbare Fakten kaum noch aus. War Vogelschutz früher eher etwas für Spinner und Naturschwärmer, spielen Vögel in ihrer Funktion als sogenannte „Bioindikatoren", also Anzeiger für die Qualität unserer Umwelt, in zunehmendem Maße eine wichtige Rolle in der politischen Durchsetzung von Maßnahmen zur Erhaltung einer für Pflanze, Tier und Mensch lebenswerten Umwelt.

Es sollte eigentlich selbstverständlich sein, daß jeder, der Vögel beobachtet und sich an ihnen erfreut, auch für ihren Schutz und ihre Erhaltung eintritt. Grundsätzlich gilt dabei, daß man bei sich selbst beginnt und ferner sein Wissen denjenigen zur Verfügung stellt, die es in praktische Naturschutzarbeit umsetzen können. Daher sollen hier verschiedene Möglichkeiten vorgestellt werden, zum Schutz der Vögel beizutragen.

Beerentragende Sträucher im Garten stellen im Herbst und Winter eine wichtige Vogelnahrung dar. Man kann an ihnen Grasmücken, verschiedene Drosseln und sogar Seidenschwänze beobachten

Links ein Nistkasten, der je nach Größe des Einfluglochs für Meisen, Sperlinge und Stare geeignet ist. Rechts ist eine sogenannte „Halbhöhle" abgebildet

Beobachtungsluke

Einflugspalte

Ein Nistkasten für den Mauersegler, der bei der modernen Bauweise unserer Häuser kaum noch Brutplätze findet. Während der Brutzeit sollte er natürlich nicht geöffnet werden

Verhalten im Gelände

Das Beobachten von Vögeln sollte nicht zu einer Belästigung, Störung oder Beeinträchtigung der Tiere führen. Halten Sie so viel Abstand, daß der Vogel nicht durch Sie zum Auffliegen gezwungen wird. Zur Überbrückung der Entfernung gibt es schließlich Ferngläser und Fernrohre. Oft sieht man Vogelkundler, die ihre Beobachtungsobjekte vorsätzlich zum Auffliegen bringen, um sie besser bestimmen zu können. Ein guter Birder zeichnet sich jedoch dadurch aus, daß er die Vögel auch aus größerer Entfernung und in jeder Stellung sicher bestimmt oder geduldig wartet, bis der Vogel freiwillig die gewünschten Merkmale erkennen läßt. An Brut- und Rastplätze der Vögel sollte man grundsätzlich nicht nahe herangehen. Das Beobachten oder Fotografieren von Vögeln am Nest oder in Nestnähe ist zwar einfach, aber fast immer mit Störungen verbunden und verbietet sich daher eigentlich von selbst. Natur- und Vogelschutzgebiete wurden nicht als Freizeitparks für Naturbeobachter eingerichtet, sondern als letzte Rückzugsgebiete. Vogelbeobachter und Mitglieder von Naturschutzvereinen genießen hier keine Sonderrechte, sondern müssen sich wie alle anderen Menschen auch an die Verbote halten. Das heißt zum Beispiel, daß die

Wege nicht verlassen werden dürfen. Dasselbe gilt im Prinzip auch für alle anderen Gebiete. Vogelbeobachter, die in Feuchtgebieten die Qualität ihrer Gummistiefel oder in Dickichten die Reißfestigkeit ihrer Jacken testen, stellen wohl kaum ein Vorbild für andere Menschen dar. Diese Grundsätze sollten selbstverständlich auch bei vogelkundlichen Reisen ins Ausland beachtet werden.

Wenn in einem Gebiet ein besonders seltener Vogel auftaucht, kommt es oft zu einem Massenauflauf von Beobachtern. Hier ist besondere Disziplin vonnöten: Der seltene Gast darf nicht beunruhigt werden, die Interessen des Grundeigentümers müssen gewahrt bleiben, die Umgebung darf nicht zertrampelt werden und unter Umständen sind sogar Belange der Straßenverkehrsordnung zu beachten. Dabei sollte man sich nicht scheuen, vorwitzige Fotografen und Beobachter, die unbedingt noch ein paar Meter an den Vogel heran wollen, auf ihr verantwortungsloses Handeln den Kollegen und vor allem dem Vogel gegenüber hinzuweisen. Daß so etwas möglich ist, wird in anderen europäischen Ländern, in denen es viel mehr Vogelbeobachter als bei uns gibt, immer wieder demonstriert. In England kommt es vor, daß mehrere tau-

send Menschen solch einen seltenen Vogel beobachten, ohne daß dieser belästigt wird und die Umgebung anschließend wie ein Schlachtfeld aussieht. Schließlich ist es wichtig, auf die Fragen neugieriger Spaziergänger, die sich oft über die schweren optischen Geschütze der Vogelbeobachter wundern, freundlich zu reagieren. Auf diese Weise kann man nicht nur Verständnis wecken (oder ein mitleidiges Lächeln ernten), sondern sehr oft der Vogelbeobachtung auch neue Freunde zuführen oder auf Probleme des Naturschutzes hinweisen.

Vogelschutzverbände

In jeder Stadt und in jedem Kreis gibt es Vereine, die sich um den Schutz der Natur oder speziell der Vogelwelt kümmern, wobei letztere immer seltener werden. Die meisten davon sind Untergliederungen des „Deutschen Bundes für Vogelschutz" (DBV), des größten deutschen Naturschutzverbandes. Der Name trügt hier etwas, denn neuerdings sind Vögel nicht mehr die einzigen Schutzobjekte, deren sich der DBV annimmt. Amphibien, Orchideen, Libellen und Farne stehen genauso auf dem Programm wie die Problemkomplexe Kläranlagen, Chemiekonzerne, Atomkraftwerke und Saurer

Die Samen von Erlen und Birken sind im Winter eine Nahrungsquelle für Erlenzeisige (links), Birkenzeisige und Berghänflinge

Eine flache Schale mit frischem Wasser wird von vielen Vögeln im Sommer gerne zum Trinken und Baden benutzt. Oft reicht, wie hier, eine alte Radkappe.

Meisenknödel und Meisenringe stellen für akrobatische Vögel eine Attraktion dar. Der Futterplatz sollte jedoch zum Schutz vor Nässe überdacht und nicht, wie hier, offen sein.

Regen. Dabei werden die Vögel jedoch nicht vergessen, und die meisten Ortsgruppen bieten gerade für den Anfänger nützliche Exkursionen, Führungen und Vorträge an. Eine Möglichkeit zur Mitarbeit im DBV bietet sich für jeden, denn es sind nicht so sehr Kenntnisse in der Vogelkunde gefragt, sondern Leute mit handwerklichen Fähigkeiten, Schreibmaschinenkenntnissen, Erfahrungen in Betriebswirtschaft, mit chemischen Wasseranalysen oder im Umgang mit Politikern. Wem das harte Natur- und Vogelschutzgeschäft zu anstrengend ist, der sollte diese Verbände wenigstens durch seine passive und damit auch zahlende Mitgliedschaft ideell und materiell unterstützen.

Schutzgebiete
Vogelschutz ist heute sehr teuer, und ein Großteil des Geldes, das den Verbänden zur Verfügung steht, wird in den Erwerb und die Gestaltung von Schutzgebieten investiert. Bei fortschreitender Zerstörung und Verbauung unserer Restlandschaft kommt diesen Gebieten immer größere Bedeutung zu. Viele bei uns von der Ausrottung bedrohte Vogelarten können nur überleben, wenn es genügend solcher Schutzzonen gibt. Dabei handelt es sich überwiegend um Feuchtgebiete, da diese

zu den am stärksten bedrohten Lebensräumen gehören. Viele davon sind für Vogelbeobachter erschlossen: Es gibt Beobachtungstürme, Verstecke, Rundwege, die einen Einblick erlauben, ohne Störung hervorzurufen, und manchmal sogar Führungen und Informationszentren. Wenn man in so einem Gebiet eine schöne Beobachtung gemacht hat, sollte man daran denken, anschließend eine kleine Spende zu entrichten, damit es auch in Zukunft erhalten werden kann.

Grundlagenforschung
Viele Probleme des Vogelschutzes können nur gelöst werden, wenn ihnen genaue Untersuchungen vorangehen. Hier gibt es für den etwas erfahreneren Beobachter zahlreiche Möglichkeiten der Mitarbeit. Alljährlich wird im Winter in ganz Europa die sogenannte „Internationale Wasservogelzählung" durchgeführt. An bestimmten Stichtagen werden alle Enten, Schwäne und Gänse genau gezählt, vom kleinen Parkteich bis zum großen Binnensee. Die so ermittelten Bestandszahlen erlauben es, gegebenenfalls rechtzeitig Schutzmaßnahmen einzuleiten. Für Watvögel gibt es neuerdings eine ähnliche Zählung.
Wenn ein Gebiet unter Schutz gestellt

werden soll, muß der Antrag mit ausführlichem Zahlenmaterial belegt sein. Dafür ist es oft nötig, über einen längeren Zeitraum die Anzahl der brütenden und rastenden Vögel zu ermitteln. Wenn sich dabei herausstellt, daß das Areal für viele seltene Vogelarten von großer Bedeutung ist, wird man den gut begründeten Antrag kaum ablehnen können. Viele Vogelarten verschwinden bei uns, ohne daß wir viel über ihre Lebensweise und damit über die Gründe ihres Rückgangs wissen. Um etwas für ihren Schutz zu tun, ist es daher zuerst einmal erforderlich, sich näher mit ihnen zu beschäftigen. Hier kann der Amateur in seiner Freizeit wichtige Forschungen betreiben, die sich später in umfassende Schutzkonzepte verwandeln lassen. Bei all diesen Vorhaben ist es wichtig, sich mit Kollegen, Naturschutzverbänden und vogelkundlichen Arbeitsgemeinschaften abzusprechen.

Vogelschutz im Garten
Natürlich kann man auch im eigenen Garten etwas für die Vögel tun. Dies beginnt mit dem Aufhängen von Nistkästen. Einige Arten, wie Hausrotschwanz, Grauschnäpper und Bachstelze benötigen sogenannte „Halbhöhlen", Blaumeisen brauchen Nistkästen mit kleinen, Kohlmeisen mit größeren und Wendehälse mit noch größeren Einfluglöchern. Für Mehlschwalben kann man Kunstnester aus Beton unter die Dachrinne hängen, der Mauersegler freut sich über Hohlräume unter den Dachziegeln. Für den Bau solcher Nisthilfen gibt es in zahlreichen Büchern ausführliche Anleitungen.
Sehr beliebt ist die Fütterung von Vögeln. Von den meisten Vogelschützern wird sie heute zwar abgelehnt, da sie den wirklich bedrohten Arten nicht hilft, bei unsachgemäßer Handhabung aber viele Vögel das Leben kosten kann. Dennoch hat sie einen gewissen pädagogischen Wert, da man die Vögel aus großer Nähe direkt vor dem Fenster schön beobachten kann und auf diese Weise eine Beziehung zu ihnen bekommt, was ja besonders für Kinder sehr wichtig ist. Man muß allerdings darauf achten, daß der Futterplatz täglich gereinigt wird, da er sonst zu einem Infektionsherd werden kann. Auch dürfen keine Küchenreste und salzhaltigen Abfälle verfüttert werden. Geeignetes Winterfutter sind Sonnenblumenkerne, Nüsse, Haferflocken, Äpfel und feinere Sämereien, die unter der Bezeichnung „Waldvogelfutter" im Handel sind.
Sehr sinnvoll ist es, den Garten naturgemäß zu gestalten. Das bedeutet, daß man die exotischen Ziersträucher durch einheimische, beerentragende Sträucher ersetzt, die samentragenden Wildkräuter ruhig gedeihen läßt, noch vorhandene alte Obstbäume erhält.

Die Ausrüstung des Vogelbeobachters

Das Schöne an der Vogelbeobachtung ist, daß jeder sie zu jeder Zeit an jedem Ort mit geringstem technischem Aufwand betreiben kann. Im Vergleich zu vielen anderen Hobbys sind also keine hohen finanziellen Aufwendungen nötig. Wenn man seine Ergebnisse verbessern will, wird man allerdings nach einiger Zeit seine Ausrüstung doch erweitern. Das erste und wichtigste Hilfsmittel ist in jedem Fall ein geeignetes Fernglas.

Ferngläser

Bevor Sie ein Fernglas kaufen, sollten Sie überlegen, welche Vergrößerung Sie benötigen. Operngläser mit 2- oder 3-facher Vergrößerung sind für die Vogelbeobachtung ziemlich nutzlos. Handelsübliche Ferngläser besitzen eine 6- bis 15-fache Vergrößerung. Nun könnte man denken, daß man einen Vogel besser sieht, wenn die Vergrößerung stärker ist. Dabei muß man jedoch berücksichtigen, daß ein stark vergrößerndes Fernglas relativ groß und schwer ist und meist eine geringe Lichtstärke besitzt und daher in der Dämmerung nicht mehr eingesetzt werden kann. Hinzu kommt, daß auch das Zittern der Hand — und jede Hand zittert etwas — sich bei solchen Gläsern zunehmend auf das Bild auswirkt. Daher ist von Ferngläsern mit mehr als 10-facher Vergrößerung abzuraten. Wenn man vorwiegend in bewaldetem Gelände Vögel beobachten möchte, empfiehlt sich ein Glas mit 6- bis 8-facher Vergrößerung, da hier die Entfernungen meist nicht besonders groß sind. In offenem Gelände oder an Gewässern wird man eine 10-fache Vergrößerung vorziehen. Ob Sie den Vogel nun in 7- oder 10-facher Vergrößerung sehen, ist letztlich gar nicht so entscheidend. Viel wichtiger ist, daß Sie ein scharfes und helles Bild erhalten.

Auf jedem Fernglas sind zwei Zahlen eingeprägt, z. B. 10 × 40. Die erste Zahl gibt die Vergrößerung an, in diesem Fall also 10-fach. Die zweite Zahl bezeichnet den Durchmesser der Objektivlinse in mm, hier also 40 mm. Aus diesen beiden Angaben läßt sich die Dämmerungszahl des Fernglases errechnen, indem man die Vergrößerung mit dem Objektivdurchmesser multipliziert und aus dem Produkt die Wurzel zieht. In unserem Fall ergibt sich die Zahl 20, bei einem Fernglas mit den Kenndaten 8 × 30 ergibt sich die Dämmerungszahl 15,5. Praktisch bedeutet dies, daß wir mit dem 10 × 40 einen Vogel in der Dämmerung noch in einer Entfernung von 200 m gut sehen können, mit dem 8 × 30 bei gleichen Lichtverhältnissen dagegen nur auf 155 m. Anders gewendet bedeutet dies, daß wir denselben Vogel bei gleicher Entfernung mit dem 10 × 40 fast ein Drittel heller sehen. Bei vollem Tageslicht ist die Däm-

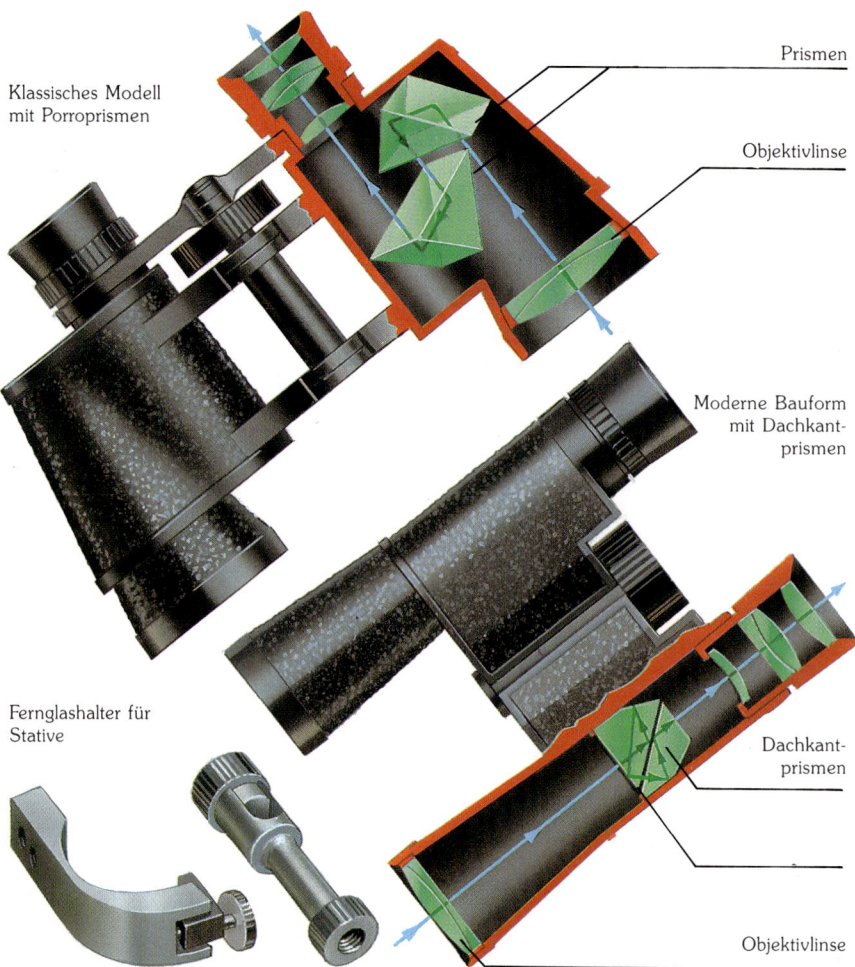

Klassisches Modell mit Porroprismen

Prismen

Objektivlinse

Moderne Bauform mit Dachkantprismen

Fernglashalter für Stative

Dachkantprismen

Objektivlinse

merungsleistung eines Fernglases übrigens ohne Bedeutung.

Im Prinzip ist es zwar richtig, daß die Dämmerungszahl mit wachsendem Objektivdurchmesser steigt, in der Praxis setzt der Pupillendurchmesser des menschlichen Auges hier jedoch Grenzen. Aus den beiden Zahlen können wir nämlich ein weiteres Maß berechnen, indem wir den Objektivdurchmesser durch die Vergrößerung teilen. In unserem Beispiel ergibt sich 40 : 10 = 4 mm. Man nennt diese Kenngröße „Austrittspupille", und sie beeinflußt die Abbildungshelligkeit im Auge. Die menschliche Pupille öffnet sich jedoch selbst bei tiefer Dämmerung nur maximal 7 mm, so daß eine rechnerische Austrittspupille von mehr als 7 völlig nutzlos ist, z. B. bei einem 6 × 50 Fernglas, das einen Wert von 8,3 ergeben würde. Wie hell das Bild tatsächlich ist, hängt jedoch auch stark von der Qualität des im Fernglas benutzten optischen Glases, der Vergütung der Linsen und der Konstruktionsweise ab.

Kaufen Sie ein Fernglas nie blind, sondern testen Sie verschiedene Modelle. Prüfen Sie zuerst, ob das Glas angenehm in der Hand liegt. Wenn es Ihnen zu sperrig und klobig ist, lassen Sie es liegen —

Sie müssen es schließlich jahrelang mit sich herumtragen. Versuchen Sie dann, einen sehr weit entfernten Punkt scharfzustellen. Dies ist für kurzsichtige Menschen wichtig, die das Fernglas ohne Brille benutzen. Für sie lassen sich nämlich viele Modelle im unendlichen Bereich nicht mehr scharfstellen. Drehen Sie dann die Schraube in die andere Richtung und versuchen Sie, ein möglichst nahe gelegenes Objekt scharf einzustellen. Eine Naheinstellung auf 5 m sollte mindestens möglich sein. Betrachten Sie als nächstes ein Objekt mit einer geraden Kante, z. B. einen Telegrafenmasten oder ein Gebäude. Bewegen Sie das Fernglas langsam nach rechts und links. Wenn die Linie noch gerade ist, kurz bevor sie aus dem Blickfeld verschwindet, ist das Glas in Ordnung. Nun sollten Sie noch die Farbabweichung testen. Betrachten Sie ein dunkles Objekt vor hellem Hintergrund. Wenn Sie bunte Ränder sehen, sollten Sie das Glas besser nicht kaufen. Nicht ganz unwichtig ist die Breite des Sehfeldes. Auf den meisten Ferngläsern ist sie angegeben, z. B. 110 m auf 1000 m. Wenn Sie, wie fast die Hälfte unserer Bevölkerung, eine Brille tragen, sollten Sie ein Fernglas wählen, das Ihnen ein weites

Stativ

Kameraadapter für
Fernrohre

Halteschiene für
ausziehbares
Fernrohr

Ausziehbares
Fernrohr

vergrößernde Fernrohre, sogenannte „Spektive", die ein genaueres Studium des Gefieders über größere Entfernung erlauben. Sie können nicht aus der freien Hand, sondern nur auf Stativen benutzt werden. Um ihre optische Qualität zu testen, geht man genauso vor wie bei Ferngläsern. Die Vergrößerung sollte im Bereich zwischen 25- und 45-fach liegen. Es gibt viele verschiedene Modelle und Konstruktionsformen: Ausziehbar oder kompakt, mit Linsen, Prismen oder Spiegel, mit geradem oder schrägem Einblick, mit fester oder variabler Vergrößerung. Auch hier gilt, daß Qualität ihren Preis hat. Bevor Sie sich für ein Spektiv entscheiden, sollten Sie erst einmal durch die Rohre anderer Vogelbeobachter schauen. Neben der optischen Qualität ist auch die Wetterfestigkeit entscheidend. Sie müssen Ihr Spektiv auch bei Sturm und Regen benutzen können. Das schönste Fernrohr nützt übrigens nichts, wenn es nicht auf ein sehr stabiles Stativ montiert werden kann.

Kameras

Zur Einführung in die Vogelfotografie, die immer beliebter wird, gibt es eigene Bücher. Meist wird man Spiegelreflex-Kameras mit Teleobjektiven von 300 bis 600 mm Brennweite benutzen. Es gibt auch Adapter, mit denen man die Kamera direkt an das Fernrohr anschließen kann. Die Ergebnisse sind hier jedoch kaum befriedigend und reichen bestenfalls, um ein Belegfoto eines besonders seltenen Vogels anzufertigen, dessen Beobachtung man dokumentieren möchte. Um sehr gute Vogelfotos zu erhalten, muß man meistens viel Geld und Zeit investieren und über Geduld, viel Wissen über Vögel und Erfahrung mit der Technik verfügen.

Tonbandgeräte

Viele Menschen haben Schwierigkeiten, sich die Rufe und Gesänge von Vögeln zu merken. Zum Glück gibt es Kassetten mit Vogelstimmen, die das Lernen erleichtern, da man sie immer wieder abspielen kann. Man kann aber auch mit einem tragbaren Tonbandgerät oder Kassettenrecorder selbst versuchen, Aufnahmen zu machen. Wenn man z. B. einen Vogelgesang hört, den man nicht bestimmen kann, hält man ihn einfach auf Band fest und kann ihn dann zu Hause in Ruhe mit anderen Aufnahmen vergleichen. Für solche Zwecke genügen die preiswerten handelsüblichen Geräte. Keinesfalls sollte man einem Vogel zur Brutzeit seinen eigenen Gesang vorspielen, um ihn anzulocken und besser sehen oder fotografieren zu können. Dabei handelt es sich um eine schwerwiegende Störung des Brutgeschehens, die sogar zum Verlassen des Brutreviers führen kann.

Sehfeld bietet, ohne daß Sie die Brille abnehmen müssen. Zwar besitzen viele Modelle eine umstülpbare Augenmuschel aus Weichgummi, doch bleibt das Sehfeld oft immer noch eingeschränkt. Einige Markengläser besitzen jedoch Okulare, die speziell für Brillenträger konstruiert wurden. Dies sollte man beim Kauf unbedingt berücksichtigen, da es sehr lästig ist, während der Vogelbeobachtung die Brille ständig auf- und absetzen zu müssen.
Ganz wichtig ist die Abbildungsschärfe eines Fernglases. Betrachten Sie ein Plakat mit unterschiedlichen Schriftgrößen, das in etwa 50 m Entfernung hängt, und vergleichen Sie verschiedene Fernglasmodelle. Sie werden erstaunliche Unterschiede feststellen. Denken Sie daran, auch die Schärfe im Randbereich zu überprüfen. Bei billigeren Gläsern gibt es übrigens auch innerhalb derselben Modellserie erhebliche Unterschiede. Wenn Sie Ihr Fernglas auch unter harten Einsatzbedingungen benutzen wollen, empfiehlt sich der Erwerb eines gummiarmierten Modells. Wenn das Fernglas nun Ihren harten optischen Test bestanden hat, sich zudem gut anfühlt und Sie den Preis bezahlen können — kaufen Sie es.
Die besten und weltweit von allen Vogel-

beobachtern bevorzugten Modelle sind Dachkantprismen-Gläser aus Deutschland, die kompakt, leicht und von unübertroffener Schärfe sind. Allerdings hat diese Qualität auch ihren Preis, denn man bekommt bei optischen Geräten das, wofür man bezahlt. Dennoch kann man auch mit einem preiswerten Glas glücklich werden.
Als erstes sollten Sie bei Ihrem neuen Fernglas den mitgelieferten schmalen Trageriemen gegen einen breiteren, nicht so tief in den Nacken einschneidenden Gurt austauschen. Der hübsche Lederköcher, der meistens mitgeliefert wird, ist bestenfalls zum Transport im Auto oder Koffer geeignet. Ein Vogelbeobachter trägt sein Fernglas ständig griffbereit um den Hals. Wenn man es erst mühsam auspacken und einstellen muß, ist der Vogel meist längst verschwunden. Sollten Sie plötzlich doppelt sehen oder nach längerer Beobachtungsdauer Kopfschmerzen bekommen, haben sich die Linsen wahrscheinlich durch Stoß verschoben. Sie sollten es auf keinen Fall weiter benutzen, sondern Ihren Optiker aufsuchen.

Fernrohre

Fortgeschrittene Birder benutzen stark

Vogelbeobachtung in Europa

Wenn Sie an der Vogel- und Naturbeobachtung interessiert sind, sollten Sie sich einmal, während der Ferien oder einer Dienstreise ins Ausland begeben, denn dort werden Sie unvergeßliche Eindrücke erhalten. Jedes Land hat seine eigene Vogelwelt, die häufig für den Besucher völlig unbekannt ist. Sogar im Zentrum von Großstädten begegnen Sie fremden Vogelarten; oft können Sie diese vom Hotelzimmer aus beobachten, zum Beispiel Fahlsegler oder Steinsperlinge oder vielleicht eine Blaumerle in einer südeuropäischen Stadt.

Es ist auch möglich, eine vogelkundliche Studienreise zu unternehmen, aber viele Menschen ziehen einen Bade- und Sonnenurlaub mit Rundfahrten vor und betrachten das Vogelleben nur als eine Attraktion am Rand. Man sollte jedoch vor Reiseantritt die örtlichen Möglichkeiten für Vogelbeobachtung in Erfahrung zu bringen versuchen, denn es ist bitter, erst am letzten Urlaubstag von einer ausgezeichneten Möglichkeit für Vogelbeobachtung in geringer Distanz zum Hotel zu erfahren. Viele der häufigen Vogelarten, die man in einem fremden Land zu sehen bekommt, sind für einen selbst unbekannt und daher von besonderem Interesse; die offiziellen Reservate zeigen dagegen oft nur die spektakulären und seltenen Vogelarten.

Die unten angegebenen Vereinigungen bieten dem Laien oft gute Möglichkeiten, die örtliche Vogelwelt kennenzulernen.

Sie führen meistens Führungen in interessante Gebiete durch oder veranstalten von den üblichen Ferienorten aus Tagesexkursionen. Häufig sind dort auch Broschüren erhältlich, die Informationen über die Besonderheiten der einheimischen Vogelwelt und über andere Regionen Europas vermitteln.

Die meisten Länder haben eine eigene Verwaltung für die Naturreservate und Nationalparks. Dort erhalten Sie Prospekte und Bücher über die Schutzgebiete.

Viele Reiseunternehmen bieten inzwischen Spezialtouren für Vogelbeobachtung an. Der große Vorteil dieser Art des Reisens ist, daß man von erfahrenen Ornithologen geführt wird und unter Beachtung der Schutzbestimmungen zu den besten Beobachtungsplätzen gebracht wird; der Fachmann kann Ihnen dann auch gleich bei der Bestimmung der Vogelarten behilflich sein. Solche Touren können sehr wertvolle Erlebnisse vermitteln.

Was auch immer Sie tun, wenn Sie ins Ausland reisen, lassen Sie den Reiseveranstalter, die Hotelleitung und die örtlichen Touristikvertreter wissen, daß Sie insbesondere vogelinteressiert sind und daß Sie gerne einige Zeit aufwenden, um das Vogelleben zu studieren. Je mehr Touristen ihr Interesse an der Natur deutlich machen, desto eher verstehen die Menschen des Gastgeberlandes, daß ihre Natur und die Vögel wertvoll sind. Dies ist ein einfach zu praktizierender Weg, die Idee des Naturschutzes zu fördern.

Vogelschutz in Europa

In DEUTSCHLAND
Deutscher Bund für Vogelschutz/Deutscher Naturschutzverband e.V.
Herbert-Rabius-Str. 26, 53225 Bonn

Landesbund für Vogelschutz in Bayern
Kirchenstraße 8, 91355 Hilpoltstein

In ÖSTERREICH
Österreichische Gesellschaft für Vogelkunde
Burgring 7, A-1010 Wien

In NORWEGEN
Zoologisk Museum
Sarsgatan 1, Oslo 5

In FINNLAND
Lintutieteellisten Yhdistysen Liitto
PL 118, SF-23501 Uusikaupunki

In ENGLAND
British Trust for Ornithology
Beech Grove, Tring, Herts, HP23 5NR

Royal Society for the Protection of Birds,
The Lodge, Sandy, Beds, SG19 2DL

In FRANKREICH
Ligne Française pour la Protection des Oiseaux,
La Corderie Royale, BP 263,
F-17305 Rochefort Cedex

In SPANIEN
Sociédad Española de Ornitologia,
Facultad de Biologia, Universidad Complutense
E-28040 Madrid

In PORTUGAL
Sociedada Portuguesa de Ornitologia,
Seccão de Zoologica
Faculdada de Ciencias Universidada de Porto,
P-4000 Porto

In der SCHWEIZ
Verband Schweizerischer
Vogelschutzvereine
Fliederweg 2, CH-6438 Ibach

In BELGIEN
Institut Royal des Sciences Naturelles de
Belgique, Rue Vautier 29, B-Bruxelles

In den NIEDERLANDEN
Nederlandse Vereniging Tot Berscherming
Van Vogels,
Driebergseweg 16 C, NL-3708 JB Zeist

In LUXEMBURG
Ligue Luxembourgeoise pour L'Etude de la
Protection des Oiseaux,
32 Rue de la Forêt, Luxembourg

In DÄNEMARK
Dansk Ornitologisk Forening,
Vesterbrogade 140, DK-1620 Kobenhavn V

In SCHWEDEN
Sveriges Ornitologiska Förening (SOF)
Skeppergatan 19, Box 14219,
S-104 40 Stockholm

In ITALIEN
La Lega Italiana per la Protezione degli
Ucelli, Lungano Guicciardina 9,
50125 Firenze

Sehenswerte Naturlandschaften

Dänemark
1 Skagen
2 Rold Skov
3 Esrum Sø og Gribskov
4 Farum
5 Tystrup-Bavelse og Søerne
6 Rødby
7 Fyns Hoved
8 Rands Fjord
9 Skallingen
10 Tipperne-Værnengene-Nyminde strøm
11 Hansted

Großbritannien
1 Shetland-Fair Isle
2 Speyside
3 Foulsheugh
4 Firth of Forth
5 Farne Island
6 The Wash
7 Minsmere
8 Thames-Medway
9 London Reservoirs
10 Portland-Weymouth
11 Slimbridge
12 Skokholm-Skomer
13 Dee Estuary
14 Hebriden

Irland
1 Malin Head
2 Lough Neagh
3 Strangford Lough
4 Dublin-North
   Bull Island
5 Wexfort Slobs
6 Cape Clear Island
7 Kerry Island
8 Lough Akeagh
9 Lough Erne

Niederlande
1 Zwartemeer
2 Oostelijk Flevoland
3 De Hoge Veluwe
4 Naarder Meer
5 Nieuwkoop-See
6 Rheindelta
7 Alkmaarder Meer
8 Zwanenwater
9 Texel

Belgien
1 Kalmthout-Heide
2 Campine
3 Genk
4 Hautees-Fagnes
5 Harchies
6 Blankaart
7 Yser-Mündung
8 Zwin

Frankreich
1 Sologne
2 Brenne
3 Dombes
4 Lac de Bourget
5 Vanoise
6 Camargue
7 Languedoc
8 Gorges du Tarn
9 St. Flour
10 Port du Gavarnie
11 Les Landes
12 Ile d'Olonne
13 Baie de Bourgne
14 Lac de Grand Lie
15 Golfe du Morbiha
16 Sept-Iles
17 St. Malo
18 Baie de Veys

Spanien
1 Montana de Covadonga
2 Ordesa
3 Pyrenäen
4 La Escala
5 Ebro-Delta
6 Mallorca
7 Sierra Nevada
8 Ronda
9 Südliches Andalu
10 Coto Doñana
11 Huelva
12 Badajoz
13 Sierra Guadarram

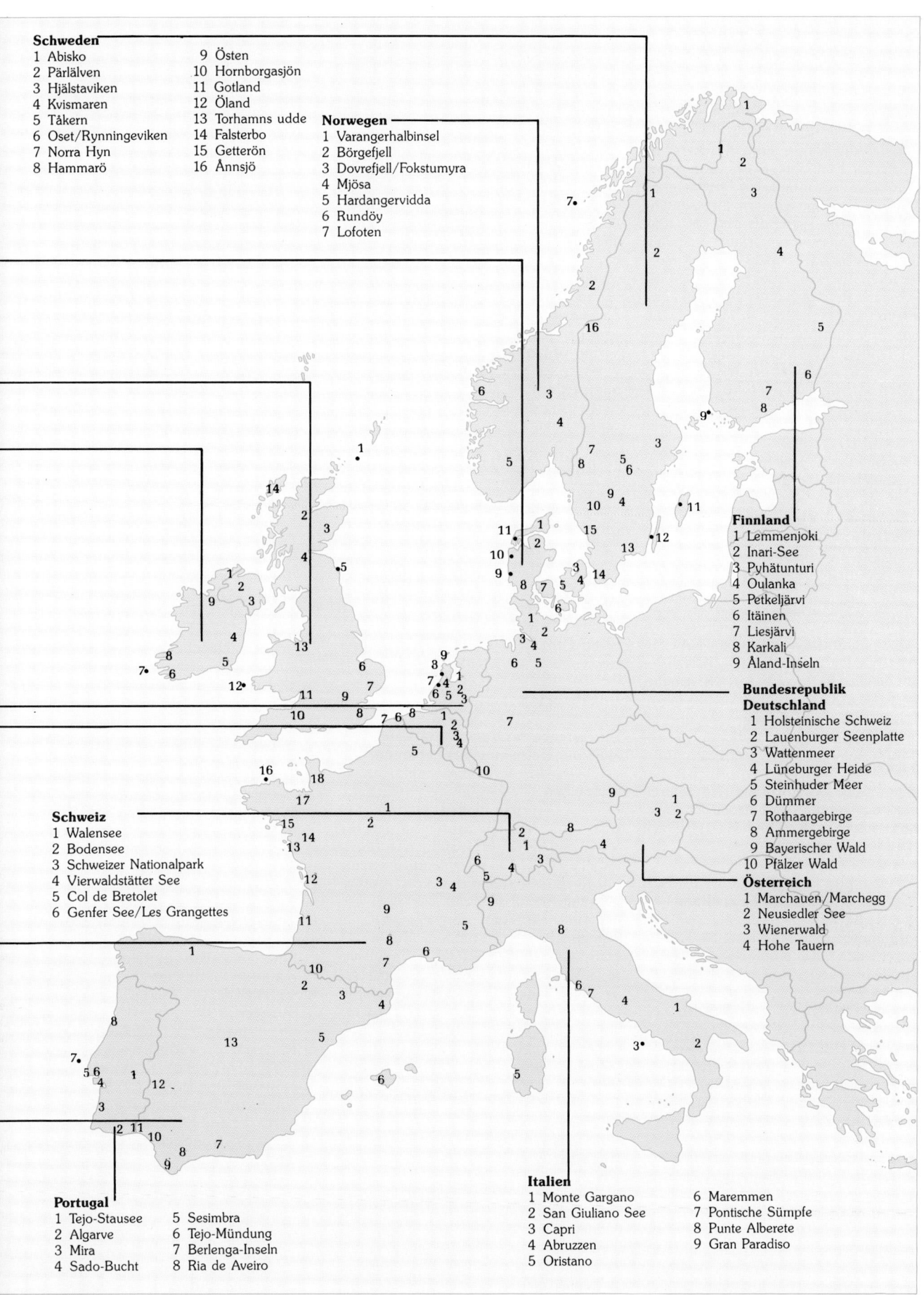

Schweden
1 Abisko
2 Pärlälven
3 Hjälstaviken
4 Kvismaren
5 Tåkern
6 Oset/Rynningeviken
7 Norra Hyn
8 Hammarö
9 Östen
10 Hornborgasjön
11 Gotland
12 Öland
13 Torhamns udde
14 Falsterbo
15 Getterön
16 Ånnsjö

Norwegen
1 Varangerhalbinsel
2 Börgefjell
3 Dovrefjell/Fokstumyra
4 Mjösa
5 Hardangervidda
6 Rundöy
7 Lofoten

Finnland
1 Lemmenjoki
2 Inari-See
3 Pyhätunturi
4 Oulanka
5 Petkeljärvi
6 Itäinen
7 Liesjärvi
8 Karkali
9 Åland-Inseln

Bundesrepublik Deutschland
1 Holsteinische Schweiz
2 Lauenburger Seenplatte
3 Wattenmeer
4 Lüneburger Heide
5 Steinhuder Meer
6 Dümmer
7 Rothaargebirge
8 Ammergebirge
9 Bayerischer Wald
10 Pfälzer Wald

Österreich
1 Marchauen/Marchegg
2 Neusiedler See
3 Wienerwald
4 Hohe Tauern

Schweiz
1 Walensee
2 Bodensee
3 Schweizer Nationalpark
4 Vierwaldstätter See
5 Col de Bretolet
6 Genfer See/Les Grangettes

Portugal
1 Tejo-Stausee
2 Algarve
3 Mira
4 Sado-Bucht
5 Sesimbra
6 Tejo-Mündung
7 Berlenga-Inseln
8 Ria de Aveiro

Italien
1 Monte Gargano
2 San Giuliano See
3 Capri
4 Abruzzen
5 Oristano
6 Maremmen
7 Pontische Sümpfe
8 Punte Alberete
9 Gran Paradiso

Nützliche Informationen

Vogelkundliche Vereine

DEUTSCHER BUND FÜR VOGEL-SCHUTZ (DBV)
Bundesgeschäftsstelle, Herbert-Rabius-Straße 26, 53225 Bonn, Tel. 02 28 / 69 20 16. Der DBV ist der größte und älte-ste Vogelschutzverband auf dem europäischen Kontinent. Er ist in Landesverbände, Kreisgruppen und Ortsgruppen untergliedert und in ganz Deutschland vertreten. Die Anschrift der nächstgelegenen Kreisgruppe erfährt man aus dem Telefonbuch oder von der Bundesgeschäftsstelle. Jeder Beobachter, der sich auch für den Schutz der Vögel einsetzen möchte, sollte hier Mitglied werden. Die meisten Ortsgruppen bieten regelmäßig Führungen, Vorträge und Treffen für Beginner an. Mitglieder erhalten sechsmal im Jahr die bunte Zeitschrift ,,Naturschutz heute'', die auch viele Fotos und Beiträge über Vögel enthält. Der früher speziell auf den Vogelschutz ausgerichtete Verband bemüht sich heute, einen umfassenderen Naturschutz zu betreiben. Er unterhält und betreut im ganzen Land auch Reservate und Schutzgebiete, die teilweise der Öffentlichkeit zugänglich sind. Für Kinder gibt es eine eigene Untergliederung, die den Namen ,,Naturschutzjugend'' trägt.

BUND FÜR UMWELT- UND NATUR-SCHUTZ DEUTSCHLAND (BUND)
Bundesgeschäftsstelle, Im Rheingarten 7, Postfach 30 02 20, 53225 Bonn, Tel. 02 28 / 46 20 84
Der BUND ist ein weiterer großer Naturschutzverband, der gleichfalls bundesweit vertreten ist. Auch unter seinen Mitgliedern finden sich zahlreiche Vogelkundler. Er betreut Schutzgebiete und gibt die Mitgliederzeitschrift ,,Natur & Umwelt'' heraus.

Daneben gibt es zahlreiche weitere mit Vogel- und Naturschutz beschäftigte Verbände, die teilweise nur regional oder auf Landesebene tätig sind. So wird in Bayern der DBV durch den LANDES-BUND FÜR VOGELSCHUTZ (Kirchenstr. 8, 91355 Hilpoltstein) ersetzt, in Hessen arbeitet die HESSISCHE GE-SELLSCHAFT FÜR ORNITHOLOGIE UND NATURSCHUTZ (Schneckenhofstr. 35, 60596 Frankfurt am Main), in Niedersachsen der NATURSCHUTZ-VERBAND NIEDERSACHSEN (Friedrichstr. 43, 26203 Wardenburg).

DEUTSCHE ORNITHOLOGEN-GE-SELLSCHAFT (DO-G) c/o Prof. Dr. R. Prinzinger, Zool. Institut, Siesmayerstr. 70, 60323 Frankfurt am Main
In dieser Gesellschaft sind die wissenschaftlich arbeitenden Vogelkundler zusammengeschlossen. Sie gibt die älteste noch bestehende ornithologische Zeit-schrift der Welt heraus, das ,,Journal für Ornithologie''. Alljährlich wird eine wissenschaftliche Tagung mit akademischen Vorträgen veranstaltet.

DACHVERBAND DEUTSCHER AVI-FAUNISTEN (DDA)
Hortensienstr. 25, 12203 Berlin
Der DDA ist der bundesweite Zusammenschluß einiger regional tätiger vogelkundlicher Vereinigungen. Er koordiniert ihre Tätigkeit und regt überregionale Projekte an. Seit 1970 gibt er die ,,Ornithologische Schriftenschau'' heraus, in der Arbeiten aus in- und ausländischen vogelkundlichen Zeitschriften in Kurzform referiert werden.
Ferner organisiert er die Internationale Wasservogelzählung in der Bundesrepublik. Alle fünf Jahre führt er eine Kartierung der Brutvögel durch, deren Ergebnis dann als Verbreitungsatlas veröffentlicht wird. Über den DDA kann man auch die Anschrift der nächstgelegenen vogelkundlichen Arbeitsgemeinschaft erfahren.

In der Schweiz kann man sich an die ALA, SCHWEIZERISCHE GESELL-SCHAFT FÜR VOGELKUNDE UND VOGELSCHUTZ (Krähenbergstr. 53, CH-2543 Lengnau), in Österreich an die ÖSTERREICHISCHE GESELL-SCHAFT FÜR VOGELKUNDE (Burgring 7, A-1010 Wien) wenden.

Vogelwarten

Die Aufgabe der Vogelwarten ist es, mit Hilfe der Beringung das Leben der Vögel, besonders ihre Zugbewegungen, zu erforschen. Sie werden dabei von zahlreichen ehrenamtlichen Helfern unterstützt. Am bekanntesten ist die VOGELWARTE HELGOLAND (Postfach 12 20, 27494 Helgoland), die heute nur noch eine Außenstation ist. Anfragen und Rückmeldungen beringter Vögel sind heute an den Hauptsitz in Wilhelmshaven zu richten. INSTITUT FÜR VOGELFORSCHUNG ,,Vogelwarte Helgoland'', An der Vogelwarte 21, 26386 Wilhelmshaven – Rüstersiel. Für Süddeutschland und Österreich ist zuständig die VOGELWARTE RADOLF-ZELL am Max-Planck-Institut für Verhaltensphysiologie, 78315 Radolfzell. Außerdem gibt es die SCHWEIZE-RISCHE VOGELWARTE in CH-6204 Sempach.

Bücher

Das Angebot an Vogelbüchern ist kaum noch überschaubar und wächst von Jahr zu Jahr. Hier kann nur eine kurze Auswahl weiterführender Literatur gegeben werden, die einige für den Anfänger wichtige Bücher, einige grundlegende Standardwerke und Titel über Spezialthemen enthält.
Aus der Vielzahl der Bestimmungsbücher seien vier für den Anfänger besonders geeignete Werke herausgegriffen.

BERTEL BRUUN UND ARTHUR SINGER: Der Kosmos-Vogelführer. Stuttgart 1986
Ein umfassendes Bestimmungsbuch, in dem alle europäischen Arten übersichtlich dargestellt sind. Vor allem die Abbildungen der Watvögel und Möwen sind ganz hervorragend.

ROGER PETERSON, GUY MOUNTFORT und P. A. D. HOLLOM: Die Vögel Europas. Hamburg und Berlin 1985
Dieses Buch galt über dreißig Jahre als das Standardwerk der Vogelbestimmung.

JAMES FERGUSON-LEES und IAN WILLIS: Vögel Mitteleuropas. München, Wien, Zürich 1987
Ein ganz neues Buch mit sehr genauen Zeichnungen, in dem auch Seltenheiten gründlich behandelt werden.

PETER HAYMANN: Vögel. Bern und Stuttgart 1980
Ein sehr handliches, kleines Bestimmungsbuch, in dem die Arten in vielen verschiedenen Stellungen und Kleidern abgebildet sind. Eine ideale Ergänzung zum vorliegenden großen Buch vom selben Zeichner.

URS GLUTZ VON BLOTZHEIM und KURT BAUER: Handbuch der Vögel Mitteleuropas. Wiesbaden 1966 – 1985
Von diesem auf vierzehn Bände angelegten Werk sind bisher zehn Bände erschienen. In ihm sind alle bisherigen Kenntnisse über unsere Vogelwelt zusammengefaßt. Vieles davon ist nur für den Spezialisten interessant. Man findet das sehr teure Werk in fast jeder öffentlichen Bibliothek. Inzwischen ist eine erschwingliche Kurzausgabe der ersten zehn Bände erschienen.

EINHARD BEZZEL: Kompendium der Vögel Mitteleuropas. Wiesbaden 1985

HANS-HEINER BERGMANN: Die Biologie des Vogels. Wiesbaden 1987
Eine gut lesbare Einführung in Bau, Funktion und Lebensweise.

ROBERT BURTON: Das Leben der Vögel. Stuttgart 1986
Eine mit vielen Farbfotos illustrierte Einführung in das Verhalten von Vögeln.

HORST STERN u.a.: Rettet die Vögel. München und Berlin 1978
Hervorragend illustrierte und flüssig geschriebene Einführung in die Probleme des Vogelschutzes in Deutschland

RUDOLF L. SCHREIBER u.a.: Rettet die Vogelwelt. Ravensburg 1987
Ein engagiert geschriebener Band über die weltweite Bedrohung der Vogelwelt mit erstklassigen Farbfotos zur Unterstützung der Weltkampagne ,,Save the Birds''.

Über viele Vogelarten und -familien sind in der Reihe „Die Neue Brehm-Bücherei" kleine Bändchen erschienen, die viel Wissenswertes über ihre Lebensweise enthalten.

Wer sich mit dem Thema der Vogelfotografie näher beschäftigen möchte, kann auf eine reich illustrierte und locker geschriebene Einführung zurückgreifen. FRITZ PÖLKING: Vogelfotografie, Greven 1987

Aufnahmen von Vogelstimmen

Nicht nur Anfänger, sondern auch Fortgeschrittene haben immer wieder Probleme, sich die Rufe und Gesänge der Vögel zu merken. Hier ist es sehr hilfreich, über ein Archiv von Schallplatten oder Tonkassetten zu verfügen. Aus dem umfangreichen Angebot seien drei Zusammenstellungen vorgestellt.
JEAN C. ROCHÉ: Die Vogelstimmen Europas. Stuttgart 1986
Hier sind die Gesänge von etwa 400 Arten auf drei Kassetten zusammengestellt. Diese nahezu vollständige Sammlung ist sehr preiswert und wird zusammen mit einer farbig illustrierten Artenliste geliefert.
J. C. ROCHÉ und E. POTT: Vogelstimmen in Wald, Park und Garten. Stuttgart 1988
Auf zwei Kassetten mit 120 Minuten Laufzeit werden die Gesänge und Rufe von etwa 80 häufigen Vögeln vorgestellt und kommentiert.
STURE PALMÉR und JEFFERY BOSWALL: A Field Guide to the Bird Songs of Britain and Europe. Stockholm 1981
Diese sehr ausführliche Serie ist wahlweise auf fünfzehn Schallplatten oder sechzehn Kassetten lieferbar.

Zeitschriften

Jeder ernsthafte Vogelbeobachter sollte auch eine oder mehrere Zeitschriften lesen. Hier erfährt er manches, das über den Inhalt der Bestimmungsbücher hinausgeht und ihn über den neuesten Stand der Vogelforschung informiert. Daneben werden oft auch Hinweise auf neu erschienene Bücher und andere Produkte gegeben. Viele Arbeitsgemeinschaften oder Verbände geben eine regionale Zeitschrift heraus, in der die Daten aus der näheren Umgebung ausgewertet werden und die Jahresberichte erscheinen. Den das eigene Beobachtungsgebiet abdeckenden Bericht sollte man auf jeden Fall abonnieren.
Die überregionalen Zeitschriften haben unterschiedliche Themenschwerpunkte. Einige beschäftigen sich vorwiegend mit Ökologie, andere mit Physiologie und

weitere mit Vogelzugforschung. Drei davon seien genannt.

JOURNAL FÜR ORNITHOLOGIE (Anschrift s. Deutsche Ornithologen-Gesellschaft)
Sehr angesehene wissenschaftliche Zeitschrift, die sich vorwiegend mit Anatomie, Physiologie und Arbeiten aus zoologischen Universitätsinstituten beschäftigt. Den Mitgliedern der DO-G werden vier Hefte jährlich geliefert.

DIE VOGELWELT (Verlag Duncker & Humblot, Postfach 41 03 29, 12113 Berlin)
In dieser Zeitschrift für Vogelkunde und Vogelschutz werden Ergebnisse der avifaunistischen Forschung, von Siedlungsdichtezählungen und Untersuchungen an höhlenbrütenden Vogelarten veröffentlicht. Daneben enthält sie auch Mitteilungen über Ethologie und Ökologie, Literaturbesprechungen und zwei Fotoseiten. Jährlich erscheinen sechs Hefte.

LIMICOLA – Zeitschrift für Feldornithologie (Gartenstr. 1, 37073 Göttingen)
Dieses Magazin bringt sechsmal jährlich reich illustrierte Arbeiten über die Bestimmung schwieriger Arten, das Auftreten von seltenen Vögeln, Verhalten, Verbreitung und Lebensweise, Hinweise auf für Vogelbeobachter wichtige Bücher, Produkte und Termine und einen zweimonatlichen Bericht über aktuelle Beobachtungen im deutschsprachigen Raum.

In Österreich erscheinen jährlich zwei Hefte der Zeitschrift EGRETTA (Anschrift s. Österr. Gesellschaft für Vogelkunde). Für die Schweiz wird viermal jährlich DER ORNITHOLOGISCHE BEOBACHTER (Anschrift s. ALA) herausgegeben.

Was macht man, wenn man einen ...

... beringten Vogel findet?

Der Ring sollte vorsichtig entfernt werden, ohne dabei die eingeprägten Ziffern und Buchstaben zu beschädigen bzw. unlesbar zu machen. Notieren Sie sich gleich die Ringnummer und biegen Sie den Ring dann flach auf. So sollte er, auf ein Blatt Papier geklebt, an die nächstgelegene Vogelwarte geschickt werden, auch wenn er von einer ausländischen Beringungsstation stammt. Geben Sie möglichst genau an, wann und wo Sie den Vogel gefunden haben, ob er schon länger tot oder noch frisch war. Wenn möglich, machen Sie auch Angaben zur Vogelart, zum Alter und zum Geschlecht sowie zur Todesursache. Nach einiger Zeit werden Sie von der Vogelwarte auf einer Postkarte eine Nachricht bekommen, wann und wo der von Ihnen gefundene Vogel beringt worden ist.

... kranken oder verletzten Vogel findet?

Es hat wenig Sinn, wenn man ohne die nötige Erfahrung und technischen Hilfsmittel versucht, einem kranken, verletzten, verölten oder aus dem Nest gefallenen Vogel zu helfen. Wenn möglich, lassen Sie das Tier dort, wo Sie es gefunden haben und rufen Sie sofort Ihre Ortsgruppe des DBV an. Dort wird man Ihnen weitere Ratschläge erteilen. Die Entscheidung, was zu tun ist, wird von Fall zu Fall anders aussehen. Oft wird es das Beste sein, nicht weiter einzugreifen.

... seltenen Vogel entdeckt?

Die Bestimmung einer seltenen Vogelart verlangt immer große Sorgfalt. Machen Sie gleich an Ort und Stelle eine genaue Beschreibung und eventuell auch eine Skizze des betreffenden Vogels. Falls es Ihnen möglich ist, versuchen Sie, ein Belegfoto anzufertigen, ohne den Vogel jedoch dabei zu vertreiben. Dann sollten Sie sofort versuchen, erfahrene Vogelbeobachter zur Bestätigung Ihrer Bestimmung herbeizurufen. In vielen Fällen wird sich herausstellen, daß es sich um eine weniger seltene Art in einem ungewöhnlichen und in den Bestimmungsbüchern nicht abgebildeten Kleid handelt. Wenn man zu der Überzeugung gekommen ist, daß es sich tatsächlich um etwas Besonderes gehandelt hat, sollte die Beobachtung dem sogenannten „Seltenheitenausschuß" gemeldet werden. Dort werden nämlich solche Daten gesammelt, dokumentiert und ausgewertet. Auf diese Weise bekommt man etwas über das Muster des Auftretens seltener Vogelarten heraus und stellt in vielen Fällen fest, daß einige Arten, die bisher als selten galten, in Wirklichkeit gar nicht so ungewöhnlich sind und bislang nur übersehen wurden oder aber zugenommen haben.
Die Leute in diesem Ausschuß sind von Natur aus mißtrauisch und nehmen die Meldungen nicht unbesehen in ihre Statistik auf. Daher ist es notwendig, daß man ihnen eine genaue Beschreibung des Vogels, eine Schilderung der Beobachtungsumstände und, wenn vorhanden, auch ein Belegfoto schickt. Wenn sie nach reiflicher Überlegung zu dem Ergebnis gekommen sind, daß der Nachweis ihrer Seltenheit ausreichend dokumentiert ist, bekommen Sie eine Nachricht darüber. Ihre Beobachtung wird dann in dem jährlich erscheinenden Bericht über das Auftreten seltener Vogelarten aufgenommen. Eine Liste der Arten, die bei uns als Seltenheit bezeichnet werden, und vorgedruckte Meldebögen kann man beim Ausschuß (Alistair Hill, Albrecht-Haushofer-Str. 10, 31139 Hildesheim) anfordern. Einige Bundesländer sowie Österreich und die Schweiz besitzen eigene Ausschüsse.

Systematische Artenliste

In diesem Buch sind die Vogelarten nicht, wie sonst meist üblich, nach systematischen, sondern nach praktischen Gesichtspunkten angeordnet. Daher folgt hier eine Zusammenstellung in systematischer Reihenfolge, die auch etwas über den Verwandtschaftsgrad aussagt, den die Arten untereinander haben. Die international benutzten wissenschaftlichen Namen sind gleichfalls angefügt. Über jedem Abschnitt steht der Name der Ordnung, zu der sie zusammengefaßt werden, bei einigen sehr großen Ordnungen, z. B. den Sperlingsvögeln, sind auch die Namen der Familien angegeben, um die Übersichtlichkeit zu erleichtern.

Seetaucher — *Gaviiformes*
Sterntaucher — *Gavia stellata*
Prachttaucher — *— arctica*
Eistaucher — *— immer*

Lappentaucher — *Podicipediformes*
Zwergtaucher — *Tachybaptus ruficollis*
Haubentaucher — *Podiceps cristatus*
Rothalstaucher — *— griseigena*
Ohrentaucher — *— auritus*
Schwarzhalstaucher — *— nigricollis*

Röhrennasen — *Procellariiformes*
Eissturmvogel — *Fulmarus glacialis*
Schwarzschnabel-Sturmtaucher — *Puffinus puffinus*
Gelbschnabel-Sturmtaucher — *Calonectris diomedea*

Ruderfüßer — *Pelecaniformes*
Baßtölpel — *Sula bassana*
Kormoran — *Phalacrocorax carbo*
Krähenscharbe — *— aristotelis*
Zwergscharbe — *— pygmeus*

Schreitvögel — *Ciconiiformes*

Reiher

Rohrdommel — *Botaurus stellaris*
Zwergdommel — *Ixobrychus minutus*
Nachtreiher — *Nycticorax nycticorax*
Rallenreiher — *Ardeola ralloides*
Kuhreiher — *Bubulcus ibis*
Seidenreiher — *Egretta garzetta*
Silberreiher — *— alba*
Graureiher — *Ardea cinerea*
Purpurreiher — *— purpurea*

Störche

Weißstorch — *Ciconia ciconia*
Schwarzstorch — *— nigra*

Ibisse

Löffler — *Platalea leucorodia*

Flamingos — *Phoenicopteriformes*
Rosaflamingo — *Phoenicopterus ruber*

Entenvögel — *Anseriformes*
Höckerschwan — *Cygnus olor*
Zwergschwan — *— bewickii*
Singschwan — *— cygnus*
Saatgans — *Anser fabalis*
Kurzschnabelgans — *— brachyrhynchus*
Bläßgans — *— albifrons*
Graugans — *— anser*
Kanadagans — *Branta canadensis*
Weißwangengans — *— leucopsis*
Ringelgans — *— bernicla*
Brandgans — *Tadorna tadorna*
Pfeifente — *Anas penelope*
Schnatterente — *— strepera*
Krickente — *— crecca*
Stockente — *— platyrhynchos*
Spießente — *— acuta*
Knäkente — *— querquedula*
Löffelente — *— clypeata*
Kolbenente — *Netta rufina*
Tafelente — *Aythya ferina*
Moorente — *— nyroca*
Reiherente — *— fuligula*
Bergente — *— marila*
Eiderente — *Somateria mollissima*
Eisente — *Clangula hyemalis*
Trauerente — *Melanitta nigra*

Samtente — *— fusca*
Schellente — *Bucephala clangula*
Zwergsäger — *Mergus albellus*
Mittelsäger — *— serrator*
Gänsesäger — *— merganser*

Greifvögel — *Accipitriformes*
Wespenbussard — *Pernis apivorus*
Schwarzmilan — *Milvus migrans*
Rotmilan — *— milvus*
Seeadler — *Haliaeetus albicilla*
Bartgeier — *Gypaetus barbatus*
Schmutzgeier — *Neophron percnopterus*
Gänsegeier — *Gyps fulvus*
Mönchsgeier — *Aegypius monachus*
Schlangenadler — *Circaetus gallicus*
Rohrweihe — *Circus aeruginosus*
Kornweihe — *— cyaneus*
Wiesenweihe — *— pygargus*
Habicht — *Accipiter gentilis*
Sperber — *— nisus*
Mäusebussard — *Buteo buteo*
Adlerbussard — *— rufinus*
Rauhfußbussard — *— lagopus*
Schreiadler — *— pomarina*
Kaiseradler — *Aquila heliaca*
Steinadler — *— chrysaetos*
Zwergadler — *Hieraaetus pennatus*
Fischadler — *Pandion haliaetus*

Falken — *Falconiformes*
Turmfalke — *Falco tinnunculus*
Rotfußfalke — *— vespertinus*
Merlin — *— columbarius*
Baumfalke — *— subbuteo*
Eleonorenfalke — *— eleonorae*
Wanderfalke — *— peregrinus*
Würgfalke — *— cherrug*

Hühnervögel — *Galliformes*
Haselhuhn — *Bonasa bonasia*
Moorschneehuhn — *Lagopus lagopus*
Alpenschneehuhn — *— mutus*
Birkhuhn — *Tetrao tetrix*
Auerhuhn — *— urogallus*
Steinhuhn — *Alectoris graeca*
Rothuhn — *— rufa*
Rebhuhn — *Perdix perdix*
Wachtel — *Coturnix coturnix*
Fasan — *Phasianus colchicus*

Kranichvögel — *Gruiformes*

Rallen

Wasserralle — *Rallus aquaticus*
Tüpfelsumpfhuhn — *Porzana porzana*
Kleinsumpfhuhn — *— parva*
Wachtelkönig — *Crex crex*
Teichhuhn — *Gallinula chloropus*
Bläßhuhn — *Fulica atra*

Kraniche

Kranich — *Grus grus*

Trappen

Großtrappe — *Otis tarda*

Watvögel — *Charadriiformes*

Austernfischer

Austernfischer — *Haematopus ostralegus*

Triele

Triel — *Burhinus oedicnemus*

Stelzenläufer	
Stelzenläufer	*Himantopus himantopus*
Säbelschnäbler	*Recurvirostra avosetta*
Brachschwalben	
Rotflügel-Brachschwalbe	*Glareola pratincola*
Regenpfeifer	
Flußregenpfeifer	*Charadrius dubius*
Sandregenpfeifer	*– hiaticula*
Seeregenpfeifer	*– alexandrinus*
Mornellregenpfeifer	*– morinellus*
Goldregenpfeifer	*Pluvialis apricaria*
Kiebitzregenpfeifer	*– squatarola*
Kiebitz	*Vanellus vanellus*
Schnepfen	
Knutt	*Calidris canutus*
Sanderling	*– alba*
Zwergstrandläufer	*– minuta*
Temminckstrandläufer	*– temminckii*
Sichelstrandläufer	*– ferruginea*
Meerstrandläufer	*– maritima*
Alpenstrandläufer	*– alpina*
Kampfläufer	*Philomachus pugnax*
Zwergschnepfe	*Lymnocryptes minimus*
Bekassine	*Gallinago gallinago*
Waldschnepfe	*Scolopax rusticola*
Uferschnepfe	*Limosa limosa*
Pfuhlschnepfe	*– lapponica*
Regenbrachvogel	*Numenius phaeopus*
Großer Brachvogel	*– arquata*
Rotschenkel	*Tringa totanus*
Grünschenkel	*– nebularia*
Waldwasserläufer	*– ochropus*
Bruchwasserläufer	*– glareola*
Flußuferläufer	*Actitis hypoleucos*
Steinwälzer	*Arenaria interpres*
Odinshühnchen	*Phalaropus lobatus*
Thorshühnchen	*– fulicarius*
Raubmöwen	
Spatelraubmöwe	*Stercorarius pomarinus*
Schmarotzerraubmöwe	*– parasiticus*
Falkenraubmöwe	*– longicaudus*
Skua	*– skua*
Möwen	
Zwergmöwe	*Larus minutus*
Lachmöwe	*– ridibundus*
Sturmmöwe	*– canus*
Heringsmöwe	*– fuscus*
Weißkopfmöwe	*– cachinnans*
Silbermöwe	*– argentatus*
Polarmöwe	*– glaucoides*
Eismöwe	*– hyperboreus*
Mantelmöwe	*– marinus*
Dreizehenmöwe	*Rissa tridactyla*
Seeschwalben	
Lachseeschwalbe	*Gelochelidon nilotica*
Brandseeschwalbe	*Sterna sandvicensis*
Flußseeschwalbe	*– hirundo*
Küstenseeschwalbe	*– paradisaea*
Zwergseeschwalbe	*– albifrons*
Trauerseeschwalbe	*Chlidonias niger*
Weißbartseeschwalbe	*– hybridus*
Weißflügel-Seeschwalbe	*– leucopterus*
Alke	
Trottellumme	*Uria aalge*
Tordalk	*Alca torda*
Gryllteiste	*Cepphus grylle*
Papageitaucher	*Fratercula arctica*

Taubenvögel	*Columbiformes*
Felsentaube	*Columba livia*
Hohltaube	*– oenas*
Ringeltaube	*– palumbus*
Türkentaube	*Streptopelia decaocto*
Turteltaube	*– turtur*
Kuckucksvögel	*Cuculiformes*
Kuckuck	*Cuculus canorus*
Eulen	*Strigiformes*
Schleiereule	*Tyto alba*
Zwergohreule	*Otus scops*
Uhu	*Bubo bubo*
Steinkauz	*Athene noctua*
Sperlingskauz	*Glaucidium passerinum*
Waldkauz	*Strix aluco*
Habichtskauz	*– uralensis*
Waldohreule	*Asio otus*
Sumpfohreule	*– flammeus*
Rauhfußkauz	*Aegolius funereus*
Schwalmvögel	*Caprimulgiformes*
Ziegenmelker	*Caprimulgus europaeus*
Segler	*Apodiformes*
Mauersegler	*Apus apus*
Alpensegler	*– melba*
Rackenvögel	*Coraciiformes*
Eisvogel	*Alcedo atthis*
Bienenfresser	*Merops apiaster*
Blauracke	*Coracias garrulus*
Wiedehopf	*Upupa epops*
Spechte	*Piciformes*
Wendehals	*Jynx torquilla*
Grauspecht	*Picus canus*
Grünspecht	*– viridis*
Schwarzspecht	*Dryocopus martius*
Buntspecht	*Picoides major*
Mittelspecht	*– medius*
Weißrückenspecht	*– leucotos*
Kleinspecht	*– minor*
Dreizehenspecht	*– tridactylus*
Sperlingsvögel	*Passeriformes*
Lerchen	
Haubenlerche	*Galerida cristata*
Heidelerche	*Lullula arborea*
Feldlerche	*Alauda arvensis*
Ohrenlerche	*Eremophila alpestris*
Schwalben	
Uferschwalbe	*Riparia riparia*
Felsenschwalbe	*Ptyonoprogne rupestris*
Rauchschwalbe	*Hirundo rustica*
Rötelschwalbe	*Cecropis daurica*
Mehlschwalbe	*Delichon urbica*
Stelzen	
Brachpieper	*Anthus campestris*
Baumpieper	*– trivialis*
Wiesenpieper	*– pratensis*
Bergpieper	*– spinoletta*
Strandpieper	*– petrosus*
Schafstelze	*Motacilla flava*
Gebirgsstelze	*– cinerea*
Bachstelze	*– alba*
Seidenschwänze	
Seidenschwanz	*Bombycilla garrulus*
Wasseramseln	
Wasseramsel	*Cinclus cinclus*

269

Zaunkönige

Zaunkönig	*Troglodytes troglodytes*

Braunellen

Heckenbraunelle	*Prunella modularis*
Alpenbraunelle	*— collaris*

Drosseln

Rotkehlchen	*Erithacus rubecula*
Sprosser	*Luscinia luscinia*
Nachtigall	*— megarhynchos*
Blaukehlchen	*— svecica*
Hausrotschwanz	*Phoenicurus ochruros*
Gartenrotschwanz	*— phoenicurus*
Braunkehlchen	*Saxicola rubetra*
Schwarzkehlchen	*— torquata*
Steinschmätzer	*Oenanthe oenanthe*
Mittelmeer-Steinschmätzer	*— hispanica*
Trauersteinschmätzer	*— leucura*
Steinrötel	*Monticola saxatilis*
Blaumerle	*— solitarius*
Ringdrossel	*Turdus torquatus*
Amsel	*— merula*
Wacholderdrossel	*— pilaris*
Singdrossel	*— philomelos*
Rotdrossel	*— iliacus*
Misteldrossel	*— viscivorus*

Grasmücken

Seidensänger	*Cettia cetti*
Cistensänger	*Cisticola juncidis*
Feldschwirl	*Locustella naevia*
Schlagschwirl	*— fluviatilis*
Rohrschwirl	*— luscinioides*
Seggenrohrsänger	*Acrocephalus paludicola*
Schilfrohrsänger	*— schoenobaenus*
Sumpfrohrsänger	*— palustris*
Teichrohrsänger	*— scirpaceus*
Drosselrohrsänger	*— arundinaceus*
Gelbspötter	*Hippolais icterina*
Orpheusspötter	*— polyglotta*
Provencegrasmücke	*Sylvia undata*
Weißbart-Grasmücke	*— cantillans*
Orpheusgrasmücke	*— hortensis*
Samtkopf-Grasmücke	*— melanocephala*
Sperbergrasmücke	*— nisoria*
Klappergrasmücke	*— curruca*
Dorngrasmücke	*— communis*
Gartengrasmücke	*— borin*
Mönchsgrasmücke	*— atricapilla*
Grünlaubsänger	*Phylloscopus trochiloides*
Berglaubsänger	*— bonelli*
Waldlaubsänger	*— sibilatrix*
Zilpzalp	*— collybita*
Fitis	*— trochilus*
Wintergoldhähnchen	*Regulus regulus*
Sommergoldhähnchen	*— ignicapillus*

Fliegenschnäpper

Grauschnäpper	*Muscicapa striata*
Halsbandschnäpper	*Ficedula albicollis*
Trauerschnäpper	*— hypoleuca*
Zwergschnäpper	*— parva*

Timalien

Bartmeise	*Panurus biarmicus*

Schwanzmeisen

Schwanzmeise	*Aegithalos caudatus*

Meisen

Sumpfmeise	*Parus palustris*
Weidenmeise	*— montanus*
Haubenmeise	*— cristatus*
Tannenmeise	*— ater*
Blaumeise	*— caeruleus*
Kohlmeise	*— major*

Kleiber

Kleiber	*Sitta europaea*

Mauerläufer

Mauerläufer	*Tichodroma muraria*

Baumläufer

Waldbaumläufer	*Certhia familiaris*
Gartenbaumläufer	*— brachydactyla*

Pirole

Pirol	*Oriolus oriolus*

Würger

Neuntöter	*Lanius collurio*
Schwarzstirnwürger	*— minor*
Raubwürger	*— excubitor*
Rotkopfwürger	*— senator*

Rabenvögel

Eichelhäher	*Garrulus glandarius*
Elster	*Pica pica*
Tannenhäher	*Nucifraga caryocatactes*
Alpendohle	*Pyrrhocorax graculus*
Alpenkrähe	*— pyrrhocorax*
Dohle	*Corvus monedula*
Saatkrähe	*— frugilegus*
Aaskrähe	*— corone*
Nebelkrähe	*— corone cornix*
Kolkrabe	*— corax*

Stare

Star	*Sturnus vulgaris*

Sperlinge

Haussperling	*Passer domesticus*
Feldsperling	*— montanus*
Schneefink	*Montifringilla nivalis*

Finken

Buchfink	*Fringilla coelebs*
Bergfink	*— montifringilla*
Girlitz	*Serinus serinus*
Zitronengirlitz	*— citrinella*
Grünling	*Carduelis chloris*
Stieglitz	*— carduelis*
Erlenzeisig	*— spinus*
Bluthänfling	*Acanthis cannabina*
Berghänfling	*— flavirostris*
Birkenzeisig	*— flammea*
Bindenkreuzschnabel	*Loxia leucoptera*
Fichtenkreuzschnabel	*— curvirostra*
Schottischer Kreuzschnabel	*— scotica*
Kiefernkreuzschnabel	*— pytyopsittacus*
Karmingimpel	*Carpodacus erythrinus*
Hakengimpel	*Pinicola enucleator*
Gimpel	*Pyrrhula pyrrhula*
Kernbeißer	*Coccothraustes coccothraustes*

Ammern

Schneeammer	*Plectrophenax nivalis*
Goldammer	*Emberiza citrinella*
Zaunammer	*— cirlus*
Zippammer	*— cia*
Ortolan	*— hortulana*
Rohrammer	*— schoeniclus*
Grauammer	*— calandra*

Register